A Responsabilidade Civil pela Violação à Função Social do Contrato

A Responsabilidade Civil pela Violação à Função Social do Contrato

2018

Gilberto Fachetti Silvestre

A RESPONSABILIDADE CIVIL PELA VIOLAÇÃO À FUNÇÃO SOCIAL DO CONTRATO

© Almedina, 2018

AUTOR: Gilberto Fachetti Silvestre
DIAGRAMAÇÃO: Almedina
DESIGN DE CAPA: FBA
ISBN: 978-85-8493-280-1

Dados Internacionais de Catalogação na Publicação (CIP)
(Câmara Brasileira do Livro, SP, Brasil)

Silvestre, Gilberto Fachetti
A responsabilidade civil pela violação à função
social do contrato / Gilberto Fachetti Silvestre. –
São Paulo : Almedina, 2018.

Bibliografia.
ISBN 978-85-8493-280-1

1. Autonomia 2. Contratos (Direito civil) -
Brasil 3. Função social 4. Responsabilidade (Direito)
I. Título.

18-15779   CDU-347.44(81)

Índices para catálogo sistemático:
1. Brasil : Contratos : Função social : Violação :
Direito civil 347.44(81)

Maria Paula C. Riyuzo - Bibliotecária - CRB-8/7639

Este livro segue as regras do novo Acordo Ortográfico da Língua Portuguesa (1990).

Todos os direitos reservados. Nenhuma parte deste livro, protegido por copyright, pode ser reproduzida, armazenada ou transmitida de alguma forma ou por algum meio, seja eletrônico ou mecânico, inclusive fotocópia, gravação ou qualquer sistema de armazenagem de informações, sem a permissão expressa e por escrito da editora.

Maio, 2018

EDITORA: Almedina Brasil
Rua José Maria Lisboa, 860, Conj.131 e 132, CEP: 01423-001 São Paulo | Brasil
editora@almedina.com.br
www.almedina.com.br

"Jamais alguém fez algo totalmente para os outros. Todo amor é amor próprio. Pense naqueles que você ama: cave profundamente e verá que não ama a eles; ama as sensações agradáveis que esse amor produz em você! Você ama o desejo, não o desejado".

FRIEDRICH WILHELM NIETZSCHE (In: "Assim falou Zaratrusta").

Dedico este trabalho aos formados 2013/02
do Curso de Direito da UFES:

Alex Ramos
Aline Bergamin
Ana Carolina Costabeber
André Luiz Oliveira
Andréia Chiabai
Arnon Mameri
Bárbara Louzada
Bruna Coura
Bruna Matiazzi
Brunella Perez
Calleb Paizante
Caroline Stange
Dianna Borges
Elias Carvalho
Etivaldo Atanasio
Ewelyn Goulart
Flávia Monjardim
Glória Mariani
Guilherme Raider
Helder Marcellino
Hélio Peixoto
Igor Lima
Igor de Souza
Isac Penedo
Isis Laguardia
Jéssica Menezes
José Eduardo Coelho
Juliana Maria Davel

Juliano Yamakawa
Lara Milbratz
Lays Costa
Letícia Resende
Lívia Alves
Lívia Avance
Lívia Dalla Bernardina
Luis Henrique Oliveira
Maressa Luxinger
Mariana Lomeu
Mariana Nolasco
Marina Dalcolmo
Milena Nirelli
Neyva Timm
Pâmella Jeveaux
Patrícia Borchardt
Paula Lofêgo
Rafael Moura
Renan Motta
Roberta Gobbo
Rovilson Demartini
Thimoteo Stabenow
Victor Dall'Orto
Vitor Brunoro
Yannick K. Wa Kalombo

aos formados 2014/02 – Turma Gilberto Fachetti Silvestre:

Alcides Caetano
Amanda Britto
Ana Karoline de Freitas
Ana Letícia Matos
Bruna das Posses
Camila Gonçalves
Ciro Benevenuto
Danielly Faé
Davhi Pimentel
Evelyn Negrelli
Fernanda Torres
Fernanda Trancoso
Flavio Schneider
Guilherme Pratti
Hadassa de Lima
Henrique Bonisson
Isabella Decottignies
Jéssica Pedruzzi
Jonatas Ruedas
Juliana Tristão

Karla Rossoni
Larissa Piotz
Lis Zumack
Lorena Lacerda
Lorena Mutz
Mariana de Sá
Mariana Machado
Michele da Mota
Paula Marcondes
Rafaela Jardim
Renato Adnet
Rhenzo Pasêto
Rodrigo Guzansky
Tainá de Oliveira
Tássia Pinon
Tayssa Marillack
Thais Negris
Thiffany Mourão
Wanderson Dias

NOTA DO AUTOR

Esse trabalho resulta da Tese de Doutorado que apresentei ao Programa de Estudos Pós-Graduados em Direito da Pontifícia Universidade Católica de São Paulo (PUC/SP), sob orientação da Professora Livre Docente Rosa Maria Barreto Borriello Andrade Nery, a quem, desde já, agradeço os direcionamentos e ensinamentos que aproveitei não só para a elaboração da Tese, mas também para minha formação humana. Somente uma pessoa com um coração tão grandioso e generoso como a Professora Rosa Maria poderia me oportunizar a chance de ter a liberdade de elaborar o trabalho com minhas ideias e de comungar comigo o seu conhecimento. Muito obrigado, Professora.

Minha tese explora a existência de uma situação jurídica entre as partes de um contrato e terceiros com fundamento na função social. Da cláusula geral do art. 421 do Código Civil decorrem uma série de direitos e deveres que criam posições jurídicas ativas e passivas entre as partes e terceiros, nas quais há a pretensão de incolumidade do vínculo contratual por terceiros e a impossibilidade de as partes de um contrato causarem danos a terceiros.

Em 2012, na tentativa de encontrar uma jurisprudência do Superior Tribunal de Justiça sobre os efeitos da função social do contrato, foi feita uma pesquisa de julgados que revelou situações em que se responsabilizava terceiros quanto a danos causados às partes de um contrato. E, também, se responsabilizava as partes por danos que causavam a terceiros. Esses julgados tinham como fundamento a *oponibilidade* dos contratos, nome que foi dado à "relativização da relatividade dos efeitos contratuais", uma decorrência da funcionalização social do contrato conforme o preceito do art. 421. Em tais julgados, chamava a atenção que eles destacavam deveres de proteção das partes e dos terceiros. E também chamava a atenção que alguns desses julgados versavam sobre situações de dano social contidos em situações contratuais.

Constatou-se, então, a partir de situações concretas e de previsões legais, a relativização do preceito *res inter alios acta, aliis nec nocet nec prodest* (ou *a thing done between others does not harm or benefit others*, no *Common Law*).

Quando as posições jurídicas são lesadas pelo descumprimento dos deveres de incolumidade, ocorre a violação da função social do contrato, tornando o negócio desfuncionalizado quanto a seus típicos efeitos sociais, econômicos e jurídicos. A desfuncionalização social do contrato ocorrerá pelo exercício abusivo da liberdade de contratar, do qual decorre um dano social. A emulação da autonomia contratual extrapola os limites dos fins sociais e a sociedade será prejudicada por esse abuso quanto aos interesses jurídicos típicos sobre os negócios. Daí se afirmar que a violação da função social pelas partes e terceiros é um abuso de direito e causa dano social, pois agir de forma contrária aos deveres de conduta da sociabilidade contratual implica em lesão ao patrimônio moral da sociedade e à segurança das relações jurídicas.

Da violação da função social resulta um fato ilícito no qual os danos patrimoniais, extrapatrimoniais e sociais devem ser indenizados por aquele que desfuncionalizou o contrato por causa da inobservância de sua posição passiva criada pela situação contratual. Resultando danos da desfuncionalização social do contrato haverá responsabilidade civil extracontratual. É assim que se fala em responsabilidade das partes e de terceiros pela desfuncionalização do contrato.

Para o procedimento de elaboração dessa ideia central, foi feita uma pesquisa bibliográfica com a literatura nacional e estrangeira, que deu sustentação teórica ao trabalho elaborado. Uma pesquisa documental com julgados permitiu constatar que as conclusões a que se chegou nesse trabalho estão sendo aplicadas nos tribunais brasileiros, destacando-se o Superior Tribunal de Justiça (STJ). Isso demonstrou a aplicabilidade da tese a casos concretos e para a solução de problemas contratuais a partir da função social. A investigação foi qualitativa com a análise dos valores, representações, hábitos, atitudes e opiniões sobre as contratações.

Quanto à pesquisa bibliográfica, o método foi indutivo e descritivo, na medida em que se desenvolveu conceitos, ideias e entendimentos com os padrões encontrados no processo de produção e circulação de riquezas e aquisição de propriedade por meio do contrato. Já quanto aos julgados pesquisados, foram recolhidos dados para comprovar os modelos, as teorias e verificar as hipóteses de responsabilidade civil pelo exercício abusivo da autonomia contratual.

Reconhecida a existência de situação jurídica entre partes contratantes e terceiros, constatada por meio de hipóteses em que ambos desfuncionalizam o contrato, elaborou-se como é possível a reparação dos danos verificados, merecendo destaque a expansão de uma terceira categoria de dano da responsabilidade civil identificada por Antonio Junqueira de Azevedo, qual seja, o dano social, para justificar que o exercício abusivo da liberdade de contratar por terceiros e partes também lesa a sociedade, daí resultando um sistema de responsabilidade civil objetiva.

Quero aproveitar, ainda, e fazer alguns agradecimentos.

Em primeiro lugar, à Universidade Federal do Espírito Santo (UFES) e aos meus colegas professores do Departamento de Direito, que me concederam afastamento remunerado das atividades docentes para estudar e produzir este trabalho.

Aos professores Francisco Vieira Lima Neto e Angel Rafael Mariño Castellanos, da UFES, grandes incentivadores da realização deste doutorado e grandes mestres que me inspiram todos os dias a ser um professor de verdade. E ao sempre amigo Guilherme Fernandes, pelo apoio e incentivo tão frequente e que me ajuda a confiar em mim.

Aos meus professores da PUC/SP: à Professora Rosa Maria Nery, minha orientadora, por todo apoio e toda a instrução necessária para me situar em torno dos meus objetivos; ao Professor Arruda Alvim, pelo apoio no ingresso no Doutorado em 2013; à Professora Regina Villa Bôas, pela atenção dispensada e pelas sugestões na banca de qualificação; ao Professor Francisco Cahali, cuja condução da disciplina Princípios e Cláusulas Gerais no Código Civil foi decisiva para o ajuste das minhas ideias; e à Professora Maria Helena Diniz, pelos ensinamentos de Teoria do Direito.

Por fim, agradeço aos Professores Fernando Estevam Bravin Ruy (UFES) e Rodrigo Reis Mazzei (UFES) que gentilmente aceitaram o convite da minha orientadora e compuseram a Banca Examinadora da Tese, cuja defesa ocorreu no dia 16 de fevereiro de 2016. As observações feitas na avaliação contribuíram sobremaneira para o aperfeiçoamento das minhas ideias, além de serem docentes nos quais me inspiro para ser um professor cada dia melhor.

E, *gratias ago Deo!*

Gilberto Fachetti Silvestre.

PREFÁCIO

Tive a grata satisfação e a honraria acadêmica de ter podido orientar em sua tese de doutorado o **Eminente Professor Gilberto Fachetti Silvestre**, perante o Programa da Pós-Graduação em Direito da Pontifícia Universidade Católica de São Paulo.

Gilberto Fachetti trouxe para exame da banca que se constituiu para julgamento de seu trabalho – também composta pelos eminentes professores doutores Regina Vera Villas Boas e Francisco José Cahali, ambos da PUC-SP, e Fernando Estevam Bravin Ruy (UFES) e Rodrigo Reis Mazzei (UFES) –, a análise de um tema que sempre me provocou a mais profunda fascinação: descortinar no vínculo obrigacional em geral e contratual, especificamente, uma *relação de razão*, *de proporção*, que embora tenha sido sempre buscada ao longo da história da formação cultural do direito privado, reiteradamente perdeu, ao longo do tempo, seu brilho teórico e prevalência para a tendência constante da consideração do vínculo contratual sob seu aspecto subjetivo, de ser causa (o contrato) de um efeito (a obrigatoriedade da prestação) e, portanto, submeter-se naturalmente à ideia de *relação de causa/causado*.

Assim, entre nós, a prevalência na análise do vínculo contratual como relação pessoal, sempre aportou no princípio que melhor revelava esse aspecto do contrato: *o princípio da autonomia privada*, descurando nossos teóricos, no mais das vezes, de outro aspecto fundamental desse instituto, relativo ao equilíbrio e à proporção das prestações, que somente o *princípio da lealdade* e o da *base objetiva do contrato* permitem calcular.

Ao lançar seus olhos para a realidade das consequências jurídico-culturais do contrato em nosso tempo, Gilberto Fachetti sente a necessidade de enxergar nesse fenômeno fundamental para a circulação de riquezas, aspectos novos, que possam revelar para a dogmática jurídica uma técnica de preservação do equilíbrio econômico das prestações e também das consequências que o cumprimento do contrato pode trazer àqueles que não fizeram parte da celebração.

A partir dessa inquietante necessidade de investigar esse fenômeno, que constantemente tem desafiado soluções doutrinárias e jurisprudenciais, na experiência brasileira de direito positivado, Gilberto Fachetti cria sua tese, alicerçando os fundamentos de suas conclusões no *princípio da solidariedade* e da *lealdade*, bem como no da *base objetiva do negócio jurídico*.

Ponto de partida fundamental para seu estudo foi a consideração de que o vínculo contratual que se estabelece entre as partes, inicialmente, em restrito lugar privado, não raras vezes "explode" com seus efeitos para alcançar uma gama maior de personagens, que não se pode identificar como partes, mais que – por situações de fato que o contrato provoca – foram alcançados pelo vínculo que derivou da vontade inicial das partes, sendo todos albergados em *situação jurídica complexa* que também passa a ser causa de novos efeitos.

Ao percorrer esse caminho o autor avança para perceber que necessita da complementação teórica de várias disciplinas, da Economia, da Sociologia e das técnicas das ciências exatas, primordialmente, porque passa a trabalhar com o fenômeno jurídico da ilicitude e do *risco* que desperta tanta perplexidade aos teóricos, que não conseguem antever que o contrato tem um grande conteúdo de desafio do *imponderável* e, por isso, também compõe o rol dos fenômenos que causam danos.

Com sua juventude e percepção atual dos problemas jurídicos que nos cercam, Gilberto Fachetti, então, ousa apontar *certos terceiros* que, mesmo involuntariamente, são alcançados pela abrangente força de lealdade jurídica que brota do contrato e nessa sequência, vai tecendo seu texto, apontando os deveres das partes relativamente ao todo social, o moderno entendimento sobre o que vem a ser função social do contrato, a consequência jurídica do desatendimento à funcionalização do contrato, que ele qualifica como ato ilícito (ilícito que pode até mesmo ser objetivo), o exercício abusivo da liberdade de contratar, o dano social e a responsabilidade civil que disso decorre.

No texto e no contexto de seu trabalho o autor deixa claro que o CC 421 inicia uma série de armaduras teóricas que deságuam na possibilidade de se ampliar para quem não é parte do contrato as suas consequências, pelo sistema da responsabilidade extracontratual.

O autor e a editora estão de parabéns pela publicação desta obra que reafirma uma tendência nova para o direito privado, de acompanhar a modernidade de novos tempos, renovando a leitura e a aplicação de institutos antigos, que se adaptam teoricamente para atender novas necessidades jurídico-sociais. O direito dos contratos se renova constantemente e o trabalho do autor se põe como chave importantíssima para a sequência criadora e renovadora do pensamento jurídico, que acompanha a evolução dos tempos.

ROSA MARIA BARRETO BORRIELLO DE ANDRADE NERY
Professora Livre Docente da PUC-SP

SUMÁRIO

INTRODUÇÃO   21

PARTE 1
A FUNCIONALIZAÇÃO SOCIAL DO CONTRATO

CAPÍTULO 1. OS NOVOS CONTORNOS DA LIBERDADE DE CONTRATAR   33

1.1.   O dogma da vontade na Teoria Geral do Fato Jurídico   34
1.2.   Consequências dogmáticas e práticas.   44
1.3.   A autonomia contratual funcionalizada: a função social
como razão para o exercício da liberdade de contratar   51

CAPÍTULO 2. A FUNCIONALIZAÇÃO SOCIAL DO CONTRATO   57

2.1.   A função econômica como causa do contrato   58
2.2.   Individualismo e solidariedade: o interesse social sobre o contrato   71
2.3.   A função social como causa do contrato   86
2.4.   Função e finalidade   93
2.5.   Função social e *favor deboli*   94
2.6.   O art. 421 do Código Civil   97

CAPÍTULO 3. NATUREZA JURÍDICA DA FUNÇÃO SOCIAL DO CONTRATO   101

3.1.   Princípios e regras: proposta de conceito pela função   101
3.2.   Cláusulas gerais e conceitos jurídicos indeterminados   114
3.3.   A função social: cláusula geral que contém um *Princípio
que é como Regra* (PR)   121

CAPÍTULO 4. A FUNÇÃO SOCIAL COMO CAUSA DO CONTRATO — 127

4.1. Definição de causa — 128
4.2. Causa e finalidade — 129
4.3. A causa na Teoria Geral do Negócio Jurídico — 130
4.4. A causa-função do contrato — 138
4.5. A desfuncionalização da causa — 143

CAPÍTULO 5. A FUNÇÃO SOCIAL COMO LIMITE DO CONTRATO — 147

5.1. A natureza normativa do art. 421 do Código Civil — 148
5.2. A função social como dever — 153

PARTE 2
A DESFUNCIONALIZAÇÃO SOCIAL DO CONTRATO

CAPÍTULO 1. A RELATIVIZAÇÃO DO PRINCÍPIO *RES INTER ALIOS ACTA* — 165

1.1. A relatividade dos efeitos do contrato: *res inter alios acta* — 165
1.2. A situação jurídica obrigacional — 171
    1.2.1. Definição de partes. — 176
    1.2.2. Definição de terceiros — 184
    1.2.3. Definição de sociedade civil — 206
1.3. Oponibilidade do contrato: *relativitè* e *opposabilitè* — 213
1.4. Sujeitos do contrato: releitura da teoria do sujeito de direito — 217

CAPÍTULO 2. A DESFUNCIONALIZAÇÃO SOCIAL DO CONTRATO E SUAS CONSEQUÊNCIAS — 225

2.1. A desfuncionalização do contrato como ilícito civil — 225
2.2. O dano social decorrente da desfuncionalização do contrato — 229
2.3. Desfuncionalização e direitos coletivos difusos — 248
2.4. Desfuncionalização e abuso de direito — 255
2.5. A responsabilidade civil pela desfuncionalização do contrato — 269
2.6. Tutela do dano social que decorre da desfuncionalização do contrato — 281
2.7. A invalidade do contrato desfuncionalizado — 286

CAPÍTULO 3. A DESFUNCIONALIZAÇÃO DO CONTRATO PELAS PARTES — 299

3.1. O negócio jurídico ilícito — 299
3.2. Quando as partes desfuncionalizam o contrato — 301
    3.2.1. O "Petrolão" — 309
    3.2.2. A compra da refinaria de Pasadena — 315

3.2.3. O "Mensalão"	318
3.2.4. O Shopping 25 de Março	320
3.3. A aplicação do art. 883 do Código Civil	321
3.4. Uma simulação mais abrangente	323
3.5. A desfuncionalização do contrato pelas partes em confronto com terceiros	328

CAPÍTULO 4. A DESFUNCIONALIZAÇÃO DO CONTRATO POR TERCEIROS	333
4.1. A culpa presumida do terceiro	333
4.2. Condutas hipotéticas do terceiro que desfuncionalizam o contrato	336
4.2.1. Contrato interferente	338
4.2.2. Indução interferente ilícita	339
4.2.3. Recusa em contratar ou cumprir a prestação	343
4.2.4. Atuação sobre a pessoa do devedor ou sobre o objeto da prestação	346
4.2.5. Interferência nas negociações preliminares	347
4.3. O *tortious interference* e a função social do contrato	348
4.4. A teoria do terceiro cúmplice do inadimplemento	356
4.5. A teoria do rompimento eficaz do contrato (*efficient breach theory*)	367

CONCLUSÃO	377
REFERÊNCIAS	383

INTRODUÇÃO

O Brasil é um dos países que mais se ocupou em sua legislação da sociabilidade do contrato ou de sua *função social*. Os outros Direitos desenvolveram substancialmente a *tutela interna do crédito*, protegendo a confiança e as legítimas expectativas dos contratantes por meio de deveres anexos decorrentes da *boa-fé objetiva*. No Brasil foi-se além, também tutelando a *eficácia externa da obrigação (tutela externa do crédito)*, cabendo à doutrina e, por vezes, ao Judiciário responsabilizar terceiros por interferência em contratos ou responsabilizar as partes por danos causados a terceiros por meio de contratos.

Foi a cláusula geral do art. 421 do Código Civil que permitiu desenvolver a tutela externa do crédito: enquanto a boa-fé objetiva (art. 422) proporciona a proteção da relação contratual internamente – quer dizer, criando deveres recíprocos entre as partes –, a função social permitiu reconhecer uma *situação jurídica*, com posições ativas e passivas entre as partes e terceiros. Sim, um vínculo jurídico que trata o terceiro não como parte do contrato, mas como sujeito ora passivo e ora ativo de situações jurídicas de incolumidade do vínculo contratual e de proteção, mitigando princípios e características da moderna teoria contratual, a exemplo do que ocorre com a relatividade dos efeitos obrigacionais (*"res inter alios acta aliis nec nocet nec prodest"* no *Civil Law*, e *"a thing done between others does not harm or benefit others"* ou *"a matter between others is not our business"* no *Common Law*).

O assunto desse trabalho se insere no contexto da eficácia dos contratos perante terceiros, reconhecendo que a relativização do antigo dogma da relatividade dos efeitos do contrato pela funcionalização social do contrato cria situações jurídicas com posições ativas e passivas sobre o patrimônio de pessoas estranhas ao vínculo contratual, aqui reconhecidos os "terceiros", cuja caracterização passa por uma releitura contemporânea para que sejam reconhecidos como *sujeitos do contrato* ao lado das partes.

É que a função social – mais especificamente a proposição normativa do art. 421 – cria deveres para todos aqueles que exercem ou pretendem exercer sua liberdade de contratar. Não se trata de uma cláusula *contratual* geral, a exemplo do que acontece com a boa-fé objetiva (art. 422), mas de um conjunto de deveres de incolumidade do vínculo contratual (posição passiva de terceiros) e de incolumidade do patrimônio e dos interesses de terceiros (posição ativa). Veja, então, que, justamente por causa desses deveres, a função social cria várias situações jurídicas fundadas em uma relação entre quem já está contratado ou em vias de contratação e quem não manifesta a vontade para formação de vínculo, isto é, os *terceiros* ou os *"penitus extraneus"*.

Só que um contrato é uma instituição social juridicamente protegida. Isso implica em reconhecer que sobre ele há um interesse social, afinal, todo contrato tem a virtude de repercutir de alguma maneira na sociedade, seja para o bem ou seja para o mal.

Por tal razão, a violação daqueles deveres impostos pela função social – aqui designada essa violação de *desfuncionalização social do contrato* – fere frontalmente os interesses e a ética sociais pretendidos para as relações negociais, de modo que a sociedade é vítima de um dano, qual seja, o *dano social*.

Essa lesão ao interesse social está ao lado dos danos patrimoniais e extrapatrimoniais típicos que o terceiro pode causar às partes quando interfere no vínculo, ou que as partes podem causar a terceiro, quando, por exemplo, ocorre a simulação (art. 167) e a fraude contra credores com *consilium fraudis* (art. 159).

Logo, se há dano (patrimonial, extrapatrimonial e social) resultante do descumprimento de dever de incolumidade, haverá o dever de indenizar, ou seja, a responsabilidade civil do terceiro interferente ou das partes. Fala-se aí em *responsabilidade civil pela violação da função social do contrato* ou responsabilidade civil das partes e do terceiro pela desfuncionalização social do contrato.

Em resumo, então, essa tese explora a existência de uma situação jurídica entre as partes de um contrato e terceiros com fundamento na função social, constatando, por análise de julgados e revisão bibliográfica, o reconhecimento de que da cláusula geral do art. 421 do Código Civil decorrem uma série de direitos e deveres entre as partes e terceiros, nas quais há: 1) a pretensão de incolumidade do vínculo contratual por terceiros; e 2) a impossibilidade de as partes de um contrato utilizarem-se do negócio para causar danos a terceiros.

Quando as posições jurídicas entre as partes e terceiros são lesadas pelo descumprimento dos deveres de incolumidade, ocorre a violação da função social do contrato, tornando o negócio desfuncionalizado quanto a seus típicos efeitos sociais, econômicos e jurídicos.

A desfuncionalização social do contrato ocorrerá pelo exercício abusivo da liberdade de contratar, do qual decorre um dano social. A emulação da autonomia contratual extrapola os limites dos fins sociais e a sociedade será prejudicada por esse abuso quanto aos interesses jurídicos típicos sobre os negócios. Daí se afirmar que *a violação da função social pelas partes e terceiros é um abuso de direito e causa dano social*, pois agir de forma contrária aos deveres de conduta da sociabilidade contratual implica em lesão às estruturas de interesse da sociedade e à segurança das relações jurídicas.

Da violação da função social resulta um fato ilícito no qual os danos patrimoniais, extrapatrimoniais e sociais devem ser indenizados por aquele que desfuncionalizou o contrato por causa da inobservância de sua posição passiva verificada na situação contratual. Por óbvio, resultando danos da desfuncionalização social do contrato haverá responsabilidade civil, do tipo extracontratual, já que a função social não é cláusula do contrato. É assim que se fala em responsabilidade objetiva das partes e de terceiros pela desfuncionalização do contrato.

A análise dogmática do art. 421 revelou que a função social *deve ser* a *razão prática* da autonomia contratual e, para que esse objetivo seja alcançado, é necessário estabelecer deveres, cujo descumprimento provoca, claro, a responsabilidade civil. Assim, é possível que de um comportamento contrário à função social decorra o dever de indenizar? Se sim, que dano-evento e que dano-prejuízo resultam dessa lesão?

Ora, se a função social está intimamente ligada ao interesse social, à *relativização* do *res inter alios acta*, então um comportamento que esteja em desacordo com aquele referencial causa um dano à sociedade.

Assim, foi expandida a teoria do dano social de Antonio Junqueira de Azevedo[1] para considerar que a lesão à segurança das relações contratuais

---

[1] AZEVEDO, Antonio Junqueira. Por uma nova categoria de dano na responsabilidade civil: o dano social. In: *Revista Trimestral de Direito Civil*, vol. 19. Rio de Janeiro: Padma, jul./set. 2004, pp. 211-218.

atinge a sociedade, principalmente no que se refere ao seu patrimônio moral e suas demais estruturas de interesse. Não adequar a liberdade contratual à função social representa sua violação e causa de um dano social. Logo, daí resulta um sistema de responsabilidade civil objetiva que presume a culpa dos que interferem em um contrato.

Essa responsabilidade é de todos os indivíduos, sejam as partes ou os terceiros. Hoje, *a oponibilidade do negócio permite reconhecer como sujeitos contratuais não apenas as partes, mas também os terceiros.*

A pesquisa documental com os julgados permitiu constatar que as conclusões a que se chegou nesse trabalho estão sendo aplicadas no Superior Tribunal de Justiça e em outros tribunais brasileiros. Isso demonstrou a aplicabilidade da tese a casos concretos e para a solução de problemas contratuais a partir da função social. A investigação dos acórdãos, votos e decisões monocráticas foi qualitativa com a análise dos valores, representações, hábitos, atitudes e opiniões sobre as contratações.

A pesquisa de julgados revelou que a Justiça do Trabalho (Tribunal Superior do Trabalho e muitos Tribunais Regionais do Trabalho) exerce papel de vanguarda no dano social em matéria contratual, *in casu*, o contrato de emprego. Mas, por questões de corte metodológico, apenas foram analisados julgados que versavam sobre contratos cíveis, mercantis e consumeristas.

A cláusula geral permite adaptar o Código à realidade econômica concreta da época em que vige. Isso lhe dá caráter móvel e, talvez, perene. Nesse sentido, sempre há algo de novo a ser dito, e formas diferentes de analisar temáticas contratuais. Por exemplo:

1. A função social permite compreender o conceito mutável de parte, como ocorre nos contratos de consumo e atividades de empresas que causam danos a direitos individuais e coletivos. Basta observar o problema da contumácia em Juizados Especiais Cíveis, perceptível a olhos nus;

2. A sociabilidade traz para o Brasil a discussão em torno da *causa do contrato*, especialmente em contratos atípicos (art. 425). De nada adianta desenvolver a técnica contratual sem compreender os *"segredos"* de um negócio. Naqueles contratos de massa e também os coligados as motivações da parte aderida contam muito para caracterizar a possível abusividade de cláusulas e os golpes silen-

INTRODUÇÃO

ciosos de quem quer se aproveitar das necessidades ou do mero consumismo dos outros; e

3. O capitalismo – mais como um sistema econômico que uma ideologia – se encontra consolidado em quase todas as matrizes econômicas espalhadas pelo mundo globalizado e, por isso, necessita de parâmetros éticos para que não desenvolva meios de produção vorazes e perversos, como o curso da história já testemunhou. A sociabilidade irá permitir repensar o modo de agir desse sistema econômico, tornando-o mais humano e a serviço do bem-estar e não apenas do lucro.

Essas questões gerais levam à reflexão de como o Direito – enquanto conjunto de regras e princípios – pode contribuir para a solução desses problemas. E agora, com o novo Código de Processo Civil (Lei nº 13.105/2015), as cláusulas gerais assumem importante papel na aplicação do Direito. Doravante, ficou reforçado que o juiz não deve se restringir tanto a regras técnicas para a realização concreta da lei; reforça – na verdade, torna-se obrigatório – a possibilidade de o juiz aplicar valores, conforme se verifica em seu art. 8º.

Pense na aplicação desses valores (fins sociais, bem comum, dignidade da pessoa humana, proporcionalidade, razoabilidade, legalidade, publicidade e eficiência) juntamente com as cláusulas gerais do Direito Privado. Faz-se urgente, então, dar sentidos a tudo isso para que a tentativa de ser justo não produza o efeito contrário.

Outrossim, o novo Código de Processo Civil atribuiu grande poder aos tribunais superiores, especialmente o Superior Tribunal de Justiça e o Supremo Tribunal Federal, chegando a vincular os juízos de piso e os Tribunais de Justiça e Regionais Federais por meio dos *precedentes*. Os seguintes dispositivos do novo CPC demonstram essa conclusão: incisos VI e V do § 1º do art. 489; § 2º do art. 926; § 5º do art. 927; inciso IV do art. 988; inciso II do § 1º do art. 1.042.

Os precedentes judiciais serão, agora, elemento de motivação das decisões judiciais da primeira e da segunda instâncias. O que sempre foi corriqueiro tornou-se essencial. Nessa nova realidade do processo civil, pergunta-se: como pode a função social servir de norte para a construção de *precedentes* em matéria contratual e para a solução de *recursos repetitivos*? Como pode a função social contribuir para determinar significados para "fins sociais", "bem comum", "dignidade da pessoa humana", "proporcionalidade", "razoabilidade", "legalidade", "publicidade" e "eficiência" para o acerto – ou não – da solução geral para recursos repetitivos? Para isso, antes, é preciso determinar o que é a função social, seus objetivos e, principalmente, seus resultados pretendidos.

Muito se escreveu na doutrina nacional sobre a funcionalização dos institutos de Direito Civil como um todo e, mais especificamente, sobre a função social do contrato. Poucos, porém, se preocuparam com seus efeitos práticos na vida das situações contratuais em geral.[2] A maioria tratou do tema como um *discurso político* para o contrato e, de forma mais ampla, para o capitalismo e as relações de consumo.

A análise dogmática, no campo do Direito, não pode ser preterida pela sócio-filosófica. Não se pode esquecer que a ciência jurídica é uma ciência social aplicada, sendo importantíssima a análise das repercussões práticas de qualquer tema. Os valores e princípios não podem ser utilizados apenas como recursos de retórica, não podem ser usados para dizer o que todos querem ouvir ou é óbvio. A estrofe de Ovídio (Públio Ovídio Naso) no seu *Fastos (Fasti)* nunca esteve tão atual: "*Res est arbitrio non dirimenda meo*", ou "A questão não deve ser dirimida pelo meu arbítrio" [Ovídio, Fasti 6.98].

Para isso, é importante refletir como pode juridicamente a função social solucionar problemas do dia a dia contratual sem ser um discurso de cunho apenas axiológico e retórico. E mais: como ela pode contribuir para evitar recursos repetitivos, lesão aos interesses das pessoas, o limite e a causa do exercício da liberdade de contratar, a contumácia em ações consumeristas e a responsabilidade de quem ocasiona dano aos interesses sociais que permeiam o contrato.

---

[2] Apenas a título de exemplo: AZEVEDO, Antonio Junqueira. Princípios do novo Direito Contratual e desregulamentação de mercado – Direito de exclusividade nas relações contratuais de fornecimento – Função social do contrato e responsabilidade aquiliana do terceiro que contribui para inadimplemento contratual. In: TIMM, Luciano Benetti; MACHADO, Rafael Bicca (Coords.). *Função social do Direito*. São Paulo: Quartier Latin, 2009, pp. 195-206; MARTINS-COSTA, Judith. Reflexões sobre o princípio da função social do contrato. In: *Revista DireitoGV*. Vol. 1, nº 1, maio/2005, pp. 41-66; NEGREIROS, Teresa. *Teoria do contrato: novos paradigmas*. 2ª ed. Rio de Janeiro: Renovar, 2006; NORONHA, Fernando. *Princípios dos contratos (autonomia privada, boa-fé, justiça contratual) e cláusulas abusivas*. Tese de Doutorado. Faculdade de Direito da Universidade de São Paulo. São Paulo: 1990; e THEODORO JÚNIOR, Humberto. *O contrato e sua função social*. Rio de Janeiro: Forense, 2003.

INTRODUÇÃO

O desenvolvimento desse trabalho deu-se pelo método tradicional da pesquisa jurídica: análise da doutrina, da lei e da jurisprudência. Embora muito se critique essa tríade, não parece haver forma mais eficiente de se promover um estudo no Direito, especialmente no Direito Civil, fundamentado em tradições e repetições.

Uma pesquisa documental com julgados permitiu constatar que as conclusões a que se chegou nesse trabalho estão sendo aplicadas nos tribunais brasileiros, destacando-se o Superior Tribunal de Justiça (STJ). Aliás, os julgados paradigmas foram do STJ, porque foi feito um corte metodológico no âmbito das Turmas desse Tribunal. Isso demonstrou a aplicabilidade da tese a casos concretos e para a solução de problemas contratuais a partir da função social. A investigação foi qualitativa com a análise dos valores, representações, hábitos, atitudes e opiniões sobre as contratações. Alguns julgados e casos concretos serviram de base para exemplificar como se pode descumprir a função social e, consequentemente, os danos que disso resultam e o dever de indenizar.

Quanto à pesquisa bibliográfica, o método foi indutivo e descritivo, na medida em que se desenvolveram conceitos, ideias e entendimentos com os padrões encontrados no processo de produção e circulação de riquezas e aquisição de propriedade por meio do contrato. Já quanto aos julgados pesquisados, foram recolhidos dados para comprovar os modelos, as teorias e verificar as hipóteses de responsabilidade civil pelo exercício abusivo da autonomia contratual.

Nesse sentido, o estudo promoveu uma revisão bibliográfica sobre a função social e a responsabilidade das partes e dos terceiros, buscando referências nos trabalhos de autores nacionais e estrangeiros. Isso facilita a sistematização teórica do tema e, consequentemente, sua compreensão e elaboração de conclusões práticas.

A legislação ofereceu a possibilidade de uma interpretação sistêmica, em rede. Foi assim que a análise de dispositivos como os arts. 421, 186, 187 e 927, permitiu verificar deveres e a responsabilidade para aqueles que exercem sua liberdade de contratar de maneira emulativa, ou seja, contrária aos interesses jurídico-sociais sobre os contratos.

E, claro, sendo uma tese, houve espaço para *ensaios*, apresentando novas visões sobre o que já existe e sobre o que pode existir. Foi assim que se construiu a ideia de desfuncionalização social do contrato e a responsabilidade civil que resulta desse ato ilícito.

O trabalho foi dividido em duas partes (unidades), cujos objetivos foram demonstrar o contrato bom e o contrato lesivo aos interesses sociais.

O tema da *Parte I* foi a *Funcionalização Social do Contrato*. Nela, se abordou o que é a função social e quando o contrato atende a esse preceito (Capítulo 2). Para tanto, foi necessário demonstrar que a teoria da autonomia contratual passa hoje por profundas modificações para que o individualismo não seja pernicioso às relações contratuais (Capítulo 1). Além disso, foi analisada a natureza jurídica da função social, concluindo que é um conceito vago do qual decorrem deveres e não um princípio (Capítulo 3). Ao analisar o art. 421, fica demonstrada a intenção do legislador e do ordenamento jurídico em fazer da função social um conjunto de deveres para o correto exercício da liberdade de contratar (Capítulo 5) e de torná-la a razão prática ou causa do contrato (Capítulo 4).

Já na *Parte II*, o tema foi a *Desfuncionalização Social do Contrato*. O que ocorre – ou deve acontecer – se os preceitos da função social são violados? A desfuncionalização é vista como um ato ilícito abusivo do qual decorrem danos típicos e um dano social resultante da lesão à incolumidade do patrimônio ético-moral das relações negociais (Capítulo 2). Consequentemente, tais danos devem ser reparados. Identificou-se como as partes podem prejudicar a sociedade e terceiros (Capítulo 3) e quando a interferência de terceiro acaba por ser ato ilícito (Capítulo 4). Tudo isso fundamentado na ideia de que os sujeitos contratuais vão mais além das partes e que o contrato tem oponibilidade *erga omnes*. Disso resultou a necessidade de refletir sobre a releitura da teoria do sujeito de direito e da situação jurídica contratual a partir de um aprofundamento na definição de partes e de terceiros (Capítulo 1).

Em quase 15 anos de vigência do Código Civil de 2002 (2003-2016), muito se escreveu sobre e se aplicou a *função social do contrato*. Então, é ainda útil e necessário abordar esse tema e em uma tese de doutorado? Certamente sim. Sendo uma cláusula geral, esse tema nunca se esgota. Por isso, dogmaticamente, ainda não se alcançou a "verdade absoluta". E, sinceramente, nunca se alcançará, pois, em uma sociedade em constante transformação e mudança de paradigmas, tudo parece passar por um *"aggiornamento"*, inclusive a ideia de liberdade.

A função social proporcionou uma virada dogmática no Direito Contratual, reconhecendo aquilo que sempre foi inerente ao negócio, e que foi olvidado por muitos: um simples contrato tem impacto social e sua causa, seus efeitos e sua correição não são apenas importantes, mas necessários para o desenvolvimento de um país. A função social parece ser a resposta à pergunta sobre qual capitalismo e tipo de relações econômicas queremos. E seu significado e consequências precisam ser identificados para traçar o contrato que não só queremos, mas que precisamos.

Eis aí a utilidade do tema, já que traçar perspectivas para a função social do contrato permite discutir parâmetros para as relações econômicas, que juntamente a outros fatores, servem ao bem-estar das pessoas.

PARTE 1
A FUNCIONALIZAÇÃO SOCIAL DO CONTRATO

Capítulo 1
Os Novos Contornos da Liberdade de Contratar

A autonomia da pessoa é um conceito de cunho filosófico, inerente à humanidade do homem e à sua personalidade. Diz respeito à liberdade do ser humano de conduzir seu destino, fazendo suas escolhas. Afora o aspecto teológico, Jean Duns Scoto (1266-1308) esclarece que a vontade está no dom da pessoa e está acima da inteligência (triunfo do voluntarismo sobre o intelecto), ou seja, a ação está sobre a compreensão.[3]

A vontade é um elemento essencial da formação dos contratos. É permitido fazer tudo o que não estiver proibido. Daí sua importância inquestionável para o Direito Civil. Em sentido jurídico, Enzo Roppo diz que a autonomia "significa, etimologicamente, poder de modelar por si – e não por imposição externa – as regras da sua própria conduta".[4] Não à toa, esse poder da pessoa se distingue da heteronomia, compreendida pela imposição de regras de conduta por outra pessoa.

O Direito Civil sempre se preocupou com o exercício desse dom da pessoa de maneira responsável. No caso do Código Civil brasileiro, tal preocupação foi refletida, por exemplo, em proibições e requisitos que serão determinantes na validade dos negócios jurídicos, como ocorre nos vícios da vontade (arts. 138 a 168 e art. 167). E o Código foi além, marcando a limitação e a responsabilidade no exercício de tal vontade por meio de

---

[3] SCOTO. *John Duns Scot e William of Ockham*: escritos filosóficos. [Seleção de obras]. São Paulo: Nova Cultural, 1989, pp. 20 e segs.
[4] ROPPO, Enzo. *O contrato*. Tradução de Ana Coimbra e M. Januário C. Gomes. Coimbra: Almedina, 1988, p. 128.

outros requisitos impostos, como a boa-fé objetiva e a função social, objeto do presente estudo.

1.1. O dogma da vontade na Teoria Geral do Fato Jurídico

Na sistematização que faz da Teoria Geral do Fato Jurídico, Francisco Amaral[5] explica que existem duas causas eficientes para as relações jurídicas de Direito Privado: a primeira são os fatos da natureza, que criam vínculos entre os sujeitos independentemente de conduta humana, e, consequentemente, direitos e deveres entre as pessoas envolvidas; e a segunda são os acontecimentos produzidos pelos sujeitos de direito, que são livres para criar conscientemente vínculos jurídicos entre si e determinar os modos de alcançar seus objetivos e melhor atender aos seus interesses.

No caso da segunda ordem de causas das relações, tem-se como valor fundante da vinculação a liberdade dos sujeitos. A ordem jurídica lhes atribui esse poder de determinar seus objetivos e regulamentar a própria vida. Esse poder representa a juridicização de um valor moral que toda pessoa tem: a *autonomia da vontade*. É o pressuposto do agir livre e da possibilidade de criar normas para a conduta, desde que obedeça aos critérios morais e legais.

As pessoas podem direcionar essa autonomia moral para o âmbito do Direito, quando se vinculam entre si para criar direitos e deveres, que, dado seu aspecto jurídico, apresentarão como característica principal sua *exigibilidade* (obrigatoriedade e tutela estatal). Essa vontade direcionada à prática de atos jurídicos, que criam situações jurídicas, é chamada de *autonomia privada*, que consiste no reconhecimento pelo ordenamento da autonomia da vontade dos sujeitos de direito.

A vontade pode ser direcionada a produzir atos que promovam a circulação de bens e riquezas. Nesse caso, o indivíduo, titular da vontade, tem a oportunidade de se vincular a outrem visando a objetivos de cunho econômico, e, por isso, tem a liberdade de estabelecer direitos e deveres para essa relação de modo a melhor atender aos seus interesses patrimoniais. Dessa forma, fala-se em *autonomia negocial*, pressuposto dos negócios jurídicos.[6]

---

[5] AMARAL, Francisco. *Direito civil – introdução*. 5ª ed. Rio de Janeiro: Renovar, 2003, pp. 343-363.

[6] GHERSI, Carlos Alberto. *Contratos civiles y comerciales*. Tomo I. 6ª ed. Buenos Aires: Astrea, 2006, pp. 103-104.

A autonomia privada e a negocial não apresentam relação de continência. Devem ser vistas como dois aspectos da autonomia da vontade. Por exemplo, a Administração Pública tem autonomia negocial, mas não tem autonomia privada, afinal, rege-se pelo princípio da legalidade (poderá fazer apenas o que estiver prescrito em lei).

Outra demonstração da referida diferenciação diz respeito ao conteúdo, que será patrimonial no caso da vontade negocial, e extrapatrimonial no caso da autonomia privada. Um exemplo é o *caput* do art. 14 do Código Civil, que permite a disposição gratuita do próprio corpo para depois da morte. Trata-se de um ato *voluntário*, mas que deve ser orientado apenas por fins altruísticos.

A autonomia negocial se especializa em uma liberdade típica de celebrar contratos, fazer testamentos, legados e codicilos, e constituir efeitos unilateralmente (atos unilaterais). A finalidade prática ou o conteúdo em si dessa vontade volta-se para o patrimônio.

No caso dos contratos, a referida autonomia negocial ganha ares próprios e distintos daquilo que se verifica na elaboração de testamentos, legados, codicilos, promessas e apostas. Para a prática de um contrato, a lei impõe uma série de limites fundamentados na cooperação para o vínculo a ser criado, por exemplo, o que não se verifica nos outros atos. A autonomia deve ser desenvolvida de forma cooperativa. Fala-se aqui em *liberdade de contratar, liberdade contratual* ou ainda *autonomia contratual*.[7]

É comum, contudo, que a utilização desses termos seja muitas vezes deturpada. Parece que o motivo disso é o fato de que tanto se escreveu e se fala em limitação e superação do dogma da vontade que não se dá mais importância à tutela jurídica da autonomia. Quer dizer, a preocupação com seu controle provocou o esquecimento da sua importância teórica e normativa, mas principalmente para a vida das pessoas.

Seguindo o sistema filosófico de Immanuel Kant, pode-se dizer que a autonomia da vontade é o poder do indivíduo de fazer atuar seus interesses morais. É um fato da *razão prática*. A autonomia é a expressão da vontade de produzir lei por si mesma, quer dizer, o próprio indivíduo cria para si um conjunto de regras de agir (razão prática). É uma vontade geral, que engloba aspectos morais, culturais e de conhecimento. É assim que a autonomia é o poder de autodeterminação da conduta. A autonomia torna o

---

[7] GALGANO, Francesco. *Diritto privato*. 9ª ed. Padova: CEDAM, 1996, pp. 24-25.

sujeito titular de suas ações, que são motivadas pela sua vontade e não pela influência de fatores externos. Por isso, o oposto de autonomia é a heteronomia: a primeira é a possibilidade de dar a si próprio uma lei, ditada pela razão; e a segunda é ditada pelo desejo (do outrem), e não pela razão.[8]

Tal vontade autônoma, contudo, pode ser direcionada à realização de relações sociais que, dada sua importância, estão normatizadas. Trata-se das relações jurídicas, vínculos entre sujeitos que produzem efeitos jurídicos e, por isso, recebem a tutela jurídica. Nesse caso, quando a autonomia da vontade é direcionada para o mundo do Direito, tendo como consequência a produção de um vínculo intersubjetivo que cria, modifica, transmite ou extingue direitos subjetivos (situação ou "relação" jurídica) ela é designada *autonomia privada*. Assim entende Francisco Amaral:[9]

> "É assim, o princípio de direito privado pelo qual o agente tem a possibilidade de praticar um ato jurídico, determinando-lhe o conteúdo, a forma e os efeitos. Seu campo de aplicação é, por excelência, o direito obrigacional, aquele em que o agente pode dispor como lhe aprouver, salvo disposição cogente em contrário".

Nesse sentido, deve-se destacar que a *vontade*, expressa em razão da autonomia do sujeito, constitui elemento necessário para a realização de todos os atos jurídicos. Trata-se do chamado *dogma da vontade*, que consiste em direcionar o querer humano para a realização de seus objetivos. Tanto que a vontade aparece como elemento essencial dos atos praticados por pessoas, seja em seu sentido *subjetivo* (vontade real, subjetiva, interna), seja em seu sentido *objetivo* (vontade declarada, manifestada, objetiva, exteriorizada).

Como dito, a autonomia privada é o poder atribuído pela lei aos sujeitos de direito para criar relações jurídicas para si, isto é, produzir efeitos jurídicos na ordem civil a partir da aquisição, modificação, transmissão e extinção de direitos subjetivos. Trata-se de uma manifestação da autonomia da vontade: é a liberdade de constituir vínculos jurídicos com outros sujeitos. Assim, escreve Carlos Alberto Ghersi:[10]

---

[8] KANT, Immanuel. *Crítica da razão prática*. São Paulo: Martin Claret, 2003, pp. 40-46; e KANT, Immanuel. *Fundamentação da metafísica dos costumes*. São Paulo: Martin Claret, 2002, pp. 81-87.
[9] AMARAL, Francisco. *Direito civil – introdução*, ob. cit., p. 347.
[10] GHERSI, Carlos Alberto. *Contratos civiles y comerciales*, ob. cit., pp. 103-104.

"La fuerza vinculante de lo regulado por la autonomía privada, según sabemos, en caso de autodeterminación o autorregulación de interesses, es libre y faculta a cada individuo a comprometerse en sus relaciones, en tal sentido. Pero, ejercida tal liberdad, inclinándose por la celebración de un negocio juridico determinada para la consecución de sus fines, non podrá liberarse de la obligación de cumplir con la palavra empeñada".

Toda pessoa é capaz de direitos e deveres na ordem civil (art. 2º do Código Civil). Isso significa que qualquer indivíduo recebe do ordenamento jurídico a possibilidade de ser titular em relações jurídicas desde o nascimento. É a chamada *capacidade de direito*. Bem diferente de *poder ter direitos é querer ter direitos*. Poder ter direitos depende do atributo concedido pelo ordenamento jurídico a todo nascido vivo, qual seja, a capacidade de direito. Porém, o indivíduo precisa *querer* adquirir direitos para exercer plenamente sua personalidade e capacidade. Neste caso, então, fala-se da vontade de praticar os atos jurídicos voluntários, que consiste na *autonomia privada* e *negocial*. Esses são, portanto, poderes atribuídos aos indivíduos para se vincularem juridicamente a outras pessoas, produzindo eficácia jurídica em sua esfera de atuação e exercendo plenamente sua capacidade de direito e personalidade civil.[11],[12]

---

[11] A autonomia privada é o poder de criar relações jurídicas de qualquer tipo, ou, como diz ASCENSÃO, José de Oliveira. *Direito civil. Teoria geral*. Vol. II. 2ª ed. Coimbra: Coimbra, 2003, p. 78: "a autonomia percorre todos os domínios da actividade humana e não apenas o domínio económico".

[12] Então, a autonomia privada aparece como sendo o poder fundamental dos chamados *atos voluntários* ou *atos jurídicos "lato sensu"*. Conforme escreve GALGANO, Francesco. *Diritto privato*, ob. cit., pp. 24-25, o vínculo jurídico que caracteriza as relações jurídicas tem como fonte o fato jurídico, que consiste em acontecimento social capaz de produzir eficácia jurídica e, consequentemente, obter tutela estatal. Esses acontecimentos, contudo, podem ocorrer por força da natureza – quando, então, são designados de *fatos jurídicos em sentido estrito* – ou pela ação humana consciente e dirigida à realização, concretização e execução de tal fato. Neste último caso fala-se em *ato jurídico em sentido amplo*. Quer dizer, determinados acontecimentos que repercutem na esfera jurídica de sujeitos são produzidos *voluntariamente* por tais pessoas. Tem-se aí a vontade como a liberdade de praticar tais fatos. Mas, neste caso, tal voluntariamente – que decorre da autonomia da vontade – será designada *autonomia privada*. Assim, a autonomia privada é caracterizada pela liberdade de, voluntária e conscientemente, praticar atos que irão vincular as pessoas e criar repercussões jurídicas em sua vida. Seguindo o modelo pandectístico de categorização dos institutos jurídicos, é possível dividir os atos jurídicos *lato sensu* em duas categorias: os *atos lesivos*, que podem ser ilícitos (arts. 186 e 187) ou lícitos

No caso do negócio jurídico, a vontade assume um papel mais protagonista, porque – para além de se direcionar favoravelmente à formação do vínculo – os indivíduos deverão, ainda, prever os efeitos e o regramento da relação constituída. O negócio jurídico tem eficácia *ex voluntate*.[13] Não à toa, Carlos Alberto Ghersi diz que o "negocio es un acto creador de derecho".[14]

O negócio jurídico é um instrumento de circulação de riquezas (bens e serviços). Ou seja, ele produzirá efeitos econômicos juridicamente tute-

(art. 188); e os atos *não lesivos*. No caso desta última categoria, tem-se ainda outra divisão: fala-se em *atos jurídicos em sentido estrito* (art. 185) e *negócio jurídico* (arts. 104 a 184). Ambos são produzidos de acordo com a vontade da pessoa, quer dizer, o indivíduo pratica se for do seu interesse. É a esta liberdade que se dá o nome de *autonomia privada*. Porém, essa forma da autonomia da vontade pode ser ampla ou mais restrita, ou seja, o espaço de atuação livre do indivíduo pode ser maior ou menor. No caso dos atos jurídicos *stricto sensu*, a autonomia privada é mais restrita, porque o indivíduo pratica ou não o ato, dependendo do seu interesse, que será expresso na sua vontade. Mas a liberdade de prever e estipular os efeitos jurídicos, de criar normas para o desenvolvimento da relação jurídica resultante de tal ato, é restrito. Isto porque os atos jurídicos em sentido estrito têm eficácia *ex legge*, ou seja, a aquisição, modificação e extinção de direitos, bem como as regras de conduta dos entes envolvidos na relação jurídica já estão previstos na lei. É o que ocorre, por exemplo, no casamento (à exceção dos efeitos patrimoniais do pacto antenupcial, que tem natureza contratual); no reconhecimento de paternidade-filiação; na tutela e curatela voluntárias.

[13] A despeito do negócio jurídico como categoria jurídica, normativa, científica e didática, podem-se apontar duas correntes doutrinárias: 1) *Teoria monista:* de origem francesa e com influências no *Code Napoleon*, nega autonomia ao negócio jurídico como categoria científica e normativa. Por essa razão, entende existir apenas os atos jurídicos *stricto sensu*, que tem como uma de suas espécies o contrato. Embora fundamentado em dogmas liberais, o *Code* tem como característica principal sua *concretude*, isto é, a pretensiosa previsão de todos os acontecimentos que podem se dar no âmbito do direito, de modo que o que não está previsto é porque a lei não quis disciplinar. Assim, a previsão de normas e efeitos para o contrato limita a autonomia e produz uma eficácia quase *ex legge*. O Código Civil brasileiro de 1916 seguiu essa orientação teórica; e 2) *Teoria dualista:* de origem germânica, é influenciada pela Pandectística e foi adotada pelo *Bürgerlichen Gesetzbuches* (*B.G.B.*) de 1896. O negócio jurídico é reconhecido como categoria autônoma na teoria do fato jurídico, sendo a expressão mais importante da autonomia privada, pois o ordenamento jurídico permite ao sujeitos a criação dos efeitos jurídico-econômicos de acordo com seus interesses. O vínculo se forma pela vontade da pessoa e se desenvolve de acordo com essa mesma vontade (eficácia *ex voluntate*). Então, aqui, o indivíduo pode, desde que legalmente constituídos, criar atos bilaterais de circulação de riquezas (contratos), transmitir propriedade para depois da sua morte (testamento, legado, codicilo), prometer recompensas (arts. 854 a 860) e apresentar propostas (art. 427). O Código Civil brasileiro de 2002 adotou essa teoria, conforme se verifica nos arts. 104 a 184 e art. 185. Ver AMARAL, Francisco. *Direito civil – introdução*, ob. cit., pp. 347 e segs.

[14] GHERSI, Carlos Alberto. *Contratos civiles y comerciales*, ob. cit., p. 103.

láveis na esfera individual das pessoas. Então, a autonomia negocial nada mais é que a vontade dirigida à produção desses efeitos jurídico-econômicos, representados pela aquisição, modificação, transmissão e extinção de direitos patrimoniais creditórios. Sendo assim, é fonte jurígena da obrigação negocial, enquanto a autonomia privada é uma fonte jurígena de direitos em sentido amplo (pessoais).

O negócio jurídico, tal qual concebido pela Pandectística, comporta algumas espécies. Uma delas – talvez a mais importante, ou pelo menos a socialmente predominante – é o *contrato*. Trata-se de um acordo de vontade que promove a circulação de riquezas entre pessoas, conforme sua definição amplamente divulgada e aceita. Não é obrigatório que se trate de uma circulação recíproca entre os sujeitos contratantes (sinalagmaticidade), pois há contrato em que apenas uma parte pode ter que prestar o crédito (gratuidade-unilateralidade). Então, o que distingue o contrato de outras modalidades de negócio se em todas elas a circulação de riquezas aparece como a característica comum?

A resposta está no fato de que a circulação somente ocorrerá se houver consenso recíproco entre os contratantes, isto é, se uma proposta (manifestação de vontade) foi aceita pela outra parte. Quer dizer, o contrato é o "encontro" de manifestações de vontade dos polos de um negócio, diferentemente de outras figuras negociais, como o testamento, o legado, o codicilo, a promessa de recompensa, pois nelas basta que uma das partes manifeste sua vontade para que o negócio se constitua, independentemente da vontade do outro sujeito, que irá adquirir seus direitos. Caso nada desejar, o adquirente dos direitos deverá renunciá-los. Tais figuras são chamadas de negócios unilaterais, porque basta a vontade de um sujeito para serem formadas; e os contratos são os típicos negócios bilaterais, já que dependem de duas vontades consonantes (proposta + aceitação).

Observe, então, que a autonomia negocial nos contratos é mais ampla, pois ambos os sujeitos que desejam contratar necessitam adequar seus interesses à vontade um do outro. Além disso, os efeitos a serem criados e o desenvolvimento do vínculo contratual dependem, igualmente, da expressão da autonomia negocial de cada sujeito até que se estabeleça um consenso entre elas.

Já no caso dos negócios unilaterais, a vontade e os efeitos são estipulados autonomamente pelo declarante da vontade. Ou seja, aquele que promete, testa, propõe ou lega tem ampla autonomia negocial para dispor e estabelecer os efeitos pretendidos. O beneficiário do negócio, contudo, tem sua autonomia reduzida, restrita a renunciar os direitos que adquiriu ou à sua posição negocial. Mas, deve-se frisar, para a constituição do negócio sua vontade é desnecessária.

Por essa razão, a autonomia negocial encontra uma especialização no âmbito do contrato, dada sua amplitude e maior relevância. Nesse sentido, fala-se em *autonomia contratual*. Assim entende João de Matos Antunes Varela:[15],[16]

> "A liberdade contratual é um corolário da *autonomia privada*, concebida como o poder que os particulares têm de fixar, por si próprios (*auto*...), a disciplina (*nomos*) juridicamente vinculativa dos seus interesses. A autonomia privada, que não se confunde com o dogma da vontade, é mais ampla do que a *liberdade contratual*, que se limita ao poder de auto-regulamentação dos interesses concretos e contrapostos das partes, mediante *acordos vinculativos*".

A autonomia contratual é, portanto, uma maneira de expressão (ou "espécie", se preferir) da autonomia negocial. E sua principal consequência é criar um vínculo com força de lei entre as partes.[17],[18]

---

[15] VARELA, João de Matos Antunes. *Das obrigações em geral*. Vol. I. 10ª ed. Coimbra: Almedina, 2005, pp. 231-232.

[16] Embora confundindo autonomia privada e liberdade contratual, ROPPO, Enzo. *O contrato*, ob. cit., p. 128, assim define o que pode ser tido por autonomia contratual: "[...] autonomia privada, ou autonomia contratual, significam liberdade dos sujeitos de determinar com a sua vontade, eventualmente aliada à vontade de uma contraparte no 'consenso' contratual, o conteúdo das obrigações que se pretende assumir, das modificações que se pretende introduzir no seu património".

[17] Nesse sentido, TRABUCCHI, Alberto. *Istituzioni do diritto civile*. 39ª ed. Padova: CEDAM, 1999, p. 643: "Il diritto riconosce l'obbligatorietà dei patti e presta le sue sanzioni per far rispettare il risultato di un libero acordo: *quod prius est libertatis postea fit necessitatis*. Lo *stare pactis*, per cui non ci si può liberare unilateralmente dall'obbligo assunto per contrato, è una necessità della collaborazione; i soggetti debbono osservare tanto i comandi imposti dalla legge (volontà dello Stato, eteronomia), quanto i precetti che essi stessi hanno volontariamente stabilito (autonomia)". Em tradução livre: "A lei reconhece a obrigatoriedade dos acordos e empresta suas sanções para impor o resultado de um acordo livre: *quod prius leste libertatis postea ajuste necessitatis*. O stare pactis, pelo qual não podemos liberar unilateralmente da obrigação assumida por contrato, é uma necessidade da colaboração; as partes devem observar os controles impostos pela lei (vontade do Estado, heteronomia), como os preceitos que elas próprias tenham voluntariamente estabelecidas (autonomia)".

[18] Os portugueses preferem designar a autonomia contratual como *liberdade contratual*. Nesse sentido, COSTA, Mario Julio de Almeida. *Direito das obrigações*. 12ª ed. Coimbra: Almedina,

Parece, inclusive, que o Código Civil brasileiro também seguiu a linha das especificações das autonomias e preferiu designar a autonomia contratual como liberdade. Fala-se aqui em *liberdade de contratar*, conforme se pode depreender do art. 421: "A liberdade de contratar será exercida em razão e nos limites da função social do contrato".[19],[20],[21]

2009, pp. 228-229: Uma das características que assinalámos ao direito das obrigações foi a da *autonomia privada, autonomia da vontade* ou *liberdade negocial*, que traduz a amplitude deixada aos particulares para disciplinarem os seus interesses. Essa faculdade de auto-regulamentação exprime-se, aqui, no *princípio da liberdade contratual* ou *da liberdade de contratar*. O Cód. Civ. afirma-o com toda a nitidez no pórtico das normas que dedica aos contratos: "Dentro dos limites da lei, as partes têm a faculdade de fixar livremente o conteúdo dos contratos, celebrar contratos diferentes dos previstos neste código ou incluir nestes as cláusulas que lhes aprouver" (art. 405º, nº 1). A regra consiste, pois, em os particulares, na área dos contratos, poderem agir por sua própria e autónoma vontade. Os limites que a lei imponha constituem a excepção.

[19] No caso do Código Civil italiano, a nomenclatura utilizada é a autonomia contratual: "Art. 1322 Autonomia contrattuale Le parti possono liberamente determinare il contenuto del contratto nei limiti imposti dalla legge (e dalle norme corporative). Le parti possono anche concludere contratti che non appartengono ai tipi aventi una disciplina particolare, purché siano diretti a realizzare interessi meritevoli di tutela secondo l'ordinamento giuridico". Em tradução livre: "Art. 1.322. Autonomia contratual. As partes são livres para determinar o conteúdo do contrato dentro dos limites impostos pela lei (e das regras corporativas). As partes podem também celebrar contratos com uma disciplina particular que não pertencem aos tipos previstos em lei, desde que tenham por objetivo produzir interesses legítimos segundo o ordenamento jurídico".

[20] No *Common Law*, a expressão da autonomia nos contratos, com o mesmo sentido que no *Civil Law*, é chamada *autonomy of partys*, conforme se verifica em MCCONNAUGHAY, Philip J. The scope of autonomy in international contracts and its relation to economic regulation and development. In: *Columbia Journal of Transnational Law*. Nº 3. Vol. 39, Columbia: Columbia, 2001, pp. 595 a 603.

[21] Veja o emprego dos termos em julgados do Superior Tribunal de Justiça. É interessante pesquisar como se comportam, no Brasil, os Tribunais. Como a pesquisa em cada Tribunal seria complexa e difícil de permitir conclusões, optou-se pelo Superior Tribunal de Justiça, pesquisando termos como "autonomia da vontade", "autonomia privada", "autonomia negocial", "autonomia contratual", "liberdade contratual" e "liberdade de contratar". O corte temporal foi o período entre 2010 e 2015. A pesquisa revelou que os julgados: 1) Nem sempre adotam a diferença de nomenclatura para as modalidades de "autonomia" (exs.: REsp. nº 1394463/SE; REsp. nº 1105663/SP; REsp. nº 1112796/PR; REsp. nº 1169334/RS; REsp. nº 1300831/PR; REsp. nº 1215289/SP); 2) Ora consideram as "autonomias" como princípios, isto é, um valor, e ora como qualidades do sujeito, ou forma de conduta. Aliás, no caso da autonomia privada, esta é empregada preferencialmente como princípio que rege as relações contratuais, e raramente é correlacionada com a cooperação, eticidade e preservação das legítimas expectativas (exs.: REsp. nº 1018296/SP; REsp. nº 1070316/SP; REsp. nº 1258389/PB; REsp. nº 1215289/SP; REsp. nº 1161522/AL; REsp. nº 1158815/RJ; REsp. nº 861711/RS; REsp. nº

A RESPONSABILIDADE CIVIL PELA VIOLAÇÃO À FUNÇÃO SOCIAL DO CONTRATO

Não se deve confundir *liberdade de contratar* com *liberdade contratual*. A primeira é a liberdade de *firmar* contratos, isto é, celebrá-los ou não; já a segunda, é a liberdade de *estabelecer o conteúdo das cláusulas* e condições do contrato.

972436/BA); 3) Não empregam o termo "autonomia privada" como manifestação jurídica da autonomia da vontade; confundem, aliás, esta última com a primeira (exs.: REsp. nº 1178555/PR; REsp. nº 1273955/RN; REsp. nº 921046/SC; REsp. nº 861196/SC; REsp. nº 1413717/PR); 4) Empregam o termo "autonomia da vontade" como sinônimo de "autonomia negocial" (exs.: REsp. nº 1415752/RJ; REsp. nº 1273955/RN; REsp. nº 977007/GO); 5) Confundem os termos "liberdade contratual" com "autonomia da vontade" (ex.: REsp. nº 977007/GO; REsp. nº 1119370/PE; REsp. nº 1018296/SP); 6) Tratam a autonomia privada como sendo a liberdade contratual e autonomia negocial. A propósito, restringem o primeiro termo a situações contratuais, parecendo preferir para os demais atos voluntários o termo "autonomia da vontade" (exs.: REsp. nº 1186789/RJ; REsp. nº 1169865/DF; REsp. nº 866343/MT; REsp. nº 1117563/SP); 7) O termo "autonomia contratual" aparece em poucos julgados, empregado de maneira correta (exs.: REsp. nº 976021/MG; REsp. nº 1339097/SP; AgRg no AREsp. nº 533200/RS; REsp. nº 1178555/PR; REsp. nº 966163/RS). Dentre os julgados, merece destaque o REsp. nº 861711/RS, que trata a liberdade contratual como um aspecto da autonomia privada, em acordo com as distinções doutrinárias: "RECURSO ESPECIAL. AÇÃO DE REINTEGRAÇÃO DE POSSE. CONTRATO DE LOCAÇÃO COM OPÇÃO DE COMPRA DE EQUIPAMENTO. MÁQUINA FOTOCOPIADORA. XÉROX. TRANSMUTAÇÃO PARA CONTRATO DE COMPRA E VENDA A PRAZO. PRINCÍPIO DA AUTONOMIA PRIVADA. MULTA CONTRATUAL REDUZIDA PARA 2%. REDUÇÃO QUE NÃO COMPROMETE A MORA RECONHECIDA EM PROVA PERICIAL. RESOLUÇÃO. REINTEGRAÇÃO DA POSSE DAS MAQUINAS. 1. Negativa de prestação jurisdicional não caracterizada, pois a circunstância de o acórdão recorrido não haver adotado a tese da recorrente não significa dizer que não prestou a jurisdição devida. 2. Ampliação do conceito básico de consumidor (art. 2º) para outras situações contratuais, com fundamento no art. 29 do CDC, quando caracterizada a condição de vulnerabilidade do contratante. 3. Inocorrência de reconhecimento, de ofício, de abusividade das cláusulas contratuais, pois, na apelação, houve a provocação do tribunal de origem, que acolheu a insurgência. Inaplicabilidade da Súmula 381/STJ. 4. Validade dos "contratos de locação com opção de compra" de máquinas fotocopiadoras, não se justificando sua transmutação em "compra e venda à prestação". Concreção do princípio da autonomia privada em sua dimensão primária (liberdade contratual). 5. Manutenção da redução da multa contratada de 10% para 2% por terem sido os pactos firmados após a edição da Lei nº 9.298/96. 6. Caracterizada a mora, com o inadimplemento de número expressivo de prestações, procede o pedido de reintegração de posse. 7. Dissídio jurisprudencial reconhecido, em face de precedente específico acerca do tema (REsp. nº 596.911/RS). RECURSO ESPECIAL PARCIALMENTE CONHECIDO E, NESTA PARTE, PROVIDO. (STJ, REsp. nº 861711/RS, 3ª Turma, Rel. Min. Paulo de Tarso Sanseverino, j. em 14/04/2011). De qualquer forma, a análise dos julgados leva a conclusões melancólicas de que o STJ não tem empregado os termos com precisão, não havendo rigor nesse sentido.

Tudo leva a crer, então, que quando o art. 421 fala em "liberdade de contratar", na realidade, ele pretendeu dizer liberdade de contratar *e* liberdade contratual. Quer dizer, o art. 421 volta-se a limitar a autonomia negocial-contratual como um todo. É a linha de raciocínio de José de Oliveira Ascensão, quando analisa o art. 405º do Código Civil português:[22]

> "O art. 405 fala em liberdade contratual. [...] com esta se querem abranger a liberdade de criação e a liberdade de estipulação. Ficam de fora a liberdade de negociação e a liberdade de vinculação. Mas daqui não se tira nenhuma intenção restritiva da lei, pois podemos chegar àquelas duas liberdades por mera interpretação enunciativa".

E como se expressa a liberdade ou autonomia contratual? Tal acontecerá por meio de cinco deliberações:

1. *Celebração:* que consiste em celebrar ou não o contrato, isto é, a liberdade de *contratar ou não*;
2. *Escolha do sujeito:* que se refere à possibilidade de escolher *com quem contratar*;
3. *Tipo contratual:* as partes escolhem as figuras contratuais já existentes ou elaboram uma nova modalidade (art. 425) de modo a melhor atender aos seus interesses;
4. *Estipulação:* refere-se à fixação do conteúdo do contrato, ou seja, de *como contratar*;
5. *Objeto:* escolha do objeto do contrato, ou seja, sobre *o que contratar*.

De acordo com Francesco Galgano[23] a autonomia contratual pode ser definida a partir de um aspecto negativo e outro aspecto positivo:

- Em *sentido negativo*, a autonomia contratual significa que ninguém poderá ser expropriado dos seus próprios bens ou ser obrigado a executar prestação em favor de outras pessoas; e
- Em *sentido positivo*, a autonomia contratual significa que os particulares podem, com ato próprio de vontade, constituir, regulamentar ou extinguir relações patrimoniais. Significa que podem dispor de seus bens e se obrigar a cumprir prestação em favor de outrem.

---

[22] ASCENSÃO, José de Oliveira. *Direito civil. Teoria geral*, ob. cit., p. 79.
[23] GALGANO, Francesco. *Diritto privato*. 9ª ed. Padova: CEDAM, 1996, p. 220.

Ainda segundo o autor, nesse aspecto positivo, a autonomia contratual se manifesta principalmente de três formas:

1. É uma *liberdade de escolha*: diz respeito à preferência das partes quanto ao tipo contratual previsto na lei que melhor atenda aos seus interesses;
2. É uma *liberdade de determinação*: se refere a como estabelecer o conteúdo do contrato, evidentemente que de acordo com a lei; e
3. É uma *liberdade de criar*: as partes podem convencionar figuras atípicas e inominadas de contrato, que não correspondem aos tipos contratuais previstos no Código Civil ou em outras leis.

No Brasil, existem diferenças metodológicas e normativas entre os atos voluntários, no sentido de o Código Civil adotar categorias e espécies de atos. Por exemplo, embora pertencentes à mesma categoria (atos jurídicos em sentido amplo), há diferenças entre os negócios jurídicos (arts. 104 a 184) e o ato jurídico em sentido estrito (art. 185). De igual maneira, verificam-se diferenças entre os tipos de negócios jurídicos, como ocorre com os contratos (arts. 421 a 839) e testamentos (arts. 1.857 a 1.911).

Por isso, é possível identificar que a distinção dos termos provoca duas consequências: a primeira é de ordem didático-metodológica, para responder a um questionamento que há tempos intriga a doutrina, qual seja, se o negócio jurídico é um conceito em crise; e a segunda de ordem normativa, isto é, se existe diferenças na disciplina jurídica de tais autonomias.

1.2. Consequências dogmáticas e práticas

Muito se discute sobre uma possível crise ou decadência da noção de negócio jurídico como categoria jurídica abstrata.[24] Por essa razão, pode-se questionar qual o papel ou a importância que as autonomias assumem em meio a essa discussão, e em que sentido elas poderiam contribuir para a defesa da manutenção do negócio como categoria jurídica.

O negócio jurídico, segundo Francisco Amaral, resulta de um processo de abstração iniciado com a Revolução Francesa, pautado nos princípios

---

[24] SCALISI, Vicenzo. La teoria del negozio giuridico a cento anni dal BGB. In: *Rivista di Diritto Civile*. Anno XLIV. N. 5. Padova: CEDAM, set./oct. 1998, pp. 535-582.

da liberdade e igualdade de todos perante a lei.[25] Mas, Hérnan Corral Talciani sustenta que:[26]

> "el auténtico factor que permitió el alumbramiento del negocio jurídico en la doctrina fue el sistema capitalista vigente a la época de la pandectística, sistema que necesitaba un instrumento jurídico apropiado para hacer triunfar los intereses de clase dominante y que lo encontro en esta figura que, reafirmando las cadenas del explotado, lo enganaba con una aparencia de libertad".

O conceito de negócio jurídico tem sido alvo de críticas e tentativas de superação em decorrência de seu caráter abstrato e de sua base ideológica: para os críticos, ele seria incapaz de englobar unitariamente figuras como os contratos, testamentos, promessas *etc.*, e é, ainda, símbolo de um liberalismo econômico e jurídico que não mais se sustenta a partir da constante intervenção estatal na condução econômica.[27] O negócio jurídico, assim, é criticado enquanto categoria e negada sua conveniência sistêmica e político-social. Francisco Amaral, por exemplo, escreve que:[28]

> "os interesses que atualmente o direito protege são os das pessoas que desempenham funções na sociedade, não os indivíduos em si, isolados, átomos da vida social. Cai por terra o mito do sujeito jurídico como fonte unitária, assim como o da igualdade de todos perante o direito (igualdade formal), que procura hoje realizar a igualdade material, isto é, a igualdade de oportunidade para satisfação das necessidades fundamentais".

Para Amaral, então, não se justifica a manutenção da categoria "negócio jurídico", entendendo que o que permanece em vigor é o ato jurídico

---

[25] AMARAL, Francisco. *Direito civil – introdução*, ob. cit., p. 376. Nesse sentido, FRAGA, Mirtô. Fatores voluntários de eficácia do negócio jurídico, In: *Arquivos do Ministério da Jutiça*. Nº 49. Brasília: Ministério da Justiça, jan./jun. 1996, p. 123, sustenta que "O estudo do negócio jurídico é de origem relativamente recente e feito, sobretudo, na Alemanha, onde, pode-se dizer, na realidade, se iniciou. Os romanos não trataram do negócio jurídico, abstratamente, embora tivessem tratado de outras categorias, que, hoje, chamamos de negócio jurídico".
[26] TALCIANI, Hérnan Corral. El negocio jurídico: ¿un concepto en crisis? A propósito de una obra de Giovanni B. Ferri. In: *Revista de Derecho Privado*. Madrid: Editoriales de Derecho Reunidas, ene. 1991, p. 27.
[27] AMARAL, Francisco. *Direito civil – introdução*, ob. cit., p. 379.
[28] AMARAL, Francisco. *Direito civil – introdução*, ob. cit., p. 381.

como gênero do qual o contrato seria uma espécie, aliás, de crescente importância.

Mas, o negócio jurídico deve ser plenamente desconsiderado? Não teria ele uma função metodológica e axiológica?

É com vistas a ir além dessa crítica ideológica e conferir à figura negocial uma visão mais objetiva e neutra que Giovvani Batistta Ferri pretende descobrir o sentido do negócio como manifestação da liberdade das pessoas no seio de uma ordem jurídica que pretende organizar e, às vezes, controlar aquela liberdade.[29] Ferri parte das seguintes premissas para a defesa do negócio jurídico como categoria abstrata:

1. A abstração e generalidade da categoria não são motivos para sua reprovação, pois este é um esquema próprio da ciência jurídica;
2. A ciência jurídica tem a finalidade de sistematizar e ordenar a fisionomia da realidade jurídica, quer dizer, organizar as figuras jurídicas de maneira geral, evidenciando o que une os institutos jurídicos;
3. O instituto não está fundamentado em critérios ideológicos, pois a figura estava presente, inclusive, no Direito soviético, ou seja, é capaz de ser compatível com qualquer sistema político; e
4. O negócio jurídico é expressão de um sistema autônomo de valores: "el negocio no es un *hecho*, es un *valor*; y este valor encuentra su eficacia o validez, no ya en su adecuación previa a los valores contenidos en el ordenamiento jurídico, sino em un análisis *ex post* de compatibilidad con dichos valores".[30]

Assim, se ideologicamente o negócio é decadente, metodológica e axiologicamente ele é reavivado, pois sendo ele uma categoria geral do ordenamento jurídico, cumpre importante papel dogmático, cuja função é a de sistematizar a realidade jurídica com vistas à aplicação do Direito na sociedade. Não se pode olvidar que o negócio representa a objetivação do tráfico jurídico. Dessa forma, a *vontade* das pessoas – que encontra nas figuras negociais sua possibilidade de expressão – segue mantendo-se como a pilastra sobre a qual descansa todo o sistema de intercâmbio privado de bens e serviços. É como conclui, por exemplo, Hérnan Corral Talciani: "el concepto de negocio jurídico, pese a los embates sufridos, sigue gozando

---

[29] TALCIANI, Hérnan Corral. El negocio jurídico: ¿un concepto en crisis?..., ob. cit., p. 28.
[30] TALCIANI, Hérnan Corral. El negocio jurídico: ¿un concepto en crisis?..., ob. cit., pp. 29-30.

de buena salud y que la supuesta crisis, más que anuncio de pronta muerte, es muestra de rejuvenecimiento de una teoría que parece estar llamada a prestar todavía muchos servicios".[31]

De fato, após a crescente funcionalização dos institutos de Direito Privado não há mais que se falar do negócio jurídico como mero ato de vontade individual. O conceito necessita, presentemente, ser revisitado a partir de tal perspectiva. É o que entende Antonio Junqueira de Azevedo:[32]

> "o negócio deve ser considerado como *aquilo que a sociedade vê como sendo o ato de vontade de alguém*. A perspectiva, através da qual o negócio jurídico deve ser encarado, passa a ser uma *perspectiva social*, e não individual. O negócio não é, no nosso modo de entender, propriamente o ato de vontade de alguém, mas, sim, o que a *sociedade vê como sendo o ato de vontade de alguém*. [...] o intérprete não deverá preocupar-se com o foro íntimo do agente, com a sua intenção, com aquilo que ele quis e não manifestou; deverá, antes, atender às *circunstâncias* que rodeiam o negócio e que socialmente lhe fixam os contornos, isto é, com aquilo que *aos outros* parece ser o que o agente queria".

Tudo o que foi dito em relação ao negócio jurídico está em íntima relação com o papel que a autonomia privada, negocial e contratual desempenha em termos teóricos. O negócio jurídico, hodiernamente, descobre uma nova natureza e função, qual seja, a de realizar os postulados axiológicos ultrassubjetivos do Direito Privado. Tem a categoria um importante papel a desempenhar na consecução dos valores jurídicos que os institutos relacionados ao tráfico jurídico e à circulação de riquezas devem consagrar.[33]

---

[31] TALCIANI, Hérnan Corral. El negocio jurídico: ¿un concepto en crisis?..., ob. cit., p. 32.

[32] AZEVEDO, Antonio Junqueira de. A conversão dos negócios jurídicos: seu interesse teórico e prático. In: *Estudos e pareceres de Direito Privado*. São Paulo: Saraiva, 2004, p. 131.

[33] Nesse sentido, escreve SCALISI, Vicenzo. La teoria del negozio giuridico a cento anni dal BGB, ob. cit., p. 578, que: "Colocato tra l'interesse e la sua realizzazione, individuato nella sua reale funzione prospettica e progettuale, restituito alla sua effettiva dimensione assiologico-pratica di fatto, il negozio riscopre la sua vera natura e riconquista il posto che gli compete nell sistema della fenomenologia giuridica. In quanto fenomeno del mondo reale, l'atto negoziale assume anche un preciso rilievo giuridico. Ma tale rilievo non può cogliersi sul piano della individuazione di una disciplina omogenea e uniforme, comune a tutti gli atti ricondicibili alla categoria, in quanto – siccome è emerso dalla indagine svolta – dal punto di vista del trattamento normativo esiste varietà e plurilità di discipline specifiche. E però non vi è dubbio che il senso e il fondamento stesso della figura restano pur sempre a dipendere dalla sua capicità di soddisfare una imprescindibile discontinuità dei diversi e

O negócio jurídico é um "reino" da liberdade, da autonomia, do exercício por si de seus interesses. Para tanto, deve a categoria se constituir em um conjunto de valores, normas, que possam fazer com que tal autonomia seja exercida com responsabilidade.

Situada a autonomia privada – e suas modalidades negocial e contratual – no âmbito da teoria do negócio jurídico, seu papel é renovado na nova caracterização do negócio como instrumento de realização dos valores do sistema jurídico privatístico.

Cada um dos atos voluntários – ato jurídico em sentido estrito, negócio jurídico e contrato – encontra fundamento e causa eficiente na autonomia da vontade que lhe permite se desenvolver.

Cada um desses atos, contudo, apresentará uma disciplina jurídica própria, constituída de princípios informadores e regras que preveem proibições, critérios de validade, responsabilidades e consequências para o ato praticado.

Não é equivocado afirmar, então, que assim como cada ato tem sua disciplina própria, também as autonomias privada, negocial e contratual terão disciplina diferenciada entre si, que no caso das disposições normativas se dá por meio da imposição de limitações às referidas vontades. A autonomia contratual é espécie de autonomia privada que é a manifestação juridicizante da autonomia da vontade. Têm, portanto, alguns pontos em comum em sua disciplina, tais como:

- O princípio da solidariedade, expresso por meio de uma relação cooperativa regrada pela função social e a boa-fé (*Suum cuique tribuere*);
- A responsabilidade no exercício de tal autonomia, pela qual o sujeito não pode causar dano a outrem (*Neminem lædere*);
- O respeito à confiança e às legítimas expectativas (*Pacta servare* ou *pacta sunt servanda*);
- A vontade livre e desembaraçada, não viciada.

molteplici tipi e statuti: esigenza senza la quale diviene impossibile la pensabilità stessa del diritto come sistema e delle categorie giuridiche come strumenti ordinatori e razionali. [...]. Il negozio – come si è già spiegato – esprime la sintesi organizzativa e la costante assiologica modale propria del processo di realizzazione di una intera classe di interessi umani e una rigorosa sistematica esige che come tale esso deve trovare adeguata recezione a livello di una corrispondente valutazione normativa che resti altrettanto costante tanto nella disciplina uniforme quanto nella normativa di settore".

Somente a partir dessa disciplina comum é que a relação privada ganha força vinculativa (*Uti lingua nuncupassit, ita jus, esto*), ou seja, conforme o que for deliberado que tenha força de lei.

Mas, em cada ato também é possível verificar uma disciplina própria de cada autonomia. Por exemplo: a liberdade contratual, além daquelas regras dos negócios jurídicos (arts. 104 a 184), também tem uma disciplina peculiar (arts. 421 a 839). De igual maneira, o testamento. Embora o art. 185 remeta às normas do negócio jurídico a disciplina dos atos jurídicos em sentido estrito *no que couber*, é certo também que eles têm uma disciplina peculiar (arts. 854 a 875). Veja, por exemplo, o que ocorre no caso do sistema próprio de invalidades do casamento (arts. 1.548 a 1.564). Assim, é possível verificar o seguinte:

- No caso da *autonomia privada*, como gênero de vontade destinada à formação de relações jurídicas de qualquer tipo, deve-se observar os efeitos da vinculação, os direitos criados e a responsabilidade no cumprimento dos deveres;
- A *autonomia negocial* se desenvolve obedecendo uma série de critérios de validade, nos quais o Código estabelece proibições, consequências para a violação e como o negócio deve ser;
- Em se tratando de *autonomia contratual* (liberdade de contratar ou liberdade contratual) a disciplina do Código é mais extensa, pois inclui, além de proibições, ações afirmativas para a consecução do acordo, visando à eficiência econômica do contrato. Aliás, essa referência é o grande propósito da autonomia contratual, desde que sem prejuízo à outra parte, a terceiro e à sociedade.

Ou seja, qual é a consequência prática – no sentido de diferencial normativo – entre as figuras de autonomia? É que à medida em que elas se especializam, maior se torna a disciplina incidente sobre cada uma disciplina delas: passa por um ordenamento mais genérico (autonomia privada), para uma pouco mais específica de relações econômicas (autonomia negocial) até chegar em um conjunto de normas mais especiais e detalhadas (autonomia contratual):

Autonomia da vontade	Regras e princípios morais, sociais e culturais, que dizem respeito ao modo de ser e agir do sujeito.
Autonomia privada	Princípios jurídicos de vinculação e responsabilidade civil, de acordo com as regras de capacidade (arts. 3º, 4º e 5º); tem a disciplina do direito subjetivo que pretende criar.
Autonomia negocial	Regida pelas normas gerais da Parte Geral do Código Civil (arts. 104 a 184), além daquelas do Livro das Sucessões (arts. 1.857 a 1.946).
Autonomia contratual	Além das disciplinas anteriores, encontra regras especiais que visam à eficiência econômica do contrato (arts. 421 a 839).

A autonomia, em qualquer de suas especificações, *foi, é* e *permanecerá sendo* um dos aspectos fundantes do Direito, afinal, só se fala em lei, democracia e dignidade quando há liberdade.

Por mais que se diga e se verifique uma limitação da autonomia do sujeito, não se pode negar sua persistência e, principalmente, sua importância nos dias de hoje para o desenvolvimento das potencialidades do indivíduo, que poderá agir de acordo com sua consciência e conveniência, porém com *responsabilidade*, ao que se pode sistematizar como *"limitação"*.

A limitação da liberdade contratual ocorre a partir de algumas formas de controle, tais como:

1. O *dirigismo estatal*, que consiste na interferência do Estado nas relações jurídicas privadas, como a família e o contrato, por exemplo;
2. A *positivação de regras*, em que o Estado cumpre seu dirigismo, criando diversas normas legislativas ou administrativas que regulamentam os atos voluntários, normas essas com natureza cogente e não cogente;
3. As *agências reguladoras*, responsáveis pela fiscalização de contratos e fixação de parâmetros gerais, de modo que muitas vezes suprem a vontade das pessoas;
4. Os *contratos de adesão*, cada vez mais comuns, especialmente quando se fala em contratos para utilização de serviços essenciais, tolhem a paridade entre os sujeitos; e
5. Os *contratos obrigatórios*, que soam paradoxais, mas em alguns aspectos da vida a pessoa não tem a liberdade de não contratar, como ocorre, por exemplo, nos casos de fornecimento de água, energia, internet, telefone, pois embora a pessoa possa recusá-los, se o fizer, não viverá dignamente e em condições de igualdade com os outros sujeitos do seu tempo.

A autonomia precisa ser resgatada na vivência e na atuação das pessoas, tanto no mundo dos fatos quanto no mundo do Direito. Essa é a verdade. Ela representa a *liberdade* do sujeito e o faz *agir* com responsabilidade. *Liberdade e responsabilidade*: um modo de viver e de ser educado. Especialmente no Brasil, um País em que as pessoas são cada vez mais tolhidas nas suas oportunidades de livre iniciativa, que se submetem a mandatários que sempre criam embaraços e dificuldades para as ações do sujeito, e que financiam um Estado centralizador e cada vez mais inoperante.

Não se trata de ressuscitar um dogma ultrapassado, mas deixar as pessoas livres e responsáveis pelos seus atos, de determinarem o que é melhor para si e para alcançar seus objetivos, desde que sem prejuízo à sociedade. Eis aí, então, o papel da função social do contrato como limite e causa do exercício da liberdade contratual e de contratar.

1.3. A autonomia contratual funcionalizada: a função social como razão para o exercício da liberdade de contratar

O exercício da liberdade no âmbito contratual deve ter como razão ou motivo superior para a contratação a *função social*. É o que se depreende da redação e da proposição normativa do art. 421. Em outras palavras: *a função social do contrato é a razão da ação de contratar*; logo, o art. 421 estabelece qual deve ser a *razão da ação de contratar*. Mas, o que significa analisar o art. 421 e, consequentemente, o exercício da liberdade de contratar, sendo uma *norma como razão para a ação?*[34] Cabe, aqui, uma reflexão de uma renovada Teoria da Norma Jurídica para melhor compreender, em termos práticos, em que consiste a funcionalização social da liberdade contratual, ou melhor, sua *releitura* ante os novos paradigmas do contrato e do Direito Civil.

Carlos E. Alchourrón e Eugenio Bulygin, Joseph Raz, Carlos Santiago Nino e Juan Carlos Bayón propuseram recentemente uma concepção cuja tendência é substituir as normas como últimos componentes do Direito por *razões para atuar*. Raz, Nino e Bayón, por exemplo, procuraram apontar que os enunciados de Direito são necessariamente resultados normativos de certas razões, sejam entendidas elas como fato ou como condicionantes de ações. Não restam dúvidas de que essa tendência representa uma nova concepção para o normativismo, adaptando-o ao paradigma pós-moderno

---

[34] FACHETTI, Gilberto; CASTELLANOS, Angel Rafael Mariño. A norma jurídica como razão para a ação. In: *Revista Forense*. Vol. 403. Rio de Janeiro: Forense, 2009, p. 553-568.

da Teoria do Direito.[35] É interessante a reconstrução ontológica das normas gerais contratuais a partir da axiologia do Código Civil, que virá a incorporar na sua definição de contrato as razões justificadoras, sem as quais não seria possível analisar as questões quanto à validade do contrato.

A função social do contrato deve ser entendida como um *comando (O)*, um conjunto de prescrições, e como *razão para a ação*. E por quê?

A norma do art. 421 deve ser cumprida por causa do valor *sociabilidade* que nela está impregnado; o fundamento do seu dever-ser está na axiologia contratual: *"Faço um contrato para fazer circular riquezas, desenvolver a economia, e a partir disso, para que as pessoas possam realizar seus legítimos objetivos".* É dessa maneira que se mitiga o *individualismo egoístico predatório*. Não se pode ser ingênuo em imaginar que alguém celebre um contrato pensando mais nos interesses sociais que nos seus próprios. Não se trata disso. Mas, o que quer a socialidade é impregnar essa preocupação com a repercussão coletiva do contrato nos fatores que influenciam o exercício da autonomia contratual. *A solidariedade deve ser internalizada na vontade do sujeito e na forma como exerce sua liberdade de contratar.* Por isso, a função social necessita ser um dever; a razão para a ação de livremente celebrar contratos.

A questão, aqui, não é de interpretação da situação pelo sujeito normativo (elemento psicológico), mas sim de compreensão da verdadeira essência do contrato: *"Se não celebro um contrato dentro dos padrões éticos da sociedade sofrerei sanção porque não estarei contribuindo com a atividade econômico-social".* Esse paradigma se faz necessário para compreender os valores que o contrato possui e o seu *telos* (τελος), qual seja, o de *realizar valores econômicos e sociais*.

Por isso, quando se interpreta o art. 421 é preciso ter uma certa sensibilidade social. O ordenamento jurídico é um sistema de comandos, e a sanção exerce um importante papel instrumental para a sua funcionalidade, do qual se conclui que a normatividade do Direito equivale à sua imperatividade ou coatividade. Porém, não se pode dar ao art. 421 essa noção tão-somente, ou seja, não é possível conceber o elemento normativo apenas como um comando, pois isso implicaria em reduzir o papel da função social, que, em sua essência, é voltada à realização de valores, de um sistema axiológico-teleológico.

---

[35] ALCHOURRÓN, Carlos y BULYGIN, Eugenio. Norma jurídica. In.: VALDÉS, Ernesto Garzón y LAPORTA, Francisco J. (comps.). *El derecho y la justicia*. 2ed. Madrid: Trotta, 2000, pp. 133-147.

Georg H. von Wright caracteriza as normas como prescrições, ou "linguagem em função diretiva".[36] Pretende, assim, demonstrar que as normas são o elemento central do processo de determinação das ações e intenções humanas. O principal ponto de toque entre a teoria da ação e a teoria da norma está no fato de as prescrições serem meio de controle de conduta e de explicação desta conduta.[37] Nesse sentido, Daniel González Lagier:[38]

> "Un agente puede obedecer las normas *para* evitar las consecuencias desagradables que su incumplimiento le acarretaria; en este caso, el agente actúa movido en realidad por un determinante interno (su intención de evitar un mal). En otras ocasiones, puede que el agente actúe porque acepta las reglas, bien haciendo suyos los fines que éstas persiguen, bien aceptándolas sin plantearse nada más. En este caso, el agente 'internaliza' las reglas".

O componente normativo do art. 421 é um indicador de força, com o fim de colocar o contrato a serviço da construção de uma sociedade contratante (e capitalista) justa e igualitária, na qual todos possam conviver pacífica e harmonicamente. O contratante, repita-se, deve *internalizar* essas circunstâncias. Só que as práticas contratuais não podem, apenas, ser impostas pela força, mas aceitas porque respaldadas pelos valores que a sociedade pretende que sejam concretizados. Tais razões levam a concluir que a proposição normativa resultante do art. 421 não é única e necessariamente *o obrigatório*, mas também *o fundamento do obrigatório*. Porém, não se trata de uma obrigatoriedade baseada num *fardo*, ou em um temor, em um medo, mas sim direcionada à consecução dos valores que estão por detrás dessa cláusula geral. *A função social não é apenas um instrumento de controle de conduta; é também a positivação dos valores essenciais de uma comuni-*

---

[36] LAGIER, Daniel González. *Acción y norma en G. H. von Wright*. Madrid: Centro de Estudios Constitucionales, 1995, p. 536, assim escreve: "Las prescripciones se adecúan al modelo de las ordenes, con el que, al menos desde Austin, se identifican las normas jurídicas (también para von Wright las 'leyes del Estado' son prescripciones): son dictadas por una autoridad a los sujetos normativos con el fin de que éstos adopten una conducta determinada y van acompañadas de la amenaza de una sanción para el caso de incumplimiento. El análisis que von Wright efectúa de la estructura y los elementos de las prescripciones (distinguiendo entre carácter, contenido, condición de aplicación, autoridad, sujeto normativo y ocasión) constituye una aportación clásica a la teoría de la norma".

[37] LAGIER, Daniel González. *Acción y norma en G. H. von Wright*, ob. cit., p. 532.

[38] LAGIER, Daniel González. *Acción y norma en G. H. von Wright*, ob. cit., p. 167.

dade e o mecanismo de realização desses valores. Ela não é só uma ação; é uma forma de estabelecer como obrigatório algo que deve ser feito segundo uma moral positiva. Nesse sentido, a função social é a *razão prática* do processo contratual.[39]

---

[39] Alguns juristas – a exemplo de RAZ, Joseph. *Razón práctica y normas.* 2ed., Madrid: Centro de Estudios Constitucionales, 1991; NINO, Carlos Santiago, *Introducción a la filosofía de la acción humana.* Buenos Aires: Eudeba, 1987; BAYÓN, Juan Carlos, *La normatividad del derecho:* deber jurídico y razones para la acción, Madrid, Centro de Estudios Constitucionales, 1991, e também BAYÓN, Juan Carlos. Razones y reglas: sobre el concepto de 'razón excluyente' de Joseph Raz. In. *Doxa – Cuadernos* de Filosofía del Derecho, nº 10, Alicante, Instituto Miguel de Cervantes, 1991 – defendem a idéia de que a norma jurídica é um fundamento para determinada ação, ou seja, a justificativa de um fazer. As normas são razões para atuar. Para tanto, a norma é caracterizada como *razão prática*, e não como ação. A principal tese de Raz é que algumas classes de regras (as categóricas e as permissivas) são razões para uma ação de tipo especial, e que mesmo os outros tipos de regras (como as que conferem poderes) estão logicamente relacionadas com tais razões (p. 12). O autor determina, ainda, o papel de uma teoria normativa baseada na filosofia prática: preocupa-se fundamentalmente em *determinar o que se deve fazer.* Pressupõe, então, alguma teoria do valor e desta derivam as exigências que impõem conduta aos indivíduos. Tem por problema principal solucionar quem deve realizar quais valores, e como deve fazê-lo. Já sua tarefa principal é determinar quem tem a responsabilidade de realizar este ou aquele valor (p. 14). Assim, o livro de Raz é um estudo de *teoria normativa.* A síntese das ideias de Raz é a seguinte, segundo PINTO, José Delgado. Normatividad del derecho, ob. cit., p. 434: "los enunciados en los que se afirma que una persona tiene la obligación de realizar una conducta, equivalen lógicamente a enunciados en los que se afirma que existe una razón para que la persona en cuestión lleve a cabo dicha conducta. [...]. Ha de tratarse de una razón objetiva, de una razón de tipo moral. Por tanto, los enunciados normativos de deber, como los que formula un juez, representan exigencias morales, han de fundamentarse en una razón moral; quien los formula tiene que sustentar la creencia de que, en último término, existe una razón moral que los fundamenta". Cabe determinar a que se refere o termo "razões", sendo útil, para tanto, o exemplo oferecido pelo próprio Raz: não parece natural dizer que o enunciado *"Choverá!"* é uma razão para que leve um guarda-chuva; é ou o *fato* de que choverá, ou minha *crença* de que choverá o que deve ser citado como razão para que leve o guarda-chuva. A referência às razões está relacionada com *explicação, valoração,* isto é, aquilo que *guia* a conduta das pessoas (pp. 18-19). Bem explicam a idéia de Raz as seguintes palavras de ALCHOURRÓN, Carlos y BULYGIN, Eugenio. Norma jurídica, ob. cit., p. 144: "De acuerdo con Raz, las razones para la acción son hechos. Pero los enunciados que dicen que un determinado hecho es una razón para una cierta acción, a los que determinaremos *brevitatis causae,* 'enunciados de razón', no son meras descripciones de hechos. Tales enunciados suponen una relación condicional entre determinados hechos y determinadas acciones. Esta relación, sin embargo, no consiste en que cada vez que se da el hecho, también se da la acción. Mas bien, la acción *debe* realizarse cuando se da la razón para la acción, es decir, el hecho antecedente".

Quando se diz que há uma regra segundo a qual se deve fazer *x*, na verdade o que está sendo especificado é a *razão* para aquela conduta *x*, cuja existência se afirmou por meio do uso de uma oração de dever-ser.[40]

A norma jurídica é a maneira de estabelecer algo como obrigatório, aquilo que *deve-ser* socialmente a partir de certo modelo de convivência e realização de objetivos traçados para a comunidade, um paradigma normativo-ideológico que expressa o triunfo e a defesa de certa perspectiva social. Tal paradigma sintetiza um processo de transformação e desenvolvimento da comunidade e orientam todo o processo de criação, interpretação e da própria realização das ações que concretizarão os mais importantes pilares axiológicos e teleológicos do contrato. Segundo Juan Carlos Bayón, um juízo de dever-ser é um enunciado pelo qual o emissor expressa a existência de certas razões para a ação, consideradas independentes do fato que está formulado no enunciado.[41],[42]

Martinho Garcez Neto[43] e Frederico Eduardo Zenedin Glitz[44] esclarecem que no Brasil sempre houve um debate entre duas correntes sobre a limitação da autonomia contratual. Em primeiro lugar, tem-se a teoria clássica, para a qual os sujeitos devem ter ampla liberdade para negociar, cabendo à lei estabelecer limites como condicionantes da legalidade do ato, ou seja, proibições para a prática de certos contratos ou estabelecimento

---

[40] RAZ, Joseph. *Razón práctica y normas*, ob. cit., p. 57. Ou seja, norma em si é a razão que levou àquela oração prescritiva. Assim: *"Todo motorista deve parar diante de um semáforo vermelho"*. A obediência a essa regra não é porque *"se não parar o indivíduo será multado"*, mas sim porque *"se não parar poderá lesionar a outrem"*. Evitar a lesão ao outro é a razão daquela prescrição, e é isto a norma. A norma é o valor que tem o Direito: no caso, *neminem lædere*.

[41] BAYÓN, Juan Carlos, *La normatividad del derecho*, citado por LAGIER, Daniel González. *Acción y norma en G. H. von Wright*, ob. cit., p. 355.

[42] A importância do conceito de razão como elemento chave para a explicação das normas está em tratar a existência das normas como validez normativa. ALCHOURRÓN, Carlos y BULYGIN, Eugenio. Norma jurídica, ob. cit., p. 137-138, explicam o significado desta compreensão com base nas propostas de Raz e Nino: "una norma existe cuando es obligatoria, es decir, cuando el o los destinatários de la norma tienen la obligación de cumprirla. Esto ocurre cuando la norma logra establecer la obligación que prescribe, lo cual implica que la norma está justificada. [...] predicar validez (en este sentido) de una norma no es describir um hecho, sino prescribir la obligación de obedecerla".

[43] GARCEZ NETO, Martinho. Autonomia da vontade. In: *Temas de Direito Civil*. Rio de Janeiro: Renovar, 2000, p. 40.

[44] GLITZ, Frederico Eduardo Zenedin. *La globalización del derecho contractual*. São Paulo: Clássica, 2012, p. 326.

de certas condições. Por outro lado, há uma corrente intervencionista que vai além dos limites, reconhecendo que existem *razões* que condicionam o contrato.

A função social de que trata a norma do art. 421 é a razão para a ação de exercer a liberdade de contratar; é uma *razão prática* segundo certa moral, certa ideologia. Enquanto programação social de condutas e ações, a norma do art. 421 constitui a expressão das razões que a animam e em consequência são uma forma de enunciar certos fins a atingir no âmbito de um contrato. Mas, poderia ser perguntado *qual a fonte desses fins ou de onde derivam.* Ou, ainda, *quem determina quais as razões que devem ser tidas em conta para a formulação de ações.* Ou, *que ações devem ser juridicizadas.* Essas questões relacionam-se com a própria fonte e fundamento do Direito como sistema regulador.

Esse trabalho enfrenta a questão da liberdade funcionalizada do sujeito, da violação dessa funcionalização e do dever de indenizar os prejuízos causados pela desfuncionalização.

Capítulo 2
A Funcionalização Social do Contrato

Esse é um trabalho de dogmática jurídica, ou seja, que pretende uma análise da eficácia jurídica da cláusula geral da função social do contrato. O discurso político e sociológico em torno do tema– muitas vezes meramente retórico – não é prescindido, mas deixado como uma abordagem secundária.

Claro que a visão política, sociológica e filosófica em torno da função social é de extrema importância para o tratamento universal do tema. O problema é que muitos juristas acabam relegando o aspecto jurídico, que nosso ramo do conhecimento deve priorizar, a um segundo plano, o que não parece adequado, pois pode deturpar o real sentido da *ratio legis* e da *ratio legistoris*. Ao mesmo tempo em que a principiologia jurídica é importante para perseguir o *bom Direito*, torna-se também uma matéria que deve ser analisada com maior precisão. É o que ocorre com a função social.

Afinal de contas, o que é essa tal função? Para que ou ao que serve? Por que se deve agir de acordo com ela? As respostas a essas perguntas sempre são dadas em um ciclo vicioso que gira em torno do *interesse social*, da *sociabilização*, do rompimento com os *paradigmas liberais* e, por fim, como sempre, a *dignidade humana*. Sinceramente, essas respostas nunca satisfazem; são conclusões melancólicas porque são, verdadeiramente, *vazias*.

A formação do jurista brasileiro, muito influenciada pela manualística, acaba tendo uma visão *an passant* desse assunto que deve ser analisado em perspectiva um pouco mais crítica e tópica.

Por isso, ao abordar o significado e importância da função social tem-se as seguintes preocupações:

1. Que a função social não seja o centro de um discurso meramente retórico, que fecha com chave de ouro opiniões pessoais que se quer "objetivar" e dar significado jurídico;
2. A função social não pode se tornar um modo sutil de intervenção arbitrária do Estado por meio do Judiciário ou políticas nela fundamentada na economia e na iniciativa privada. Afinal, alguns juízes fazem caridade com o patrimônio dos outros; e
3. Não transformar o Código Civil em lei análoga ao Código de Defesa do Consumidor, de modo a fundamentar na função social uma igualdade material que não condiz com os contratos cíveis e mercantis, tratando uma das partes como hipossuficientes. Não existe hipossuficiência no Direito Civil; o que existe é desequilíbrio na comutatividade das prestações. Aí sim uma parte é favorecida, por imperativo do *favor deboli* ou *favor debitoris*, para que ambas alcancem seus objetivos práticos, afinal, a relação obrigacional é um processo cooperativo[45], para que o contrato seja "bom para ambas as partes".

Que fique claro, porém, que não se quer dizer que a função social deve ser relegada a segundo plano, que não tem importância, que deve ser evitada nas fundamentações teóricas e judiciais. Jamais. O que se pretende é *dar significado preciso à cláusula geral*, não em reverência à lei, à dogmática, à "pureza do Direito" e a tudo aquilo que aqueles que se julgam "modernos" criticam.

E por que é importante se analisar nessa perspectiva? Por um motivo muito simples: o Código Civil é fundamentado no princípio da operabilidade.[46]

2.1. A função econômica como causa do contrato

O contrato, antes de um conceito jurídico e um instrumento ideológico, é uma *operação econômica*. Nesse sentido, Enzo Roppo, o jurista que mais destacou esse aspecto do negócio, caracteriza-o como a formalização de uma operação econômica, ou, em sua célebre definição amplamente difun-

---

[45] COUTO E SILVA, Clóvis Veríssimo do. *A obrigação como processo*. Rio de Janeiro: FGV, 2007.
[46] Partindo dessa ideia está MARTINS-COSTA, Judith. Reflexões sobre o princípio da função social do contrato. In: *Revista DireitoGV*. Vol. 1, nº 1, maio/2005, pp. 42-43, interessada em dar caráter operativo aos princípios.

dida, o contrato é a "veste jurídico-formal de operações econômicas", de modo que *onde não há operação económica, não pode haver também contrato*.[47]

O contrato enquanto operação econômica é um ponto de vista tão importante que fundamenta a teoria finalista que caracteriza o consumidor no Código de Defesa do Consumidor. Pelo art. 2º da Lei nº 8.078/90, só pode ser considerado consumidor aquele que exaure a função econômica do bem ou serviço, isto é, exclui o bem ou serviço de forma definitiva do mercado de consumo.[48]

Essa constatação permite concluir que todo contrato tem um conteúdo *patrimonial*, no qual um determinado valor se transfere do patrimônio de uma pessoa para outra. Nessa transferência, poderá haver ou não *correspectividade*, isto é, troca, sinalágma. Mas, para haver uma operação econômica, é irrelevante a bilateralidade, bastando a unilateralidade prestacional.[49]

Um exemplo de repercussão prática dessa discussão foi a solução dada pela Terceira Turma do Superior Tribunal de Justiça no Resp. nº 1.491.611/PR. O recurso versava sobre ação de reintegração de posse cumulada com perdas e danos proposta por sociedade de arrendamento mercantil contra arrendatário, motivada por inadimplência contratual.

No juízo de piso a sentença, levou em consideração: 1) o péssimo estado de conservação dos bens localizados; e 2) o pagamento de apenas 08 das 24 apenas parcelas pactuadas. Por essa razão, a sentença converteu a ação de reintegração de posse em perdas e danos, utilizando-se do valor do contrato para a fixação da indenização.

Em apelação, a ré desapossada sustentou que foi condenada ao pagamento das parcelas vencidas e não pagas no contrato de arrendamento mercantil, bem como das perdas e danos, sem que tenham sido delimitados os parâmetros para a sua fixação. Juntamente com a reintegração, a ré alegou ter sofrido *bis in idem* na sua sanção por inadimplemento. O TJPR asseverou que a recorrente foi condenada ao pagamento de perdas e danos, fixado com base no valor das prestações vencidas e não pagas e das vincendas, utilizando como parâmetro o próprio contrato em discussão.

---

[47] ROPPO, Enzo. *O contrato*. Tradução de Ana Coimbra e M. Januário C. Gomes. Coimbra: Almedina, 1988, pp. 09 e 11.

[48] Para o Superior Tribunal de Justiça, consumidor é aquele que retira o produto do mercado e não o utiliza para auferir lucro. Nesse sentido, o REsp. nº 1.203.109/MG, Terceira Turma, Rel. Min. Marco Aurélio Bellizze, j. em 05/05/2015.

[49] ROPPO, Enzo. *O contrato*, ob. cit., p. 15.

No Recurso Especial, a recorrente alega que não há como condená-la ao pagamento das parcelas contratualmente previstas quando foram reintegrados vários bens arrendados. Porém, para a Terceira Turma, diante da impossibilidade de recuperação dos bens, do estado daqueles que foram recuperados, do decurso do tempo e do inadimplemento, a condenação foi ajustada.

Para o STJ, os bens objeto do contrato não possuíam valor econômico significativo: "as contraprestações e demais pagamentos previstos no contrato, devidos pela arrendatária, sejam normalmente suficientes para que a arrendadora recupere o custo do bem arrendado durante o prazo contratual da operação e, adicionalmente, obtenha um retorno sobre os recursos investidos". Por isso, a Turma decidiu que "o VRG somado com as contraprestações pelo aluguel e demais despesas eventuais, deve equivaler ao montante necessário para que o arrendador possa recuperar o valor do bem arrendado e possa obter, além disso, um retorno do investimento, interesse que é seu de forma plenamente legítima, observada a função econômica da contratação, resguardando-se ao máximo o desejável equilíbrio econômico-financeiro do pacto".

Desse caso, se observa que o Tribunal se preocupou em garantir a função econômica, isto é, patrimonial, do contrato de *leasing*. Nesse caso de inadimplência em contrato de *leasing* mercantil, com ou sem reintegração da coisa, foi assegurado ao arrendador o montante necessário para que recupere o valor arrendado e possa obter, além disso, um retorno do investimento, na forma da legislação de regência, observando-se a função econômica da contratação, resguardado ao máximo o desejável equilíbrio econômico-financeiro.[50]

---

[50] STJ, Resp. nº 1.491.611/PR, Terceira Turma, Rel. Min. Ricardo Villas Bôas Cueva, j. em 09/06/2015: "RECURSO ESPECIAL. ARRENDAMENTO MERCANTIL FINANCEIRO. LEASING. AÇÃO DE REINTEGRAÇÃO DE POSSE CUMULADA COM PERDAS E DANOS. INADIMPLÊNCIA. PRESCRIÇÃO INTERCORRENTE. INEXISTÊNCIA. SÚMULA Nº 106/STJ. REEXAME DE PROVAS. SÚMULA Nº 7/STJ. BENS PARCIALMENTE RECUPERADOS. VALOR ECONÔMICO INSIGNIFICANTE. INDENIZAÇÃO. RECUPERAÇÃO DO VALOR DO BEM. RETORNO DO INVESTIMENTO. JUROS DE MORA. ISS. BASE DE CÁLCULO. VALOR DA OPERAÇÃO CONTRATADA. [...]". De igual modo: STJ, REsp. nº 1.060.210/SC, Rel. Min. Napoleão Nunes Maia Filho, Primeira Seção, j. em 28/11/2012; STJ, AgRg. no AREsp. 221.321/SP, Rel. Min. Ricardo Villas Bôas Cueva, Terceira Turma, j. em 05/02/2013; STJ, REsp. nº 1.099.212/RJ, Rel. p/ acórdão Min. Ricardo Villas Bôas Cueva, Segunda Seção, j. em 27/02/2013; STJ, AgRg no AREsp nº 636.839/RJ, Rel. Min. Luis Felipe

A FUNCIONALIZAÇÃO SOCIAL DO CONTRATO

É possível afirmar, outrossim, que o *contrato é um meio*, e não um fim: o valor que ele persegue é o patrimônio, isto é, a *propriedade privada*, de modo que ele é o instrumento tradicional para a aquisição patrimonial, o enriquecimento, e não um valor em si mesmo.

Segundo Enzo Roppo, o *contrato-operação* econômica consiste em um fato social (ou, um fenômeno econômico-social), e o *contrato-conceito* jurídico é a sua formalização. Então, ele é um *jogo de interesses*, que pode ser assim analisado[51]:

> "As situações, as relações, os interesses que constituem a substância real de qualquer contrato podem ser resumidos na ideia de *operação económica*. De facto, falar de contrato significa sempre remeter – explícita ou implicitamente, directa ou mediatamente – para a ideia de operação económica".

Logo, a substância do contrato é:

1. *Posições:* que consistem nos direitos e deveres patrimoniais ou apreciáveis pecuniariamente que decorrem do acordo de vontades;
2. *Situações:* caracterizado pelo vínculo obrigatório que tem força de lei constituído entre dois sujeitos (ou *pacta sunt servanda*);
3. *Interesses:* são os objetivos do contrato, que sempre envolvem a propriedade, embora outros fatores, de outra natureza, podem levar à constituição de um vínculo.

A essência do contrato é seu caráter pecuniário. Veja, por exemplo, o art. 1.321 do Código Civil italiano (1942):

> "Art. 1.321. Nozione. Il contratto è l'accordo di due o più parti per costituire, regolare o estinguere tra loro un rapporto giuridico patrimoniale".

Também no caso do Código Civil português (1966), seus artigos 397º e 398º deixam claro o valor monetário das obrigações, especialmente o § 2 do art. 398º:

> "Artigo 397º. Noção. Obrigação é o vínculo jurídico por virtude do qual uma pessoa fica adstrita para com outra à realização de uma prestação";

Salomão, Quarta Turma, j. em 28/04/2015; e EDcl no AgRg no RMS nº 42.231/SP, Rel. Min. Moura Ribeiro, Terceira Turma, julgado em 05/05/2015.

[51] ROPPO, Enzo. *O contrato*, ob. cit., p. 08.

"Artigo 398º. Conteúdo da prestação. 1 – As partes podem fixar livremente, dentro dos limites da lei, o conteúdo positivo ou negativo da prestação. 2 – A prestação não necessita de ter valor pecuniário; mas deve corresponder a um interesse do credor, digno de protecção legal".

No Brasil, o Código Civil não definiu expressamente o que entende por "contrato", "negócio jurídico" e "obrigação", muito embora a leitura do art. 421 permita, implicitamente, dizer que o contrato é a relação jurídica formada a partir da liberdade individual, com função social.

Enzo Roppo identifica as características objetivas que tornam uma determinada relação em operação econômica[52], e que aqui serão caracterizadas da seguinte maneira:

1. *Circulação de riquezas:* o objeto da operação – e, consequentemente, da prestação contratual – é sempre uma *riqueza*, um gênero que compreende *bens, serviços* e *valores*. Não se trata, necessariamente, de dinheiro ou coisa, mas também da prestação de condutas: em se tratando de um *fazer*, a energia dispensada pelo trabalho; no caso de um *não fazer*, a inércia que impossibilita o incremento patrimonial;

2. *Natureza útil do objeto:* A prestação terá por objeto, sempre, uma *utilidade*. Significa que não terá a natureza exclusivamente de um bem corpóreo, podendo ser algo imaterial, como um direito. Quer dizer, a riqueza é tudo aquilo que repercute de certa forma em um valor pecuniário ou monetário;

3. *Transferência de riqueza:* os objetos da operação ou prestação circulam na forma de *transferência*, que consiste no deslocamento da riqueza do patrimônio de uma das partes para o da outra. Tal transferência pode ser *recíproca* (sinalagmaticidade) e *comutativa* (equilíbrio entre os valores), ou não ter correspondência (unilateralidade, gratuidade e aleatoriedade). O que importa, segundo Roppo, é que ao menos uma das partes desloque patrimônio, independentemente de qualquer condição ou razão de ordem subjetiva.

Dessa maneira, a operação econômica contratual é identificada por elementos objetivos essencialmente suscetíveis de avaliação pecuniária, sendo irrelevante o interesse "subjetivo" das pessoas envolvidas.

[52] ROPPO, Enzo. *O contrato*, ob. cit., p. 13.

A FUNCIONALIZAÇÃO SOCIAL DO CONTRATO

De acordo com a *Teoria dos Custos de Transação* do economista Oliver Eaton Williamson, a operação econômica implica em permuta onerosa e não de utilidades. Cabe ao mercado balizar os valores das transações.

Pode-se entender, então, que o contrato corresponde a uma movimentação econômico-patrimonial, caracterizada por uma relação de preponderância, pois podem existir outros objetivos, como humanitários, assistenciais, liberalidades, agraciamentos. O que importa não é necessariamente o que levou, em âmbito subjetivo, alguém a concluir o contrato, mas o que ocorre: enriquecimento e a circulação de utilidades e riquezas.[53]

A *Teoria dos Custos de Transação* compreende o contrato como um processo, que se desenvolve a partir de algumas fases preliminares que aqui se sistematizam da seguinte maneira:

1. *Reflexões:* trata-se de uma avaliação econômica, social e moral a respeito das vantagens a serem obtidas na relação contratual consumada, uma ponderação entre possíveis perdas e ganhos, entre vantagens e desvantagens;
2. *Escolha do tipo negocial:* é o momento em que se define qual o tipo de contrato se quer celebrar para alcançar os objetivos econômicos;
3. *Análise das condições:* é o momento no qual o agente econômico vislumbra as condições de desenvolvimento da relação contratual: com quem contratará, como contratará, quais valores podem ser fixados, o objeto das prestações e seu estado de qualidade;
4. *Negociações:* é o momento em que são feitas as propostas, as contrapropostas e se procede às aceitações recíprocas, de forma a dar conteúdo ao negócio a ser executado. Trata-se da figura jurídica já conhecida como "negociações preliminares" da fase pré-contratual (art. 427 c/c art. 422).

Essas fases dependem de uma análise de custos da contratação, os *custos da transação*, que compreende uma ponderação entre os benefícios e os ônus. Ora, o contrato somente será realizado se a parte interessada proceder a um juízo patrimonial favorável. Do contrário, parece óbvio que a

---

[53] Para melhor compreender essa teoria e sua relação com o Direito Contratual, veja: POMPEU, Ivan Guimarães; POMPEU, Renata Guimarães. O contrato como operação econômica: contributo científico a partir da obra de Enzo Roppo. In: *Revista da Faculdade Mineira de Direito.* Vol.12. Nº 23, jan./jun. 2011, pp. 122-135.

intenção de contratar não prosseguirá. Nesse sentido, a causa propulsora de um contrato é a vantagem patrimonial (custo de transação favorável) que pode ser obtida pela pessoa contratante.

Para Oliver Williamson, essa análise de benefícios leva em conta: 1) os benefícios perseguidos pelos usos do mercado; 2) os ganhos em economia de escala; 3) os ganhos em economia de aprendizagem; 4) a redução dos custos de agência; 5) a redução dos custos de influência.[54]

Huáscar Fialho Pessali[55] descreve a fundamentação principal de Williamson sobre a abrangência de sua teoria como um problema de contratação, que é relação de troca de valores que caracterizam o sistema produtivo capitalista e a circulação de riquezas, que na linguagem da Economia designa-se *transação*:

> "A transação é a passagem de um bem ou serviço em elaboração entre interfaces tecnologicamente separáveis e a proposta da TCT é a de que ela seja a unidade básica de análise. Deste modo, o conjunto de características das transações passam a ser vistas como principal determinante da forma de organização da produção do bem ou serviço envolvido. Os custos de transação são análogos ao atrito em sistemas estudados pela Física. Como Coase já havia se referido, eles são os custos nos quais há de se incorrer quando se recorre ao mercado, ou como sugerido por Arrow (1969, citado por Williamson, 1985: 18), são *'os custos de levar adiante o sistema econômico'*. De forma mais direta, Niehans (1987) exemplifica os custos de transação ao identificá-los com

---

[54] WILLIAMSON, Oliver E. Transaction Cost Economics. In: SCHMALENSEE, R. & WILLIG, R. D. (eds.). *Handbook of Industrial Organization*. Elsevier Science Publishers, vol. 1, 1989, p. 135-182.

[55] PESSALI, Huáscar Fialho. Teoria dos custos de transação: hibridismo teórico? In: *Economia em Revista*. Vol. 08. Departamento de Economia da Universidade Estadual de Maringá, 1999, pp. 44-45. E prossegue: "Este argumento dá margem a vários desdobramentos dos supostos da TCT. Dele retiramos, em primeiro lugar, que o principal (embora não o único) objetivo das instituições econômicas (firmas, mercados e contratos) é justamente economizar os custos de transação. As transações não são homogêneas; ao contrário, poucas delas podem ser reduzidas a características idênticas (das quais falaremos adiante), e por isso, diferentes transações são atribuídas a diferentes formas de organização, em que cada uma delas deverá ser capaz de reduzir os custos necessários à sua execução. Na verdade, o que se busca é a redução da soma de custos de produção e de transação. O próprio Williamson (1985: 17) diz tratar-se de um estratagema esta ênfase tão forte na economização dos custos de transação e na forma de organização da produção capaz de realizá-la de modo mais eficiente, que intenciona desviar atenção das preocupações únicas com os impulsos tecnológicos e monopólicos prevalecentes no estudo da organização industrial".

A FUNCIONALIZAÇÃO SOCIAL DO CONTRATO

aqueles incorridos em localizar um outro agente disposto à transação, comunicarem-se e trocarem informações que não se resumem aos preços, enquanto os bens devem ser descritos, inspecionados, pesados e medidos; muitas vezes é preciso recorrer a um contrato escrito sob a proteção do ordenamento jurídico (ou mesmo privado), em que há custos para sua confecção, como a troca de documentos, a assistência de advogados, a manutenção de registros ou de instituições de reforço e acompanhamento. A TCT alega que as mudanças na organização industrial ocorrem primordialmente por motivos de eficiência. O caminho lógico deste argumento começa com a herança coaseana de que firmas e mercados são formas alternativas de organizar a produção. Lembremos que as transações econômicas podem ocorrer de duas maneiras: impessoalmente, através do mercado, ou através de contratos entre determinados agentes. Se o mercado apresenta custos para ser utilizado, pode ser que, através do acordo ou contrato, dois (ou mais) agentes encontrem um meio de evitá-los ou reduzi-los – isto porque estabelecer contratos também tem custos, tanto *ex ante* quanto *ex post* –, tornando a mesma transação mais barata".

Embora aqui se fale da função econômica, não se pode negar a repercussão negativa em âmbito social, ou, como diz Huáscar Fialho Pessali[56]: "Pode-se utilizar, para um exercício da situação, a idéia de gastos irrecuperáveis para um ativo específico, onde a quebra do contrato implica expor o mesmo à perda total (ou residual) de seu valor produtivo, ou a usos alternativos de baixo retorno". E demonstra essa relação entre os custos da transação o "mundo como ambiente complexo", o que no Direito Civil pode-se considerar como a função social:

"Em primeiro lugar focalizando o indivíduo, acredita-se que sua capacidade cognitiva seja limitada tanto para processar um grande número de informações que lhe é acessível (e/ou tomar decisões antes que novas informações alterem seus cálculos), quanto para prever eventos futuros. Se pudermos nos mover do indivíduo para o ambiente em que ele atua, veremos que fora dele o mundo continua sendo palco de novos fatos que lhe fogem completamente ao controle ou mesmo ao seu mero conhecimento, e que a natureza é essencialmente contingente. Além do mais, outros indivíduos estão tomando decisões sob as mesmas condições (o que significa diferentes graus de conhecimento

---

[56] PESSALI, Huáscar Fialho. Teoria dos custos de transação: hibridismo teórico?, ob. cit, pp. 49-50.

dos eventos ocorridos até o momento da decisão), e que também não estarão ao seu alcance. O mundo é um ambiente complexo e incerto. Já com o oportunismo, supõe-se que os agentes ajam intencional e calculadamente em seu próprio benefício, recorrendo inclusive a 'golpes baixos' (através de formas dolosas de distorção, ludíbrio e deturpação de informações). Novamente olhando do ambiente para o indivíduo, vêm os que esta é uma forte manifestação da incerteza vinculada ao comportamento dos agentes, ou mais ainda, ao comportamento estratégico dos agentes envolvidos em um contrato que de alguma forma e em algum grau condiciona uma dependência bi(multi) lateral. A incerteza que surge a partir do oportunismo individual é chamada por Williamson (1985: 58) de 'incerteza comportamental'."

De acordo com Williamson, citado por Huáscar Fialho Pessali, como forma de comprovar essa repercussão *extra* indivíduo dos custos de transação[57]:

"De forma geral, o oportunismo se refere à revelação incompleta ou distorcida de informações, e especialmente aos esforços calculados de enganar, distorcer, desorientar, ofuscar ou de algum modo confundir. Ele é responsável por condições reais ou planejadas de assimetria de informações, que complicam enormemente os problemas de organização econômica. [...]. Claramente, não fosse pelo oportunismo, os comportamentos poderiam ser governados por regras. Ainda mais, isso não exigiria um pré-planejamento compreensivo. Eventos não antecipados seriam tratados com regras gerais, através das quais as partes envolvidas concordariam em ser limitadas por ações voltadas à maximização conjunta de lucros".

É esse oportunismo que a função social e boa-fé vem combater: a solidariedade é uma estrutura de proteção e salvaguarda contra o oportunismo.[58]

---

[57] WILLIAMSON, Oliver E. Transaction Cost Economics, ob. cit., pp. 47-48. Esse trecho é uma citação e uma tradução de PESSALI, Huáscar Fialho. Teoria dos custos de transação: hibridismo teórico?, ob. cit, pp. 50-51.

[58] Concluindo com PESSALI, Huáscar Fialho. Teoria dos custos de transação: hibridismo teórico?, ob. cit, pp. 45-46 e 48, é possível afirmar/verificar que: "Outro desdobramento se relaciona aos custos de estabelecer e cumprir contratos. Os custos *ex ante* são mais evidentes e estão presentes no próprio processo de negociação das cláusulas. Na caracterização feita por Williamson das principais vertentes de análise da organização industrial (1985:23-9), encontramos dois grupos que se concentram justamente nesta etapa *ex ante* do processo de

A FUNCIONALIZAÇÃO SOCIAL DO CONTRATO

A partir dessas considerações, torna-se possível identificar três papéis essenciais que o contrato desempenha como um instituto jurídico civil ou, mais amplamente, uma instituição social. O primeiro é de *ordem ideológica*, no sentido de que o contrato, exercido em condições de igual liberdade entre as pessoas, é a base do capitalismo, ou de uma matriz econômica fundamentada na aquisição de propriedade como instrumento de bem-estar individual. O segundo é de *ordem social*, pois as relações econômicas, se bem praticadas de forma correta, proporcionam o desenvolvimento socioeconômico de um país. E, por fim, de *ordem política*, já que as operações econômicas proporcionam ao Estado o desenvolvimento de políticas públicas voltadas ao bem-estar geral. Tudo isso se pode obter de operações econômicas, cujo instrumento de realização é o contrato. Sendo assim, *o contrato é o instrumento que promove a circulação de riquezas* e a promoção de todas as vantagens – ideológica, social e política – que disso decorrem.

Guido Alpa confirma essa ideia[59]:

"Dal punto di vista economico il contratto si considera come una unica operazione economica (cui si referisce una 'veste giuridica') in cui le parti operano razionalmente, dispongono di tutte le informazioni necessarie, rego-

contratação 'não usual' da perspectiva da busca da eficiência, utilizando em comum o suposto do alinhamento de incentivos, por entender que este é a forma principal de garantia da eficácia do contrato. Um dos grupos, com destaque para Coase, Alchian e Demsetz, dá ênfase aos direitos de propriedade, i.e., se estão definidos antecipadamente: i) o direito de usar o ativo; ii) o direito de apropriação dos seus rendimentos; e iii) o direito de mudar sua forma, substância ou emprego, então não haverá má distribuição, conflito ou mau uso dos recursos disponíveis. O outro grupo inclui autores como Hurwicz, Spence, Ross, Jensen e Meckling, e Mirrlees, tidos como 'pais' do enfoque da agência. Seu argumento é que partes envolvidas em contratos têm conhecimento de que sua execução ficará a cargo de agente empregados, implicando numa queda dos incentivos para o cumprimento das tarefas assumidas (manifesta sobretudo pelo risco moral e pela seleção adversa); o problema pode ser superado se houver um alinhamento ou uma definição *ex ante* dos benefícios cabíveis a cada parte envolvida. Estes grupos também têm em comum a idéia [*sic*] de que o ordenamento judicial é a forma eficaz de resolução dos conflitos que possam surgir".

[59] ALPA, Guido. *Manuale di Diritto Privato*. Sesta edizione. Padova: CEDAM, 2009, p. 477. Em tradução livre: "Do ponto de vista econômico o contrato se considera como uma única operação econômica (ao qual se refere uma 'veste jurídica') no qual as partes operam racionalmente, dispondo de todas as informações necessárias, regulam todos os aspectos relevantes e têm em conta tudo o que pode ocorrer sucessivamente; eles têm igual poder contratual e agem segundo boa-fé. Desse modo o contrato satisfaz o ótimo paretiano, porque aumenta o bem-estar coletivo aumentando a utilidade de qualquer outro agente econômico".

lano tutti gli aspetti rilevanti e tengono conto di tutte le evenienze successive; esse hanno egual potere contrattuale e agiscono secondo buona fede. In tal modo il contratto soddisfa l'ottimo paretiano, perché aumenta il benessere coletivo aumentando l'utilità di ciauscana parte".

Por isso, torna-se possível analisar juridicamente a operação econômica em duas perspectivas:

1. *Operação econômica em sentido estrito:* trata-se da análise da transferência de riquezas entre dois ou mais sujeitos e dos custos e vantagens que cada um adquire. Trata-se, então, do benefício individual de cada um no jogo de interesses da transação; e
2. *Operação econômica em sentido amplo:* consiste em analisar a repercussão geral da transação, que vai além dos benefícios individuais dos contratantes. Refere-se às vantagens sociais do contrato.

Torna-se importante tal identificação para, juridicamente, determinar o âmbito de aplicação da *socialidade* e solidariedade: à primeira perspectiva se aplica a boa-fé objetiva (art. 422); e à segunda a função social (art. 421).

No que se refere à operação econômica *lato sensu*, ela pode ser explicada em termos técnicos a partir da *Eficiência à Pareto*, do economista Vilfredo Pareto (1848-1923).[60] Esse economista desenvolveu o conceito do *Ótimo de Pareto*, que afirma basicamente que uma situação de um agente econômico somente poderá ser melhorada se não interferir negativamente na utilidade a ser obtida por outro agente econômico. Se assim não o for, a relação econômica é ineficiente.

Para que se chegue à economia do *Pareto Eficiente* três requisitos devem ser preenchidos:

---

[60] Resumo do pensamento do autor feito a partir da análise das seguintes obras: PARETO, Vilfredo. *Corso di economia politica*. Vols. 1 e 2. Torino: G. Einaudi, 1949; PARETO, Vilfredo. *Traité de sociologie générale*. Ed. française, par Pierre Boven, revue par l'auteur. Paris: Payot, 1932; e PARETO, Vilfredo. *Manual de Economia Política*. Tradução de João Guilherme Vargas Netto. São Paulo: Nova Cultural, 1996.

Requisitos do Pareto Eficiente	Descrição
Eficiência de trocas	Trata-se da distribuição entre os agentes econômicos no âmbito da economia. Esta é eficiente se não forem necessárias mais trocas para igualar as utilidades entre os agentes. Nesse sentido, a *taxa marginal de substituição* [$TMgS\ (B,A)$] de um bem pelo outro não pode requerer que um deles corresponda a um número maior de outros bens. Ou seja, a relação econômica é eficiente se não exigir grande quantidade de bens para adquirir um único ou poucos bens. Quer dizer, a eficiência de trocas é produzida a partir de um equilíbrio matemático entre as utilidades.
Eficiência de produção	Ocorre quando não se prejudica a produção de muitos bens para a produção de um bem. Pode-se dizer, então, que a produção de um bem não pode provocar a redução da produção de outros bens. Nesse sentido, ocorre uma limitação da capacidade produtiva de uma entidade se os fatores de produção gerais forem reduzidos. Essa análise matemática é feita a partir da *curva de possibilidade de produção* (CPP) ou *fronteira de possibilidades de produção* (FPP).
Eficiência do *mix* de produtos	Nesse conceito, deve-se atender às preferências dos agentes econômicos a partir de uma "concorrência perfeita" que se obtém a partir do *equilíbrio entre a taxa marginal de substituição e a taxa marginal de transformação.*

Observe que o *Pareto Eficiente* se preocupa em estabelecer o equilíbrio econômico na produção e circulação de bens. Naquela citação de Guido Alpa, o *Ótimo de Pareto* se satisfaz pelo contrato porque aumenta o bem-estar coletivo (claro que na perspectiva mais ampla da operação econômica que caracteriza a contratação), pelo qual uma das consequências é aumentar a utilidade de outros agentes econômicos. E como uma forma objetiva de determinar quando tal utilidade (individual e coletiva) promove o bem-estar, propõe-se a análise a partir do *Princípio de Pareto*. Quer dizer, *a operação econômica contratual cumpre uma das repercussões da função social quando atende aos requisitos do "Pareto Eficiente"*, afinal, o contrato é o instrumento da economia de mercado.

Por isso, é possível afirmar que o contrato tem uma *função econômica* eficiente: *promover a circulação de riquezas, isto é, bens e serviços.* Posteriormente, de maneira mediata, ele cumpre uma função social, no sentido de promover o desenvolvimento socioeconômico de um país, de uma sociedade.[61] Assim, Armando Castelar Pinheiro e Jairo Saddi entendem que "O mercado atende às trocas relacionais e, implicitamente, envolve a própria noção de comunidade. Sem mercado não há trocas, e, sem trocas, a economia não se desenvolve".[62]

Essa visão do processo contratual não é diferente no Superior Tribunal de Justiça. No REsp. nº 1.250.596/SP: "O pleno exercício da liberdade de contratar pressupõe um acordo que cumpra determinada função econômica e social, sem a qual não se pode falar em legítima manifestação de vontade. Assim, não se pode impor a uma das partes a obrigação de se manter subordinada ao contrato se este não estiver cumprindo nenhuma função social e/ou econômica".[63]

O referido recurso versava sobre uma Ação de Dissolução de Sociedade e Contrato de Parceria para resolver um contrato de *joint venture* celebrado pelas partes, por intermédio do qual criaram uma empresa cujo objeto era a exploração do mercado de *fitness*. Os argumentos da recorrente foram direcionados no sentido de tentar demonstrar o descabimento da dissolução antecipada da empresa societária. A dissolução antecipada foi admitida para fins de se evitar novos prejuízos. Mas, aqui interessa que tanto o TJSP quanto o STJ reconheceram que não havia mais *affectio societatis* entre as partes da ação dissolutória e não foi possível identificar qual contratante ensejou a cadeia de inadimplementos contratuais. Foi reconhecido que tal contrato não cumpria mais uma função patrimonial positiva para os contratantes. Ao contrário, estava causando prejuízo a ambos. Os Tribunais entenderam pela impossibilidade de se impor a uma das partes a obrigação de se manter subordinada ao contrato se este não está cumprindo nenhuma função econômica e, consequentemente, ante sua inoperabilidade, nenhuma função social. Foi assim que a rescisão do *joint venture* foi medida que melhor harmonizou os interesses de todas as partes envolvidas

---

[61] Observe que foi dito *função imediata* e *mediata*, e não *primária* e *secundária*. Quando se emprega os termos "primário" e "secundário" dá-se a impressão de que o primeiro é mais importante que o segundo, pelo menos no sentido da linguagem jurídica. Tal, porém, não ocorre no âmbito das funções econômica e social do contrato, uma vez que ambas se encontram em condições paritárias de importância, apesar dos entendimentos de que a função social é mais importante que a econômica, com o que não se deve concordar.

[62] PINHEIRO, Armando Castelar; SADDI, Jairo. *Direito, economia e mercados*. São Paulo: Elsevier Campus, 2005, p. 15.

[63] STJ, REsp. nº 1.250.596/SP, Terceira Turma, Rel. Min. Nancy Andrighi, j. em 03/11/2011:

no contrato, contemplando a preservação de seus interesses econômicos e, por via reflexa, a sua função social e a boa-fé objetiva.

A pesquisa de julgados do STJ no período de 2010 a 2015 revelou que tão importante quanto o contrato cumprir uma função socioeconômica em âmbito social é o contrato cumprir uma função econômica, quer dizer, a função de circular bens e riquezas. Nesse sentido, são exemplos os seguintes julgados[64]: REsp. nº 1.022.851/PR; REsp. nº 1.115.605/RJ; REsp. nº 1 250.596/SP; REsp. nº 1.339.432/MS; REsp. nº 1.203.109/MG; REsp. nº 1.413.818/DF; REsp. nº 1.491.611/PR; REsp. nº 1.217.951/PR; REsp. nº 1.472.814/DF Decisão Monocrática; AREsp. nº 723.992/RS Decisão Monocrática; AREsp. nº 720.538/SP Decisão Monocrática; e REsp. nº 1.163.283/RS.

Em todos os casos citados, o STJ entendeu "função econômica" como ganhos patrimoniais das partes, e "função social" como benefícios que a sociedade recebe por causa de um contrato entre duas pessoas. Por isso, é possível concluir que a jurisprudência do Tribunal é no sentido de priorizar o contrato como uma operação econômica que *deve* trazer vantagens patrimoniais para as partes. Tanto que esse argumento foi utilizado para justificar indenizações e resoluções contratuais.

2.2. Individualismo e solidariedade: o interesse sobre o contrato

É possível identificar no âmbito de uma relação contratual ou processo de contratação a existência de dois tipos de interesses: o *particular* e o *social*. Nesse contexto, associa-se, geralmente, o interesse particular a certo *individualismo*, enquanto o interesse social estaria relacionado à *superioridade* em relação ao interesse privado de um princípio das relações jurídico-sociais, qual seja, a *solidariedade*.

Assevera-se, contudo, que não se trata de *"submissão"* do interesse particular à solidariedade. O interesse privado, individual, decorrente da liberdade de contratar, não pode estar submetido, pois isso lhe retiraria o aspecto liberal. Então, parece mais correto afirmar que o exercício do interesse particular deve *se condicionar* ao interesse social. Com essa afirmação, a solidariedade se torna um requisito axiológico para a validade, isto é, correto exercício da liberdade de contratar, e não uma condição de existência do contrato.

---

[64] O termo de busca da pesquisa foi *"funcao and economica and contrato"* e foi realizada no site do STJ: www.stj.jus.br.

O individualismo é a pretensão de satisfazer os *interesses particulares* ou *privados* dos sujeitos de direito. É, na realidade, o interesse primário que leva as pessoas a concluírem contratos, afinal, por que alguém celebraria um contrato se não tivesse por objetivo a satisfação de um interesse que geralmente se expressa pela intenção de ganho patrimonial...?

Há uma crítica muito dura desse individualismo por parte da doutrina da solidariedade e da socialidade. Essa crítica, a propósito, orientou algumas decisões do Superior Tribunal de Justiça, como se depreende dos seguintes julgados paradigmas: AREsp; nº 18.054/SP Decisão Monocrática, Rel. Min. Raul Araujo; REsp. nº 1.384.630/SP Relatório e Voto, Rel. Min. Paulo de Tarso Sanseverino; REsp. nº 419.059/SP, Rel. Min. Nancy Andrighi; REsp. nº 1.183.378/RS, Rel. Min. Luis Felipe Salomão; REsp. nº 894.911/RJ Relatório e Voto, Rel. Min. Mauro Campbell Marques; e REsp. nº 867.101/DF Relatório e Voto, Rel. Min. Massami Uyeda. Nesses documentos, o Tribunal entendeu o individualismo como um egoísmo que não pode ser aceito como causa das relações jurídicas.

A análise aprofundada dos relatórios e votos descritos revelou que o STJ tem designado "individualismo" como toda condição contratual que traga prejuízo a uma das partes em detrimento da outra, como ocorreu, por exemplo, no AREsp; nº 18.054/SP.

A pesquisa revelou, então, que no STJ "individualismo" é usado para "egoísmo", e não como interesse particular, privado, que neste caso seria legítimo.

Porém, será que o individualismo é realmente um problema ou um vício axiológico na esfera dos contratos? Será que esse individualismo, necessariamente, é um *egoísmo*?

Não se pode esquecer que tal *individualismo*, caracterizado pelo interesse particular do sujeito de direito em satisfazer pretensões de ordem patrimonial, é da *essência do contrato*. Quando este surge como escambo nos primórdios da humanidade, a relação se estabelecia por causa da necessidade individual do homem primitivo (ou do seu grupo familiar); na era moderna, o contrato foi o instrumento de aquisição de propriedade e meios de produção; e hoje, numa economia globalizada e na sociedade de informação, ele ocupa papel importante na inserção dos agentes econômicos no mercado internacional e nos novos padrões socioeconômicos. Quer dizer, esses *objetivos pessoais*, ou *individuais*, são a *força motriz de todo contrato*.

A FUNCIONALIZAÇÃO SOCIAL DO CONTRATO

Também não se pode preterir que os institutos do Direito Privado têm origem na individualidade, naquilo que interessa ao indivíduo, e que passou a ser designado de individualismo. Por exemplo, a propriedade privada é um valor individual (que a propósito tem o contrato como um dos meios de aquisição); e a família também é o espaço de desenvolvimento da individualidade do sujeito. No relatório e voto no REsp. nº 894.911/RJ, o Min. Mauro Campbell Marques, do STJ, reconhece o papel do valor "individual" na caracterização da vida civil:

> "[...] a definição dos direitos sobre determinado bem permite o estabelecimento de regras para a utilização dos bens da vida. A história da propriedade privada, marcante pela origem e tradição das ideias liberais, teve o individualismo como faceta principal. A propriedade representava direito subjetivo, por meio do qual se atribuía ao titular a prerrogativa absoluta de, conforme sua vontade, reivindicar, usar, fruir e/ou dispor da coisa".

Então, *ser individualista não é um defeito*. O problema está naquilo que Judith Martins-Costa chama de *"individualismo predatório"*[65] e Pietro Perlingieri chama de *"interesse individual e egoistico"*[66], e que podem ser caracterizados da seguinte maneira, nem sempre cumulando esses elementos abaixo listados:

1. *Vantagem:* pressupõe que alguém deseja levar vantagem acima de tudo, e para que alguém leve vantagem, outro deve ser prejudicado,

---

[65] MARTINS-COSTA, Judith. Reflexões sobre o princípio da função social do contrato, p. 41.
[66] PERLINGIERI, Pietro. *Il diritto civile nella legalità costituzionale secondo il sistema italo-comunitario delle fonti.* 3ª edizione. Napoli: Edizioni Scientifiche Italiane, 2006, pp. 433-434. Segundo Perlingieri o surgimento do Estado Social impôs as mudanças do pensamento liberal que fundamentava o Direito Civil, a partir da inserção de normas de ordem pública nos diplomas legais típicos do Direito Privado. Inclusive, parece haver hoje uma crise dicotômica do Direito, como escreve em PERLINGIERI, Pietro. *Perfis do direito civil...*, ob. cit., p. 430: "A própria distinção entre direito público e privado está em crise. [...]. Se, porém, em uma sociedade onde é precisa a distinção entre liberdade do particular e autoridade do Estado, é possível distinguir a esfera dos interesses dos particulares daquela do interesse público, em uma sociedade como a atual, torna-se difícil individuar um interesse particular que seja completamente autônomo, independente, isolado do interesse dito público. As dificuldades de traçar linhas de fronteira entre direito público e privado aumentam, também, por causa da cada vez mais incisiva presença que assume a elaboração dos interesses coletivos como categoria intermediária".

isto é, se encontrar em posição de desvantagem, de experiência ou de ganhos patrimoniais;

2. *Ludibriar:* alguém cria falsas expectativas, utiliza de engodo, engana outrem para se enriquecer às custas de outrem;

3. *Desestabilização:* quebra da paz e da segurança nas relações, e pode gerar situações conflituosas de grande repercussão;

4. *Competição sem ética:* é a competitividade que causa desunião, a falta de sinergia; o crescimento pessoal passando por cima de comportamentos socialmente aceitáveis; e

5. *Pecado capital:* na doutrina cristã-católica, são vícios dos sujeitos, que o Papa São Gregório I, o Magno, classificou como "falta de amor". O egoísmo é o oposto do altruísmo, considerado um valor social.

Um exemplo de "individualismo egoístico" foi um caso enfrentado pelo STJ no REsp. n° 600.082/ES. Trata-se de um contrato bancário de cédula de crédito industrial celebrado entre um banco público e uma empresa do setor de rochas (granitos). No contrato foi estipulado entre as partes uma cláusula que dava ao banco a liberdade de optar pelo foro de Vitória, Brasília ou Cachoeiro do Itapemirim ao propor ação judicial.

A empresa propôs ação de consignação em pagamento no foro da Comarca de Vitória. O banco agravou pleiteando a incompetência do juízo de Vitória em favor do foro da praça do pagamento. O Tribunal de Justiça do Estado do Espírito Santo entendeu que ao aplicar os princípios que regem os contratos nas relações de consumo a cláusula que estipula o foro de eleição é válida também para a empresa, que optou pela propositura da ação na Comarca de Vitória, e não na Comarca de Cachoeiro de Itapemirim (foro da praça do pagamento).[67]

A cláusula contratual que dava ao banco o direito potestativo exclusivo de escolher o foro das ações foi tida por *excessivamente ou demasiado individualista*, já que provocava desproporcionalidade entre as condições subjetivas das partes. Nesse sentido, os Tribunais *a quo* e *ad quem* entenderam por bem promover a integração do contrato e estender também à empresa o direito de eleição de foro. Observe que o individualismo predatório, verificado na cláusula de eleição de foro, não pôde prevalecer, de modo que o contrato foi revisado.

[67] TJES, Apelação Cível n° 0901408-32.2005.8.08.0000 (024059014084), 2ª Câmara Cível, Rel. Des. Elpídio José Duque, j. em 15/08/2006.

A FUNCIONALIZAÇÃO SOCIAL DO CONTRATO

Portanto, para o individualismo ser considerado egoísmo, pejorativo ou antijurídico, é necessário que a pessoa, na pretensão de satisfazer seus interesses particulares, pratique atos que sejam prejudiciais ao outro, ilícitos perante o Direito e que caracterizam fatos lesivos ou atos ilícitos (arts. 186 e 187), ou moralmente inaceitáveis pela sociedade. Dessa maneira, o "individualismo predatório" pode ser caracterizado a partir de três elementos: *prejudicialidade, ilicitude* e *imoralidade*. Em resumo, será a satisfação dos interesses privados de forma abusiva (art. 187).

Esse individualismo é neutralizado, mitigado ou dirimido pela *solidariedade*, da qual decorre a *funcionalização* (art. 421) e a *eticidade* (art. 422) para as relações jurídicas privadas, especialmente em âmbito contratual para nosso objetivo.

A solidariedade não é uma ideia, mas um estado d'arte (estado das coisas) a ser perseguido para as situações e posições jurídicas individuais. Como diz Pietro Perlingieri, "La persona é inseparabile dalla solidarietà: aver cura dell'altro fa parte del concetto di persona".[68] Já Francesco Donato Busnelli caracteriza a solidariedade como *reconhecer o outro*: é uma força de *coesão*.[69]

Mas, para chegar ao entendimento que se tem hoje de solidariedade o conceito passou por transformações históricas, sempre ajustando seu preceito à sociedade, ao Direito e à política que se pretende construir. Percebe-se que a solidariedade se transformou de um sentimento fraternal do homem primitivo em um imperativo jurídico, passando pela necessidade social. É o que se percebe dos apontamentos de ordem antropológica, história e jurídica feitos por Rosa Maria Barreto Boriello de Andrade Nery.[70] Nos primórdios da humanidade, a solidariedade é vista como a "proteção dos seus", isto é, o cuidado incondicional da incolumidade de cada membro do grupo ao qual o sujeito pertencia. Posteriormente, porém, essa pro-

---

[68] PERLINGIERI, Pietro. *Il diritto civile nella legalità costituzionale...*, ob. cit., p. 435. Em tradução livre: "A pessoa é inseparável da solidariedade: cuidar do outro faz parte do conceito de pessoa".

[69] BUSNELLI, Francesco Donato. Il principio di solidarietà e 'l'attesa della povera gente' oggi. In: *Rivista Trimestrale di Diritto e Procedura Civile*. Milano. V. 67. Nº 2, giugno. 2013, p. 414.

[70] NERY, Rosa Maria Barreto Boriello de Andrade. Apontamentos sobre o princípio da solidariedade no sistema do Direito Privado. In: REIS, Selma Negrão Pereira dos (Coord.). *Questões de Direito Civil no novo Código*. São Paulo: Imprensa Oficial do Estado de São Paulo, 2004, pp. 36-45.

teção da intangibilidade é estendida a quem não é do grupo, destacando a autora que aí há o início da preocupação com quem não é pertencente ao grupo de convívio.[71],[72]

Mas, o que significa solidariedade no contexto jurídico? Rosa Maria Barreto Boriello de Andrade Nery[73],[74], faz essa relação tendo como referência uma máxima latina e um versículo bíblico:

[71] NERY, Rosa Maria Barreto Boriello de Andrade. Apontamentos sobre o princípio da solidariedade no sistema do Direito Privado, ob. cit., pp. 37-38. Uma das demonstrações dessa solidariedade é dada com o desenvolvimento do Direito germânico. Segundo a autora (p. 40), tem início a disposição de coisas que são fundamentais para a pessoa para a sobrevivência do grupo. Daí tem início a funcionalização. A solidariedade "é algo que compõe esse interesse comunitário de se 'revestir', de se 'investir' da disposição das coisas que são fundamentais para a sobrevivência do grupo [...]. Curiosamente, é nessa quadra da história, quando a marca *funcional* do direito passa a ser assinalada pela solidariedade, que mais se avoluma o conceito de liberdade e se agiganta o conceito de negócio jurídico como passaporte para a liberdade e para o acesso e participação de todos no desfrute dos objetos que possam atender ao interesse de todos" (p. 40). Tem-se, assim, a *passagem da solidariedade como uma proteção em face dos seus para uma solidariedade para com todos* (p. 39).

[72] CIPPITANI, Roberto. Solidarietà (nei rapporti giuridici). In: PALAZZO, Antonio (Cur.). *Diritto e processo*. Nº 5. Numero speciale. Anni 2006-2009. Annuario giuridico della Università degli Studi di Perugia, 2010, pp. 489-490, discorre sobre sete momentos históricos que, sucessivamente, incrementam a dimensão social da solidariedade e que podem ser assim resumidos: 1) *Roma:* a solidariedade era caracterizada como uma obrigação derivada do fato de alguém pertencer a um grupo; 2) *Contratualismo:* a solidariedade é um vínculo social ("contrato social"); 3) *Revolução Francesa. Fraternidade:* é o vínculo de coletividade nacional, é o vínculo que une pessoas em uma nação, a "fraternidade"; 4) *Revolução Francesa. Cidadania:* com o tempo, a cidadania passou a ser a repercussão da solidariedade como vínculo a uma comunidade; 5) *Socialismo:* a solidariedade é o centro de uma reflexão política, ideológica e religiosa, sendo o fundamento de uma reforma da sociedade; 6) *Encíclicas Papais:* a Igreja Católica dissemina um ideal de solidariedade como hospitalidade, amizade, humanidade, piedade, clemência, por meio das expressões "*ágape*" (o cuidado do outro e pelo outro), "irmandade" e "caridade". Nesse sentido, as Encíclicas *Rerum Novarum* de Leão XIII (1891) e *Mater et Magistra* de São João XXIII (1961); e 7) *Influência nas ciências humanas:* a solidariedade passa a ser discurso recorrente na sociologia, na economia e na política, chegando ao Direito e impondo a funcionalização dos direitos invioláveis.

[73] NERY, Rosa Maria Barreto Boriello de Andrade. Apontamentos sobre o princípio da solidariedade no sistema do Direito Privado, ob. cit., p. 44.

[74] PERLINGIERI, Pietro. *Il diritto civile nella legalità costituzionale...*, ob. cit., p. 433, analisa as influências do solidarismo jurídico: primeiramente se destaca o espiritualismo católico e o *cristianismo social moderno*, especialmente as que decorrem das Encíclicas Papais de Leão XIII (*Rerum Novarum*) e de São João XXIII (*Mater et Magistra*); em segundo lugar aparece o *existencialismo filosófico*; e em terceiro o *marxismo*, pois apesar de ter sido recusado como "matriz econômica", foi aceito em alguns aspectos sociais.

1) *"Cuivis potest accidere quod cuiquam potest"*. É uma sentença de Publílio Siro que significa "a cada um pode acontecer o que suceder a todos"; e

2) *"Mihi heri, et tibi hodie"*. Trata-se da sapiencial do versículo 22 do capítulo 38 do Livro do Eclesiastes, no Antigo Testamento, da Bíblia judaica e cristã, e significa "ontem eu, hoje você".

Quer dizer, *a solidariedade nada mais é que um sentimento que pretende impedir a disseminação daquilo que é ruim para toda a sociedade*. Entre ser egoísta e colocar seus interesses acima dos interesses coletivos, ou ser solidário e contribuir para a segurança da comunidade, o ser humano optou pelo segundo preceito.[75] E por quê? Simplesmente por ser o melhor para a convivência, para a perpetuação da espécie e para a segurança de todos, especialmente a jurídica.

Conclui Rosa Maria Barreto Boriello de Andrade Nery[76] da seguinte maneira quanto a relação entre solidariedade, Direito e o papel deste de pacificação social:

> "O princípio da solidariedade tem a ver com isso: com o risco da vida e da morte que a todos compromete; com o risco da vida na sociedade, sociedade marcada pelo cada vez mais intrincado e complexo *risco de viver*. É no *princípio da solidariedade* que devemos buscar inspiração para a vocação social do direito, para a identificação do sentido prático do que seja *funcionalização dos direitos* e para a compreensão do que pode ser considerado *parificação e pacificação social*. E compreender o princípio da solidariedade é meditar acerca de lindíssima passagem da obra monumental de Calamandrei, em que ele afirma que a *Justiça* é vontade de reciprocidade operosa e de solidariedade humana".

A partir do que disse a autora, é possível identificar o que significa a solidariedade para os contratos. Nesse sentido, é viável concluir que:

---

[75] Nesse sentido, NERY, Rosa Maria Barreto Boriello de Andrade. Apontamentos sobre o princípio da solidariedade no sistema do Direito Privado, ob. cit., p. 40, identifica que a solidariedade é um verdadeiro paradoxo entre (1) o sujeito buscar a realização de seus interesses e (2) o sujeito satisfazer seus interesses em detrimento do interesse dos outros.

[76] NERY, Rosa Maria Barreto Boriello de Andrade. Apontamentos sobre o princípio da solidariedade no sistema do Direito Privado, ob. cit., p. 44.

1) É óbvio que um contrato não põe em risco a vida em sociedade, mas, como disse a autora, a solidariedade inspira a vocação social do Direito. No caso do contrato, o art. 421 justamente quer demonstrar a vocação social do contrato;

2) A solidariedade implica a funcionalização do direito de liberdade e da livre iniciativa: o contrato tem um papel econômico, patrimonial, jurídico e social que deve beneficiar, ainda que de forma indireta ou reflexa, a comunidade econômica;

3) A solidariedade propicia a parificação social, quer dizer, tem a qualidade de garantir a comutatividade prestacional entre as partes;

4) Perseguir a pacificação social, sem que o contrato seja um instrumento que põe em risco a economia, seja desenvolvido de forma ética, para a um capitalismo ético; e

5) A ideia de uma justiça contratual passa pela solidariedade, cooperação entre as partes, entre si e para com a sociedade. Tal justiça contratual significa uma preservação recíproca: não causar aos outros os prejuízos que você não está disposto também a vir a sofrer.

Francesco Donato Busnelli entende que, em nosso tempo, cresce a aspiração de um ideal de justiça e coesão social. O individualismo egoísta é um "mal", uma antítese da solidariedade, apresentada pelo autor como a "tentação do bem". O mal é a tortura, a deportação, a humilhação dos outros; a "tentação do bem" é o moralmente correto.[77]

Nesse sentido, o Direito, por meio das manifestações de solidariedade (função social e boa-fé), pretende estabelecer essa "tentação do bem" nas relações contratuais. Uma forma de tornar a sociedade coesa pode ocorrer por meio da economia e essa coesão socioeconômica não apenas é desejada, mas imposta pela boa-fé e pela função social. A solidariedade contratual entre as partes (boa-fé) e entre as partes e a sociedade (função social) é uma "tentação do bem" para o contrato (operação econômica).[78]

---

[77] BUSNELLI, Francesco Donato. Il principio di solidarietà e 'l'attesa della povera gente' oggi, ob. cit., p. 414-415.

[78] BUSNELLI, Francesco Donato. Il principio di solidarietà e 'l'attesa della povera gente' oggi, ob. cit., p. 416. No que se refere à imposição da solidariedade às relações contratuais, escreve: "Il diritto dei contratti registra un'accanita reazione della mostra dottrina a una giurisprudenza che coraggiosamente si impegna a scorgere nell'obbligo di buona fede e correttezza l'espressione di 'un generale principio di solidarietà, la cui costituzionalizzazione

A FUNCIONALIZAÇÃO SOCIAL DO CONTRATO

Roberto Cippitani entende que existem duas dimensões da solidariedade. À primeira ele chama de *solidariedade vertical* (*"solidarietà verticale"*) caracterizada pela relação entre os poderes públicos e os cidadãos. A segunda consiste nas relações particulares entre os cidadãos, à qual ele designou *solidariedade horizontal* (*"solidarietà orizzontale"*).[79] No caso do Direito brasileiro, essas dimensões assim se apresentam:

1) *Solidariedade vertical:* incide como regras sobre as relações político-econômico-sociais, como o assistencialismo, a saúde pública, a tributação, as políticas macroeconômicas, a proteção dos hipossuficientes, o controle de setores econômicos. Mas, também, se aplica ao contrato entre pessoas particulares. Como será melhor detalhado, a solidariedade, por meio da *socialidade*, parte da premissa de uma "relação" entre a relação contratual e a sociedade, pela qual no conflito entre o interesse individual e o interesse social, o legislador manda optar pelo segundo (art. 421 c/c arts. 104, 171 e 166). Quer dizer, no que se refere à solidariedade vertical no caso do ordenamento jurídico brasileiro, não se pode dizer necessariamente que será a "fraternidade" dos poderes públicos para com os particulares. Trata-se, na verdade, da solidariedade dos entes públicos e privados (pessoas jurídicas de Direito Público e de Direito Privado) para com a sociedade. Não se pode olvidar que existem regras jurídicas que disciplinam as situações entre sujeito de direito e os outros indivíduos, como ocorre nas situações jurídicas *erga omnes*; e

2) *Solidariedade horizontal:* incidirá sobre as relações particulares, como ocorre no caso da família (alimentos, guarda, fidelidade), da sucessão (legítima), dos contratos (boa-fé), das obrigações em geral (responsabilidade patrimonial pelo inadimplemento), da responsabilidade civil (nexo de causalidade) e da posse e da propriedade (função social, posse-trabalho, usucapião). Veja que, aqui, no que se refere ao contrato, na perspectiva horizontal a solidariedade não

---

è ormai pacifica': 'i giudici che si affannano a correggere secondo buona fede i contratti [...] non assicurano affatto la giustizia' [...]" (p. 417). Em tradução livre: "O direito dos contratos registra reação feroz da doutrina jurídica que corajosamente concorda em ver na obrigação de boa-fé uma expressão justa de 'um princípio geral de solidariedade, que agora é de constitucionalização pacífica': 'os juízes que estão se esforçando para corrigir com boa-fé os acordos [...] não podem garantir a justiça em tudo'".

[79] CIPPITANI, Roberto. Solidarietà (nei rapporti giuridici), ob. cit., p. 493.

faz impor o interesse de um grupo; ela simplesmente irá garantir o equilíbrio entre os contratantes.

Por isso, o contrato aqui no Brasil pode ser visto e caracterizado tanto a partir de uma *solidariedade horizontal* quanto *vertical*, não se distinguindo essas manifestações do princípio necessariamente pelo envolvimento com o Poder Público. A solidariedade não pode ser vista como uma publicização do Direito Privado, ou sua estatização, mas como um paradigma do qual resultam regras de comportamento para as atitudes das partes em posições contratuais.[80]

Sendo assim, a partir do exposto, é possível verificar que essas duas dimensões se fundamentam em duas repercussões contratuais da solidariedade: a *socialidade* e a *eticidade*, princípios gerais do Código Civil de 2002:

1) A *socialidade* ou *sociabilidade* é a repercussão externa do contrato. Corresponde à eficácia vertical. Ou seja, é uma "situação jurídica" do vínculo contratual entre as partes para com terceiros, pois um contrato tem a virtude de produzir eficácia direta ou indireta para terceiros ou para o meio social como um todo. Como se verá adiante, é uma relação recíproca: não só das partes para com terceiros, mas

---

[80] Embora esse não seja o entendimento, por exemplo, do Min. Luis Felipe Salomão, do Superior Tribunal de Justiça, conforme se depreende do seu voto no REsp. nº 1.183.378/RS, julgado em 25/10/2011, em que consignou que a publicização do Direito Privado se deu pelo surgimento de normas de ordem pública, como reação ao voluntarismo individualista dos Códigos oitocentistas: "É por todos conhecido o traço do individualismo voluntarista que marcou os diplomas civis do mundo no início do século XIX, dos quais se destaca, de forma eloquente, o Código Napoleão (1804), modelo que foi incorporado em diversos ordenamentos jurídicos, inclusive no brasileiro (Código Civil de 1916). Esse foi o momento da mais nítida separação entre direito público e privado: neste, os partícipes são os particulares, contratantes ou proprietários, e tem-se como pilar axiológico a autonomia da vontade, naquele, os cidadãos em face do Estado, cujo cerne valorativo são os limites para o exercício do poder e o estabelecimento de direitos fundamentais oponíveis verticalmente. A progressiva superação desse modelo rendeu ensejo a que se inserissem, no plano jurídico do direito privado, princípios limitadores do individualismo e da voluntariedade, surgindo as chamadas *normas de ordem pública* – em espaços antes privados por excelência, como a família, a propriedade, o contrato e o trabalho. A consagração de normas desse jaez, pregoeiras de direitos tidos por indisponíveis, marcou a fase denominada publicização do direito privado, segundo a qual alguns efeitos de atos jurídicos privados eram predeterminados pelo ordenamento, de forma absoluta, surgindo o germe de temas contemporâneos, como a função social do contrato e da propriedade".

A FUNCIONALIZAÇÃO SOCIAL DO CONTRATO

também dos terceiros para com as partes. A doutrina é unânime em apontar que a função social decorre da socialidade.[81] Pode-se dizer, então, que a socialidade, por meio da função social, impõe um padrão *moral* ao contrato, que a partir de dispositivos legais recebe regulamentação jurídica; e

2) A *eticidade* é moral interna no contrato a partir de valores como a honestidade, a verdade, a informação e a coerência. Corresponde à solidariedade horizontal, porque diz respeito apenas à relação entre as partes, determinada pela boa-fé. Na Itália a *buona fede* e a *correttezza* são tão importantes que delas deriva a *funzione sociale* do contrato. Diferentemente do Brasil, não há no *Codex* italiano uma norma ou cláusula geral expressa de solidariedade vertical nos contratos. Por essa razão, a função social é lá uma construção doutrinária e um princípio geral do Direito Privado (portanto, não escrito).

Falar da boa-fé e da eticidade, aqui, expandiria o corte metodológico proposto. Por isso, importa tratar tão-somente da socialidade, como especialização (vertical) da solidariedade no âmbito das relações jurídico-privadas.

A socialidade, segundo Miguel Reale, é a tentativa de atribuir um "sentido social" como característica marcante do Código Civil de 2002 para contrastar com o individualismo presente no Código Civil de 1916.[82]

Francisco Amaral entende que o "princípio da socialidade ainda se concretiza nos limites intrínsecos que o Código de 2002 estabelece para o

---

[81] Exemplos: REALE, Miguel. As diretrizes fundamentais do projeto do novo Código Civil. In: CONSELHO DA JUSTIÇA FEDERAL. *Comentários sobre o projeto do Código Civil brasileiro.* Brasília: CJF, 2002, pp. 11-26; NEGREIROS, Teresa. *Teoria do contrato: novos paradigmas.* 2ª ed. Rio de Janeiro: Renovar, 2006; NERY, Rosa Maria de Andrade. Apontamentos sobre o princípio da solidariedade no sistema do Direito Privado. In: REIS, Selma Negrão Pereira dos (Coord.). *Questões de Direito Civil no novo Código.* São Paulo: Imprensa Oficial do Estado de São Paulo, 2004, pp. 36-45; NORONHA, Fernando. *Princípios dos contratos (autonomia privada, boa-fé, justiça contratual) e cláusulas abusivas.* Tese de Doutorado. Faculdade de Direito da Universidade de São Paulo. São Paulo: 1990.

[82] REALE, Miguel. As diretrizes fundamentais do projeto do novo Código Civil. In: CONSELHO DA JUSTIÇA FEDERAL. *Comentários sobre o projeto do Código Civil brasileiro.* Brasília: CJF, 2002, p. 15. Tornou-se clássica o texto do autor que diz "Se não houve a vitória do socialismo, houve o triunfo da 'socialidade', fazendo prevalecer os valores coletivos sobre os individuais, sem perda, porém, do valor fundante da pessoa humana" (p. 15).

exercício de direitos subjetivos".[83] É interessante esse entendimento porque não coloca o princípio como uma linha orientadora de interpretação das normas jurídicas, mas também como uma fonte de regras para o correto exercício de direitos subjetivos. No caso do direito que mais importa aqui, limitaria a liberdade de contratar. Esses "limites intrínsecos" criam deveres para as partes. E, como se defenderá doravante, também para terceiros.

Conforme Rodrigo Reis Mazzei, a socialidade significa o reconhecimento de que as relações privadas podem ter um *enfoque ultrassubjetivo*: "as relações entre os particulares não sofrem análise apenas no âmbito do vínculo entre eles, sendo necessário projetar os efeitos das relações ao esquadro da sociedade num todo".[84] O autor entende que os vínculos particulares, embora fundamentados em interesses privados, também interessam à sociedade.[85] Faz sentido, uma vez que toda e qualquer relação, ainda que de forma singela, tem uma repercussão social. Por exemplo: na filiação, a sociedade se interessa pela proteção que os pais oferecem ao filho e, principalmente, a educação moral que lhe é transmitida, afinal, a família "é a célula da sociedade"; no âmbito dos contratos cíveis e mercantis, os contratos estão amplamente coligados: o pagamento do aluguel financia o pagamento das dívidas do locador, cujo credor solvido pode pagar suas dívidas e por aí vai. Nesse sentido, o próprio autor entende que a "socialidade inserida no campo do Direito Privado, nessas condições, não deve ser vista como um ônus, mas como uma consequência da importância da relação jurídica particular para a sociedade".[86]

Mas, enfim, no âmbito do contrato, como se dá essa *solidariedade vertical* ou *socialidade*? O Direito e a sociedade apenas admitem como contrato a operação econômica que promove a circulação de riquezas (bens e serviços) *e* o desenvolvimento socioeconômico que possa patrocinar o bem-estar de todos, sem interferências prejudiciais das partes na esfera jurídica

---

[83] AMARAL, Francisco. Os princípios jurídicos na relação obrigatória. In: *Revista da AJURIS – Associação dos Juízes do Rio Grande do Sul.* Vol. 32, nº 99. Porto Alegre: AJURIS, set. 2005, p. 135.

[84] MAZZEI, Rodrigo Reis. Notas iniciais à leitura do novo Código Civil. In: ARRUDA ALVIM e ALVIM, Teresa (Coords.). *Comentários ao código civil brasileiro – Parte Geral.* Vol. I. Rio de Janeiro: Forense, 2005, p. CXVII.

[85] MAZZEI, Rodrigo Reis. Notas iniciais à leitura do novo Código Civil, ob. cit., p. CXVI.

[86] MAZZEI, Rodrigo Reis. Notas iniciais à leitura do novo Código Civil, ob. cit., p. CXVIII. E insiste: *"o princípio da socialidade decorre da conotação transubjetiva de relações privadas, pela importância destas à sociedade".*

A FUNCIONALIZAÇÃO SOCIAL DO CONTRATO

de terceiros, e reciprocamente a interferência prejudicial de terceiros na relação contratual entre dois sujeitos.

É nesse sentido que aparece o enfoque *transubjetivo* do vínculo jurídico contratual: o *interesse social* na (correta) consecução da proposta e do contrato.

De acordo com Pietro Perlingieri, paralelamente ao desenvolvimento da solidariedade, o pensamento liberal "evoluiu" do interesse individual egoístico para a *"massimizzazione del benessere"*, ou seja, a *maximização do bem--estar*.[87] Para o *bem-estar de todos* – que se tornou princípio de moral social e princípio e regra jurídica – a solidariedade deve ser de ordem política, econômica e social. Analisar o contrato na perspectiva de uma solidariedade política, econômica e social significa *ir além* do interesse privado individual, e não simplesmente ignorá-lo ou substituí-lo. É assim que o interesse individual das pessoas presente na operação econômica de circulação de bens e riquezas também pode repercutir em: *políticas desenvolvimentistas*; *economia competitiva*, mas ética (capitalismo ético); e a *qualidade de vida social*.[88]

Já não mais uma "ideia" a necessidade de proteger o interesse social sobre o contrato. Essa "doutrina social do contrato" é uma realidade que tem produzido seus efeitos práticos. Só para se ter um exemplo de como a socialidade é utilizada para resolver litígios contratuais, tome-se como referência o seguinte acórdão do Superior Tribunal de Justiça no REsp. nº 1.163.283/RS:[89]

"RECURSO ESPECIAL. PROCESSUAL CIVIL. CONTRATOS DE FINANCIAMENTO IMOBILIÁRIO. SISTEMA FINANCEIRO DE HABITAÇÃO. LEI N. 10.931/2004. INOVAÇÃO. REQUISITOS PARA PETIÇÃO INICIAL. APLICAÇÃO A TODOS OS CONTRATOS DE FINANCIAMENTO. 1. A análise econômica da função social do contrato, realizada a partir da doutrina da análise econômica do direito, permite reconhecer o papel institucional e social que o direito contratual pode oferecer ao mercado, qual seja a segurança e previsibilidade nas operações econômicas e sociais capazes de

---

[87] PERLINGIERI, Pietro. *Il diritto civile nella legalità costituzionale...*, ob. cit., p. 434.

[88] Trata-se, portanto, de atingir o bem-estar social a partir das atividades econômicas dos indivíduos que constituem a sociedade, o que ficou conhecido como "bem-estar econômico". Veja: SAMUELSON, P. A. *Welfare Economics*. Foundations of Economic Analysis. Cambridge: Harvard University Press, 1983, cap. VIII, pp. 203–253.

[89] STJ, REsp. nº 1.163.283/RS, Quarta Turma, Rel. Min. Luis Felipe Salomão, j. em 07/04/2015.

proteger as expectativas dos agentes econômicos, por meio de instituições mais sólidas, que reforcem, ao contrário de minar, a estrutura do mercado. 2. Todo contrato de financiamento imobiliário, ainda que pactuado nos moldes do Sistema Financeiro da Habitação, é negócio jurídico de cunho eminentemente patrimonial e, por isso, solo fértil para a aplicação da análise econômica do direito. 3. A Lei n. 10.931/2004, especialmente seu art. 50, inspirou-se na efetividade, celeridade e boa-fé perseguidos pelo processo civil moderno, cujo entendimento é de que todo litígio a ser composto, dentre eles os de cunho econômico, deve apresentar pedido objetivo e apontar precisa e claramente a espécie e o alcance do abuso contratual que fundamenta a ação de revisão do contrato. 4. As regras expressas no art. 50 e seus parágrafos têm a clara intenção de garantir o cumprimento dos contratos de financiamento de imóveis tal como pactuados, gerando segurança para os contratantes. O objetivo maior da norma é garantir que, quando a execução do contrato se tornar controvertida e necessária for a intervenção judicial, a discussão seja eficiente, porque somente o ponto conflitante será discutido e a discussão da controvérsia não impedirá a execução de tudo aquilo com o qual concordam as partes. 5. Aplicam-se aos contratos de financiamento imobiliário do Sistema de Financiamento Habitacional as disposições da Lei n. 10.931/2004, mormente as referentes aos requisitos da petição inicial da ação de revisão de cláusulas contratuais, constantes do art. 50 da Lei n. 10.931/2004. 6. Recurso especial provido". (Sem grifo no original).

O recurso tem a ver com o ajuizamento de uma ação de revisão de prestações do saldo devedor e repetição de indébito em face de banco público visando ao restabelecimento do equilíbrio contratual de financiamento habitacional, por meio da revisão de cláusulas que os possuidores do imóvel habitacional e arrendatários consideraram abusivas.

O piso julgou parcialmente procedente o pedido dos possuidores; afastou a Tabela Price para amortizar a dívida; e amortizou, ainda, a capitalização dos juros em período inferior a um ano. O juiz ainda determinou a compensação dos valores referentes às parcelas ainda pendentes com as pagas a mais e já liquidadas.

No Recurso Especial, o banco alegou que o acórdão recorrido do TJRS negou vigência e afrontou os arts. 46 e 50 da Lei nº 10.931/2004, quando decidiu que essa lei não se aplica aos contratos de financiamento de imóveis. O banco sustentou que o art. 46 faz expressa referência a contratos

A FUNCIONALIZAÇÃO SOCIAL DO CONTRATO

de financiamento imobiliário em geral, devendo incidir os dispositivos daquela lei a todos os pactos de financiamento habitacional.

Em seu voto, o Relator entendeu que deveriam ser anulados a sentença, o acórdão do tribunal *a quo* e todos os atos praticados por ordem judicial em favor dos arrendatários. Entendeu o Ministro que a referida revisão com vistas a amortizar a dívida poderiam causar prejuízos econômicos ao banco e, consequentemente à sociedade como um todo, pois desestimularia a celebração de contratos de financiamento habitacional. Quer dizer, o STJ reconheceu a importância e o impacto que todo contrato tem no meio social, o que já foi identificado por Luciano Benetti Timm:[90]

> "[...] a coletividade é identificável na estrutura do mercado que está por trás do contrato que está sendo celebrado e do processo judicial relacionado ao litígio a ele pertinente (em verdade, a própria Lei 8.884/94 reconhece ser o mercado protegido por ela um interesse difuso ou coletivo digno de tutela). Nesse sentido, o todo em um contrato de financiamento habitacional é representado pela cadeia ou rede de mutuários (e potenciais mutuários), que dependem do cumprimento do contrato daquele indivíduo para alimentar o sistema financeiro habitacional, viabilizando novos financiamentos a quem precisa. Assim, se houver quebra na cadeia, com inadimplementos contratuais, quem sai perdendo é a coletividade (que ficará sem recursos e acabará pagando um juro maior)".

Conforme reconhecido pelo Relator e explicado por Luciano Benetti Timm, todo contrato tem uma externalidade caracterizada pelos impactos econômicos que produz, que podem ser positivos ou negativos. Nesse sentido, a função social, almejando incutir a socialidade nas relações contratuais, orienta uma interpretação e integração do contrato no sentido de provocar o menor prejuízo possível à coletividade. Fala-se em um contrato com a maior eficiência social possível. Nesse acórdão, a sociedade é vista como "a totalidade de pessoas que efetivamente ou potencialmente integram um determinado mercado de bens e serviços". Por essa razão, a possibilidade de impacto socioeconômico da revisão judicial de um único

---

[90] TIMM, Luciano Benetti. Direito, economia, e a função social do contrato: em busca dos verdadeiros interesses coletivos protegíveis no mercado do crédito. In: *Revista de Direito Bancário e do Mercado de Capitais*, v. 9, n. 33, jul./set. 2006, p. 15-31.

contrato foi tida como perigosa pelo Relator no STJ e potencial para distorcer o sistema financeiro habitacional.

2.3. A função social como causa do contrato

A função social, conforme Judith Martins-Costa, é uma expressão da solidariedade, que se opõe não ao individualismo como um todo, mas ao "individualismo predatório", projetando a referida solidariedade no contrato.

Judith Martins-Costa entende que a função social apresenta duas razões de ser: em primeiro lugar ela constitui o modo de exercício do direito subjetivo da liberdade de contratar; em segundo lugar, a função social é o fundamento da referida liberdade, apresentando uma dimensão *intersubjetiva* (entre as partes) e *transubjetiva* (promove direitos na esfera de terceiro, já que a função social cria deveres negativos). Portanto, conforme a autora, não é somente externo o efeito da função social, mas também interno, no sentido de integrar a liberdade contratual.[91]

Nesse sentido, a autora diz que, sendo a função social uma cláusula geral, tem ela um papel hermenêutico-integrativo. Hermenêutico no sentido de servir à interpretação das cláusulas contratuais e o sentido da vontade e das finalidades das partes; e integrativo porque serve de um apoio para alterar, aumentar, diminuir a vontade das partes, dizer o que não foi dito.[92]

Gerson Luiz Carlos Branco detecta duas ordens de concepções da função social na doutrina brasileira: 1) há uma *concepção restritiva*, que qual a função social é um limite e um instrumento de controle da autonomia privada; e 2) há uma *concepção extensiva*, que transforma a função social em um discurso jurídico-político de realização da justiça social, retirando-lhe qualquer peculiaridade dogmática.[93]

É Humberto Theodoro Júnior o jurista que melhor representa a ideia fundamental da função social para esse trabalho, pois ele trata a função social como o reflexo dos efeitos do contrato no meio social, ou seja, em face

---

[91] MARTINS-COSTA, Judith. Reflexões sobre o princípio da função social do contrato, ob. cit., pp. 41 e 50.

[92] MARTINS-COSTA, Judith. O Direito Privado como um sistema em construção: as cláusulas gerais no Projeto do Código Civil Brasileiro. In: *Revista de Informação Legislativa*. Brasília, v. 139, 1998, p. 5-22.

[93] BRANCO, Gerson Luiz Carlos. *Função social do contrato:* interpretação à luz do Código Civil. São Paulo: Saraiva, 2009, pp. 269-270.

A FUNCIONALIZAÇÃO SOCIAL DO CONTRATO

de terceiros, além dos contratantes.[94] Por isso, segundo o autor, a função social é um preceito que visa a impedir: 1) prejuízo à coletividade (como um todo); e 2) prejuízo a uma pessoa determinada (terceiro).[95]

Mas, o que é, enfim, a função social? É possível dar uma resposta de forma bem simples: ela é *início, meio* e *fim* da *eficácia transobjetiva* do contrato. Ao contrário do que se possa imaginar, a função social não se encontra na definição do conceito contratual. Vista na perspectiva dos planos de análise dos negócios jurídicos de Antônio Junqueira de Azevedo[96], ela se encontra no plano da eficácia, pois impõe limites ao modo de agir das partes e à produção dos efeitos pretendidos, se, de alguma forma, a finalidade do pacto for ilícita, no sentido de causar dano a alguém. Observe que essa análise se refere tanto às partes na sua relação com o contexto social, quanto a terceiros, sendo que neste último caso pode-se dar como exemplo quando o terceiro propõe ou celebra um segundo contrato com uma das partes e prejudica o adimplemento do primeiro contrato.

Veja por que a função social é *início, meio* e *fim* da *eficácia transubjetiva* do contrato:

1) *Início:* é óbvio que quando dois sujeitos de direito se propõem a celebrar um contrato seus objetivos – muito legítimos – são satisfazer um interesse particular, geralmente de caráter patrimonial. Ninguém faz um contrato unicamente visando ao desenvolvimento da sociedade. Mas, ao concluir o negócio, além de se importar com os efeitos individuais que a contratação promoverá em suas esferas jurídico-patrimoniais, as partes não podem pretendê-lo a todo custo. Se

---

[94] THEODORO JÚNIOR, Humberto. *O contrato e sua função social.* Rio de Janeiro: Forense, 2003, p. XI. No mesmo contexto, buscando delimitar com precisão os novos princípios contratuais, além da função social, o autor também define a boa-fé e o equilíbrio contratual: a primeira diz respeito à relação interna travada entre os sujeitos do contrato; e o segundo consiste no equacionamento entre as partes, para garantir a comutatividade (p. XI). À pág. 13, o autor escreve: "O princípio da função social, nessa perspectiva, não se volta para o relacionamento entre as partes contratantes, mas para os reflexos do negócio jurídico perante terceiros (isto é, no meio social)".

[95] THEODORO JÚNIOR, Humberto. *O contrato e sua função social,* ob. cit., p. 12. Mais adiante, na pág. 29, escreve que a função social "consiste em abordar a liberdade contratual em seus reflexos sobre a sociedade (*terceiros*) e não apenas no campo das relações entre as partes que o estipulam (*contratantes*)".

[96] AZEVEDO, Antonio Junqueira de. *Negócio jurídico: existência, validade e eficácia.* 4ª ed. atual. São Paulo: Saraiva, 2002, pp. 49-72.

uma prejudica à outra, contraria-se a boa-fé (art. 422); se agem de forma contrária ao interesse e valores sociais, ferem o pressuposto da função social (art. 421). Sabe-se que o contrato é por excelência o meio ou instrumento de promoção do capitalismo, isto é, de uma matriz econômica baseada na produção e/ou circulação de bens, produtos e serviços. Sabe-se, ainda, pela experiência histórica, que o sistema capitalista, poderá ser predatório. Então, que capitalismo queremos? A resposta é unânime: um capitalismo ético, que o será quando um dos contratantes não explorar o outro (boa-fé) e estiver de acordo com a ideia e o ideal de contrato que tem a sociedade por meio do que prescreve o Direito (função social). O contrato não é uma situação isolada; ele tem um contexto social. Por essa razão, o contrato tem duas causas eficientes. A primeira de ordem individual, intersubjetiva ou particular, que é a satisfação dos interesses das partes. Dessa forma, quando se diz que a função social está no início do processo de contratação, significa dizer que ela é a *causa* do contrato: ao satisfazer seus interesses privados, as partes devem promover o correto desenvolvimento socioeconômico desse sistema de circulação do capital. *Não podem pretender o que a sociedade condena e que se encontra tipificado como condutas antijurídicas na legislação;*

2) *Meio:* nada há de errado em querer adquirir propriedade e enriquecer. Só que a sociedade estabelece um padrão ético para os contratos: o problema não é adquirir patrimônio, mas *como se adquiriu* esse patrimônio. E aí se encontra a função social – e a boa-fé objetiva – como forma de controle dos interesses das partes. *Não podem agir de um modo que a sociedade não aceita;*

3) *Fim:* o que pretende o Código Civil quando estabelece a função social como razão e modo de agir do contrato? Que tipo de interesse tem a sociedade sobre o contrato de duas pessoas? A sociedade *não lucra*, mas, de certa forma, *ganha* com o contrato dessas pessoas. É aí que se começa a perceber a diferença entre partes e terceiros: partes são os que sofrem os efeitos patrimoniais diretos, o incremento patrimonial; e terceiros são aqueles que não têm o poder econômico sobre o vínculo contratual, mas podem ganhar com ele indiretamente, ou então sofrer prejuízos. Se bem cumprida essa obrigação promove desenvolvimento: no âmbito patrimonial das partes permite adquirir propriedade, dá finalidade aos bens, facilita a mobi-

lidade urbana, a moradia, a saúde privada, viagens e lazer *etc.*; já em âmbito macroeconômico gera empregos, rende divisas, justifica o investimento em infraestrutura, cobra-se impostos, possibilita políticas educacionais, sanitárias e assistencialistas. Como diz Antônio Junqueira de Azevedo, o contrato, qualquer contrato, tem importância para toda a sociedade.[97] De uma forma indireta, o contrato acaba tendo eficácia *erga omnes*. Nessa perspectiva, todo contrato deve promover benefícios que a sociedade julga legítimos, para as partes e para terceiros, tanto que Humberto Theodoro Júnior chega a dizer que entende que "o desenvolvimento econômico deve ocorrer vinculadamente ao desenvolvimento social".[98] E complementando essa ideia, Gerson Luiz Carlos Branco afirma que é preciso coadunar os interesses das partes com os valores determinados por imperativos sociais.[99]

Não podem as partes alcançar resultados ilegítimos ou que prejudiquem alguém (quando não a todos). Nesse caso ficará configurado um exercício abusivo da liberdade de contratar, que sendo um ato ilícito (art. 187), enseja o dever de reparar danos (*caput* do art. 927). Então, a função social é um indicador de quando ocorre abuso de direito de contratar no âmbito de um negócio. O dispositivo legal que caracteriza o abuso de direito assim prescreve:

"Art. 187. Também comete ato ilícito o titular de um direito que, ao exercê-lo, excede manifestamente os limites impostos pelo seu fim econômico ou social, pela boa-fé ou pelos bons costumes".

A função social do contrato aparece como o limite caracterizado pelo fim econômico e social. Dessa forma, o art. 421 oferece critério de verifi-

---

[97] AZEVEDO, Antonio Junqueira. Princípios do novo Direito Contratual e desregulamentação de mercado – Direito de exclusividade nas relações contratuais de fornecimento – Função social do contrato e responsabilidade aquiliana do terceiro que contribui para inadimplemento contratual. In: TIMM, Luciano Benetti; MACHADO, Rafael Bicca (Coords.). *Função social do Direito*. São Paulo: Quartier Latin, 2009, pp. 195-206.

[98] BRANCO, Gerson Luiz Carlos. *Função social do contrato*, ob. cit., p. 304: "[...] o contrato serve à liberdade contratual, e o grande desafio a ser enfrentado na aplicação da cláusula geral do artigo 421 é o de coadunar o contrato como instrumento para realização dos interesses das partes e ao mesmo tempo respeitar os valores determinados por imperativos sociais".

[99] THEODORO JÚNIOR, Humberto. *O contrato e sua função social*, ob. cit., p. 31.

cação de quando o direito de contratar e de como contratar (liberdade) foi exercido abusivamente. É esse o ponto principal desse trabalho: tomar a função social do contrato como um elemento de identificação de quando há abuso de direito na esfera contratual, e daí a responsabilidade civil que resulta de tal fato lesivo. A violação à função social configura abuso de direito no exercício da autonomia contratual.

Dessas observações resulta que a função social é *causa* e *limite* do processo de conclusão e execução do contrato. Nesse sentido, Judith Martins-Costa entende, com o que se deve concordar, que "o papel da 'função social' é monocórdio, atuando somente como limite e gerando deveres negativos".[100]

De maneira didática, Humberto Theodoro Júnior divide a abordagem dogmática do tema em duas perspectivas, que aqui serão resumidas[101]:

Na primeira abordagem, a solidariedade e a cooperação contratual são tão valorizadas que o interesse coletivo é colocado acima do interesse individual do contratante. Dessa maneira, o contrato deixa de ser concebido de forma individualista e se reconhece que ele exerce uma função na sociedade. Contudo, segundo o autor, essa abordagem tem o problema de transformar o contrato em um instrumento de assistência, quando o objetivo primeiro dessa modalidade de obrigação é a circulação de riquezas. Não se trata, portanto, de transformar o contrato em instrumento de assistencialismo, matéria estranha ao Direito Civil.

Já a segunda abordagem, trata a função social a partir do relacionamento externo das partes com outras pessoas, ou seja, como os contratantes devem se relacionar com terceiros. Por isso, o autor defende o que já se tornou comum na caracterização dessa cláusula geral: a função social é a modernização do princípio da relatividade dos efeitos dos contratos. Por isso, como resultado da incidência da função social tem-se o seguinte:

- Visa a inibir que a relação contratual traga qualquer prejuízo a terceiros. Nesse sentido, Humberto Theodoro Júnior entende que um

---

[100] MARTINS-COSTA, Judith. Reflexões sobre o princípio da função social do contrato, ob. cit., p. 49. Monocórdio, dito pela autora, significa, no sentido real, o instrumento musical de uma nota só. Com isso ela pretendeu dizer, parece, que a função social não é um tudo, mas algo que tem preciso objetivo e caracterização.

[101] THEODORO JÚNIOR, Humberto. *O contrato e sua função social*, ob. cit., pp. 41-49.

A FUNCIONALIZAÇÃO SOCIAL DO CONTRATO

contrato ofende a função social quando "os efeitos externos do contrato prejudicam injustamente os interesses da comunidade ou de estranhos ao vínculo negocial". Consequentemente,

- A atividade contratual que prejudica terceiros constitui verdadeiro fato lesivo.

Essa segunda abordagem parece ser a mais adequada aos propósitos da socialidade e imperativo da *operabilidade* que fundamenta o Código Civil: não basta prever uma norma para que seja mero instrumento de retórica; ela deve proporcionar efeitos práticos.

Só que também é preciso ir além e indagar: a função social impõe deveres de abstenção a terceiros ou tão-somente às partes? Se um terceiro provoca, de forma direta ou indireta, o inadimplemento contratual entre dois sujeitos, também pratica um fato ilícito, resultante do descumprimento da cláusula geral do art. 421?

A liberdade de contratar a que se refere o art. 421 não é apenas das partes, na execução do contrato. Primeiro que ela está presente em todas as fases do processo de contratação (fase pré-contratual, contratual e pós--contratual), pois em todas elas a autonomia se manifesta. E segundo que essa limitação à liberdade de contratar também se aplica a terceiros, que no exercício deste poder não podem agir de maneira inadequada, prejudicando que as partes alcancem seus objetivos. O art. 421 prevê um comportamento adequado para todas as vezes que se pretende exercer a liberdade de contratar. (Adequado significa, nesse contexto, *não abusivo*). E, veja, não só as partes a exercem, senão também toda e *qualquer pessoa* (leia-se: *terceiros*).

Por essa razão, o terceiro que inadequadamente prejudica que um contrato entre dois (ou mais) sujeitos atinja os objetivos individuais e sociais da contratação – quais sejam: circulação de riquezas, aquisição de propriedade e desenvolvimento socioeconômico – terá descumprido os deveres da norma do art. 421. E descumprir dever e causar dano é ato ilícito (art. 186).

Então, as partes S' e S'' de um determinado contrato devem se abster (*ph*, functor deôntico proibitivo) de causar prejuízo a terceiros determinados (*S*). Da mesma forma, *S* também está proibido (*ph*) de prejudicar as partes contratantes, afinal, se assim não agir, o contrato em questão não atingirá suas finalidades individuais e sociais. Esquematizando estruturalmente:

$$[S'x S''] ph \quad ph [S]$$

Sendo:

- [S'x S'']: o vínculo contratual entre dois sujeitos;
- [S]: os terceiros;
- *ph*: o functor deôntico de proibição (dever de abstenção) de conduta contrária aos efeitos contratuais típicos na esfera patrimonial das partes e na ordem socioeconômica, a proibição de interferência recíproca.

Perceba, então, como assevera Humberto Theodoro Júnior, que estamos indo além da relatividade dos efeitos do contrato[102] (*res inter alios acta*). Não que ela tenha perdido sentido. Ela significa, hoje, a restrição de eficácia patrimonial direta entre as partes. Excepcionalmente admite-se a produção de direitos de crédito, como ocorre no caso da cláusula *pro amico* da estipulação em favor de terceiro (arts. 436 a 438).

Dessa forma, a partir da estrutura apresentada acima, os direitos obrigacionais ou pessoais, sempre vistos na perspectiva de uma eficácia *inter pars*, ganham um novo enfoque: sua oponibilidade *erga omnes*. Assim como os direitos reais, existe um *dever geral de abstenção*: 1) *das partes para com terceiros*, no sentido de não ofender seus interesses indiretos de ordem socioeconômica e ético-moral-jurídica; e 2) *de terceiros para com as partes*, que não podem exercer sua liberdade de contratar prejudicando o vínculo já estabelecido entre dois ou mais sujeitos. Nesse sentido, Humberto Theodoro Júnior[103]:

> "[...] *externamente* não podem os contratantes criar situações jurídicas que afrontem direitos de terceiros (fraude e dolo), nem podem terceiros agir, frente ao contrato, de modo a dolosamente lesar o direito subjetivo do contratante (ato ilícito, abuso de direito). Na abstenção de condutas contratuais nocivas a terceiros, portanto, é que opera a função social do contrato (como limite à liberdade de contratar)".

Quer dizer, a função social cria um *dever geral de não ingerência recíproca*: para as partes e para terceiros. Esse dever tem como *functor deôntico* uma

---

[102] THEODORO JÚNIOR, Humberto. *O contrato e sua função social*, ob. cit., pp. 82-83.
[103] THEODORO JÚNIOR, Humberto. *O contrato e sua função social*, ob. cit., pp. 92-93.

proibição (ph): a de lesar a incolumidade dos interesses sociais (para as partes) e de lesar a incolumidade do interesse particular dos contratantes (para os terceiros).

2.4. Função e finalidade

Os conceitos de *função* e *finalidade* não podem ser confundidos, especialmente no âmbito da teoria do contrato. Por exemplo, mesmo que não se alcance a finalidade da parte ao celebrar um contrato, isso não significa que ele não tenha cumprido sua função. É o que ocorre, exemplificativamente com o *contrato aleatório*, quando uma das partes nada adquire na *emptio spei* e mesmo assim deverá pagar ao beneficiário (art. 458).

Gerson Luiz Carlos Branco preocupa-se em fazer a referida distinção entre os dois conceitos, o que pode ser sistematizado da seguinte maneira[104]:

Função	*Finalidade*
1. Descreve o caráter instrumental do modelo que serve para determinados fins. Ou seja, o que e como é preciso fazer para alcançar um determinado fim; 2. Permite verificar se o instrumento está servindo para fins previamente determinados; e 3. Analisa a validade e a eficácia do ato.	1. Descreve os próprios fins para os quais os instrumentos devem ser usados; e 2. Focaliza nos efeitos do ato, isto é, se o instrumento alcança os fins predeterminados pela norma.

A *functionem* de algo consiste em sua ação própria ou natural, ou seja, sua missão. Sendo aquele "algo" um contrato, é possível identificar dois tipos fundamentais de funções por ele desempenhadas: 1) *Função econômica:* é a expressão matemática da movimentação financeira (operação econômica) expressa pelo contrato. É uma ponderação de custo, receita e lucro; e 2) *Função social:* contribuição que o contrato, enquanto elemento cultural, presta para a continuidade de certa configuração social, cultural, econômica.

No que se refere à *finalitate*, significa o objetivo, o intuito, o propósito. Trata-se, portanto, de dizer o que um determinado elemento tem em vista,

---

[104] BRANCO, Gerson Luiz Carlos. *Função social do contrato*, ob. cit., p. 273. Mas o autor entende que "Saber para que uma coisa serve significa buscar saber qual é sua finalidade e, portanto, sua função". Quer dizer, função e finalidade não são sinônimos, mas se referem às consequências.

ou por escopo. Pode-se dizer, de maneira simples, que finalidade é o proveito que um determinado objeto tem a oferecer para as pessoas. Nesse sentido, também o contrato apresenta duas ordens de finalidades: 1) *Finalidade econômica:* o enriquecimento dos contratantes, o lucro, a produção; e 2) *Finalidade social:* a correta (de forma *ética*) circulação de riquezas que permite o desenvolvimento social a partir de um sistema econômico.

A importância da referida distinção não é apenas conceitual, pois repercute na responsabilidade civil dos agentes envolvidos quando houver desvirtuamento da *finalidade* e da *função*. Esse desvirtuamento consiste numa *ilicitude*, configurando ato ilícito. Quando o ilícito se caracteriza pela desvirtuação da finalidade, fala-se em *abuso de direito* (art. 187); se o ilícito for o desvirtuamento da função, fala-se em *desfuncionalização*. Esta sempre é a desfuncionalização social, porque mesmo a função econômica não se separa da social (art. 422), já que ambas são causas do contrato: a primeira, causa imediata; e a segunda causa mediata.[105]

2.5. Função social e *favor deboli*

Não se pode por meio da função social transformar o Código Civil em lei análoga ao Código de Defesa do Consumidor, de modo a transformá-lo em um diploma legal de igualdade material. Não se adequa aos contratos cíveis e mercantis tratar uma das partes como hipossuficiente. Não existe hipossuficiência no Direito Civil; o que existe é desequilíbrio na comutatividade das prestações. Aí sim uma parte é favorecida, por imperativo do *favor deboli* ou *favor debitoris*, para que ambas alcancem seus objetivos práticos, afinal, a relação obrigacional é um *processo cooperativo*, para que o contrato seja "bom para ambas as partes".

De acordo com a doutrina italiana, o *favor deboli* é um princípio geral do Direito originado do princípio romano do *favor debitoris*.[106],[107] Por muito

---

[105] Nesse sentido, BRANCO, Gerson Luiz Carlos. *Função social do contrato*, ob. cit., p. 301, entende que o contrato tem uma finalidade imediata, que consiste no interesse econômico particular da parte, e uma finalidade mediata, qual seja, o interesse macroeconômico e normativo de natureza social. Para o autor, a função econômica somente pode ser compreendida como função social.

[106] CHERCHI, Alice. *Il divieto di anatocismo nel sistema giuridico romano.* Tesi di Dottorato in Diritto ed Economia dei Sistemi Produttivi, Università di Sassari, 2009, p. 247: "La *ratio* del divieto di anatocismo, così come quello del superamento del *duplum*, era espressione del principio del favor *debitoris* e mirava a tutelare il debitore da um aumento imprevedibile e spropositato del debito. La diversa *ratio* del severo regime delle *usurae rei iudicatae* giustificava

A FUNCIONALIZAÇÃO SOCIAL DO CONTRATO

tempo esse princípio foi esquecido em razão da supremacia do credor nas relações obrigacionais (*favor creditoris*), mas após a Revolução Francesa ele exsurge e passa a ser aplicado como uma interpretação normativa em favor da parte débil, isto é frágil (*deboli*). Sendo assim, não necessariamente ele se apresenta, nos dias de hoje, como princípio protetor do devedor (*debitoris*), mas sim daquela parte – seja credor ou devedor – que necessita de uma tutela mais favorável. Por exemplo: na Itália na codificação civil ele favorecia o devedor dos prejuízos que a mora de créditos pecuniários poderia provocar, mas na legislação comercial ele protegia os comerciantes, artesãos e empreendedores.[108] O Código Civil de 1942 também favorece o devedor como parte débil nas hipóteses dos artigos. 1.224, 1.370, 1.371 e 1.469-*quater*.[109]

l'eccezione al divieto di anatocismo". Quanto às fontes romanas do princípio, ver páginas 14, 16, 37, 193, 206 e 219.

[107] ESPANÉS, Luis Moisset de. El "favor debitoris" y la demora judicial. In: *Derecho y Cambio Social*. Nº 08, año III. Lima: La Molina, 2006, pp. 03: "El principio – como hemos dicho – tiene antigua prosapia, y ya en el Digesto se encuentran textos de Ulpiano, Pomponio y Paulo, en los que se hace aplicación práctica del 'favor debitoris', aunque el adagio posiblemente haya sido acuñado con posterioridad, por los glosadores, para expresar de manera concisa y clara la regla que parece haber inspirado al legislador, al consagrar los mencionados textos".

[108] SASSI, Andrea. Il ruolo delle permanenze nella formazione del mercato interno. In: PALLAZZO, Antonio; SASSI, Andrea. *Diritto Privato del Mercato*. Università degli Studi di Perugia, 2007, pp. 20-27; e CIPPITANI, Roberto. I contratti e le obbligazioni. In: PALLAZZO, Antonio; SASSI, Andrea. *Diritto Privato del Mercato*, pp. 143-150.

[109] Art. 1224. "Danni nelle obbligazioni pecuniarie. Nelle obbligazioni che hanno per oggetto una somma di danaro (1277 e seguenti), sono dovuti dal giorno della mora gli interessi legali, anche se non erano dovuti precedentemente e anche se il creditore non prova di aver sofferto alcun danno. Se prima della mora erano dovuti interessi in misura superiore a quella legale (1284), gli interessi moratori sono dovuti nella stessa misura. Al creditore che dimostra (2697) di aver subito un danno maggiore spetta l'ulteriore risarcimento Questo non è dovuto se è stata convenuta la misura degli interessi moratori"; Art. 1370. "Interpretazione contro l'autore della clausola. Le clausole inserite nelle condizioni generali di contratto (1341) o in moduli o formulari (1342) predisposti da uno dei contraenti s'interpretano, nel dubbio, a favore dell'altro"; Art. 1371. "Regole finali. Qualora, nonostante l'applicazione delle norme contenute in questo capo (1362 e seguenti), il contratto rimanga oscuro, esso deve essere inteso nel senso meno gravoso per l'obbligato, se è a titolo gratuito, e nel senso che realizzi l'equo contemperamento degli interessi delle parti, se è a titolo oneroso"; Art. 1469-quater. "Forma e interpretazione. Nel caso di contratti di cui tutte le clausole o talune clausole siano proposte al consumatore per iscritto, tali clausole devono sempre essere

É claro, porém, que na época revolucionária, o princípio era utilizado como forma de proteger os grupos sociais populares (o antigo *Tiers-État*[110]), geralmente oprimida pelos excessivos e eternos débitos. Foi assim que na França duas legislações foram essenciais para a incorporação de tal valor ao ordenamento jurídico: 1) *A Lei de 1793*, que extinguiu o arresto pessoal por débitos daquele país; e 2) *O Código Civil Napoleônico de 1804*, que em várias normas protege o devedor, como ocorre, por exemplo, no crédito hipotecário nos casos de financiamento.[111]

Então, a função social e a proteção da parte frágil não são sinonímias, e tampouco se correlacionam.

É preciso entender que o *favor deboli* é um elemento de proteção interno da relação contratual, assim como a boa-fé objetiva: o primeiro pretende a equivalência prestacional e o equilíbrio contratual; já a boa-fé impõe deveres de comportamento honesto entre os sujeitos. Quer dizer: a boa-fé é um estatuto deontológico do contrato; o *favor deboli* é um instrumento hermenêutico de ajuste proporcional entre as prestações para que não haja prejuízo para uma das partes (que não necessariamente é o devedor).

Por exemplo, veja o que diz Alice Cherchi:[112]

> "L'applicazione dei principi della buona fede contrattuale, del *favor debi-toris*, del *beneficium competentiae* e della clausola *rebus sic stantibus*, potrebbe

redatte in modo chiaro e comprensibile. In caso di dubbio sul senso di una clausola, prevale l'interpretazione più favorevole al consumatore".

[110] Em uma análise da obra de Emmanuel Joseph Sièyés, na qual assim escreve: "Le plan de cet écrit est assez simple. Nous avons trois questions à nous faire. 1° Qu'est-ce que le Tiers état? – TOUT. 2° Qu'a-t-il été jusqu'à présent dans l'ordre politique? – RIEN. 3° Que demande-t-il? – À ÊTRE QUELQUE CHOSE. On va voir si les réponses sont justes. Jusque-là, ce serait à tort qu'on taxerait d'exagération des vérités dont on n'a pas encore vu les preuves. Nous examinerons ensuite les moyens que l'on a essayés, et ceux que l'on doit prendre, afin que le Tiers état devienne, en effet, *quelque chose*. Ainsi nous dirons : 4° Ce que les ministres ont *tenté*, et ce que les privilégiés euxmêmes *proposent* en sa faveur. 5° Ce qu'on aurait *dû* faire. 6° Enfin, ce qui *reste* à faire au Tiers pour prendre la place qui lui est due" (SIÈYÉS, Emmanuel Joseph. *Qu'est-ce que le Tiers-État ?* Paris : Le Boucher Éditeur, 2002, p. 01).

[111] ESPANÉS, Luis Moisset de. El "favor debitoris" y la demora judicial, ob. cit., p. 03.

[112] CHERCHI, Alice. Il divieto di anatocismo nel sistema giuridico romano, ob. cit., p. 14. Em tradução livre: "A aplicação dos princípios da boa-fé contratual, do *favor debitoris*, do *beneficium competentiae* e da cláusula *rebus sic stantibus* podem conduzir à atenuação das consequências da rígida interpretação do princípio *pacta sunt servanda* e da nulidade das cláusulas que preveem a capitalização dos interesses entre os contratantes e os bancos dos Estados credores e os Países em via de desenvolvimento".

condurre ad attenuare le conseguenze della rigida interpretazione del principio *pacta sunt servanda* ed alla dichiarazione di nullità delle clausole che prevedono la capitalizzazione degli interessi scaduti dei contratti tra le banche degli Stati creditori ed i Paesi in via di sviluppo".

Observe que, nesse argumento, a autora esclarece os pontos de aplicação do princípio, de modo que em nenhum momento se verifica sua inserção no âmbito social, mas apenas refletindo entre o vínculo de interesses individuais.[113]

Já a função social tem outro âmbito de incidência e outro objetivo, qual seja, o mercado, a sociedade, um sistema capitalista ético – embora também crie um estatuto deontológico para as partes e para terceiros. Portanto, a funcionalização do contrato não significa a proteção de uma das partes, mas do contrato como um instrumento de repercussão no mundo social.

2.6. O art. 421 do Código Civil

Esse dispositivo se tornou o centro das atenções nos recentes discursos na teoria do contrato contemporânea aqui no Brasil. Ele é reflexo da sociabilidade e estabelece condições de exercício da autonomia contratual. Tal condição é o exercício dessa liberdade de contratar com *função social*:

> "Art. 421. A liberdade de contratar será exercida em razão e nos limites da função social do contrato".

Esse artigo requer a análise de quatro elementos essenciais da sua redação, quais sejam:

- *"liberdade de contratar"*;
- *"em razão"*;
- *"nos limites"*.

---

[113] Uma demonstração do que se tem dito sobre a aplicação apenas à relação individualizada é verificada com base em ESPANÉS, Luis Moisset de. El "favor debitoris" y la demora judicial, ob. cit., p. 20, que assim conclui suas considerações sobre o princípio: "1) El 'favor debitoris' no funciona cuando el deudor es moroso o ha actuado con dolo o culpa. 2) Las demoras judiciales en dictar sentencia son, por lo general, contingencias normales y previsibles en todo litigio. 3) El deudor que, con su conducta, ha obligado al acreedor a litigar, debe cargar con la responsabilidad por las demoras judiciales. 4) Si la demora fuese anormal, y tuviese como causa la culpa de funcionarios del Estado, le quedaría al deudor acción para dirigirse contra el Estado, para reclamar la indemnización que le correspondiese".

O *"será exercida"* não se apresenta como elemento essencial da norma, sendo mera figura de linguagem para se referir à livre iniciativa privada. O sujeito pratica livremente os atos que considera essenciais à satisfação de seus interesses, desde que com a responsabilidade de não ser abusivo.

Voltando aos elementos essenciais da formulação legal, o que significam esses sintagmas no contexto do contrato?

A *"liberdade de contratar"* consiste no poder que os sujeitos de direito têm de celebrar ou não um contrato, com quem celebrar esse contrato, em que condições ele será concluído e executado e qual seu objeto. Essa liberdade é individual, mas não pode ser egoísta. Quer dizer, a liberdade que se espera seja exercida é aquela que não se configura em um individualismo predatório de modo a consistir em verdadeiro abuso do direito de liberdade.

Quando o dispositivo fala que a liberdade é exercida *"em razão"* ele pretende determinar que a função social seja a *causa* do contrato. Aqui, o termo razão não é empregado no sentido filosófico, lógico-matemático e intelectual. No art. 421, *"ratio.onis"* significa o *motivo*, o porquê de se realizar o contrato. Mas esse "porquê" que ali aparece não se refere ao interesse das partes, mas do Direito e da sociedade. Quer dizer, a lei tutelará o contrato se ele cumprir uma função social. Mas, como visto anteriormente, o contrato tem duas causas: a *imediata*, que é o interesse particular de fazer circular riquezas e incrementar o patrimônio individual (enriquecimento, desde que lícito); e uma *mediata*, que é muito mais normativa e política que subjetiva, pela qual o contrato deve trazer benefícios reflexos à sociedade.

E, por fim, o contrato deve ser concluído e executado *"nos limites"* daquela função social. Se se fala de limites, é porque há parâmetros; se há parâmetros, é porque certos atos *não podem* ser praticados, isto é, certos acontecimentos não podem se implementar. Sendo assim, *se não pode*, é porque há proibições e o *dever* de não as praticar. Ora, se a função social é um limite para a liberdade de contratar, então é porque ela impõe deveres. Observe, então, que a da função social é possível decorrer um estatuto deontológico, tanto para as partes, quanto para terceiros.

Pode-se estruturar o conteúdo do art. 421 da seguinte maneira:

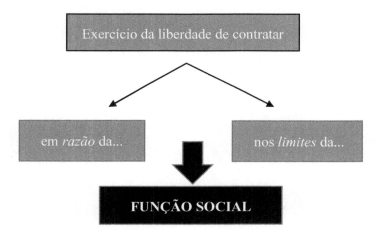

Como já foi mencionado e doravante será desenvolvido, a função social, como limite ao exercício da liberdade de contratar, estabelece um estatuto deontológico *erga omnes*. São deveres para as partes em relação a terceiros, e vice e versa, de modo que: 1) as partes não podem concluir e executar um contrato que traga algum tipo de prejuízo a terceiros ou a um grupo; e 2) os terceiros não podem interferir negativamente na relação contratual, de maneira a prejudicar que o contrato estabelecido alcance seus objetivos (econômicos, sociais etc.). Não deixa de ser uma análise ético-jurídica do capitalismo: ética por causa de um aspecto moral; jurídico pela proposição de sanções e deveres.

Capítulo 3
Natureza Jurídica da Função Social do Contrato

A função social do contrato é uma cláusula geral do Código Civil (art. 421) que serve de introdução da socialidade como elemento de interpretação e integração dos contratos cíveis e comerciais. A função social não é um princípio, mas um *sintagma* de um estilo de redação das formulações normativas para possibilitar a valoração de regras e cláusulas a partir de princípios.

Judith Martins-Costa diz que, sendo a *função social* uma cláusula geral, tem ela um *papel hermenêutico-integrativo*. *Hermenêutico* no sentido de servir à interpretação das cláusulas contratuais e o sentido da vontade e das finalidades das partes; e *integrativo* porque serve de um apoio para alterar, aumentar, diminuir a vontade das partes, dizer o que não foi dito.[114]

Esse capítulo irá se utilizar de elementos da Teoria Geral do Direito para explicar e caracterizar o que é e como é a cláusula geral da função social do contrato. A partir dessa explicação teórica será possível compreender e fundamentar aquele papel hermenêutico-integrativo e seus efeitos práticos.

3.1. Princípios e regras: proposta de conceito pela função

De acordo com o que identifica Aulis Aarnio[115], existem duas teses ou correntes doutrinárias essenciais para distinguir as regras e os princípios, que seriam as seguintes:

---

[114] MARTINS-COSTA, Judith. O Direito Privado como um sistema em construção: as cláusulas gerais no Projeto do Código Civil Brasileiro. In: *Revista de Informação Legislativa*. Brasília, v. 139, 1998, p. 5-22.

[115] AARNIO, Aulis. Las reglas en serio. In: AARNIO, Aulis; VALDÉS, Ernesto Garzón; e UUSITALO, Jyrki. *La normativid del derecho*. Barcelona: Gedisa, 1997, pp. 17-19.

1. *Tese da demarcação forte:* distingue regras e princípios através de uma diferença *qualitativa*. As regras são as normas que se *seguem ou não*, sem haver uma terceira alternativa e, em caso de contradição entre elas, aplicam-se os critérios de solução de antinomias (*lex posteriori derogat anterior; lex superiori derogat inferior;* e *lex speciali derogat generali*), pelos quais a que cede deixa de fazer parte do ordenamento jurídico. Quanto aos princípios, sua força vinculante é diferente: podem ser *seguidos mais ou menos*. Não determinam a solução de casos concretos, proporcionando apenas uma base com critérios para a decisão. Por esse motivo, têm sido designados como *mandados de otimização* (Robert Alexy). Sendo assim, um princípio somente mostra a direção ou dimensão em que se deve buscar a decisão. Segundo Aulis Aarnio, essa tese tem como maior representante Ronald Dworkin;[116]

---

[116] Um exemplo de resultado do uso da tese da demarcação forte pode ser dado a partir do Mandado de Segurança com pedido de tutela liminar interposto por servidora pública estadual contra ato do Presidente do Tribunal de Justiça do Estado do Paraná, que indeferiu pedido de sequestro protocolado na Secretaria do Tribunal de quantia referente ao pagamento de dívida constante de precatório alimentar extraído de ação ordinária declaratória. Alegava a impetrante que se encontrava em licença para tratamento de saúde por ser portadora de obesidade mórbida grau III, que lhe causa co-morbidades, necessitando, por esses motivos, despender quantia considerável de sua remuneração líquida para tratar-se, não encontrando outra alternativa senão a de procurar sequestrar valores que possui direito em relação a precatório requisitório. O Presidente do TJPR indeferiu o seu pedido administrativo porque estaria desrespeitando a ordem dos precatórios. Porém, no Mandado de Segurança, o TJPR entendeu que "a gravidade do seu estado de saúde, justifica a quebra da ordem dos precatórios, sobretudo porque o numerário será utilizado no tratamento de sua saúde, já que os gastos mensais com medicamentos e oxigênio ultrapassam 80% do seu salário líquido, acarretando prejuízos para a obtenção de outros cuidados que necessita, tais como consultas psicológicas, internações em spas ou a contratação de nutricionistas, eis que o imprescindível atendimento multidisciplinar não é coberto na integralidade pelo plano de saúde". Nesse caso, o TJPR preferiu atender à vida (princípio) em detrimento de questão orçamentária envolvendo ordem de pagamento dos precatórios (regra), concedendo a segurança à impetrante: TJPR, MS 4636382 PR 0463638-2, Órgão Especial, Rel. Des. Lauro Augusto Fabrício de Melo, j. em 21/11/2008: "1. MANDADO DE SEGURANÇA – PRECATÓRIO ALIMENTAR – SEQUESTRO DE VERBAS PÚBLICA – CONSTRIÇÃO FUNDADA NO QUADRO DE SAÚDE DA IMPETRANTE – PONDERAÇÕES ACERCA DO DIREITO FUNDAMENTAL À SAÚDE E A VIDA NA FORMAÇÃO DAS NORMAS QUE REGEM A SISTEMÁTICA DE PAGAMENTOS DE PRECATÓRIOS – DISTINÇÃO ENTRE REGRAS E PRINCÍPIOS – SEGURANÇA CONCEDIDA. [...]. 3. DIANTE DA SITUAÇÃO DE EXCEÇÃO, É LÍCITO O SEQUESTRO DE VALORES PARA PAGAMENTO DE PRECATÓRIO ALIMENTAR, CONSIDERANDO

NATUREZA JURÍDICA DA FUNÇÃO SOCIAL DO CONTRATO

2. *Tese da demarcação débil:* de fundamento wittgensteiniano, regras e princípios têm uma relação de *graus diferentes*, e não qualitativa. Regras e princípios pertencem à mesma categoria, qual seja, são normas jurídicas, e têm papel parecido na discrição judicial. Embora os princípios tenham uma generalidade maior que as regras, não existem características especiais que permitam distingui-los entre si. Tanto as regras quanto os princípios expressam conteúdo valorativo – diferentemente da corrente mais aceita no Brasil, de que as regras impõem condutas e os princípios representam valores. Aulis Aarnio, para entender melhor essa tese, faz uma analogia da relação princípios-regras com a relação de familiares: assim como os membros de uma família, ambos se parecem, sem ser completamente idênticos.

Para Aulis Aarnio a teoria da norma tem se preocupado em distinguir a *formulação normativa (FN)* e a *norma (N)*. A primeira é a proposição da qual resultam conteúdos de significado daquela expressão. Contudo, é possível verificar que em muitos casos uma proposição normativa *(FN)* poderá ensejar mais de uma norma, ou seja, significados diversos:

$$FN \to N_1 \times N_2 \, [...] \times N_n$$

Dessa maneira, as normas (N_n) aparecem como a interpretação de formulações normativas *(FN)*: "la interpretación de los textos jurídicos per-

COMO CONSTRIÇÃO DE NATUREZA HUMANITÁRIA FUNDADA NA DIGNIDADE DA PESSOA HUMANA, QUE VISA ASSEGURAR O MÍNIMO EXISTENCIAL PARA AMENIZAR O MAL QUE PADECE A IMPETRANTE. 3.1. Nenhum princípio é mais valioso para compendiar a unidade material da Carta da Republica, que o princípio da dignidade da pessoa humana. 4. NA PONDERAÇÃO ENTRE REGRAS E PRINCÍPIOS, INCUMBE AO INTÉRPRETE PROCEDER A PONDERAÇÃO DOS PRINCÍPIOS E FATOS RELEVANTES, E NÃO A SUBSUNÇÃO DO FATO A UMA REGRA DETERMINADA. 5. ENTRE PROTEGER A INVIOLABILIDADE DO DIREITO À VIDA, QUE SE QUALIFICA COMO DIREITO SUBJETIVO INALIENÁVEL, ASSEGURADO PELA CARTA DA REPUBLICA (ART. 5º CAPUT) OU FAZER PREVALECER, CONTRA ESSE PRINCÍPIO FUNDAMENTAL, UM INTERESSE FINANCEIRO E SECUNDÁRIO DO ESTADO – UMA VEZ CONFIGURADO A ROTA DE COLISÃO – IMPÕE-SE IMPERAR O RESPEITO INDECLINÁVEL A VIDA, POR RAZÕES DE ORDEM ÉTICO-JURÍDICA".

A RESPONSABILIDADE CIVIL PELA VIOLAÇÃO À FUNÇÃO SOCIAL DO CONTRATO

mite presentar enunciados y puntos de vista por lo que respecta a las normas jurídicas válidas, es decir, sobre los contenidos del ordem jurídico".[117]

Na maioria das vezes, a doutrina jurídica, a exemplo de Ronald Dworkin[118], considera os princípios apenas como os valores da ordem jurídica. Contudo, às vezes, os princípios são na verdade *regras*. Quer dizer, aquilo que se considera um princípio não passa de uma regra, em razão da sua positivação, da sua formulação normativa (*FN*) e da sua aplicabilidade. Em razão desse tratamento, que não percebe tais diferenças, Aulis Aarnio distingue algumas categorias de princípios:

1. *Princípios que expressam valores ideológicos:* dizem respeito aos princípios basilares da ordem jurídica. Pode-se dizer que são o fundamento da sociedade na qual vige determinado ordenamento jurídico. Por exemplo: nos países ocidentais modernos a ideologia era o império da lei e do legislador racional, razão pela qual se fala em sistema fechado e completude; nos países que privilegiam a livre inciativa e a economia de mercado, o Direito se constitui sobre o pilar da propriedade privada; em países médio-orientais, a ordem jurídica se fundamenta em valores religiosos e morais. No Direito Romano, atualizado pelas codificações civis, seus princípios fundamentais eram: *neminem lædere, pacta servare* e *suum cuique tribuere*, que a propósito influenciam o Direito brasileiro, – evidentemente que além daqueles princípios que representam as necessidades do país, como a solidariedade, a proteção do trabalhador, a proteção da família. Segundo Aulis Aarnio, esses princípios também podem ser expressos em disposições ou instituições jurídicas, mas raramente servem para solucionar conflitos individuais. Nesse caso, pode-se dizer que o disposto no art. 1º da Constituição da República expressa tais valores ideológicos no Brasil;

2. *Princípios jurídicos positivos:* são aqueles que orientam a tomada de decisão e estão especificamente contidos no Direito positivo vigente. A própria lei assume o princípio como norma. Nessa categoria, é possível identificar três espécies dessa modalidade de princípios:

---

[117] AARNIO, Aulis. Las reglas en serio, ob. cit., p. 20.
[118] DWORKIN, Ronald. *O Império do Direito*. São Paulo: Martins Fontes, 1999, pp. 254-255.

NATUREZA JURÍDICA DA FUNÇÃO SOCIAL DO CONTRATO

- *Princípios formalmente válidos:* expressos de forma direta no Direito, são normas que regulam direitos básicos, como as liberdades, a igualdade, a vida, a boa-fé, a função social;
- *Generalizações jurídicas:* não são incorporados diretamente no texto legal, mas se expressa de forma geral em regras concretas: "Los principios derivados de este modo encuentran, así, *apoyo institucional* de las reglas formalmente válidas, pero ninguno de estos principios há recebido confirmación legislativa en su forma general".[119] Daí que por indução se descobre seu conteúdo generalizado. Aarnio dá como exemplo o *pacta sunt servanda*. No caso do Brasil, além deste último princípio, também é possível identificar o *favor negotii*, o *favor deboli* ou *debitoris*, o *res inter alios acta*, o *solus consenso obligat*, a intangibilidade da família, a autonomia privada, negocial e contratual;
- *Princípios para a tomada de decisão:* são pautas de apoio para o intérprete das normas. Não têm base em disposições jurídicas, mas na cultura e tradição dos operadores do Direito. São exemplos o *audiatur altera pars*, a legalidade, a proibição de analogia em determinadas hipóteses;
3. *Princípios extrassistêmicos:* são os princípios morais que o discurso do intérprete confere *status* jurídico. Tal situação ocorre por causa da discricionariedade do juiz. No Brasil, tais princípios poderiam ser utilizados por causa do livre convencimento motivado do juiz, previstos no art. 131 do Código de Processo Civil de 1973 ("O juiz apreciará livremente a prova, atendendo aos fatos e circunstâncias constantes dos autos, ainda que não alegados pelas partes; mas deverá indicar, na sentença, os motivos que lhe formaram o convencimento") e no art. 371 do Código de Processo Civil de 2015 ("O juiz apreciará a prova constante dos autos, independentemente do sujeito que a tiver promovido, e indicará na decisão as razões da formação de seu convencimento").

Quando se analisa as teses básicas sobre as quais a doutrina fundamenta sua compreensão e entendimento sobre a relação entre regras e princípios, há sempre o vício de colocar os princípios e as regras como duas normas

---

[119] AARNIO, Aulis. Las reglas en serio, ob. cit., p. 21.

diferentes, seja quanto à qualidade ou à gradação. Contudo, como identifica Aulis Aarnio[120], a partir da relação entre ambos é possível identificar quatro tipos de normas:

1. *Regras (R):* determinam uma conduta a partir de enunciados claros. Os exemplos mais simplórios são a proibição de lesar outrem ou de matar (arts. 129 e 121 do Código Penal, respectivamente);
2. *Princípios que são como Regras (PR):* são os princípios que se aproximam da categoria das regras, estipulando conduta para a realização de um valor. São princípios que no momento de sua execução ou se segue ou não se segue, por isso sua semelhança com as regras. Um exemplo é a liberdade de expressão, que proibirá a censura;
3. *Regras que são como Princípios (RP):* são as normas cujo âmbito de aplicação é aberto e flexível. Estabelecem uma conduta em âmbito valorativo;
4. *Princípios (P):* expressam valor a partir de uma formulação aberta, tendo as funções ou utilidades descritas nas teses da demarcação forte e da demarcação débil.

Para Aarnio, a diferença básica entre regras (*R* e *RP*) e princípios (*P* e *PR*) se encontra na linguagem: tudo depende do significado que expressam. Ou seja, a diferença fundamental entre regras e princípios é quanto à linguagem normativa expressa na formulação do enunciado interpretativo. Para tanto, o autor apresenta três questionamentos que podem contribuir para compreender quando um enunciado normativo constitui regra e quando constitui um princípio, quais sejam:

1. Qual o *status* deôntico das regras e dos princípios, ou, em outras palavras, como é sua estrutura normativa?
2. Como as regras e os princípios estão em vigor, quer dizer, de que maneira fazem parte da ordem jurídica?
3. Como são utilizados as regras e os princípios para o processo de interpretação e aplicação do Direito?

[120] AARNIO, Aulis. Las reglas en serio, ob. cit., pp. 22-24.

A partir destes questionamentos do autor, pode-se elaborar as seguintes respostas com base na ordem jurídica brasileira:

Quanto à formulação da norma (1ª pergunta). Na linguagem normativa, pode-se formular significados *precisos* ou *imprecisos*. Os significados precisos são aqueles que possibilitam com menor complexidade – ou quase nenhuma – o processo de subsunção de um fato (F) a uma norma (N_n). No que se refere à imprecisão, fala-se de enunciados normativos que se expressam de forma *vaga*, *valorativa* ou *cognitivamente aberta*, podem ter vários significados ou, às vezes, não ter clareza. Assim, tem-se que:

NORMA	FORMULAÇÃO
R	Geralmente inequívocas e raramente ambíguas, estabelecem modais deônticos proibitivos (*ph*), permissivos (*–ph*) ou obrigatórios (*o*) no âmbito das condutas dos sujeitos de direito. Assim é, por exemplo: 1) proibido (*ph*), *prima facie*, celebrar negócios com condição potestativa (art. 123, *in fine*); 2) é permitido (*–ph*) aos familiares tutelarem direitos da personalidade do morto (art. 12, parágrafo único); e 3) é obrigatória (*o*) a celebração do negócio por escritura pública na compra e venda de imóveis de valor superior a 30 salários mínimos (art. 108).
RP	Geralmente são ambíguas, mas se referem a situações específicas ou circunstâncias do caso concreto. Nesse contexto, não se consegue prever todos os fatos que irão satisfazer os elementos essenciais da norma. Por isso, é possível que da formulação (*FN*) ambígua ou vaga resultem vários significados normativos (*N*), o que pode se expressar da seguinte maneira, sendo "x" uma disjunção, ou seja, vários significados possíveis: $$FN \to N_1 \times N_2 [...] \times N_n.$$ Os exemplos são o art. 475 (cláusula resolutiva), da qual resulta a *substancial performance* como forma de coibir o abuso do direito do credor de resolução do contrato em caso de inadimplemento; o art. 423 (interpretação favorável ao aderente), que expressa o princípio do *favor deboli* ou *favor debitoris*. No caso da Parte Geral, as formulações que podem ser citadas como sendo desse tipo são as do art. 187 (abuso de direito); do art. 2º (termo *a quo* da personalidade civil), do art. 113 (interpretação de acordo com a boa-fé); dos arts. 170, 172 e 184 que respaldam o *favor negotii*. E, por fim, o art. 15 (autonomia do paciente), o art. 20 (tutela da fama e da imagem) e o art. 21 (inviolabilidade da vida privada). Da R se obtém diversas condutas axiologicamente apreciáveis.

PR	Apresentam formulação (*FN*) ambígua, mas os significados (*N*) são direcionados, específicos, embora às vezes variáveis. O exemplo poderia ser a liberdade de expressão (*FN*), que apresenta formulação genérica, valorativa e cognitivamente aberta, mas que permite resultados direcionados de forma especificada e deontizada (*-ph*, *ph* e/ou *o*), tais como: não ser censurado (N_1), exercer a liberdade de cátedra (N_2). Os exemplos são o art. 422, que se refere à obrigatoriedade de agir com boa-fé e probidade nas fases pré e pós-contratual, assim como na fase contratual (execução do contrato); e o art. 421 (função social). Tomando como exemplo este último, Tem-se:
	• *FN:* a liberdade de contratar será exercida em razão e nos limites da função social do contrato:
	  • N_1: as partes têm que agir na contratação de acordo com os interesses sociais;
	  • N_2: o contrato contrário às disposições legais é nulo;
	  • N_3: aquele que prejudica um contrato estimulando seu inadimplemento deve indenizar os prejuízos da parte lesada;
	  • N_4: um contrato não pode interferir negativamente na esfera jurídica de terceiro;
	  • N_5: um contrato somente prevalece se produzir o desenvolvimento econômico pela circulação de riquezas...
	Do valor *socialidade*, que funcionaliza o contrato por ordem do art. 421, diversas determinações resultam e podem produzir efeitos. Observe, contudo, que da *FN* resultam diversas diretivas de comportamento, portanto, *R*, e não valores.

P	Sempre são valorativamente abertos (*FN*). Seus significados (*N*) são variados e igualmente abertos, valorativa e cognitivamente. Em resumo, o princípio (*P*) oferece mais de um significado. Contudo, não se aplicam a casos concretos, mas colaboram na escolha do melhor significado (*N*) para resolver um problema da vida entre os sujeitos de direito, quer dizer, entre as várias opções de significados da formulação normativa $\{FN \rightarrow N_1 \times N_2 [...] \times N_n\}$, *P* possibilita descobrir a *N* mais razoável (alguns diriam "justa") que representa a solução mais apropriada para o caso concreto. Por essa razão, *P* sempre estará associado a uma *R* ou *RP*, para lhe garantir a melhor aplicação. Tais princípios não se encontram *objetivados* (Direito objetivo) em dispositivo legal entre os arts. 1º ao 2.046 do *Codex*. São *positivados* porque constituem a parte imaterial do nosso Direito, mas não estão escritos; pelo menos não no Código Civil. Este, porém, apresenta vários *PR* e *RP*. São exemplos: a dignidade da pessoa humana (como cláusula geral de personalidade), a solidariedade, a eticidade, a vontade (real e declarada), a autonomia privada (do paciente e negocial), a livre iniciativa, o *turpitudinem suans allegans non datur audiatur*, o *favor negotii*, o *favor deboli*, o *utile per inutile non vitiatur*, a responsabilidade, o *pacta sunt servanda* (*uti lingua nuncupassit ita jus esto*), a função social, a boa-fé.

Estrutura normativa (2ª pergunta). Tem por objetivo distinguir semanticamente as regras (*R*; *RP*) dos princípios (*P*; *PR*). Retomando o que fora dito sobre as teses de demarcação, tem-se que:

TESE	DIFERENÇA
Demarcação forte	Quanto às regras, são seguidas *sim* ou *não*; e os princípios são seguidos *mais ou menos* (Dworkin). Ou, então, os princípios são mandados de otimização, que permitem o processo decisório quanto à melhor regra a ser aplicada ao caso concreto (Alexy).
Demarcação débil	Princípios são formulações gerais, mas a diferença entre ambas é quase impossível de ser feita, porque tanto os princípios quanto as regras expressam valores, quer dizer, são idênticos.

Ambas as teses fazem concluir que regras e princípios têm natureza normativa, ou seja, *deôntica*. Assim, para Aulis Aarnio, ambos se expressariam com a mesma linguagem para ambas as teses, de modo que o autor entende que a diferença repousaria no "fenômeno axiológico" diferenciado que a interpretação dos enunciados proporcionaria.

Parece, porém, quanto a esse aspecto, que as regras (*R*), as regras que são como princípios (*RP*) e os princípios que são como regras (*PR*) apresentam sim linguagem normativa, deôntica. Quando se fala em regra, também se fala em uma ordem ou comando (imperatividade), e não um pedido.

Já os princípios (*P*), estes sim, se expressam por enunciados axiologicamente formulados e compreendidos, que nada determinam; apenas indicam qual seria a solução mais razoável, oportuna (ou justa ou equitativa, como queiram), para um caso concreto. Mas, que fique claro: não têm *imperatividade* e, por isso, nem *exigibilidade*, embora apresentem *juridicidade*.

Função na argumentação jurídica (3ª pergunta). Tanto as regras quanto os princípios são argumentos utilizados para a interpretação razoável das normas jurídicas e sua consequente aplicação. Em ambos os casos são fundamentos de decisão: "Esto quiere decir que una interpretación o una decisión recibe especificamente un cierto contenido porque está basada en una cierta regla o en un cierto principio".[121]

A diferença, parece, está no âmbito de aplicação de tais normas: enquanto as regras têm campo de aplicação *restrito* à conduta por ela pre-

---

[121] AARNIO, Aulis. Las reglas en serio, ob. cit., p. 30.

vista, os princípios podem ser argumentos em diversos casos e situações, dado seu conteúdo valorativo aberto.

A relevância da distinção entre regras (R), regras que são como princípios (RP), princípios que são como regras (PR) e princípios (P) é que essa diferença se apresenta útil para verificar quando cada uma delas se aplicará e quais as suas consequências próprias. Daí é possível identificar o seguinte:

1. *P* não se aplica diretamente a casos concretos, porque não têm referência precisa e não apresentam tais objetivos. Trata-se daquilo que se convencionou designar de *princípios gerais do direito*. Sua função é estimular o processo legislativo para a criação de *R*, *RP* e *PR*; estabelecer critérios objetivos de interpretação das *FN*; estimular a decisão quanto a qual norma (*N*), resultante da *FN*, deve ser aplicada na solução de determinado caso concreto; determinar a *ratio legislatoris*, a *ratio legis* e a *ratio juris*. Quer dizer, *P* incide sobre o processo de intepretação, decisão, aplicação e argumentação das atividades jurídicas. Não dão ordem e não têm exigibilidade; são fatores de *motivação*. Assim, *P* não pode ser infringido, de tal modo que um comportamento contraditório a ele não é causa de responsabilidade. Segundo Paolo Comanducci, o princípio é um instrumento político utilizado por juízes e legisladores.[122] A partir disso, então, pode-se enumerar as seguintes funções dos princípios na ordem jurídica: 1) Orientam o processo de criação de normas (processo judicial ou legislativo), informando as circunstâncias que requerem e merecem regulamentação jurídica; 2) Indicam quando as normas – gerais ou individuais – são razoáveis (ou "justas", como queiram); 3) Motivam decisões judiciais; e 4) Indicam qual a interpretação mais adequada ao caso concreto (não necessariamente a mais politicamente correta);

2. *R* se aplica a casos concretos para: atribuir poderes, faculdade e poder-deveres aos sujeitos de direito; dar solução a problemas da vida; resolver conflitos de interesse; conservar a ordem pública; estabelecer o correto exercício de direitos subjetivos; proteger as legítimas expectativas das pessoas; *etc*. Não é exagero afirmar que têm mais importância que os princípios, pois representam o cotidiano

---

[122] COMANDUCCI, Paolo. Principios juridicos e indeterminación del derecho. In: *DOXA – Cuadernos de Filosofía del Derecho*. Vol. 21-II. Madrid: Cervantes, 1998, p. 96.

NATUREZA JURÍDICA DA FUNÇÃO SOCIAL DO CONTRATO

dos sujeitos de direito e aquilo que mais lhes interessa diretamente. Duas características são caras a *R*: seu conteúdo representa sempre uma *Ph*, ou uma *–Ph* ou uma *O*;

3. *PR* são valores previstos expressamente no ordenamento jurídico dos quais decorrerão regras de comportamento, ou seja, maneiras como as pessoas deverão agir. Nesses casos, a principal consequência é a aplicação de sanções para aqueles que não se comportam de acordo com tais princípios, porque em tais situações há uma conduta imposta por um *P* e que deve ser cumprida. Portanto, há possibilidade de infração e, por isso, a consequência será a responsabilidade civil (dever de indenizar a infração de um dever primário como forma de sanção – arts. 186 e 187 c/c *caput* do art. 927). As *cláusulas gerais* veem expressas no Código Civil na forma de *PR*. Parece que esses enunciados normativos são aquilo que ficou convencionado denominar de *princípios jurídicos*; e

4. *RP* são regras de comportamento que expressam um determinado valor, ou seja, foram postas no ordenamento jurídico para garantir o cumprimento e gestões de esforços de acordo com aquele valor que se quer assegurar. Pode-se dizer que é uma forma coercitiva de dar aplicação e estimular conduta de acordo com um valor que o legislador considera necessário incorporar à vida das pessoas (ex. 186, princípio da responsabilidade e do *neminem lædere*). Enquanto em *PR* cabe ao intérprete/aplicador determinar ou encontrar no próprio sistema a sanção pelo descumprimento da *FN*, em *RP* o legislador já previu as sanções e consequências para a infração do valor. Os *conceitos jurídicos indeterminados* veem expressos no Código Civil na forma de *RP*.[123]

---

[123] Parece que esse conceito apresentado por Aulis Aarnio e aqui desenvolvido muito se aproxima, ainda que acidentalmente, com a crítica que Josep Aguiló Regla faz a Manuel Atienza e Juan Ruiz Manero quanto à distinção que estes fazem entre *princípios em sentido estrito* e *diretrizes*, conforme se verifica em AGUILÓ REGLA, Josep. Tres preguntas sobre principios y directrices. In: *DOXA – Cuadernos de Filosofía del Derecho*. Nº 28. Madrid: Instituto Cervantes, 2005, pp. 329-340. Para Aguiló, os chamados "princípios em sentido estrito" são verdadeiras diretrizes (no sentido de regra) que expressam valores.

Observe que:

- Em *RP*, *R* está explícita na *FN*, e *P* é implícito em diversas *N*;
- Em *PR*, *P* é expresso na *FN* e *R* é implícita e repercute em várias *N*;
- Em *R*, a *FN* traz apenas uma conduta, ou seja, uma *N* possível e determinada;
- Em *P*, a *FN* não apresenta *R* e suas *N* são, na verdade, *orações descritivas* – mas com caráter normativo – de como criar, interpretar e aplicar leis.

É um erro crer que o ordenamento jurídico é composto apenas por *regras* e *princípios*. Também no ordenamento é possível encontrar *definições* *(D)*[124], que são enunciados que restringem a interpretação porque *definem* o significado de determinadas expressões ou conceitos, ou seja, indicam especificamente o que o legislador vislumbrou para aquela formulação normativa *(FN)*. Por exemplo, é o acontece com os artigos 121; 132, § 2º; 137; 334; 394; 398; 428, I; 538; 889, § 2º; 911, *caput*; 966, *caput*; 1.142; 1.196; 1.198, *caput*; 1.361; 1.412, § 2º.

José Juan Moreso também faz uma distinção entre *enunciados jurídico--deônticos* e *enunciados jurídico-conceituais*. Os primeiros são as normas em sentido estrito ou regras prescritivas, referindo-se a determinadas consequências normativas. Não se trata de novidade, pois aqui são as consideradas *R*. Já os segundos são variáveis proposicionais, que não prescrevem conduta ou consequência, mas trazem conceituações e a compreensão do sistema sobre determinada matéria.[125] Tais enunciados aqui serão designados *D*.

---

[124] COMENDUCCI, Paolo. Principios juridicos e indeterminación del derecho, ob. cit., p. 90: "En particular, los principios han sido individualizados diferenciándolos de las reglas de conducta. Cabe agregar, sin embargo, que estas dos clases (principios y reglas) non son exhaustivas del conjunto de las normas: a aquellas clases muchos teóricos añaden las normas constitutivas y/o las normas conceptuales y/o las definiciones y/o las normas de competencia y/o los valores y/o las directrices, etc.".

[125] MORESO, José Juan. *La indeterminación del Derecho y la interpretación de la Constitución*. Madrid: Centro de Estudios Políticos y Constitucionales, 1997, pp. 76-77.

De maneira que o sistema jurídico é formado a partir dos seguintes enunciados:

TIPO	DESCRIÇÃO
P	São imateriais e orientações axiológicas.
PR	São princípios que são como regras, pois se tratam de valores que impõem conduta aos sujeitos de direito. No enunciado normativo, *o princípio é explícito e as regras são implícitas.*
RP	São as regras que são como princípios, referindo-se a situações em que se estabelece conduta com a finalidade de preservar um valor. No enunciado normativo, *a regra indica um princípio implícito.*
R	Estabelecem conduta com consequência.
D	São proposições que enunciam o entendimento do ordenamento sobre uma determinada matéria.

Outra coisa, porém, é a linguagem com que se expressam tais enunciados. Rafael Hernández Marín identifica que na *FN* existem expressões bem formuladas e com sentido completo, ou então expressões incompletas quanto ao seu sentido. Neste último caso, tem-se como consequência a formulação de *enunciados abertos*. Dessa maneira, os tipos *P, PR, RP, R* e *D* podem conter expressões preliminarmente de *significado amplo*. Segundo Rafael Hernández Marín, não se trata de *"textura aberta"* (*"open texture"*) das expressões, que implicará em um problema de vagueza.[126]

As cláusulas gerais e os conceitos jurídicos indeterminados apresentam vagueza cuja determinação depende da opção por uma dentre algumas *N*, em que o significado dependerá da base axiológica a ser preservada. Apresentam, dessa forma, *textura aberta*, cujo processo cognitivo de seu alcance

---

[126] MARÍN, Rafael Hernández. *Introducción a la teoría de la norma jurídica.* 2ª ed. Madrid-Barcelona: Marcial Pons, 2002 p. 198. Veja o exemplo dado pelo autor: [...] las expressiones 'Estaba lloviendo' y 'Llegó tarde' son enunciados abiertos; pues, aunque parecen enunciados, a ambas les falta algún término para convertirse en expresiones con sentido completo. Em el primer ejemplo, falta la indicación del tempo y del lugar donde estaba lloviendo; en el segundo, falta indicar qué o quién llegó tarde. Algo análogo cabe decir de la expresión 'Él llegó tarde'. Em este último caso, para que dicha expresión se convierta en una expresión bien formada y con sentido completo (para que se convierta en un enunciado), es preciso substituir el pronombre 'Él' que en ella aparece por un término (por ejemplo, por 'Juan' o 'el padre de Juan').

dependerá de sua compreensão a partir de fatores internos e externos ao Direito. Também Genaro R. Carrió trata da importância de se socorrer de fatores externos para determinar o significado dos enunciados normativos.[127] Contudo, há outros termos nas *FN* – seja de qual tipo for, e até mesmo nas cláusulas gerais e nos conceitos jurídicos indeterminados – que apresentam indeterminação e variáveis significados, mas que não trazem consigo nenhuma base axiológica; apenas a indeterminação quanto à sua completude. Neste caso, tem-se os *enunciados abertos* tratados por Rafael Hernández Marín.

A diferença de linguagem acaba por provocar distintas elaborações de *N*, já que no caso dos termos de *open texture* a interpretação necessariamente passará por critérios axiológicos para ter validade material e razoabilidade e racionalidade. Quanto aos *enunciados abertos*, a interpretação é mais estrita ao significado comum. Pode-se dizer até que, neste último caso, a interpretação valorativa seja proibida: primeiro porque esse não foi o objetivo do legislador; e segundo para evitar discussões argumentativas que poderiam provocar recursos judiciais e tornar a prestação da tutela jurisdicional extemporânea e ineficiente.

3.2. Cláusulas gerais e conceitos jurídicos indeterminados

Preliminarmente, deve-se esclarecer que as cláusulas gerais e os conceitos jurídicos indeterminados são uma maneira escolhida pelo legislador para redigir o Código Civil, isto é, as *FN*, e se caracterizada pelo uso de termos gerais e abstratos que exigem intensa atividade interpretativa para relacionar um de seus significados (*N*) a casos concretos ou problemas da vida (*F*).

Pierluigi Chiassoni resume as diversas definições de cláusula geral tratando esta como "uma expressão cujo significado não pode ser determinado sem fazer referência a um conjunto (ou sistema) de parâmetros – jurídicos, morais, sociais, de uma arte, de uma técnica, de uma ciência, de uma disciplina – a que esta expressão se refere".[128] Assim, o conteúdo

---

[127] CARRIÓ, Genaro R.. *Sobre los límites del linguaje normativo*. Buenos Aires: Astrea, 2001, pp. 28-33.

[128] CHIASSONI, Pierluigi. Las cláusulas generales, entre teoría y dogmática jurídica, In: *Revista de Derecho Privado*. Nº 21, jul./dec. 2011, p. 89: "Una expressión cuyo significado no puede ser determinado sin hacer referencia a un conjunto (o, podríamos tanbién decir, sistema) de parámetros – jurídicos, morales, sociales, de un arte, de una técnica, de una ciencia, de una disciplina – por ésta (presuntamente) referidos".

real de cada cláusula geral será conhecido a partir do seu preenchimento por um conteúdo valorativo.[129]

O mesmo ocorre com os *conceitos jurídicos indeterminados*: são enunciações abstrato-gerais, que exigem uma interpretação sofisticada para aplicar o dispositivo legal a um caso concreto, mas com uma "facilidade" em relação às cláusulas gerais: a consequência normativa já foi prevista pelo legislador, enquanto que nas cláusulas gerais o juiz deverá formular uma consequência, pois o legislador não a previu.

Tomando como referência o que escreve Rosa Maria de Andrade Nery, quando um princípio (*P*) é positivado, ou seja, transformado enunciado da lei (*FN*), torna-se uma cláusula geral.[130] Quer dizer, então, que na divisão das normas entre regras e princípios, e estes últimos em princípios gerais do direito (imateriais) e princípios jurídicos (positivados), as cláusulas gerais têm a função de introduzir os princípios no ordenamento jurídico. Os princípios jurídicos são cláusulas gerais, enquanto forma de enunciados (*FN*).

Referindo-se a uma definição lançada em 2010 por Vito Velluzzi, Pierluigi Chiassoni analisa uma (re)definição explicativa apresentada por aquele autor[131]:

> "La cláusula general es un término o sintagma de naturaleza valorativa caracterizado por la indeterminación, por lo que el significado de tal término o sintagma no es determinable (o dicho de otro modo, las condiciones de aplicación del término o sintagma no son individualizables) salvo recurriendo a criterios, parámetros de juicio, internos y/o externos al derecho, entre sí competidores potenciales".

Dessa (re)definição, é possível obter as seguintes conclusões para melhor compreender a técnica das cláusulas gerais:

1. *A cláusula geral é um termo ou sintagma:* significa que sempre se expressarão por meio de termos (palavras individuais ou expressões). Ou pedaços de normas (sintagma), que se associarão a outro enunciado normativo para ter significado completo e aplicação. A experiên-

---

[129] NERY, Rosa Maria de Andrade. *Introdução ao pensamento jurídico e à teoria geral do direito privado*. São Paulo: Revista dos Tribunais, 2008, p. 209.

[130] NERY, Rosa Maria de Andrade. *Introdução ao pensamento jurídico*, ob. cit., p. 210.

[131] CHIASSONI, Pierluigi, Las cláusulas generales..., ob. cit., p. 90.

cia brasileira quanto às normas vagas, pelo menos no que se refere às cláusulas gerais, indica que elas não são *ou um* termo *ou um* sintagma. Quer dizer: se expressam por meio de palavras individuais ou em conjunto com amplo significado e que só ganham sentido quando ligadas a outra norma. Portanto, no Código Civil brasileiro, *as cláusulas gerais são sintagmas com termos amplos (FN)*;

2. *Natureza valorativa caracterizada pela indeterminação:* na verdade, a cláusula geral ganha essa característica porque *o termo é indeterminado e o sintagma é valorativo.* Evidentemente que o sintagma adquirirá essa característica por causa das palavras que constituem o temo (p. ex.: "boa", de "boa-fé"). Por isso, é possível afirmar que as cláusulas gerais são enunciados normativos do tipo *PR* (princípios que são como regras). A *indeterminação* não significa que o termo (*FN*) tem seu significado (*N*) desconhecido, isto é, não se sabe o que é. A indeterminação quer dizer que o termo ou expressão (*FN*) pode ter vários significados possíveis (N_n; sua abrangência é ampla ($_n$) e, consequentemente, abrange várias situações da vida. Já o *valor*, indica que aquele sintagma deseja incorporar um determinado padrão axiológico à conduta das pessoas e ao cotidiano da sociedade;

3. *As condições de aplicação do termo ou sintagma não são individualizáveis:* refere-se ao fato de as cláusulas gerais terem uma aplicação abrangente. Têm maior abstratividade que as normas comuns. Contudo, a situação a que se aplica a cláusula não é necessariamente abrangente. Por exemplo: a função social do contrato (art. 421) se aplica ao processo de contratação em sentido amplo, porém em todas as fases desse processo. A situação é determinada (*contrato*), mas a aplicação é ampla (*ambas as partes, em todas as fases, para todos os direitos, a terceiros...*);

4. *Necessidade de recorrer a critérios e parâmetros internos e externos ao Direito:* claro que a indeterminabilidade dos termos terá que, em algum momento, se tornar determinável ou determinada, para, evidentemente, ter utilidade e ser aplicado em algum caso concreto, conforme o *princípio da operabilidade.* Para, nesse caso, tornar-se possível determinar o termo, o intérprete deverá recorrer a vários fatores, critérios ou juízos, que segundo Pierluigi Chiassoni podem ser internos ou externos. Parece que os recursos internos são as próprias normas, definições e precedentes que estão no próprio orde-

namento jurídico. Assim, a utilização de tais recursos ocorre por meio de uma interpretação sistemática ou a partir da chamada *ratio legis* ou *ratio juris*. O recurso a fatores, critérios ou juízos externos ao Direito ocorre quando o intérprete busca em elementos morais, religiosos, culturais, sociais, geográficos, econômicos *etc.*, um sentido para os termos vagos empregados nas cláusulas gerais;

5. *Potencial competição entre os critérios e parâmetros internos e externos ao Direito:* embora Pierluigi Chiassoni não esclareça o que entende por isso, parece que ele se refere à possibilidade de conflito entre o ordenamento jurídico (no todo ou em parte) com os critérios morais, religiosos, culturais, sociais, geográficos, econômicos. Um exemplo: dizer que o Estado é laico significa proibir a fixação de crucifixos ou impedir o uso de burca por islâmicas nas escolas públicas? É obvio que se verifica nesse caso um conflito entre o que o Direito parece dizer e os fatores religiosos. Como decidir?

De igual maneira, os conceitos jurídicos indeterminados também são termos vagos, abertos, de grande amplitude, de significado e alcance variados. Isso significa que eles podem, assim como as cláusulas gerais, se amoldar a várias situações da vida. São, portanto, arquétipos para a solução de vários conflitos, problemas da vida e soluções.

Os conceitos jurídicos indeterminados também podem ser sintagmas, quando um enunciado apresenta os termos vagos e consequência se encontra em outro enunciado. Um exemplo de quando isso acontece ocorre com o dever de indenizar em razão do abuso de direito: o conceito vago está no art. 187 e a consequência no *caput* do art. 927. Seja como for, a consequência é certa e prevista inequivocamente pelo legislador.

Rosa Maria de Andrade Nery[132] aponta algumas semelhanças e diferenças entre as cláusulas gerais e conceitos jurídicos indeterminados – ou, como prefere chamar estes últimos, conceitos *legais* indeterminados – que podem ser assim sistematizados:

Elementos	Cláusula geral	Conceito jurídico indeterminado
Hipótese normativa	Expressões genéricas e abstratas.	Expressões ou palavras de conteúdo e extensão vagos, imprecisos, genéricos, abstrato e lacunoso.
Consequência normativa	Construída pelo juiz da forma que lhe parecer a mais adequada para o caso concreto.	A solução já está preestabelecida na própria norma; o juiz identifica se a norma vaga se aplica ao caso concreto, mas não tem função criadora, pois a lei já determinou a consequência dela advinda.
Papel do juiz	Exerce função interpretativa (quanto às expressões e termos) e integradora (cria direitos e consequências para os casos concretos). O juiz dá a concreção.	Exerce função interpretativa (quanto ao significado das palavras) e aplicadora (das consequências previstas na própria norma vaga).
Preenchimento da indeterminação	Por meio de valores éticos, morais, sociais, econômicos e jurídicos.	Por meio de valores, assim como as cláusulas gerais.
Função	Dar ao Código Civil mobilidade e abertura, menor rigidez e engessamento, adaptando o Código a novas realidades da vida civil.	Também diminuem a rigidez do sistema, assim como as cláusulas gerais. Contudo, abrandam as desvantagens do estilo abstrato-generalizador.

---

[132] NERY, Rosa Maria de Andrade. *Introdução ao pensamento jurídico*, ob. cit., pp. 210-212.

Quanto à formulação lógico-normativa, é possível elaborá-la da seguinte maneira, tomando como referência a fórmula tradicional $H \to C$ (ou *"Se A, deve ser B"*), sendo: H a hipótese normativa (fato ou circunstância relacional) e C a consequência para aquele fato:

Cláusula geral	$$H \to C$$ $$F\,[S_1 \times S_2 \times (...) \, S_n] \to C_1 \times C_2 \times (...) \, C_n$$
	A fórmula expressa a indeterminação de H, que caracteriza as normas vagas, porque o legislador empregou na formulação normativa (FN) palavras ou expressões vagas. O fato (F) não é indeterminado. Ao contrário: sabe-se sobre qual situação da vida ela se aplica. Por exemplo, a cláusula geral da função social do contrato somente se aplica ao fato jurídico chamado "contrato". Porém, aquele fato se relaciona a várias situações jurídicas (S) decorrentes do vínculo relacional entre pessoas, oferendo diversos significados (S_n). No caso do exemplo da boa-fé objetiva, a cláusula geral se aplica à fase pré-contratual, à fase contratual, à fase pós-contratual, aos deveres anexos à prestação principal, à conduta cooperativa, ao adimplemento, à responsabilidade e coerência das partes. Por isso existem várias situações (S_n) que se relacionam com F e que o juiz deve identificar como sendo a situação da vida a que se aplicam, e seu significado. Já a consequência (C), assim como as situações-significados, também será indeterminada (C_n). Nesse caso, dentre as várias C possíveis, o juiz adotará aquela que melhor solucionar, do seu ponto de vista equitativo, o caso concreto. Mas, lembre-se, as referidas consequências (C_n) não são oferecidas pelas FN (formulações normativas), mas são concebidas pelo processo de interpretação judicial.
Conceito jurídico indeterminado	$$H \to C$$ $$F\,[S_1 \times S_2 \times (...) \, S_n] \to C$$
	Tal qual nas cláusulas gerais, a hipótese normativa (H) das normas escritas com conceitos jurídicos indeterminados também é vaga, diz respeito a diversas situações – embora F seja certo – e tem vários significados. A diferença está em C: o legislador, tendo previsto expressamente a sanção normativa (prêmio, coação ou punição) já a determinou previamente, cabendo ao juiz escolher um dentre os vários significados e aplicar o prescrito pelo legislador em C.

Dessas formulações é possível concluir que:

- No que se refere às *cláusulas gerais*, elas têm um conteúdo valorativo justamente porque expressam princípios. Não à toa, Pierluigi Chiassoni as designa como "locuções valorativas indeterminadas".[133] Mas, com a positivação, as cláusulas gerais fazem com que o princípio se torne uma norma, ou seja, ele deixará de ser um referencial axiológico-hermenêutico para ser uma norma jurídica, regendo a conduta dos sujeitos de direito em várias situações jurídicas (S_n). Dessa maneira, as cláusulas gerais são *princípios* que criam *regras* de comportamento para as pessoas. Assim, cláusulas gerais são *Princípios que são como Regras (PR)*; e
- Já os *conceitos jurídicos indeterminados*, estabelecem comportamentos, pois há sanção em caso de seu descumprimento, ou um prêmio por atender a certos requisitos. Mas, se aplicam a situações (S_n) que apresentam a necessidade de avaliação axiológica. A conduta ali esperada pretende concretizar um valor expresso na norma formulada com expressões indeterminadas. Ou seja, é uma situação em que a regra de conduta quer incrementar um valor no comportamento dos sujeitos de direito. Por isso, é possível afirmar que os conceitos jurídicos são *Regras que são como Princípios (RP)*.

A associação das cláusulas gerais e dos conceitos jurídicos indeterminados com as *Regras (R)* se dá em razão do fato de ambos os tipos de normas vagas ou *open texture* servirem à solução de conflitos. Contudo, por causa da carga valorativa que pretendem expressar (essa foi a intenção do legislador), também se relacionam com os *Princípios (P)*. Por isso, dessa relação, tem-se que a técnica legislativa das normas vagas cria *regras-princípios (PR e RP)*. Isso acontece porque a diferença entre princípios e regras é *fraca* (*superação débil*), já que depende da *função* que exercem para ser assim caracterizados. Segundo Paolo Comanducci, "la configuración de una norma como principio o como regla es generalmente, en el marco jurídico, sucesiva a la producción de la norma y conectada con su uso por parte de los operadores de derecho y de la dogmática".[134]

---

[133] CHIASSONI, Pierluigi. Las cláusulas generales..., ob. cit., p. 101.
[134] COMANDUCCI, Paolo. Principios jurídicos e indeterminación del derecho, ob. cit., p. 94.

3.3. A função social: cláusula geral que contém um *Princípio que é como Regra (PR)*

É comum a função social ser designada como "princípio" no âmbito da ordem jurídica. Contudo, ela não é um valor um si, um princípio, mas sim a forma como os interesses contratuais individuais devem se submeter à *sociabilidade*. Esta sim é o valor, decorrente do princípio da *solidariedade* ou *fraternidade*, pelo qual o contrato deve ter como uma de suas razões atingir o *interesse social*.

Assim, a função social é o *modus operandi* da socialidade no âmbito do contrato, oferecendo uma *direção* para uma relação econômica individual, isto é, faz do contrato não só a veste jurídica de uma operação econômica (*estrutura*), mas um instrumento de promoção e realização de situações socialmente desejáveis (*função*), parafraseando Norberto Bobbio.[135]

A função social está inserida na ordem civil como uma cláusula geral, contida no art. 421, e se manifesta por meio de um sintagma com sentido vago. Esse sintagma expressa um valor, qual seja, a socialidade, que é um *princípio*.

A socialidade aparece como o parâmetro axiológico (*P*) de *exercício* da liberdade de contratar. Logo, desse princípio, decorrem diretrizes de conduta (*R*) para a consecução daquele valor. Por isso, pode-se afirmar que a função social é uma cláusula geral que expressa um *princípio que é como regra (PR)*.

A função social tem como *modal deôntico* uma *proibição* (*ph*) de lesar a incolumidade dos interesses sociais e de terceiros (para as partes) e de lesar a incolumidade do interesse particular dos contratantes (para os terceiros).

---

[135] BOBBIO, Norberto. *Dalla struttura alla funzione: nuovi studi di teoria del diritto.* Milano: Ed di Comunita, 1977, pp. 02 e segs. Distingue ainda Bobbio entre duas manifestações do ordenamento jurídico de acordo com o paradigma de Estado presente no dado momento histórico. Tem-se, assim: 1) No caso do Estado Liberal, prevalece um ordenamento jurídico de caráter repressivo, pois tudo o que não está proibido está permitido. Assim, o ordenamento lida com os comportamentos condenáveis, os quais busca evitar por meio da coação, ou por *sanções negativas* (desagradáveis); e 2) No caso de um Estado de Bem-Estar Social, prevalece a ideia promocional do Direito. A intervenção do Estado, isto é, o *dirigismo*, se dá com o objetivo de promover comportamentos desejáveis por meio da promoção das potencialidades sociais e individuais. Fala-se, aqui, em *sanções positivas* (pp. 15-17). É neste último contexto que se localiza a função social do contrato, como uma forma de agir voltada não para a responsabilidade contratual, apenas, mas também para a promoção do desenvolvimento econômico.

Na cláusula geral do art. 421, a socialidade depende de certos comportamentos para alcançar o programa que tem para o contrato. Trata-se, portanto, de um valor que impõe conduta aos sujeitos do contrato. Nesse enunciado normativo, *o princípio é explícito e as regras são implícitas*: um PR. Como cláusula geral que é, o art. 421 traz uma carga de ambiguidade, mas se refere a situações específicas, que são aquelas típicas da contratação.

A diretriz comportamental e a sanção são construídas pelo juiz da forma que lhe parecer a mais adequada para o caso concreto, de modo que sua construção normativa será a seguinte:

$$H \to C$$
$$F \left[S_1 \times S_2 \times (...) \, S_n \right] \to C_1 \times C_2 \times (...) \, C_n$$

A fórmula expressa a indeterminação de H, que caracteriza as normas vagas, porque o legislador empregou em FN palavras ou expressões vagas, *in casu*, "função social". O fato (F) não é indeterminado. Ao contrário, sabe-se sobre qual situação da vida ela se aplica: as situações de exercício da liberdade de contratar, seja lá quem for que a exerça. Porém, aquele fato se relaciona a várias situações jurídicas (S) decorrentes do vínculo relacional entre pessoas, oferendo diversos significados (S_n).

Exemplo da aplicação prática daquela fórmula se encontra na decisão do Superior Tribunal de Justiça no REsp. nº 972.436/BA: "O exame da função social do contrato é um convite ao Poder Judiciário, para que ele construa soluções justas, rente à realidade da vida, prestigiando prestações jurisdicionais intermediárias, razoáveis, harmonizadoras e que, sendo encontradas caso a caso, não cheguem a aniquilar nenhum dos outros valores que orientam o ordenamento jurídico, como a autonomia da vontade".[136]

No caso da função social, a cláusula geral do art. 421 se aplica à fase pré-contratual, à fase contratual, à fase pós-contratual, aos deveres das partes de não celebrarem contratos que atentam contra os interesses sociais e à conduta cooperativa em âmbito social, ao adimplemento, e a terceiros que não podem se utilizar da sua liberdade para frustrar um contrato encaminhado ou já concluído. São deveres (R) destinados à consecução do valor socialidade (P).

---

[136] STJ, REsp. nº 972.436/BA, Terceira Turma, Rel. Min. Nancy Andrighi, j. em 17/03/2009.

Alguns exemplos de julgados do Superior Tribunal de Justiça revelam como que de interpretações da cláusula geral do art. 421 do Código Civil fizeram resultar deveres (regras de conduta) para as partes de determinados contratos:[137]

JULGADO	DEVER / REGRA DE CONDUTA
REsp. nº 1.062.589/RS, Quarta Turma, Rel. Min. João Otávio de Noronha, j. em 24/03/2009.	Prestação de contas: "RECURSO ESPECIAL. AÇÃO DE PRESTAÇÃO DE CONTAS. CONTRATO DE COMPRA E FINANCIAMENTO DE AÇÕES DA COPESUL. PROGRAMA DE PRIVATIZAÇÃO. DEVER DE PRESTAR. FUNÇÃO SOCIAL DO CONTRATO". Considerou que "a função social do contrato veta seja o interesse público ferido pelo particular". Por essa razão, a empresa pública que estava sendo privatizada por meio da venda de ações no mercado imobiliário deve prestar contas das operações econômicas. "Tratando-se de contrato de compra e venda de ações colocadas no mercado em razão de programa de desestatização, cabe ao ente financeiro responsável pela operação prestar contas sobre a transação efetuada, informando a quantidade de moeda utilizada na aquisição, datas, preços, a efetiva entrega para a Câmara de liquidação e custódia [...]".
REsp. nº 972.436/BA, Terceira Turma, Rel. Min. Nancy Andrighi, j. em 17/03/2009.	Resilição unilateral sem multa. Considerou que pela função social as partes não se podem se vincular por longo tempo em razão do disposto no art. 473 do Código Civil. Assim, fixou-se o fim do contrato mantido em razão de investimentos razoáveis. "Pode-se permitir a continuidade do negócio durante prazo razoável, para que as partes organizem o término de sua relação negocial. O prazo dá às partes a possibilidade de ampliar sua base de clientes, de fornecedores e de realizar as rescisões trabalhistas eventualmente necessárias".

[137] Os acórdãos paradigmas obtidos como exemplos foram resultados de pesquisa com o termo de busca *"deveres and funcao and social and contrato"* no sistema do site do STJ (www.stj.jus.br).

REsp. nº 684.613/SP, Terceira Turma, Rel. Min. Nancy Andrighi, j. em 21/06/2005.	Submissão do consumidor à cláusula de eleição de foro. Mesmo nas hipóteses de aplicação imediata do Código de Defesa do Consumidor, o STJ entende que deve prevalecer o foro de eleição se verificado expressivo porte financeiro ou econômico da pessoa tida por consumidora ou do contrato celebrado entre as partes. A função social foi usada para manter o equilíbrio econômico entre os contratantes diferente do que se vê normalmente: aqui, a função social foi empregada para colocar o fornecedor em posição melhorada para se equilibrar com o consumidor favorecido economicamente: "É lícita a cláusula de eleição de foro, seja pela ausência de vulnerabilidade, seja porque o contrato cumpre sua função social e não ofende à boa-fé objetiva das partes, nem tampouco dele resulte inviabilidade ou especial dificuldade de acesso à Justiça".
AgRg. no REsp. nº 1.272.995RS, Primeira Turma, Rel. Min. Napoleão Nunes Maia Filho, j. em 07/02/2012.	Diminuição de multa de inadimplemento em contrato de crédito educativo. A função social serviu para avaliar a elevada finalidade social do contrato de crédito educativo e revelar como desarrazoada uma multa contratual no valor de 10%. Também foi utilizada para, por analogia, determinar que se aplicasse a multa no valor de 2%, tal qual fixado no CDC: "Mostra-se excessivo o percentual de 10% estabelecido a título de multa, em caso de inadimplemento do pagamento decorrente de contrato de Crédito Educativo, quando o Código de Defesa do Consumidor (art. 52, 1º) limita-o a 2% do valor da prestação. Embora a jurisprudência desta Corte Superior seja no sentido da não-aplicação do CDC aos contratos de Crédito Educativo, não se deve olvidar a ideologia do Código Consumerista consubstanciada no equilíbrio da relação contratual, partindo-se da premissa da maior vulnerabilidade de uma das partes; o CDC, mesmo não regendo diretamente a espécie sob exame, projeta luz na sua compreensão".

REsp. nº 1.381.214/SP, Terceira Turma, Rel. Min. Paulo de Tarso Sanseverino, j. em 20/08/2013.	Cobertura pelo DPVAT de invalidez decorrente de esplenectomia (retirada cirúrgica do baço). A função social do contrato foi utilizada para integrar a cobertura do DPVAT para caso não previsto expressamente na tabela da Lei nº 6.194/74, na qual foi inserida a hipótese de esplenectomia pela Medida Provisória nº 456/2009. "A retirada cirúrgica do baço em decorrência de acidente de trânsito, independentemente da data do sinistro, deve ser considerada hipótese de invalidez permanente parcial, estando abrangida pela cobertura do seguro DPVAT. Consideração da natureza pública do seguro obrigatório e dos princípios da igualdade e da função social do contrato".
REsp. nº 1.192.609/SP, Terceira Turma, Rel. Min. Massami Uyeda, j. em 07/10/2010.	Indenização pelo Seguro DPVAT de acidentes ocorridos *in itinere* com policiais em atuação. A Seguradora se recusava a pagar a indenização à família do policial alegando que o policial agiu discricionariamente ao reagir a um delito e que não havia cláusula contratual prevendo o pagamento do seguro em caso de acidente *in itinere*. Tomando a função social como elemento integrador do contrato de seguro foi determinado o pagamento da indenização: "[...]. PRINCÍPIOS DA BOA-FÉ OBJETIVA E DA FUNÇÃO SOCIAL DO CONTRATO – AUSÊNCIA DE CLÁUSULA CONTRATUAL QUE EXCLUA OS ACIDENTES 'IN ITINERE' – REVISÃO – VEDAÇÃO [...]. II – O policial, seja militar, civil ou federal, que falece, dentro ou fora do horário de serviço, desde que no estrito cumprimento de suas obrigações legais, faz jus à indenização securitária. III – Não há discricionariedade ao agente policial em sua atuação na medida em que se depara com situações aptas à consumação de qualquer espécie de delito. Em outras palavras, cuida-se de dever funcional de agir, independentemente de seu horário ou local de trabalho, ao contrário dos demais cidadãos, realizando-se seu mister ainda que fora da escala de serviço ou mesmo em trânsito, como na espécie".

REsp. nº 1.159.087/MG, Quarta Turma, Rel. Min. Luis Felipe Salomão, j. em 17/04/2012.	Dever da instituição bancária de informar o endereço do emitente em caso de cártula de cheque devolvida pelo denominado "motivo 11" (sem provisão de fundos): "Tendo em vista que os artigos 339 a 341 do Código de Processo Civil impõem a terceiros o dever de colaboração com o Judiciário, o fornecimento de informações de natureza cadastral aos credores da obrigação cambiária é feito em benefício do direito fundamental de ação, da função social do contrato, do sistema de crédito e da economia, da adequada utilização do cheque, que contribui para o aperfeiçoamento do sistema financeiro, da proteção do credor de boa-fé e da solução rápida dos conflitos, não podendo o Banco acobertar o devedor".

Capítulo 4
A Função Social como Causa do Contrato

Para que *serve* um contrato? Por que *fazer* um contrato? Por que o Direito se ocupa do contrato?

Essas questões dizem respeito à *causa* do contrato, que preliminarmente pode ser entendida como as razões do processo de contratação, de sua obrigatoriedade e de sua juridicidade.

A primeira causa do contrato é a motivação subjetiva das partes, seu objeto de interesse ou finalidade prática, geralmente representado por um interesse patrimonial. Aqui, a causa tem um sentido estrito, porque se restringe às representações dos contratantes, embora deva ela se submeter aos preceitos legais. Contudo, a função social trouxe para o contrato uma causa ultrassubjetiva, que são as razões de ordem econômico-sociais do negócio, sua repercussão e interesse social, com vistas ao bem-estar e ao desenvolvimento. Tem um sentido amplo, pois vai além da relação contratual individualizada, referindo-se a uma *situação jurídica entre terceiros e as partes*. Tal se depreende da determinação legal de que a autonomia contratual (leia-se: "liberdade de contratar" e "liberdade contratual") seja exercida *em razão* da sociabilidade (art. 421). E na acepção jurídica não parece haver outro significado para "*em razão*" a não ser *motivo* ou *causa*.

Mas, tão importante quanto definir a função social como causa do contrato é saber qual a consequência de tal fato. Por isso, é necessário determinar a qual causa – dentre os vários tipos e definições – se refere o art. 421, qual o papel da causa na teoria do negócio jurídico, e qual a consequência de um contrato dissonante da causa sócio-funcionalizada.

4.1. Definição de causa

Antes de averiguar como é a causa no âmbito do Direito, pode-se conceitua-la de acordo com aqueles conhecimentos que mais influenciam a interpretação jurídica. Sendo assim, a definição a seguir toma por referência o sentido *linguístico, filosófico* e *sociológico* do termo "causa", para depois compreender seu significado *jurídico*.

No aspecto *denotativo (linguístico)*, causa é a justificativa de um ato, ação ou acontecimento. É a razão que leva tal ato a existir. Em resumo, é o seu *porquê*. Além disso, ela também pode significar um *ideal* (uma causa pela qual alguém luta). Esta última acepção linguística é importantíssima para também compreender a função social do contrato não apenas como os interesses sociais sobre o negócio, mas também como um ideal de desenvolvimento econômico, social, fiscal e de honestidade; *é um ideal de um padrão de capitalismo ético*.

Em sentido *sociológico*, a causa é uma relação entre o que um fato social produz e a função que esse fato cumpre, ao que se pode designar de *relação de causalidade*. Assim, a análise da causa implica em determinar como surgiu um fato social e o que ele provoca na sociedade (relação de causa-efeito). Tem a ver, portanto, com o método sociológico para compreender o contexto social.[138]

O sentido *filosófico* parece ser aquele que mais interessa para entender a função social como a razão de ser do exercício da liberdade de contratar. Toma-se por referência a *teoria das 4 causas* de Aristóteles.[139] Segundo ele, a toda pergunta "por quê?" haveria como resposta uma causa, que poderia ser dividida em quatro tipos:

1. *Causa material ("causa materialis")*: consiste no elemento que constitui um determinado objeto. Considerando o contrato como o referido objeto, sua causa material são os *essentialia negotii*, ou seja, os elementos essenciais de existência: agentes capazes e legítimos, manifestação de vontade livre e desembaraçada, forma adequada e objeto idôneo (art. 104). São eles que dão *conteúdo* ao negócio;

2. *Causa formal ("causa formalis")*: é o modo como se organiza o contrato, o formato que assume. Nesse caso, destaca-se a forma escrita

---

[138] DURKHEIM, Émile. *As regras do método sociológico*. São Paulo: Martins Fontes, 2007, pp. 10 e segs.

[139] ARISTÓTELES. *Metafísica*. Livro I. São Paulo: Loyola, 2002, pp. 02-67.

(instrumento público ou particular) e a forma verbal. Aqui também tem vez a sinalagmaticidade ou a gratuidade, a comutatividade ou a aleatoriedade, a paridade ou a adesão. Além disso, se incluem aqueles elementos específicos ou típicos de cada tipo de negócio, que os distinguem entre si: os *naturalia negotii*;

3. *Causa eficiente ("causa efficiens")*: é aquilo que dá origem a uma coisa, aquilo que faz um objeto existir. No caso do contrato, a causa que lhe dá origem é o consentimento que reflete o interesse prático das partes envolvidas, caracterizado pelas negociações preliminares e pelo encontro da oblação e da policitação; e

4. *Causa final ("causa finalis")*: é o objetivo, o fim, a finalidade. Quer dizer, *a razão de ser*. Refere-se, na filosofia aristotélica, à *função* do objeto. Daí a relação com a *função social*, pois se encontra a causa do contrato: circulação de riquezas (patrimônio).

Ora, se a função social é, de fato, a causa do exercício da liberdade de contratar, então o art. 421 está tratando-a como *causa final* do contrato? Vejamos:

4.2. Causa e finalidade

Entende Giselda Maria Fernandes Novaes Hironaka que "quando a prestação é cumprida, ter-se-á alcançado a *finalidade* da obrigação, restando esta, geralmente, extinta". O cumprimento da prestação significa atender ao interesse das pessoas envolvidas.[140] Observe, então, que o adimplemento contratual é a finalidade das partes, quer dizer, sua *causa final*. Mas, o interesse econômico-patrimonial aparece como sua *causa eficiente*.

Pode-se dizer, então, que uma relação contratual, em sentido aristotélico, apresenta como:

---

[140] HIRONAKA, Giselda Maria Fernandes Novaes. O sinalagma contratual. A chamada *causa* dos contratos. Relações contratuais de fato. In: CAMPOS, Alyson Rodrigo Correia; CASTRO JÚNIOR, Torquato da Silva. *Dos contratos*. Recife: Nossa Livraria, 2012, pp. 20 e 21-22: "com Massimo Bianca, a respeito de *interesse creditício* e *causa* do contrato, é possível saber que: 'A causa do contrato constitui a sua função prática, ou seja, é o interesse complexo concretamente perseguido mediante a operação negocial. O interesse creditício, por outro lado, é aquele a que se refere cada obrigação isoladamente. Quando a obrigação se inserir em um contexto contratual o interesse creditício passa a integrar a causa concreta do contrato. Nas obrigações contratuais, portanto, o interesse do credor não se contrapõe à causa do contrato, mas é sua parte integrante, no sentido que concorre a identificar as razões práticas do contrato. [...]".

1. *Causa eficiente:* o interesse patrimonial que leva os sujeitos de direito a pactuar um determinado tipo de contrato. Essa é uma causa *subjetiva*; e

2. *Causa final:* o adimplemento das prestações para que exista a troca de valores e a obtenção dos benefícios pretendidos. A natureza dessa causa é *objetiva*.

Questiona-se, então: qual seria a diferença entre causa e finalidade? Veja o que diz Inocêncio Galvão Teles, quando se refere ao *motivo* como *causa subjetiva* do contrato[141]:

> "Os motivos *atípicos* são muito variados, como se notou. Há dentre êles uma importante distinção a fazer: *motivos antecedentes* e *fim (mediato)*. Os motivos antecedentes são circunstâncias anteriores ao acto ou contemporâneas dêle; o fim é uma circunstância *futura*, que está para além do acto e que êste tornará possível. O fim também é um motivo porque actua sôbre a vontade através da sua *prefiguração* na mente do indivíduo".

Diante disso, infere-se que não existe diferença entre causa e finalidade, pois o *fim* é a causa do contrato, ou seja, a realização prática das prestações (causa final) de modo a atender àquilo que levou as partes a concluírem um contrato (causa eficiente).[142]

4.3. A causa na Teoria Geral do Negócio Jurídico

No que diz respeito à causa na Teoria dos Negócios Jurídicos ou, em sentido mais amplo, na Teoria Geral do Direito Civil, a doutrina e as legislações se dividem em *causalistas* e *anticausalistas*. Os primeiros são aqueles que reconhecem um papel fundamental à causa no conteúdo do contrato, colocando-a ora como requisito de existência, ora como de validade. Os segundos (anticausalistas) não veem qualquer relevância desse assunto para o contrato, pois o que vale é o consenso. Há Códigos mais tradicionais que são causalistas, a exemplo do francês e do italiano. Outros Códi-

---

[141] GALVÃO TELES, Inocêncio. *Dos contratos em geral:* lições proferidas no ano lectivo de 1945-1946. Coimbra: Coimbra Editora, 1947, p. 214.

[142] AMARAL, Francisco. *Direito Civil: introdução.* 7ª ed. Rio de Janeiro: Renovar, 2008, p. 440, indica a existência, ainda, de uma *causa impulsiva*, que consiste nos "motivos ocasionais e ocultos que levam a gente à prática de um ato. Tem aplicação em matéria testamentária, servindo como estímulo à liberdade, mas sem efeito decisivo".

gos não adotam a causa como elemento expresso e, por isso, a doutrina de tais países se divide, mas alguns dispositivos legais permitem concluir pela adoção da causa como requisito do negócio.[143]

No caso do Código Civil francês (*Code*), a causa lícita é condição essencial de validade de uma convenção, ganhando uma seção específica para sua disciplina jurídica:

> "Chapitre II : Des conditions essentielles pour la validité des conventions.
> Article 1108. Quatre conditions sont essentielles pour la validité d'une convention :
> Le consentement de la partie qui s'oblige ;
> Sa capacité de contracter ;
> Un objet certain qui forme la matière de l'engagement ;
> Une cause licite dans l'obligation".

> "Section 4 : De la cause.
> Article 1131. L'obligation sans cause, ou sur une fausse cause, ou sur une cause illicite, ne peut avoir aucun effet.
> Article 1132. La convention n'est pas moins valable, quoique la cause n'en soit pas exprimée.
> Article 1133. La cause est illicite, quand elle est prohibée par la loi, quand elle est contraire aux bonnes moeurs ou à l'ordre public".

No Código Civil italiano, a causa não é requisito de validade, mas requisito de existência do contrato. A licitude é o atributo de validade dessa causa:

> "Art. 1325 Indicazione dei requisiti
> I requisiti del contratto sono:
> 1) l'accordo delle parti (1326 e seguenti, 1427);
> 2) la causa (1343 e seguenti);
> 3) l'oggetto (1346 e seguenti);
> 4) la forma, quando risulta che è prescritta dalla legge sotto pena di nullità (1350 e seguenti)".

> "Art. 1343 Causa illecita
> La causa è illecita quando è contraria a norme imperative, all'ordine pubblico o al buon costume (prel. 1, 1418, 1972)".

---

[143] AMARAL, Francisco. *Direito Civil: introdução*, ob. cit., p. 441.

"Art. 1344 Contratto in frode alla legge

Si reputa altresì illecita la causa quando il contratto costituisce il mezzo per eludere l'applicazione di una norma imperativa".

"Art. 1345 Motivo illecito

Il contratto è illecito quando le parti si sono determinate a concluderlo esclusivamente per un motivo illecito comune ad entrambe (788, 14182)".

O Código Civil alemão (*B.G.B.*) não menciona expressamente a causa e sua relação com o negócio jurídico. Contudo, se um contrato tiver por fim lesar a ordem pública, ele será nulo. Isso é apontado como uma consideração da importância da causa nas entrelinhas:

"§ 138 Sittenwidriges Rechtsgeschäft; Wucher

(1) Ein Rechtsgeschäft, das gegen die guten Sitten verstößt, ist nichtig.

(2) Nichtig ist insbesondere ein Rechtsgeschäft, durch das jemand unter Ausbeutung der Zwangslage, der Unerfahrenheit, des Mangels an Urteilsvermögen oder der erheblichen Willensschwäche eines anderen sich oder einem Dritten für eine Leistung Vermögensvorteile versprechen oder gewähren lässt, die in einem auffälligen Missverhältnis zu der Leistung stehen".[144]

No caso de Portugal, o Código Civil trata da causa quando prevê a invalidade do contrato se houver erro quanto ao motivo do negócio:

"Artigo 252º

(Erro sobre os motivos)

1. O erro que recaia nos motivos determinantes da vontade, mas se não refira à pessoa do declaratário nem ao objecto do negócio, só é causa de anulação se as partes houverem reconhecido, por acordo, a essencialidade do motivo.

2. Se, porém, recair sobre as circunstâncias que constituem a base do negócio, é aplicável ao erro do declarante o disposto sobre a resolução ou modificação do contrato por alteração das circunstâncias vigentes no momento em que o negócio foi concluído".

---

[144] Em tradução livre: "§ 138 Negócio jurídico imoral; usura (1) A transação legal que viola a decência comum é nula. (2) É nula, em particular, uma transação legal através do qual alguém explora a situação, ou inexperiência, ou a falta de juízo ou a fraqueza considerável outra pessoa".

A FUNÇÃO SOCIAL COMO CAUSA DO CONTRATO

No Brasil, os Códigos de 1916 e 2002 nunca colocaram a causa expressamente como requisito de existência ou validade de um contrato. No caso do Código Civil de 1916, havia a previsão de vício do contrato decorrente da *falsa causa*, que seria a razão determinante ou uma condição do ato:

"Art. 90. Só vicia o ato a falsa causa, quando expressa como razão determinante ou sob forma de condição".

O mais interessante desse dispositivo é que a invalidade de ato cujo vício fosse uma *falsa causa* aconteceria quando esta fosse a *razão determinante* do ato. Ou seja, no Brasil o legislador considera a *razão* como a *causa*, o que justifica interpretar o art. 421 da maneira aqui proposta: que quando o dispositivo fala que a liberdade de contratar é exercida em *razão* da função social, esta aparece como causa do contrato.

Já o Código Civil de 2002 não emprega o termo "causa" expressamente, mas ela está contida nas entrelinhas em dois dispositivos:[145]

"Art. 140. O falso motivo só vicia a declaração de vontade quando expresso como razão determinante".

"Art. 166. É nulo o negócio jurídico quando: [...]
III – o motivo determinante, comum a ambas as partes, for ilícito [...]".

No caso do art. 140, mais uma vez foi feita uma relação entre motivo/causa e "razão determinante". Como diz Francisco Amaral, sobre a posição da causa no Direito brasileiro, foi adotada uma "posição de transigência, não se furtando à indagação da causa quando necessário à realização da justiça".[146]

---

[145] AMARAL, Francisco. *Direito Civil: introdução*, ob. cit., pp. 445-446, assim se posiciona: "A inexistência de dispositivo legal referente à causa como elemento do negócio jurídico não significa que ela não se faça presente no sistema de nosso ordenamento jurídico, se bem que de modo implícito. Figura no art. 69, como *causa solvendi*, no art. 62 como *causa donandi*, no art. 564, I e II, como *causa credendi*, no art. 564, III, como *causa indebiti*, e ainda nos arts. 461, 476, 540, 861, 863, 864, 869, 873, 876 e 879, de obrigações e contratos. A evolução doutrinária de nosso direito tem-se orientado porém no sentido de reconhecê-la e admiti-la, principalmente no aspecto de sua função social, próprio da concepção objetiva. Se não chega a ser considerada elemento ou requisito do negócio jurídico, a causa é aceita nas hipóteses legais já especificadas. A interpretação jurisprudencial, por sua vez, tem-se processado no sentido de impedir a causa ilícita ou imoral nos atos jurídicos. E o Código Civil disciplina, como fonte da obrigação de indenizar, o enriquecimento sem causa (arts. 884 a 886)".

[146] AMARAL, Francisco. *Direito Civil: introdução*, ob. cit., p. 446.

Mas o artigo mais importante para interpretar o *Codex* como causalista é, de fato, o art. 421, pelo qual a função social é a razão de ser (causa) do exercício da liberdade de contratar.

Prosseguindo, de que tipo de causa o Código brasileiro trata?

Segundo Inocêncio Galvão Teles[147], assim como Giselda Maria Fernandes Novaes Hironaka[148], a causa pode ser vista a partir de duas perspectivas: *subjetiva* e *objetiva*.

Pela *teoria subjetiva*, a causa é o fim pretendido pelos contratantes, logo é seu "fato gerador". É a razão pela qual as partes concluem um negócio. Nessa teoria, é feita uma distinção entre motivo e causa: *motivo* são as representações psicológicas que impulsionam alguém a contratar, quer dizer, aquilo que vem a *motivar* alguém a celebrar um contrato; e a *causa* é o fim típico de cada negócio. É esse fim que impulsiona a vontade. Por isso, Hironaka, concordando com Henri Capitant, entende que o fim (isto é, a causa) é elemento essencial da obrigação. Observe que nessa teoria a causa ganha a acepção de *causa final*, pois se baseia na função que o negócio jurídico tende a realizar.

Na *teoria objetiva*, a causa é a função socioeconômica que o contrato exerce. Afasta o finalismo subjetivo. Aqui, o que importa é a finalidade que a lei atribui ao contrato e não o desejo das partes. Segundo Hironaka, com base em Betti, "as partes passam a aceitar o fim econômico-social que é reconhecido e aceito pelo próprio ordenamento".[149],[150]

---

[147] GALVÃO TELES, Inocêncio. *Dos contratos em geral*, ob. cit., pp. 211-237.

[148] HIRONAKA, Giselda Maria Fernandes Novaes. O sinalagma contratual. A chamada *causa* dos contratos. Relações contratuais de fato, ob. cit., pp. 28-33.

[149] HIRONAKA, Giselda Maria Fernandes Novaes. O sinalagma contratual. A chamada *causa* dos contratos. Relações contratuais de fato, ob. cit., p. 31.

[150] CASTRO, Torquato. *Da causa no contrato*. Recife: Imprensa Universitária, 1966, pp. 08-09, também entende dessa forma: "Causa é, aqui, o *fim* que se propõe o agente, o escopo em vista do qual o efeito é procurado. [...]. Nos atos humanos, a *causa finalis* é, pois, a primeira na ordem da *intenção*, e a última na ordem da *execução*. O fim é causa, porque move o agente à operação. Êle governa a sua atividade, e a conduz, através de meios que se lhe subordinam, à sua própria realização. O fim que orientou a ação, é também, esta realidade última, a que o agente tende. O *'efeito'* recebe o nome de *fim*, porque êle é para o agente a perfeição a que êle tende, isto é, a razão de ser de sua atividade. Opera, pois, neste plano, a influência recíproca (interdependência) das causas, princípio aristotélico. O agente é causa (eficiente) do fim, e o fim é a causa (final) da ação do agente. O agente é causa do fim, enquanto êle o *realiza* e obtém; e o fim é a causa da ação do agente, porque é a razão de ser desta" [*sic*].

A FUNÇÃO SOCIAL COMO CAUSA DO CONTRATO

Foi Emilio Betti quem desenvolveu o conceito de *causa-função*, a partir da fórmula de que a causa expressa a função econômico-social de um contrato.[151],[152]

Ainda sobre a perspectiva objetiva, escreve Giselda Maria Fernandes Novaes Hironaka:[153]

> "Também chamada de *causa final*, esta *causa* é aquilo para o que o efeito se produz, dizendo-se por isso, dela, ser a *causa das causas*. E, embora guardando traços de grande proximidade com a chama [*sic*] *causa eficiente*, ela diferem [*sic*] porque a *causa final* é a que exprime a direção da vontade na produção dos efeitos jurídicos, enquanto que a *causa eficiente* é aquela que, por sua ação física, produz esses mesmos efeitos, ou produz eficientemente os resultados".

No caso da função social, seu papel como causa do contrato é justamente o de ser seu fim último, ou maior.

Inocêncio Galvão Teles se ocupa da causa e do motivo como elementos importantes para a existência e validade do contrato, destacando a complexidade, as divergências e os equívocos da doutrina em torno do tema. Para o autor, o que importa no âmbito da teoria do contrato é a sua *causa-função*, que consiste na função que cada negócio desempenha:[154]

---

[151] BETTI, Emilio. *Teoria Generale del Negozio Giuridico*. Torino: Utet, 1943, pp. 100 e segs.

[152] ROPPO, Vincenzo. Causa concreta: una storia di successo? Dialogo (non reticente, né compiacente) con la giurisprudenza di legittimità e di mérito. In: *Rivista di Diritto Civile*. Vol. 59. N. 04. Padova: CEDAM, Anno 2013, p. 959, assim escreve, atribuindo a Emilio Betti a concepção da causa-função social: "Fuor di metafora, e tratteggiando per grandissime linee una storia culturale ben nota. In principio, e per lungo tratto, fu Emilio Betti e fu l'egemonia della bettiana funzione economico-sociale: questa era la formula con cui la causa veniva designata nel comune linguaggio dei civilisti teorici e pratici, e in particolare – pressoché invariabilmente – nelle sentenze. Il senso della formula era chiaro: concepire la causa in termini generali, astratti, tipizzati, e così escludere dall'area del negozialmente rilevante tutte le idiosincrasie della fattispecie concreta, e cioè tutti gli interessi di cui le parti fossero specificamente portatrici in quella vendita, fra loro conclusa in quelle determinate circostanze e su quei determinati presupposti, ma non ugualmente ricorrenti in tutte le vendite. Lo spirito della (causa intesa come) funzione economico-sociale era in definitiva lo stesso che portava la giurisprudenza – non senza l'avallo di amplissimi settori della dottrina – a negare di fatto ai contratti atipici quello spazio che formalmente era loro riconosciuto dall'art. 1322, comma 2º, c.c., per via di forzosa riconduzione a qualche tipo legale".

[153] HIRONAKA, Giselda Maria Fernandes Novaes. O sinalagma contratual. A chamada *causa* dos contratos. Relações contratuais de fato, ob. cit., p. 31.

[154] GALVÃO TELES, Inocêncio. *Dos contratos em geral*, ob. cit., pp. 211-237. Inicia, por exemplo, distinguindo causa do contrato e causa da obrigação: "Uma das razões dêstes equívocos está

"No sentido que estamos a tomá-la, a causa pode definir-se a *função social típica*, ou seja, a função própria de cada tipo ou categoria de negócios jurídicos. Imprime caracter ao contrato, como contrato de certa espécie; dá-lhe fisionomia; modela a sua estructura. Verdadeiramente não é mais que o conjunto dos elementos específicos, vistos em *síntese* ou na sua *unidade*. Só por um esfôrço de abstracção se pode distinguir do conteúdo específico do contrato: é a expressão simplificada dêsse conteúdo".

Observe, porém, que o conceito "função social típica" não se refere ao que hoje se entende por função social como corolário da sociabilidade. Naquela definição, trata-se dos efeitos típicos produzidos por um contrato, além de seu conteúdo. Nesse sentido, a causa ganha uma perspectiva objetiva. Assim, a *causa-função* é o conjunto de efeitos que tipicamente são produzidos para todos que celebram aquele tipo de contrato. Essa causa, de ordem *objetiva*, "é o fundamento da transformação dos actos humanos em negócios jurídicos".[155]

Mas, se Galvão Teles não se refere à função social enquanto sociabilidade, por que designa a causa como "*função social típica*"? Parece que isso se deve ao fato de a causa-função se tratar dos efeitos socialmente predominantes do tipo contratual, ou seja, aqueles efeitos que, a princípio, se produzem para *todos*. Por isso essa causa é *objetiva*.

na variedade de sentidos da palavra 'causa', empregada para exprimir conceitos com alguns pontos de contacto ou semelhanças exteriores, mas bem distintos na essência. A cada passo se alude indiferentemente à *causa do contrato* e à *causa da obrigação*, como se fôssem expressões sinónimas, e teem significados muito diversos. A causa da obrigação é a sua *fonte*, o acto ou facto jurídico que a cria; nas obrigações *ex contractu* a causa está no contrato. Mas causa do contrato ou do negócio jurídico não se confunde com êle próprio, o que não teria sentido: é um seu elemento ou aspecto. Entre os dois significados da palavra existe a diferença que vai do todo para uma parte. E a *causa da atribuição patrimonial* também não é o mesmo que a causa do negócio jurídico. Aqui os perigos da confusão são maiores, e a destrinça mais difícil. Entende-se por *atribuição patrimonial* todo o benefício avaliável em dinheiro alcançado por alguém. Não importa a natureza do benefício: pode consistir na aquisição de um direito, ou na consolidação de um direito pelo desaparecimento do ónus que outra: mas a causa é a mesma em todos os contratos de sociedade, ou em tôdas as doações, ou em todos os mútuos" [sic] (pp. 211-212).

[155] GALVÃO TELES, Inocêncio. *Dos contratos em geral*, ob. cit., p. 213. Não se deve confundir, contudo, causa objetiva com objeto do contrato ou suas prestações: "Ora a causa objectiva dêstes contratos não está na prestação ou prestações ou na coisa. Designadamente a causa dos contratos sinalagmáticos não se confunde com a prestação e a contra-prestação, em si consideradas, e a relação comutativa ou associativa que se estabelece entre ambas, a permuta entre o trabalho do empregado e a remuneração da entidade patronal, entre a concessão do gôzo da coisa pelo locador e a retribuição a pagar pelo locatário, etc." (p. 212).

A FUNÇÃO SOCIAL COMO CAUSA DO CONTRATO

Mas existe, ainda, uma causa *subjetiva*, que consiste em *"tôdas as circunstâncias cuja representação intelectual determina o sujeito a querer o acto"*.[156] Essa causa é o chamado *motivo*. A diferença entre causa e motivo é, portanto, conceitual quanto às suas perspectivas: a primeira é objetiva, porque reflete o conteúdo social do contrato; e a segunda é subjetiva, pois consiste nas inclinações que levaram o sujeito a celebrar o ato. E tais motivos podem, ainda segundo o autor, serem divididos em duas categorias:[157]

1. *Motivos atípicos ou individuais:* são motivos mais pessoais, da consciência das partes, seu querer. Por isso, variam de negócio para negócio, dada sua heterogeneidade, de modo, inclusive, a existirem motivos desfavoráveis que são aceitos para se atender a motivos favoráveis. Nesse caso, Galvão Teles diz que o motivo se fundamenta em um *fim imediato*; e
2. *Motivos típicos:* confundem-se com a *causa-função*, afinal, as partes também são atingidas individualmente pelo que é típico de cada contrato. Esse aspecto objetivo/típico se integra ao elemento volitivo como fim ou escopo. Aqui se encontra o *fim mediato* do contrato.

Pela causa é possível analisar a licitude do contrato. O art. 421 obriga e impõe o dever de se perseguir, além dos motivos subjetivos e da causa típica de cada contrato, também sua finalidade principal, sua *causa final*, que é a de realizar a sociabilidade e a cooperação por meio da funcionalização do contrato. O contrato tem essa função. Logo, essa causa final nada mais é que a *causa-função*, ou, na acepção bettiana, a função socioeconômica do negócio.

A causa-função, ou o simples motivo, também são capazes de indicar a ilicitude ou antijuridicidade de um contrato que tenha por um de seus efeitos a lesão de valores ético-jurídicos e interesses de terceiros. Assim, a função do contrato é a preservação da incolumidade patrimonial nas situações econômicas do contrato.

---

[156] GALVÃO TELES, Inocêncio. *Dos contratos em geral*, ob. cit., p. 213.
[157] GALVÃO TELES, Inocêncio. *Dos contratos em geral*, ob. cit., p. 214 e 216. Assim sistematiza sua diferenciação: "Temos assim: 1º a *causa-função*, que se pode considerar *objectiva* ou *subjectivamente*, e nesse segundo caso funciona como motivo típico; 2º os *motivos atípicos* ou *individuais*. No significado mais restrito e próprio, a causa é só a *função* do acto, na sua existência objectiva ou na sua actuação sôbre a psique do sujeito. Mas a nossa lei dá o nome de causa, inclusivamente, aos puros motivos individuais" [*sic*] (p. 214).

4.4. A causa-função do contrato

Com a ascensão da sociabilidade, a causa se tornou um importante elemento de justificativa do negócio jurídico e das limitações à liberdade individual.[158]

Maria Celina Bodin de Moraes entende que atualmente o negócio jurídico representa não apenas os interesses individuais das partes, mas sim que tal interesse seja alcançado em consonância com o interesse social e geral. É possível observar que a autora não nega a relevância e ponto de partida do *motivo* (causa subjetiva ou imediata); ela assevera que os efeitos práticos pretendidos pelos contratantes devem estar em consonância com os interesses sociais, caracterizados pela função social que todo contrato deve, *também*, atender. Além disso, outra consequência apontada pela autora é que a causa é o elemento do negócio que dá proteção jurídica ao contrato, pois ela indica a justificativa jurídica e significação de tal ato. Nesse sentido, a causa é o elemento de definição do negócio, dando-lhe propriedades únicas; é a causa que concede ou não a juridicidade a um negócio.[159]

Mas, que tipo de causa é a função social do contrato? Para responder a essa indagação é preciso ter em mente, *ab initio*, que a causa é, antes de qualquer coisa, um controle que o ordenamento jurídico faz sobre a von-

---

[158] MORAES, Maria Celina Bodin de. A causa dos contratos. In: *Revista Trimestral de Direito Civil.* Vol. 21. Rio de Janeiro: Padma, jan./mar., 2005, p. 95. Segundo a autora, "Diante do Código Civil de 2002, especificamente de seu art. 421 – que consagra a função social como essencial a todo e qualquer contrato – a posição anticausalista se torna ainda mais inadequada" (p. 97).
[159] MORAES, Maria Celina Bodin de. A causa dos contratos, ob. cit., pp. 100-102: "A razão jurídica garantidora da tutela reside exatamente no fato de que o negócio deve ser celebrado por *razões* que o ordenamento jurídico considera admissíveis e merecedoras de tutela, de proteção. Nos países em que o elemento causal está codificado, como requisito de validade do negócio jurídico, essas razões jurídicas identificam-se com ele; tais razões jurídicas, porém, permanecem imprescindíveis nos ordenamentos que não previram expressamente o elemento porque correspondem, na realidade, ao *porquê* e ao *para quê* serve o ato de autonomia privada. No fundo, o problema central da causa é o problema do reconhecimento jurídico do negócio: é o problema do porquê existe o negócio, de qual é a sua razão (jurídica) de ser, em suma, a sua *causa*. A principal utilidade da análise do elemento causal é apontada, exatamente, no serviço que presta como meio de recusa de proteção jurídica a negócios sem justificativa ou sem significação social. Assim é que o negócio pode ter como requisitos de validade apenas a declaração de vontade, o objeto e a forma (art. 104, CC 2002); mas, a causa – ou a especificação da *função* que desempenha – é o elemento que o define, que lhe é próprio e único, e que serve a diferenciá-lo de qualquer outro negócio, típico ou atípico. É, portanto, também o elemento que lhe dá – ou nega – juridicidade".

tade. É certo que o interessado, antes de celebrar um contrato, reflete consigo mesmo: *"o que terei que fazer para conseguir o que quero?"*.

Nessa reflexão, *"o que terei que fazer...?"* é a *causa objetiva típica*, isto é, aquilo que é previsto pelo próprio ordenamento jurídico, para todos os sujeitos de direito, como efeito para alcançar sua finalidade prática, de modo que, em sentido aristotélico, tem-se aqui uma *causa formal* para o contrato.

Já o *"...conseguir o que quero?"* é, verdadeiramente, o *motivo* do negócio, ou seja, o que se pretende subjetivamente com ele. Nesse caso, a causa será a *material*.

Contudo, além daquele questionamento, que se refere ao interesse individual e particular do negociante, este também se perguntará (ou, pelo menos, deveria...): 1) *"até onde posso ir com esse contrato?"*; *"qual sua repercussão positiva e negativa?"*; *"será que prejudico alguém?"*; *"que fama terei com minhas atitudes?"*; *"posso fazer isso?"*; *"é certo agir ou não agir dessa maneira?"*. Se as conclusões forem negativas, o negociante pode optar entre duas medidas: 1) *Desistir* de concluir o negócio, quer dizer, não continuar a desenvolver a relação contratual da maneira reprovável; ou 2) *Concluir* o contrato, isto é, continuar agindo prejudicialmente, de modo a criar uma relação ilícita porque contrária a pressupostos jurídicos e econômicos. Deve o sujeito conhecer os limites de atuação nas negociações preliminares e na execução do contrato.

Se o contratante perceber a repercussão negativa do seu contrato, ele *deve* desistir do negócio. É por isso que a função social é *causa-função* de um contrato, no sentido de controle da liberdade de contratar e das condições negociais pela função social, ou seja, controle dos efeitos obrigacionais *no* e *pelo* contexto social.

Luigi Ferri sustenta a necessidade de normas que impunham aos contratantes um dever jurídico de *"retta intenzione"* (reta intenção). Trata-se de agir de acordo com os fins morais, tal qual deve ocorrer no exercício dos poderes públicos.[160]

A propósito, escreve Maria Celina Bodin de Moraes: "o negócio jurídico pode ser produtivo de efeitos jurídicos somente se e quando avaliado pelo ordenamento como socialmente útil".[161] É a causa-função porque estabe-

---

[160] FERRI, Luigi. *L'autonomia privata*. Milano: Giuffrè, 1959, p. 292.

[161] BESSONE, Darcy. *Do contrato: teoria geral*. 4ª ed., São Paulo: Saraiva, 1997, p. 103, também escreve em mesmo sentido: "Observou Demogue que os tribunais, quando aplicam a teoria da causa à motivação exterior do contrato, atendem a razões sociais poderosas. É o resguardo da

lece os parâmetros de como deve – licitamente, socialmente aceito – *funcionar o contrato*. Como forma de bem compreender essa situação, veja o que diz a autora[162]:

> "A teoria antivoluntarista, ou da declaração, opera, principalmente, através da noção de causa, considerando-a 'objetiva'. Através dela, a função do negócio é colocada em primeiro plano, em lugar da vontade. Aquela que a doutrina tradicional considerava vontade do conteúdo do negócio vem agora reduzida à consciência do significado objetivo da declaração emanada e do específico valor social do comportamento, isto é, de um interesse objetivo, socialmente controlado, considerado digno de tutela pelo ordenamento. Nessa medida, o negócio jurídico pode ser produtivo de efeitos jurídicos somente se e quando avaliado pelo ordenamento como socialmente útil. Se, de fato, todo efeito jurídico é previsto pela lei, não sendo suficiente a declaração de vontade para que se produza, a causa do negócio encontra-se na função econômico-social, reconhecida e garantida pelo Direito. A ordem jurídica, afirma-se, aprova e protege a autonomia privada não como representativa de um *capriccio momentaneo*, mas porque apta a perseguir um objetivo interesse voltado a funções sociais merecedoras de tutela".

Esse controle se deve ao fato da obrigatoriedade, imposta pelo ordenamento civil por meio do art. 421, de atender a uma função social que expressa o interesse social sobre o contrato, qual seja, nos dizeres de Enzo Roppo: *"circulação da riqueza*, actual ou potencial *transferência de riqueza* de um sujeito para outro".[163]

---

ordem pública, afetada por atos provocados por fins imorais ou ilícitos, que os inspira. Então, impõe-se logo a distinção de duas utilidades diversas, oriundas da obrigação ou do contrato: a utilidade individual e a utilidade social. A lei não reconheceria obrigações que não fossem úteis ao credor. A inutilidade as conduziria à nulidade. Mas, ainda quando vantajosas para o interessado, podem comprometer a utilidade social. Convém ter sempre presente ao espírito que os contratos são apenas meios para, em regime de autonomia privada, perseguir fins socialmente úteis. O contratante deve adaptar-se aos interesses gerais. Há fins ou resultados inequivocamente condenáveis. Proíbe-os a lei ou os impugnam os costumes. Por vezes, os contratantes procuram atingi-los, direta e ostensivamente; outras vezes, ocultam a finalidade ilícita, utilizando-se de formas jurídicas aparentemente inatacáveis. De qualquer modo, se a finalidade do ato jurídico é contrária às leis ou aos bons costumes, ele é nulo. As teorias do objeto, da causa, da condição, do encargo '*ne sont donc que des aplicatons diverses de la même idée*'".

[162] MORAES, Maria Celina Bodin de. A causa dos contratos, ob. cit., p. 104.

[163] ROPPO, Enzo. *O contrato*. Tradução de Ana Coimbra e M. Januário C. Gomes. Coimbra: Almedina, 1988, p. 13.

A FUNÇÃO SOCIAL COMO CAUSA DO CONTRATO

Luigi Ferri afirma a necessária valoração da manifestação de vontade individual das partes pelos fins que perseguem. Deve-se verificar se esse fim prático também consiste em um fim socialmente útil. E, nesse sentido, apresenta um critério de avaliação de quando esses fins práticos dos sujeitos negociantes são socialmente úteis.[164] Tais critérios podem ser formulados nesse seguinte esquema:

1. Primeiramente, deve-se verificar se a vontade concreta dos sujeitos está de acordo com os escopos da função jurídica do negócio;
2. Em segundo lugar, analisa-se a consonância da vontade concreta das partes com os objetivos da ordem pública (ou o *"mit den Zielen der Volksordnung im Einklang"* de Karl Larenz); e
3. Finalmente, é feita a avaliação se a causa do negócio é identificada com a função econômico-social da autonomia privada, expressa no tipo de negócio abstratamente considerado.

Para entender a aplicação da fórmula acima, tome-se como exemplo um famoso caso de *tortious interference with contractual relations* ou *interference with prospective bussines*, decidido por um tribunal de Willmington, Delaware, em 1987. Trata-se do caso *Texaco vs. Pennzoil*.[165],[166]

No final de 1983, a Pennzoil estava em fase de negociações para a compra de parte das ações da Getty Oil, visando à reestruturação e incorporação desta última. As condições do contrato, após o processo de negociação dos termos, já estavam estabelecidas. Houve uma divulgação no mercado por ambas a respeito da tratativa do referido acordo por meio de oferta pública de aquisição preferente (*public offering of preferential acquisition*).

Antes da conclusão do contrato, a Texaco avaliou a aquisição das ações da Getty Oil e, considerando o acordo vantajoso, ofereceu à Getty Oil uma proposta de valor superior ao que foi apresentado pela Pennzoil, o que foi aceito pelos executivos da Getty Oil no início de 1984.

---

[164] FERRI, Luigi. *L'autonomia privata*, ob. cit., pp. 308-309.

[165] FUNKHOUSER, Robert B.; LEVINE, Kenneth R.; MCGHEE, Laurie B.; MOLLON, David E. Texaco Inc. v. Pennzoil Co.: Some Thoughts on the Limits of Federal Court Power over State Court Proceedings. In: *Fordham Law Review*, vol. 54, 1986, pp. 767-824.

[166] *Texaco, Inc. v. Pennzoil Co., 729 S.W.2d 768 (Tex. App. 1987)*. Veja como o conflito é apresentado em um típico estudo de caso da jurisprudência norte-americana, conforme se verifica em R. E. Marks, 2001, pp. 01-03, disponível em http://www.agsm.edu.au/bobm/teaching/MDM/pennzoil.pdf, acesso em 14/07/2015.

Após esse acordo, a Texaco divulgou no mercado a aquisição das ações da Getty Oil (*press release*), contrariando os interesses da Pennzoil, que decidiu mover uma *tort liability lawsuit* (ação indenizatória) em face da Texaco, alegando ter sofrido dano por interferência da Texaco.

A decisão do tribunal de Willmington, Delaware, reconheceu a interferência dolosa (consciente) da Texaco no contrato alheio, causando danos à Pennzoil. O valor indenização, somando *punitive damages* e reparação de danos, chegou à cifra de US$ 10 bilhões, sendo US$ 7,53 bilhões referentes a danos efetivamente sofridos e US$ 3 bilhões a título de dano punitivo.

Considere a aplicação dos critérios de Luigi Ferri ao caso *Texaco vs. Pennzoil* a partir do Direito brasileiro. A avaliação seria a seguinte:

Fases	Critérios de avaliação de Luigi Ferri	Avaliação do caso Texaco vs. Pennzoil
1ª	*Vontade dos sujeitos de acordo com a função jurídica do negócio:* qual a função do mercado de ações? É negociar comercialmente valores mobiliários e quotas de participação em sociedades. Já no caso da incorporação ou fusão, a pretensão é recuperar a atividade empresarial do ente econômico ou prosseguir saudavelmente com a atividade da incorporada.	Verifica-se que a intenção da Texaco não era participar de jogadas comerciais ou da recuperação da Getty Oil pela sua incorporação. A Texaco se apropria das negociações preliminares envidadas pela Pennzoil. A consequência não foi a típica circulação e negociação do mercado de ações; não foi apresentar uma proposta melhor. Foi uma "jogada" que atinge negativamente a Pennzoil, pois impede sua ascensão econômica.
2ª	*Consonância da vontade das partes com a ordem pública:* que tipo de interesse tem a ordem pública? A livre concorrência e a competição empresarial equilibrada e ética, ou seja, que haja um "*fair play*" nas jogadas mercadológicas.	A Texaco agiu de duas maneiras que a sociedade sempre condenou. Primeiramente, ela se utilizou de "esperteza", que recebe sinônimos bastante pejorativos no âmbito, tais como: velhaco, finório, sorrateiro, matreiro, espertalhão, ardiloso, malandro, pirata, malicioso. Não é dessa maneira que a sociedade aceita as conquistas econômicas de uma pessoa. Em segundo lugar, a empresa também utilizou seu poder pecuniário (força financeira) para, de certa forma, oprimir o acordo que foi construído pela Pennzoil. A propósito, perceba que a Texaco simplesmente se aproveita das negociações empenhadas pela concorrente, não tendo qualquer esforço para estabelecer as condições da contratação.

3ª	*Causa do negócio de acordo com a função econômico-social:* como deve *funcionar* uma negociação de grande porte? Refere-se ao que promoverá em âmbito social e econômico a realização daquele determinado negócio.	Para que a Texaco adquiriu as ações passando por cima de um acordo já empenhado? A Texaco teria uma *hegemonia* no mercado de óleo e gás, o fortalecimento do seu poder econômico, de modo a repercutir negativamente na livre iniciativa ou até monopolizar o setor.

4.5. A desfuncionalização da causa.

A *causa-função* deve atender a um requisito de legalidade, sob pena de, assim não sendo, provocar a invalidade do contrato, segundo Inocêncio Galvão Teles. E, para ele, é possível identificar duas ordens possíveis de ilegalidade da causa-função: 1) *Indireta:* refere-se a contrariedades à lei quanto a objeto, a condição ou a sujeito do contrato, quer dizer, todo vício referente aos elementos do negócio; e 2) *Direta:* quando houver contrariedade entre a lei e o contrato em si, por meio de seu fim, apesar da regularidade dos elementos negociais. Observe, então, que é nessa forma de ilegalidade que reside a contrariedade da causa ao ordenamento jurídico.

Ainda para Inocêncio Galvão Teles, é possível que uma contrariedade da causa-função à lei (ilegalidade) seja de dois tipos: *simplesmente ilegal* e *ilícita*.

É *simplesmente ilegal* quando os contratantes não atendem ao ônus de adotar os meios e condições adequados no exercício da autonomia contratual para perseguir fins admitidos pelo Direito. Assim escreve o autor:[167]

> "A mera ilegalidade supõe a inobservância de um ónus: o ónus geral que recai sobre os interessados, no uso da liberdade contratual de adoptarem os meios adequados aos fins que prosseguem. A ilicitude implica o não cumprimento de um *dever jurídico*. O contrato afecto de simples ilegalidade é um contrato *inútil*, uma negativa *gorada*, mas não um contrato *ilícito*: por ele não se desrespeita qualquer dever jurídico, procura-se atingir em vão um resultado que a lei não autoriza. A acção humana pretendida revestir-se dos caracteres de acto jurídico (válido ou regular) e, desamparada pela lei, cai no limbo dos actos juridicamente indiferentes. A êste número não pertence o contrato ilícito, que produz efeitos jurídicos, embora contrários a intenção do sujeito ou sujeitos, os quais ficam constituídos em responsabilidade civil, se causarem prejuízos, e também por ventura em responsabilidade criminal".

---

[167] GALVÃO TELES, Inocêncio. *Dos contratos em geral*, ob. cit., pp. 221 e 222.

No que se refere à *ilicitude* da causa, ela ocorre quando o contrato fere os fins legais e a moralidade. Pode-se concluir, assim, que o contrato não atende à ética negocial preferida pela sociedade. Veja o que diz o autor:

> "A *ilicitude* dos contratos tem uma de duas fontes: ou a *directa violação da lei ou a violação da moral pública*. Há contratos ilícitos *contra legem* e contratos ilícitos *contra bonus moris*. Ou a lei proíbe ela própria, de forma directa, o contrato; ou proíbe pela remissão para as prescrições da moral. Neste segundo caso a lei *delega* na moral a condenação do negócio jurídico. A norma jurídica é uma *norma em branco*, vazia, e o seu conteúdo fornece-lho a moral, caso a caso".

Essas manifestações antijurídicas e antiéticas da causa contratual constituem a *desfuncionalização do contrato*. Além disso, toda vez que o *motivo* dos agentes (causa subjetiva, eficiente) contrariar a *causa-função* e a *causa objetiva* (final) ter-se-á uma contrariedade, por óbvio, à função do contrato. A isso se pode designar de *desfuncionalização do contrato pelo motivo ilegal ou ilícito*.

Continuando com Inocêncio Galvão Teles, o negócio *será nulo* toda vez que a causa for ilícita e/ou ilegal.[168] Assim também Torquato Castro.[169]

A invalidade por desfuncionalização do contrato não é novidade no Direito Civil brasileiro. Para compreender essa afirmação, primeiramente entenda o significado de "*desfuncionalização*":[170]

- Comportamentos que não funcionam como deveriam funcionar;
- Atitudes contraditórias à verdadeira realidade; e
- Desenvolve-se ou funciona incorretamente, de maneira anormal.

---

[168] GALVÃO TELES, Inocêncio. *Dos contratos em geral*, ob. cit., pp. 216 e 221.

[169] CASTRO, Torquato. *Da causa no contrato*, ob. cit., pp. 43 e segs.

[170] Optou-se pelo uso do prefixo "*des-*" (*desfuncionalização*) ao invés do prefixo "*dis-*" (*disfuncionalização*). O "*des-*" é empregado para negação lexical através de morfema de negação (negação + palavra inteira). Tal prefixo significa ação contrária, oposição, ausência; privação ou cessação de algum estado, como por exemplo "desfazer", que é o mesmo sentido empregado aqui para "*não função*". Além disso ele denota a negação de uma qualidade, e função aqui nesse trabalho tem sido empregado como uma qualidade do contrato. Já o "*dis-*" tem sentido semelhante de afastamento, separação, dispersão, negação, contrário. Referência: ALMEIDA, Napoleão Mendes de. *Gramática Metódica da Língua Portuguesa*, §§ 628 a 630. Embora seja empregada a palavra "disfuncional", "desfuncionalização", na língua portuguesa, parece que a diferença entre ambos os prefixos seria mais de estilo que de significado. Contudo, para o efeito que se pretende dar nesse trabalho à contrariedade com a causa-função do contrato o uso do prefixo "*des-*" pareceu reforçar mais a ideia que se objetiva transmitir. Foi, então, uma opção de estilo.

Dessa maneira, a desfuncionalização da causa do contrato ocorreria da seguinte maneira:

DESFUNCIONALIZAÇÃO	CAUSA	CARACTERIZAÇÃO
Comportamentos que não funcionam como deveriam funcionar	Objetiva	Diz respeito a condutas das partes e/ou de terceiros contrárias aos efeitos típicos fixados em lei ou pela prática social (usos e costumes, conforme ocorre, por exemplo, em contratos atípicos celebrados nos moldes do art. 425 do Código Civil).
Atitudes contraditórias à verdadeira realidade	Subjetiva	O objetivo real das partes e/ou dos terceiros será o benefício pessoal em detrimento patrimonial de uma das partes e/ou de terceiros. Tal ocorre, geralmente, por meio do engodo – em que se tem como exemplo a simulação (art. 167) e o *dolus malus* (arts. 145 a 150) – ou o *consilium fraudis* da fraude contra credores (art. 159). Outro exemplo é o motivo ilícito (art. 166, VI).
Desenvolve-se ou funciona incorretamente, de maneira anormal	Objetiva	Trata-se do abuso do direito de livremente contratar (art. 187), extrapolando os limites da utilidade econômica e social e causando prejuízo às partes e/ou a terceiros.

Pelos exemplos citados acima é possível verificar que a desfuncionalização da causa já existia desde o Código Civil de 1916. A "novidade" do Código Civil é a desfuncionalização da causa expressa pela função social. Isso porque tal função social se apresenta como causa-função do contrato ao lado da causa-função econômico-patrimonial.

A desfuncionalização social do contrato nada mais é que uma simulação mais abrangente praticada:

1. *Pelas partes:* em conluio entre si para enganar e prejudicar terceiro; ou
2. *Por terceiro juntamente com uma das partes:* em conluio entre si para prejudicar a outra parte.

Em ambos os casos, pode haver um ato ilícito decorrente do abuso de direito de contratar (art. 187) e a nulidade do ato praticado em decorrência da causa antijurídica. Assim o é porquê:

CONSEQUÊNCIA	FUNDAMENTO
Nulidade	Art. 167. A desfuncionalização social do contrato dá à simulação do art. 167 uma maior abrangência. Primeiramente, não se pode esquecer que a simulação é (e sempre foi) um *vício social da declaração*, justamente contraria os fins típicos do negócio. Em segundo lugar, por causa de expressa previsão legal, o contrato desfuncionalizado torna o contrato nulo, seja porque é a consequência típica da simulação (art. 167) ou seja porque o motivo determinante comum às partes é ilícito (art. 166, VI).
Indenização	Art. 182. Há expressa previsão da indenização por perdas e danos quando a situação subjetiva dos envolvidos no negócio inválido não puder ser restabelecida, isto é, retornar ao *status quo ante* ("restituir-se-ão as partes ao estado em que antes dele se achavam"). É verdade que o dispositivo prevê essa consequência para os casos de anulação ("Anulado o negócio jurídico..."), mas sabe-se que *melius est abundare quam deficere* (antes mais que menos), quer dizer, se pode indenizar em caso de anulação, também pode-se indenizar em caso de nulação.

Tais consequências serão melhor analisadas na Parte II deste trabalho.

Capítulo 5
A Função Social como Limite do Contrato

De nada adiantaria existir um dispositivo como o art. 421 se dele não resultasse um efeito coercitivo (imperatividade) e coativo (sanção). Seu papel não pode ser – apenas – político ou retórico, sob risco de vir a ser tudo e nada ao mesmo tempo. Isso se deve ao fato de a normatividade ser, sem dúvidas, um dos elementos mais importantes da caracterização do Direito, e, nesse sentido, todos os juristas concordam na existência normativa e imperativa do Direito, afinal, este não é um rogo, um conselho ou um pedido, mas sim uma determinação, uma ordem que necessita do artifício do comando para garantir sua função.

Embora impere hoje vários paradigmas principiológicos no Direito Civil, não se deve por isso, necessariamente, abandonar o dogmatismo que analisa o Direito a partir de uma dimensão ontológico-normativa. O que não pode acontecer nesse momento de expansão da principiologia jurídica é neutralizar a análise da estrutura do ordenamento e de seus elementos: a norma jurídica vai além, mas ela é um comando ou tipo especial de prescrição deonticamente identificável em *proibição* (*ph*), *obrigação* (*o*) e *permissão* (*–ph*), focando-a inclusive na sua axiologia justificante.

Analisar deontologicamente o art. 421 do Código Civil leva compreensão de sua estrutura e, também, compreendê-lo como norma jurídica desde uma posição que sua própria definição inclua as razões que justificam sua existência e determinam sua validade, entendendo-a como *razão para a ação*; aquela ação que deve ser realizada, seguida e exigida a partir de uma concepção que a justifica. A importância de tal atitude epistemológica não é apenas teorética, mas também e especialmente prática, pois leva à aceitabilidade, à obediência e à justificação do dever jurídico.

Nesse capítulo é feita uma análise lógico-deôntica da norma jurídica do art. 421 enquanto *dever de conduta*, isto é, a função social é entendida apenas como um comando ou uma prescrição para o correto exercício da liberdade de contratar. Essa análise indicará os deveres que caracterizam a função social do contrato e cujo descumprimento extrapola os limites do exercício lícito da autonomia contratual. Quer dizer, a análise do estatuto deontológico do art. 421 permite compreender quando o sujeito comete ato ilícito pelo exercício manifestamente fora dos "limites impostos pelo seu fim econômico ou social, pela boa-fé ou pelos bons costumes", ou seja, quando age com abuso de direito.

5.1. A natureza normativa do art. 421 do Código Civil

Nesse tópico usaremos conceitos da Teoria da Norma Jurídica e do Normativismo Jurídico para fundamentar e demonstrar a ideia principal que pretendemos defender. Nesse contexto teórico, sabe-se que diversos juristas desenvolveram teorias da norma jurídica próprias, a exemplo de Hans Kelsen, Alf Ross, Herbert L. A. Hart, Georg Henrik von Wright, Carlos Cossio, Genaro Carrió e Carlos E. Alchourrón. Seria exaustivo – e até desnecessário – descrever cada uma dessas teorias. Por isso, será adotado como referencial teórico para compreender a deontologia normativa da função social as teses esboçadas por Eugenio Bulygin e Daniel Mendonca, justamente porque desenvolvem uma teoria do modal deôntico que justifica o contexto teórico deste trabalho.

Para que se possa entender a obrigatoriedade (o) e as consequências (C) do não atendimento ($-o$) dos postulados da função social, é necessário compreender o caráter deôntico do art. 421 do Código Civil. Adverte-se, contudo, não se tratar da natureza jurídica da função social, que, como visto, é um *PR*, ou seja, uma *Princípio que é como uma Regra*. Aqui se fala da natureza deôntica (*permitido, obrigatório* e *proibido*) da norma e proposição normativa que resultam do art. 421:

> "Art. 421. A liberdade de contratar será exercida em razão e nos limites da função social do contrato".

Primeiramente, a *norma jurídica é uma prescrição emitida por uma autoridade normativa dirigida a sujeitos normativos e que obriga (o), proíbe (ph) ou per-*

A FUNÇÃO SOCIAL COMO LIMITE DO CONTRATO

mite (–ph) ações ou estados de coisas.[171] Trazendo essa caracterização para o art. 421, a partir da proposição normativa que dele resulta, tem-se o seguinte:

- *Prescrição emitida:* determina a forma de exercer a liberdade de contratar a partir da locução "...*será exercida...*"; não se trata de um rogo, nem de uma definição (*D*), mas de uma imposição, que na linguagem normativa é entendida por *prescrição.* Para tanto, basta perceber sua *linguagem imperativa.* Nesse sentido, ela *obriga:* a locução estabelece uma *obrigação (o)* para os contratantes, determinando como a autonomia contratual deve ser exercida (manifestação de vontade, negociações preliminares, conclusão e execução);
- *Emitido por autoridade normativa:* trata-se do sujeito normativo responsável pela criação das normas (emissores), no caso, o legislador de 2002. Para além do legislador, há outra autoridade normativa, como o Judiciário, que cria normas individuais ou coletivas destinadas à solução de lides contratuais;
- *Dirige-se a sujeitos normativos:* que aqui são entendidos os agentes humanos que assumem o papel de *contratantes* e de *terceiros,* e que são destinatários/receptores da prescrição. Aliás, a função social tornou as partes e os terceiros nos sujeitos normativos do contrato;
- *Ação ou estado de coisas:* quando o legislador determina agir *em razão* e *nos limites* da função social fica estabelecida uma causa, um conteúdo e uma forma de construir o contrato. A ação será a conduta que não lese o interesse social em torno do contrato, e o estado de coisas será o desenvolvimento de uma ética (correta) circulação de riquezas.

Nem sempre se pode caracterizar a norma jurídica a partir da sanção (*C*) que ela pode prever, como queria Hans Kelsen. Uma norma não necessariamente deverá ter sanção para que se configure como tal. Embora o art. 421 não contenha em sua formulação (*FN*) uma sanção expressa, dada a

---

[171] BULYGIN, Eugenio; MENDONCA, Daniel. *Normas y sistemas normativos.* Madrid: Marcial Pons, 2005, p. 15: "entenderemos por 'norma' una prescripción emitida por un agente humano, denominado 'autoridad normativa', dirigida a uno o varios agentes humanos, denominados 'sujetos normativos', que obliga, prohíbe ou permite determinadas acciones o estados de cosas. Ordenes o mandatos están incluidos en esta noción de norma. La formulación de la norma por medio de oraciones deónticas (oraciones con términos como 'obligatorio', 'prohibido' o 'permitido') u oraciones em modo imperativo y aun indicativo puede variar de un caso a otro".

circunstância de ser uma *cláusula geral*, a sanção pode estar em outras proposições normativas. É o que ocorre com a nulidade do contrato por não se ter agido em razão da função social (art. 166, VI), e com a responsabilidade civil por não se ter obedecido aos limites estabelecidos pela função social (art. 927, *caput*). Observe que as sanções não estão na proposição normativa do art. 421, mas nas proposições normativas de outros dispositivos legais.

Determinar a natureza normativa do art. 421 não tem um efeito meramente conceitual ou teórico, pois de tal análise será possível reconhecer a finalidade que se persegue na sua prescrição. Isso porque a autoridade normativa, quando dita normas, persegue como finalidade principal motivar certas condutas sociais.[172] No âmbito do contrato, então, a conduta motivada é justamente contratar dentro de padrões éticos e de um "jogo limpo".

Daí resulta mais uma conclusão: o art. 421 é uma *norma de conduta* sobre como contratar. (Na verdade, é uma norma que estabelece conduta). Eugenio Bulygin e Daniel Mendonca distinguem dois tipos de normas de conduta: 1) *normas condicionais:* quando a obrigação (*o*), a permissão (*-ph*) ou a proibição (*ph*) estabelecida está sujeita a uma condição, cuja construção é a seguinte: se *p*, então é [*o, -ph* ou *ph*] *q*. Observe que *q* depende de *p* (condição de *q*); e 2) *normas categóricas:* são aquelas de *per si*, nas quais [*o, -ph* ou *ph*] já estão expressos sem qualquer condição, de modo que: *p* é [*o, -ph* ou *ph*].

O art. 421 cria uma norma de conduta do tipo condicional, em que: *p* é o exercício da liberdade de contratar e *q* é a função social, que é *o*. Assim, *se for contratar, é obrigatório fazê-lo de acordo com a função social*. A obrigatoriedade da função social é uma condição da autonomia contratual.

Por fim, cabe analisar o dispositivo a partir de uma *concepção hilética –* cujo termo vem de *hýle* (Υλη), que significa o sentido da matéria na filosofia husserliana. Segundo Eugenio Bulygin e Daniel Mendonca, na hilética faz parte do conteúdo da norma o componente normativo: o operador deôntico [*o, ph* ou *-ph*] incide na oração descritiva da norma e, consequentemente, faz surgir uma oração normativa, cujo significado será a norma. Parece que se pode interpretar o que os autores dizem da seguinte maneira: a formulação normativa (*FN*) é descritiva e a proposição normativa que dela resulta tem caráter prescritivo, afinal, como dizem os próprios autores, toda oração

---

[172] Também ALCHOURRÓN, Carlos E.; BULYGIN, Eugenio. *Introducción a la metodología de las ciencias jurídicas y sociales*. 4ª reimpressão. Buenos Aires: Astrea, 2002, pp. 74-78.

A FUNÇÃO SOCIAL COMO LIMITE DO CONTRATO

normativa tem como peculiaridade ser prescritiva: "no dicen que algo es, sino que algo debe (o puede) ser".[173]

O art. 421 também pode ser visto a partir da perspectiva da concepção hilética:

- *Oração descritiva:* a formulação normativa determina que a função social é a razão de ser e o limite do exercício da liberdade de contratar; logo,
- *Oração normativa:* é obrigatório (*o*) agir de acordo com a função social (causa e dever).

Assim reconheceu, a propósito, o Superior Tribunal de Justiça quando, na decisão monocrática no REsp. nº 1.430.067/DF, fez contar que é "dever das partes contratantes observar as cláusulas gerais que regem os contratos privados, como a função social, a probidade e a boa-fé objetiva, nos termos dos artigos 421 e 422, ambos do Código Civil".[174]

Embora o art. 421 apresente como *oração descritiva* em seus termos, ele se manifesta como prescrição em sua *oração normativa* em razão da obrigatoriedade de agir por causa e dentro do estabelecido pela função social. Nesse sentido, *tem-se uma oração deôntica pela qual a função social impõe uma conduta obrigatória.* Só que essa conduta é um padrão pata todos os sujeitos de direito e não apenas das partes. Assim, a função social incide como prescrição para todas os agentes humanos que pretendem contratar (partes e terceiros).

O art. 421 cria uma proposição normativa que *aparentemente* não se refere a outras normas, mas a condutas baseadas na função social que têm a propriedade de ser obrigatória [*o* ou *ph*]. Afinal, trata-se de uma cláusula geral e, por isso, as condutas esperadas não são independentes de outras normas, pois uma conduta só tem o condão de ser obrigatória se houver sanção.

De tudo o que foi dito, para as conclusões que aqui se querem obter, é importante destacar que: 1) o art. 421 apresenta um modal deôntico, qual seja, [*o* ou *ph*]; 2) cuja inobservância implica em desfuncionalização do contrato; 3) já que aquilo que é *o* é, consequentemente, um *dever* [*o* ou *ph*]; e 4) que sendo descumprido terá alguma sanção como consequência $\{F\,[S_1 \times S_2 \times (...)\,S_n] \to C_1 \times C_2 \times (...)\,C_n\}$.

---

[173] BULYGIN, Eugenio; MENDONCA, Daniel. *Normas y sistemas normativos*, ob. cit., p. 16-18.
[174] STJ, REsp. nº 1.430.067/DF Decisão Monocrática, Rel. Min. Antonio Carlos Ferreira, j. em 05/11/2014.

Esse ponto de vista permite melhor compreender o que representam alguns julgados que se pesquisou para dar como exemplos do reconhecimento desse aspecto prescritivo do art. 421. Vejamos alguns deles[175]:

No REsp. nº 1.186.789/RJ, em que se discutia o alto valor da multa rescisória da cláusula de exclusividade de um âncora de telejornal com uma emissora, determinou-se sua "redução equitativa". Entendeu o Tribunal que a liberdade de contratar de uma das partes (emissora) não pode ser exercida de tal modo a causar grave prejuízo econômico à outra (apresentador): "A evolução legislativa veio harmonizar a autonomia privada com o princípio da boa-fé objetiva e função social do contrato, instrumentário que proporcionará ao julgador a adequada redução do valor estipulado a título de cláusula penal, observada a moldura fática do caso concreto". Em decorrência da cláusula geral, o juiz aplicou como consequência – confirmada pelo STJ – a redução da multa (sanção), já que o excessivo valor significaria locupletamento e isso extrapolaria os propósitos que se quer dar ao contrato. Em resumo, a liberdade que elevou excessivamente o valor da multa foi reduzida porque a função social não admite o locupletamento lesivo. O contratante estava obrigado a impor uma multa menor.[176]

No mesmo sentido do julgado anterior foi o AREsp. nº 291.154/MG, que também entendeu pela redução de 50% da quantia da cláusula penal do contrato, que fez a interpretação determinada pelo art. 413 do Código Civil considerando equitativo o valor necessário a cumprir a função social.[177]

O REsp. nº 1.051.270/RS é um típico caso de *substancial performance*. Entenderam os julgadores que pela função social não pode uma das partes exercer o direito de extinguir o contrato que resulta da cláusula resolutiva (art. 475). O relator interpretou que essa proibição de resolver o contrato pode ser lida na cláusula geral da função social quando "31 das 36 prestações contratadas, 86% da obrigação total (contraprestação e VRG parcelado) e mais R$ 10.500,44 de valor residual garantido" já haviam sido garantidos ao credor: "É pela lente das cláusulas gerais previstas no Código Civil de2002, sobretudo a da boa-fé objetiva e da função social, que deve

---

[175] Os resultados foram obtidos com a utilização do termo de busca *"clausula and geral and funcao and social and contrato"* no sistema de busca do site do Superior Tribunal de Justiça (www.stj.jus.br).

[176] STJ, REsp. nº 1.186.789/RJ, Quarta Turma, Rel. Min. Luís Felipe Salomão, j. em 20/03/2014.

[177] STJ, AREsp. nº 291.154/MG, Terceira Turma, Rel Min. Ricardo Villas Bôas Cueva, j. em 21/05/2015.

ser lido o art. 475 [...]. Nessa linha de entendimento, a teoria do substancial adimplemento visa a impedir o uso desequilibrado do direito de resolução por parte do credor, preterindo desfazimentos desnecessários em prol da preservação da avença, com vistas à realização dos princípios da boa-fé e da função social do contrato".[178]

5.2. A função social como dever

Em Hans Kelsen, a noção de *dever* aparece conectada estreitamente com a de sanção coativa, pois atribui à norma jurídica o significado de "mandamento, prescrição, uma ordem". Entende que "o dever-ser – a norma – é o sentido de um querer, de um ato de vontade, e – se a norma constitui uma prescrição, um mandamento – é o sentido de um ato dirigido à conduta de outrem, de um ato, cujo sentido é que um outro (ou outros) deve (ou devem) conduzir-se de determinado modo".[179] Todavia, isso não explica como diferençar as normas jurídicas do restante de fenômenos normativos existentes no meio social. E, para tanto, Kelsen se utilizará da coação como o elemento básico definidor das normas jurídicas. A estrutura normativa, então, é construída sob a forma de um *juízo hipotético*, por causa da consequente sanção. "Así, la norma positiva puede definirse como un *juicio hipotético em cuyo consecuente se prevé un acto de coacción, el que se encuentra enlazado con el antecedente por una relación imputativa no causal*".[180]

Para Georg H. von Wright, a distinção entre *ser* e *dever-ser* representa a diferença entre descrição e prescrição: as orações deônticas (dentre as quais se inclui a norma jurídica) são um tipo peculiar de discurso linguístico que emprega a prescrição e não a descrição. Explica que, na formulação normativa, a forma das palavras não é nem descritiva e nem "profética" ("predictiva"), mas sim *prescritiva*: "Si las normas, por definición, tienen por objeto que ciertas cosas deban o puedan ser, entonces todas las normas son también expresables en un lenguaje deóntico. Y creo que se puede decir que, desde el punto de vista de la comprensión de su lógica, es preferible que las normas sean expresadas así". O ser, portanto, tem caráter causal; o dever-ser, por outro lado, representa uma necessidade causal. "La fun-

---

[178] STJ, REsp. n° 1.051.270/RS, Quarta Turma, Rel. Min. Luís Felipe Salomão, j. em 04/08/2011.
[179] KELSEN, Hans. *Teoria geral das normas*. Porto Alegre: Sergio Antonio Fabris, 1986, pp. 01-03
[180] RUSSO, Eduardo Angel. *Teoria general del derecho – en la modernidad y en la posmodernidad*. 2ed. Buenos Aires: Abeledo Perrot, 2001, p. 76.

ción de las normas, podría decirse, es instar a la gente a que realice el ideal, hacer que actúe de forma tal que la descripción de lo real se aproxime a la descripción de lo ideal".[181]

Pode-se dizer que a função social como dever jurídico baseia-se no mecanismo da chamada *"pressão normativa"*, que pode ser explicado da seguinte maneira: o fato de um sujeito se omitir ante o cumprimento das regras normalmente leva a consequências "desagradáveis" e é esse mecanismo que levará os indivíduos ao processo no qual aprendem a participar de práticas institucionalizadas.[182] A coercibilidade e coatividade da função social tem um papel pedagógico.

São exemplos de limitação e, consequentemente, deveres: 1) agir corretamente dentro de um arquétipo exemplar; 2) proteção do crédito; 3) publicidade do contrato de grande valor; 4) agir de acordo com as estipulações; 5) comutatividade, quando não se assumir álea; 6) vantagem exagerada para uma das partes (enriquecimento de uma às custas do empobrecimento da outra); 7) quebra da base objetiva do contrato; e 8) quebra da base subjetiva do contrato.[183]

A liberdade de contratar a que se refere o art. 421 não é apenas das partes nas negociações preliminares, na conclusão e na execução do contrato; ela incide em todas as fases do processo de contratação (fases pré-contratual, contratual e pós-contratual). Deve-se agir de acordo com a função social porque em todas essas fases se manifesta a autonomia contratual.

Os limites à liberdade de contratar se referem a todos os sujeitos de direito que pretendem e podem contratar. Tal poder se estende não só às partes, mas a todos aqueles que, mesmo estranhos à relação contratual, podem manifestar sua vontade negocial. Dessa maneira, a limitação à liberdade de contratar também se aplica a terceiros, que no exercício de sua autonomia não podem agir de maneira inadequada, prejudicando que as partes alcancem seus objetivos.

O art. 421 prevê um comportamento socialmente adequado para todas as vezes que se pretende exercer a liberdade de contratar e para todos

---

[181] VON WRIGHT, Georg Henrik. Ser e deber ser. In.: AARNIO, Aulis; VALDÉS, Ernesto Garzón; y UUSITALO, Jyrki (comps.). *La normatividad del derecho*. Barcelona: Gedisa, 1997, p. 94 e 100.

[182] LAGIER, Daniel González. *Acción y norma en G. H. von Wright*, ob. cit., ob. cit., p. 167.

[183] NERY JÚNIOR, Nelson. NERY, Rosa Maria de Andrade. *Código Civil Anotado e Legislação Extravagante*. São Paulo: Revista dos Tribunais, 2003, p. 336.

A FUNÇÃO SOCIAL COMO LIMITE DO CONTRATO

aqueles que pretendem exercê-la, qualquer que seja a pessoa (partes ou terceiros).

Por essa razão, o terceiro que inadequadamente prejudica um contrato entre dois (ou mais) sujeitos atingir os objetivos individuais e sociais da contratação – quais sejam: circulação de riquezas, aquisição de propriedade e desenvolvimento socioeconômico – terá descumprido a norma do art. 421.

E o que significa descumprir esse dever? É que causar dano, haverá um ato ilícito (art. 186).

Então, as partes [S' e S''] de um determinado contrato são obrigadas (o) a contratar nos limites da função social de modo a não causar prejuízo a terceiros (S^S). Só que o, nesse caso, não implica em uma conduta positiva, mas sim negativa. Os limites da função social impõem *deveres de abstenção*, quer dizer, os sujeitos estão obrigados (o) a se abster de determinadas condutas. Estão, portanto, *proibidos* (*ph*). Isso significa que: 1) a *norma jurídica* do art. 421 contém o; e 2) a *proposição normativa* do dispositivo é *ph*.

Da mesma forma, [S^S] também é o de agir nos termos da função social, de modo que está *ph* de prejudicar as partes contratantes, afinal, se assim não o for, o contrato em questão não atingirá suas finalidades individuais e sociais. Esquematizando estruturalmente a proposição normativa, tem-se:

$$[S' \times S''] \, ph \longleftrightarrow ph \, [S^S]$$

Sendo:

- *[S' x S'']*: o vínculo contratual entre dois sujeitos;
- *[S^S]*: a sociedade (ou terceiros, mais especificamente, nos termos da teoria do terceiro cúmplice do inadimplemento);
- *ph*: o modal deôntico de proibição (dever de abstenção) de conduta contrária aos efeitos contratuais típicos na esfera patrimonial das partes e na ordem socioeconômica, resultante de O agir de acordo com a função social; e
- $\longleftrightarrow$ o functor/operador deôntico, que indica a direção de *ph*, ou seja, do dever de abstenção. Nesse caso, ele é recíproco, valendo tanto para as partes quanto para terceiros.

Quer dizer, a função social cria um *dever geral de não ingerência recíproca* para as partes e para terceiros. Esse dever tem como *modal deôntico* uma *proibição (ph)*: a de lesar a incolumidade dos interesses sociais (para as partes) e de lesar a incolumidade do interesse particular dos contratantes (para os terceiros).

Observe que na cláusula geral do art. 421 há um princípio que funciona como regra, pois se trata de valor que impõe conduta aos sujeitos do contrato. Nesse enunciado normativo, *o princípio é explícito e as regras são implícitas*.

A *desfuncionalização* do contrato é justamente a negativa daquele dever recíproco expresso na fórmula acima. Quer dizer, dado *não ph*, seja por [$S' \times S''$] ou por [S^s], a liberdade de contratar não foi exercida nos limites (deveres de abstenção) da função social. Daí que, se *não ph*, é porque uma conduta foi contrária ao ordenamento jurídico e a *o* prevista na norma do art. 421. Logo, caberá uma sanção, pois toda contrariedade a um comando comportamental implica em sanção (coatividade).

Como cláusula geral que é, o art. 421 traz uma carga de ambiguidade, mas se refere a situações específicas, que são aquelas típicas da contratação. Ocorre que nesses casos não se consegue prever todos os fatos que irão satisfazer os elementos essenciais da norma, de maneira que da sua formulação (*FN*) ambígua resultam vários significados normativos (*N*), o que pode se expressar da seguinte maneira, sendo "x" uma disjunção, ou seja, vários significados possíveis:

$$FN \to N_1 \times N_2 \, [...] \times N_n.$$

A diretriz comportamental e a sanção são construídas pelo juiz da forma que lhe parecer a mais adequada para o caso concreto, de modo que sua construção normativa será a seguinte:

$$H \to C$$
$$F \, [P_1 \times P_2 \times (...) \, P_n] \to C_1 \times C_2 \times (...) \, C_n$$

A fórmula expressa a indeterminação de *H*, que caracteriza as normas vagas, porque o legislador empregou em *FN* palavras ou expressões vagas. (*In casu*, "função social"). O fato (*F*) não é indeterminado. Ao contrário, sabe-se sobre qual situação da vida ela se aplica. (*In casu*, as situações de exercício da liberdade de contratar, seja lá quem for que a exerça). Porém, aquele fato se relaciona a várias situações jurídicas (P) decorrentes do vínculo relacional entre pessoas, oferendo diversos significados (P_n). No caso da função social, a cláusula geral do art. 421 se aplica à fase pré-contratual, à fase contratual, à fase pós-contratual, aos deveres das partes de não celebrarem contratos que atentam contra os interesses sociais e à conduta cooperativa em âmbito social, ao adimplemento e a terceiros que não podem se utilizar da sua liberdade para frustrar um contrato encaminhado ou já concluído. Por isso, existem várias situações (P_n) que se relacionam com o fato e que o juiz deve identificar como sendo a situação da vida a que se aplicam e seu significado. A consequência (C), assim como as situações-significados, também será indeterminada (C_n). Nesse caso, dentre as várias C possíveis, o juiz adotará aquela que melhor solucionar, do seu ponto de vista equitativo, o caso concreto. Mas, lembre-se, que as referidas consequências (C_n) não são oferecidas pelas FN na sua oração descritiva e nem na oração normativa. São concebidas sistematicamente pelo processo de interpretação judicial.

Desse modo, qual a sanção (C) aplicada pela desfuncionalização do contrato decorrente do exercício da liberdade de contratar fora dos limites da função social?

No âmbito do Direito Civil, a conduta que descumpre um dever de incolumidade (não lesar interesses), causando prejuízo (patrimonial ou extrapatrimonial) configura o *ato ilícito* (arts. 186 e 187), cuja consequência (C) é a *responsabilidade civil* (art. 927, *caput*). Também há *invalidade (nulidade ou anulabilidade)*, quando o ato jurídico *lato sensu* contrariar os valores e as prescrições legais (arts. 166, 167 e 171).

Mas, quando se fala em responsabilidade civil aqui, o seu sentido não é exclusivamente a reparação/indenização do prejuízo. É um erro apresentar a responsabilidade civil apenas na perspectiva reparação do prejuízo. A responsabilidade civil é, verdadeiramente, a *tutela do dano*.[184] Inclusive, o

---

[184] DÍEZ-PICAZO, Luis; LEÓN, Ponce de. *Derecho de daños*. Madrid: Civitas, 1999, pp. 100 e segs. Ver, também: HOFMEISTER, Maria Alice Costa. *O dano pessoal na sociedade de risco*. Rio de Janeiro: Renovar, 2002; MORAES, Maria Celina Bodin de. *Danos à pessoa humana: uma leitura civil-constitucional dos danos morais*. Rio de Janeiro: Renovar, 2003; SAGNA, Alberto. *Il risarcimento del danno nella responsabilità precontrattuale*. Milano: Giuffrè, 2004; CRICENTI, Giuseppe. *Il danno non patrimoniale*. Padova: CEDAM, 1999; VALCAVI, Giovanni. *Sulla prevedibilità del danno da inadempienza colposa contrattuale*. Roma: Foro Italiano, 1990; BONILINI, Giovanni. *Il danno non patrimoniale*. Milano: Giuffrè, 1983; TUCCI, Giuseppe. *Il danno ingiusto*. Napoli: Jovene,

próprio Código Civil permite essa conclusão a partir da interpretação do *caput* do art. 12. Também leva a essa conclusão a tutela específica do Código de Processo Civil de 1973 (arts. 461 e 461-A) e do Código de Processo Civil de 2015 (arts. 497 a 501 e *caput* do art. 536). No CPC/2015 fala-se, ainda, em "tutela pelo resultado prático equivalente" (*caput* do art. 536). Fala-se em todas as tutelas possíveis do dano, quais sejam: *tutela reparatória (indenizatória* ou *compensatória), tutela inibitória, tutela cessatória* e *tutela reintegratória*.

Vejamos alguns exemplos:

No que se refere ao dever das partes de não prejudicar terceiros, tem-se como o exemplo o REsp. nº 468.062/CE, cuja ementa é a seguinte[185]:

"ADMINISTRATIVO E PROCESSUAL CIVIL – RECURSO ESPECIAL – SISTEMA FINANCEIRO DA HABITAÇÃO – FCVS – CAUÇÃO DE TÍTULOS – QUITAÇÃO ANTECIPADA – EXONERAÇÃO DOS MUTUÁRIOS – COBRANÇA SUPERVENIENTE PELA CAIXA ECONÔMICA FEDERAL, SUCESSORA DO BNH – DOUTRINA DO TERCEIRO CÚMPLICE – EFICÁCIA DAS RELAÇÕES CONTRATUAIS EM RELAÇÃO A TERCEIROS – OPONIBILIDADE – TUTELA DA CONFIANÇA. 1. CAUSA E CONTROVÉRSIA. A causa (a lide deduzida em juízo) e a controvérsia (a questão jurídica a ser resolvida), para se usar de antiga linguagem, de bom e velho sabor medieval, ainda conservada no direito anglo-saxão (*cause and controverse*), dizem respeito à situação jurídica de mutuários em relação à cessão de títulos de crédito caucionados entre o agente financeiro primitivo e a Caixa Econômica Federal – CEF, sucessora do BNH, quando se dá quitação antecipada do débito. A CEF pretende exercer seus direitos de crédito contra os mutuários, ante a inadimplência do agente financeiro originário. Ausência de precedentes nos órgãos da Primeira Seção. 2. PRINCÍPIO DA RELATIVIDADE DOS EFEITOS DO CONTRATO – DOUTRINA DO TERCEIRO CÚMPLICE – TUTELA EXTERNA DO CRÉDITO. O tradicional princípio da relatividade dos efeitos do contrato (*res inter alios acta*), que figurou por séculos como um dos primados clássicos do Direito das Obrigações, merece hoje ser mitigado por meio da admissão de que os negócios entre as partes eventualmente podem interferir na esfera jurídica de terceiros – de modo positivo ou negativo –, bem assim, tem aptidão para dilatar sua eficácia

---

1970; e SCOGNAMIGLIO, Renato. *El daño moral: contribución a la teoría del daño extracontractual.* Tr. y notas de Fernando Hinestrosa. Bogota: Universidad Externado de Colombia, 1962.

[185] STJ, REsp. nº 468.062/CE, Segunda Turma, Rel. Min. Humberto Martins, j. em 11/11/2008.

A FUNÇÃO SOCIAL COMO LIMITE DO CONTRATO

e atingir pessoas alheias à relação *inter partes*. As mitigações ocorrem por meio de figuras como a doutrina do terceiro cúmplice e a proteção do terceiro em face de contratos que lhes são prejudiciais, ou mediante a tutela externa do crédito. Em todos os casos, sobressaem a boa-fé objetiva e a função social do contrato. 3. SITUAÇÃO DOS RECORRIDOS EM FACE DA CESSÃO DE POSIÇÕES CONTRATUAIS. Os recorridos, tal como se observa do acórdão, quitaram suas obrigações com o agente financeiro credor – TERRA CCI. A cessão dos direitos de crédito do BNH – sucedido pela CEF – ocorreu após esse adimplemento, que se operou inter partes (devedor e credor). O negócio entre a CEF e a TERRA CCI não poderia dilatar sua eficácia para atingir os devedores adimplentes. 4. CESSÃO DE TÍTULOS CAUCIONADOS. A doutrina contemporânea ao Código Civil de 1916, em interpretação aos arts. 792 e 794, referenda a necessidade de que sejam os devedores intimados da cessão, a fim de que não se vejam compelidos a pagar em duplicidade. Nos autos, segundo as instâncias ordinárias, não há prova de que a CEF haja feito esse ato de participação. 5. DISSÍDIO PRETORIANO. Não se conhece da divergência, por não-observância dos requisitos legais e regimentais. Recurso especial conhecido em parte e improvido".

Conforme consta no Relatório do Ministro Humberto Martins, o recurso versa sobre um contrato de mútuo habitacional firmado entre particular e Terra Companhia de Crédito Imobiliário (Terra CCI), agente financeiro vinculado ao extinto BNH (Banco Nacional de Habitação), sucedido pela CEF (Caixa Econômica Federal). O referido particular cedeu sua posição contratual para outrem por força de escritura de compra e venda, lavrada aos 30/10/1989. Na escritura ficou consignado a existência de caução hipotecária dada ao BNH por TERRA CCI, por meio de endosso em cédula hipotecária.

Os cessionários quitaram antecipadamente o saldo devedor em 27/03/1991 passada por Terra CCI em 24/06/1997. Na ocasião, foi autorizado o levantamento da hipoteca, mas não foi extinto o direito real de caução sobre crédito hipotecário, de titularidade da CEF contra a Terra CCI, que gravava o imóvel adquirido. Por essa razão, optou o cessionário por ingressar com ação ordinária contra a CEF, a fim de liberá-lo do ônus real.

A CEF firmou contrato de novação e outros pactos com TERRA CCI, que se encontrava em liquidação extrajudicial. Por esse negócio jurídico, a CEF adquiriu o direito real de garantia pelos créditos hipotecários de titularidade da Terra CCI a serem exercidos contra os mutuários do SFH. Dentre esses direitos, encontrava-se a caução hipotecária constituída sobre o imóvel do cessionário. O inadimplemento das obrigações pela Terra CCI ante à CEF gerou a esta a pretensão de se opor ao levantamento do gravame de caução.

Em primeiro grau, decidiu-se pela ineficácia do negócio jurídico celebrado entre a CEF e a Terra CCI em relação a terceiros, dada a ausência de comunicação prévia. O fato de haver registro do título não implicava presunção de conhecimento.

Ainda segundo o Relatório, o acórdão do Tribunal Regional Federal da 5ª Região, que conservou a sentença, entendeu que os recorridos cumpriram suas obrigações perante o credor, não sendo lícito mantê-los vinculados por efeito de inadimplemento da Terra CCI para com a CEF.

O recurso no STJ versa sobre a questão de saber se o cessionário pode ser considerado liberado do gravame após a quitação de suas obrigações, apesar de persistirem vínculos de seu credor com a CEF.

O Relator entendeu que a proteção à boa-fé objetiva e à função social do contrato quebra a higidez do princípio da relatividade dos efeitos do contrato. Pela necessidade de proteção à função social é possível dilatação eficacial em relação a terceiros. Por óbvio que tais efeitos não podem prejudicar quem nada tem a ver com o contrato. Sendo assim, nada mais restou ao Relator a não ser reconhecer que o negócio entre a CEF e a Terra CCI não poderia dilatar sua eficácia para atingir os devedores adimplentes: "considero que, independentemente do teor da lei, a aplicação dos princípios relativos à proteção das relações jurídicas em face de terceiros é fundamento suficiente, ao lado da função social e da boa-fé objetiva, para impedir a responsabilização dos recorridos".

Tanto assim que situações análogas a essa se repetiram e levaram o STJ a editar a Súmula nº 308: "A hipoteca firmada entre a construtora e o agente financeiro, anterior ou posterior à celebração da promessa de compra e venda, não tem eficácia perante os adquirentes do imóvel".

O exemplo de quando terceiro não pode prejudicar o vínculo entre duas partes é o já famoso caso "Zeca Pagodinho" e as cervejarias Schincariol e AmBev. Zeca contratou com a agência de publicidade Fischer América para ser "garoto propaganda" de comercial da cerveja Nova Schin na televisão. Porém, Zeca foi aliciado pela agência África, que fazia a campanha publicitária da cerveja Brahma (AmBev). Zeca Pagodinho fez comerciais

A FUNÇÃO SOCIAL COMO LIMITE DO CONTRATO

para a Brahma semanas após aparecer na TV fazendo a propaganda da Nova Schin. Além da violação de cláusula contratual de exclusividade e fidelidade, Zeca também agiu de maneira considerada antiética e a Nova Schin entendeu que haveria repercussão jurídica por violação, também, da função social do contrato.

O Tribunal de Justiça do Estado São Paulo proferiu acórdão favorável à pretensão da Nova Schin/Agência Fischer de ser indenizada pela AmBev/ Agência África pelos danos sofridos em razão da ruptura do contrato. Foi o reconhecimento da ilicitude da interferência do terceiro no contrato. Veja[186]:

> "INDENIZAÇÃO POR DANOS MATERIAIS, MORAIS E À IMAGEM – Empresa –autora que foi prejudicada pelo aliciamento do principal artista de sua campanha publicitária por parte da empresa-ré – Improcedência da demanda – Inconformismo – Acolhimento parcial – Requerida que cooptou o cantor, na vigência do contrato existente entre este e a autora – Veiculação de posterior campanha publicitária pela ré com clara referência ao produto fabricado pela autora – Não observância do princípio da função social do contrato previsto no art. 421 do Código Civil – Concorrência desleal caracterizada – Inteligência do art. 209 da Lei nº 9.279/96 – Danos materiais devidos – Abrangência de todos os gastos com materiais publicitários inutilizados (encartes e folders) e com espaços publicitários comprovadamente adquiridos e não utilizados pela recorrente, tudo a ser apurado em liquidação – Dano moral – Possibilidade de a pessoa jurídica sofrer dano moral – Súmula 227 do Colendo Superior Tribunal de Justiça – Ato ilícito da requerida que gerou patente dano moral e à imagem da requerente – Sentença reformada – Ação procedente em parte – Recurso parcialmente provido".

O caso foi levado ao Superior Tribunal de Justiça, que acolheu a tese da parte prejudicada pelo aliciamento do terceiro, de modo a responsabilizar este pelos danos sofridos pela outra[187]:

> "RECURSOS ESPECIAIS. RESPONSABILIDADE CIVIL. CONCORRÊNCIA DESLEAL. INTERVENÇÃO EM CONTRATO ALHEIO. TER-

---

[186] TJSP, Apelação Cível nº 9112793-79.2007.8.26.0000, 5ª. Câmara de Direito Privado, Rel. Des. Mônaco da Silva, j. em 12/06/2013.
[187] STJ, REsp. nº 1.316.149 – SP (2012/0059884-0), 3ª Turma, Rel. Min. Paulo de Tarso Sanseverino, j. em 03/06/2014.

CEIRO OFENSOR. VIOLAÇÃO À BOA-FÉ OBJETIVA. LEGITIMIDADE PASSIVA DO SÓCIO ECERCEAMENTO DE DEFESA. ÓBICE DA SÚMULA 7/STJ. INDENIZAÇÃO POR LUCROS CESSANTES. OBRIGAÇÃO ALTERNATIVA. APLICAÇÃO DO ART. 571DO CPC. DANOS MORAIS. INOCORRÊNCIA NO CASO. PESSOA JURÍDICA.AUSÊNCIA DE OFENSA À HONRA OBJETIVA. HONORÁRIOS ADVOCATÍCIOS. VALOR FIXO. DESCABIMENTO. SENTENÇA CONDENATÓRIA. 1. Ação de reparação de danos em que se pleiteia indenização por prejuízos materiais e morais decorrentes da contratação do protagonista de campanha publicitária da agência autora pela agência concorrente, para promover produto de empresa concorrente. [...]. 5.Concorrência desleal caracterizada. 6.Aplicação dos ditames derivados do princípio da boa-fé objetiva ao comportamento do terceiro ofensor. 7.Cabimento da liquidação do julgado segundo ambos os critérios previstos no art.210, incisos I e II, da Lei de Propriedade Industrial, para assegurar ao credor a possibilidade de escolha do critério que lhe seja mais favorável. Vencido o relator. 8. A pessoa jurídica pode sofrer dano moral (Súmula 227/STJ). 9. Ocorrência de dano moral à pessoa jurídica no caso concreto. Vencido o relator. 10. Arbitramento de honorários advocatícios em percentual da condenação. 11. RECURSO ESPECIAL DE ÁFRICA SÃO PAULO PUBLICIDADE LTDA DESPROVIDO E RECURSO ESPECIAL DE FISCHER AMÉRICA COMUNICAÇÃO TOTAL LTDA E ALL-E ESPORTES E ENTRETENIMENTO LTDA PROVIDO, EM PARTE".

No julgamento negou-se provimento ao Recurso Especial da África São Paulo Publicidade Ltda., reconhecendo: 1) a dilação eficacial que cria uma situação jurídica entre terceiros e as partes; e 2) que terceiros estão submetidos a limites típicos da função social no exercício de sua liberdade de contratar, confirmando a fundamentação teórica dada acima.

PARTE 2
A DESFUNCIONALIZAÇÃO SOCIAL DO CONTRATO

Capítulo 1
A Relativização do Princípio *Res Inter Alios Acta*

A quem interessa um contrato? Por óbvio o contrato interessa às partes que o celebram. Mas não se pode negar que um contrato pode também ser objeto de interesse de terceiros. Quando se analisa o art. 421 como imposição de um dever geral para partes e terceiros surge daí uma nova situação contratual: *a oponibilidade dos efeitos do contrato*. Essa oponibilidade implica em reconhecer os amplos efeitos da contratação, principalmente no que se refere ao interesse econômico geral na circulação de bens e serviços.

Tem-se aí duas consequências a serem analisadas a seguir: 1) que o princípio da relatividade se encontra mitigado, pois o contrato não diz mais respeito apenas às partes. Somente o crédito é relativo a elas. Fala-se, assim, na *relativização da relatividade*, que significa dizer que esse princípio comporta profundas exceções; e 2) que a teoria da situação jurídica contratual – e consequentemente do direito subjetivo e do sujeito de direito na esfera contratual – passa por uma reformulação nos tempos de hoje, para que reconhecer que entre os contratantes e terceiros existe uma situação jurídica que estabelece determinadas posições ativas e passivas.

Nesse capítulo pretende-se demonstrar que *o vínculo contratual entre partes cria uma situação jurídica com terceiros*. Lógico que, para tanto, será necessário definir o que se entende por parte e terceiro a partir da releitura contemporânea da relação jurídica obrigacional.

1.1. A relatividade dos efeitos do contrato: *res inter alios acta*

Um dos princípios clássicos do contrato é a relatividade de seus efeitos, também expresso pela máxima *res inter alios acta tertio neque nocet neque pro-*

dest, ou simplesmente *res inter alios acta*. Antigamente significava que as partes contratantes não podem dispor sobre a esfera jurídica de terceiros. Além disso também significa que o contrato é objeto de interesse apenas de quem o celebra, ou seja, quem negociou e sofre seus efeitos, não sendo (ou não podendo ser) objeto do interesse de terceiro.[188] Assim, por esse princípio, o acordo só produzia os seus efeitos para as partes.

Ele se expressa em duas regras básicas:

1. *Inviolabilidade e intangibilidade da esfera jurídica individual de pessoas alheias ao processo de negociação* (terceiros), sejam eles favoráveis ou desfavoráveis; e

2. *Impossibilidade de atos praticados por terceiros alterarem a negociação dos outros*, sejam eles favoráveis ou desfavoráveis.

Contudo, passou-se a admitir que em alguns casos excepcionais o contrato entre duas pessoas possa produzir efeitos na esfera de terceiro, mas somente se se tratarem de efeitos favoráveis.[189] É o que ocorre, por exemplo, na estipulação em favor de terceiro (art. 436 a 438).[190]

O princípio da relatividade encontra-se, hoje, *relativizado*. Não por causa das modalidades de estipulação em favor de terceiro, mas em razão de uma reconhecida eficácia *erga omnes* assumida pelo contrato a partir de

---

[188] MOSSET ITURRASPE, Jorge. *Contratos*. Santa Fe: Rubinzal-Culzoni, 2003, pp. 335 e segs.

[189] Nesse sentido, BOZZI, Lucia. Del contratto a favore di terzi. In: NAVARRETTA, Emanuela; ORESTANO, Andrea. Dei contratti in generale (artt. 1387-1424). In: GABRIELLI, Enrico. *Commentario del Codice Civile*. Vol. 3. Torino: UTET, 2012, p. 301.

[190] No *Digesto* romano, o princípio foi formulado em três passagens: "*Hoc servabitur, quod initio convenit, legem enim contractus dedit*" (L. 23, de reg. jur.); "*Contractus legem ex conventione accipiunt*" (L. 1, § 6, depositi); "*quid tam congrum fidei humanac, quam ea quæ inter eos placuerunt servare?*" (L. 1 de pact.). No Código Civil italiano, por exemplo, há previsão expressa desse princípio: "art. 1372, comma 2: il contratto non produce effetto rispetto ai terzi che nei casi previsti dalla legge". No Código Civil francês também está prevista expressamente a relatividade em dois dispositivos: "Article 1134. Les conventions légalement formées tiennent lieu de loi à ceux qui les ont faites. Elles ne peuvent être révoquées que de leur consentement mutuel, ou pour les causes que la loi autorise. Elles doivent être exécutées de bonne foi"; e "Article 1165. Les conventions n'ont d'effet qu'entre les parties contractantes ; elles ne nuisent point au tiers, et elles ne lui profitent que dans le cas prévu par l'article 1121". (O artigo 1121 tem a seguinte redação: "Article 1121 On peut pareillement stipuler au profit d'un tiers lorsque telle est la condition d'une stipulation que l'on fait pour soi-même ou d'une donation que l'on fait à un autre. Celui qui a fait cette stipulation ne peut plus la révoquer si le tiers a déclaré vouloir en profiter").

sua funcionalização social.[191] Nesse sentido, Muriel Fabre-Magnan, por exemplo, entende que "Contract is becoming a means for the organisation of power or control, and the duration of the relationships it creates is one of this essential elements".[192] Observe que se enfatiza que o contrato é um instrumento de poder, controle e organização, indo além da situação entre as partes

É possível reconhecer que a eficácia dos contratos pode ser *direta (inter pars)* ou *reflexa (erga omnes)*: a primeira é a eficácia típica, que diz respeito apenas ao vínculo constituído entre as partes; e a segunda é uma propagação que as consequências da eficácia direta têm sobre terceiros.

Considerando a amplitude do contrato como instrumento de circulação de riquezas, é possível crer que o negócio sempre produzirá efeitos diretos e reflexos. E aí, então, torna-se possível concluir o seguinte:

Eficácia	Efeitos	Princípio orientador	Tutela
Direta	*Inter pars*	Boa-fé objetiva (art. 422)	Tutela interna do crédito
Reflexa	*Erga omnes*	Função social (art. 421)	Tutela externa do crédito

É certo que o contrato é – e sempre será – a lei constituída entre as partes envolvidas. Mas não se pode olvidar que um dos pilares do Direito das Obrigações é a vida em sociedade.

A relatividade do contrato também perde um pouco do seu sentido quando se reconhece como ato delitual a interferência negativa de terceiro sobre o vínculo contratual entre duas partes. Nesse sentido, Olivier Poelmans destaca decisão da Corte de Apelação luxemburguesa que considerou como ato ilícito a intervenção de um terceiro para se beneficiar

---

[191] GRUNDMANN, Stefan. Qual a unidade do Direito Privado? De uma concepção formal a uma concepção material. Tradução de Karina Fritz. In: *Civilistica.com*. Ano 2, nº 2, 2013, p. 01, entende que a relativização da relatividade ocorre porque muitos contratos e situações negociais acabam por interferir na esfera de terceiros, requisitando uma necessária proteção daqueles que são prejudicados, especialmente as partes mais vulneráveis.

[192] FABRE-MAGNAN, Muriel. Termination of Contract: A Missed Opportunity for Reform. In: CARTWRIGHT, John; VOGENAUER, Stefan; WHITTAKER, Simon. *Reforming the French Law of Obligations*: Comparative Reflections on the Avant-projet de réforme du droit des obligations et de la prescription ('the Avant-projet Catala'). Oxford: Bloomsbury Publishing, 2009, pp. 179-180.

do inadimplemento de um contrato.[193],[194] Trata-se da *teoria do terceiro cúmplice do inadimplemento*, que fundamenta um sistema de responsabilidade delitual para terceiros que causem prejuízos por patrocinar o incumprimento do contrato.[195]

Que relatividade é essa em que se admite a repercussão do contrato para além do vínculo, criando um dever para terceiros de não estimular o inadimplemento? A resposta a essa pergunta encontra-se na diferença que a doutrina francesa, seguida pela italiana, faz há tempos entre *relatividade* (*"relativitè"*) e *oponibilidade* (*"opposabilitè"*) do contrato: a relatividade se refere à eficácia *inter pars*; a oponibilidade é a eficácia *erga omnes* do contrato.

Laurent Aynes se pergunta se o contrato é realmente a lei entre as partes. Não que ele negue a força vinculativa do contrato entre as partes. Ao contrário. Mas sustenta que o contrato também se constitui em lei para

[193] POELMANS, Olivier. *Droit des obligations au Luxembourg*. Luxembourg: Primento, 2013, s/p., § 167: "Par application du principe de relativité des contrats, la doctrine et la jurisprudence admettaient qu'un tiers à un contrat ne pouvait pas se prévaloir de l'inexécution du contrat par une des parties afin d'engager, sur cette seule base, la responsabilité de cette partie. Un tiers ne pourrait se prévaloir de l'inexécution d'um contrat que si le manquement contractuel constitue également une violation de l'obligation générale de prudence qui s'impose à tous. Dans cette hypothèse en effet, la faute du cocontractant constitue une faute quase-délictuelle – détachable du contrat – dont toute personne qui en subit un dommage peut se prévaloir. La Court d'appel a néanmoins jugé que *'un tiers è un contrat peut invoquer, sur le fondement de la responsabilité délictuelle, un manquement contractuel dès lors que ce manquement lui a causé un dommage'*".

[194] Outra situação, recebida pela doutrina francesa como uma demonstração de que o contrato não diz respeito apenas às partes, mitigando o princípio da relatividade, é o caso julgado pela Corte de Cassação em 06/10/2006. Destaca VINEY, Geneviève. La responsabilité du débiteur à l'égard du tiers auquel il a causé un dommage en manquant à son obligation contractuelle. In: *Recueil Dalloz*, 2006, p. 2825 (Disponível em: http://actu.dalloz-etudiant.fr/fileadmin/actualites/pdfs/SEPTEMBRE_2011/D2006-2825.pdf), que essa decisão parece acabar com a teoria da relatividade dos efeitos dos contratos, pela qual apenas as partes contratantes podem tutelar e reivindicar direitos decorrentes do vínculo e da sua violação, pois também terceiro pode tutelar os prejuízos sofridos em razão do contrato entre dois outros entes. O arresto é o seguinte: 05-13.255. Arrêt n° 541 du 6 octobre 2006, Cour de cassation – Assemblée plénière. Cour de cassation. Assemblée plénière. Audience publique du vendredi 6 octobre 2006. N° de pourvoi: 05-13.255. Publié au bulletin Rejet. M. Canivet (premier président), président. M. Assié, assisté de Mme Norguin, greffier en chef, conseiller rapporteur. M. Gariazzo, avocat general. SCP Gaschignard, SCP Laugier et Caston, avocat(s). Publication : Bull. 2006, Ass. plén, n° 9, p. 23. Décision attaquée : Cour d'appel de Paris , du 19 janvier 2005.

[195] HUGUENEY, Pierre. *Responsabilité civile du tiers complice de la violation d'une obligation contractuelle*. Paris: Arthur Rousseau, 1910.

terceiros.[196] De modo que o autor se questiona se a relatividade significa que o acordo não tem existência fora das partes interessadas no negócio, ou seja, se o contrato se trata de uma lei puramente privada. Responde que certamente não, e destaca algumas maneiras pelas quais o acordo é feito por pessoas e altera a esfera jurídica de outrem, bem como quando é oponível a terceiros:

- O contrato é um acontecimento, um fato social, histórico e jurídico que ninguém pode ignorar. Por essa razão, terceiros devem regular sua conduta, tendo em conta esse fato. O exemplo dado por Aynes é a existência de um contrato de exclusividade, que é vinculativo para todos os concorrentes;
- No caso dos contratos em cadeia, como as vendas sucessivas, há o conteúdo do contrato que pode ser invocado ou oposto por um terceiro para este em seu benefício, como um fato legal, a situação criada pelo contrato; e
- Há convenções que têm como propósito principal não a criação de obrigações, mas um outro efeito legal. É o caso de uma procuração (mandato); a criação de uma empresa ou associação; a transferência de um bem (contrato de transporte), modificação ou extinção de um direito por meio de perdão da dívida, novação ou transação. Os efeitos ocorrem, em princípio, em relação a todos, incluindo terceiros. Os exemplos do autor são a autoridade do mandatário perante terceiros, ainda que não sejam partes no contrato de mandato; e os estatutos de uma sociedade que se aplicam a todos e pode ser invocado por todos. Tanto é assim que, se o efeito *erga omnes* desses contratos vir a afetar adversamente os direitos de terceiros, geralmente se exige que sejam tornados públicos.

O fato é que a lei constitui efeitos fora do círculo das partes contratantes. O contrato é a lei *das* partes? Certamente sim, desde que se reconheça como "lei" o que deve ser respeitado por todos. Assim, o contrato cria uma lei das partes e *para as* partes: no primeiro caso ("*das*") significa que as partes devem mutuamente cumprir as prestações e se vincularem responsavelmente; e no segundo caso ("*para as*"), o vínculo contratual é

---

[196] AYNES, Laurent. Le contrat, loi des parties. In: *Cahiers du Conseil Constitutionnel*. Nº 17 (Dossier : Loi et contrat) – mars 2005, pp. 01-07.

protegido em relação a todos e em favor das partes, para que todos se abstenham (respeitem) ante a incolumidade de tal vínculo e das situações jurídicas. Por isso, *só pode haver relatividade quando houver oponibilidade*: a segunda garante a primeira em relação de simetria.

Nesse sentido, escreve Laurent Aynes:[197]

> "Enfin, même à l'égard des obligations créées par le contrat, celui-ci constitue une loi pour les tiers. Bien sûr, le contrat ne peut rendre un tiers débiteur ou créancier (sauf le cas de la stipulation pour autrui) en vertu des stipulations contractuelles; c'est le sens précis de l'article 1165 du code civil. Mais la créance et la dette contractuelles doivent être respectées par les tiers et envers les tiers. Respectées par les tiers: c'est le fondement d'une abondante jurisprudence relative à la responsabilité du tiers complice de la violation, par l'un des contractants, de son obligation envers l'autre. Respectées envers les tiers: c'est le fondement de la règle suivant laquelle un tiers victime de l'inexécution d'un contrat peut engager la responsabilité du contractant défaillant; la question aujourd'hui débattue est de savoir si l'inexécution du contrat est en elle--même une faute à l'égard du tiers victime ou si l'on doit exiger de celui-ci qu'il démontre une faute indépendante de la seule inexécution contractuelle Telles sont les différentes conséquences d'un principe dit d'"opposabilité" du contrat aux tiers, symétrique de celui de la relativité".

Entende o autor – com o que não se pode discordar – que as obrigações decorrentes do contrato também são uma lei para terceiros. Isso porque: 1) o contrato pode fazer de um terceiro o devedor ou o credor de um contrato, como ocorre, no caso do Brasil, com a estipulação em favor de terceiro (arts. 436 a 438), a promessa de fato de terceiro (arts. 439 e 440) e o contrato com pessoa a declarar (arts. 467 a 471); e 2) o crédito e a dívida contratual devem ser respeitados *por* terceiros e *para* terceiros. Ele deve ser respeitado pelo terceiro já que sobre ele incide a responsabilidade do cúmplice da violação da obrigação de uma parte para com a outra. O crédito também deve ser respeitado para o terceiro porque a parte faltosa em um contrato, lesando alguém além da outra parte, tem a responsabilidade de indenizá-lo.

Esse efeito *ultra pars* do contrato tem fundamento na função social do contrato, pois o art. 421 cria deveres legais de abstenção para terceiros e

---

[197] AYNES, Laurent. Le contrat, loi des parties, ob. cit., p. 07.

A RELATIVIZAÇÃO DO PRINCÍPIO *RES INTER ALIOS ACTA*

para as partes, pois se agirem de forma contrária ao que pretende a função social o contrato não realizará sua causa-função: a circulação de riquezas e desenvolvimento socioeconômico. Logo, a funcionalização social do contrato implica em: 1) preservar a incolumidade do vínculo contratual, coibindo a interferência ofensiva por parte de terceiros; e 2) impedir que as partes contratem sobre objetos ou executem as prestações de modo prejudicial à esfera jurídica de terceiros (abuso de direito).

A partir da função social e do dever de sociabilidade que ela impõe, é difícil ver um contrato apenas como objeto de interesse entre as partes, e apenas como eficaz entre as partes. Qualquer pessoa tem interesse em um contrato, afinal, também se beneficia da circulação de riquezas. É nesse sentido, então, que se diz que *um contrato tem oponibilidade*.

Nessa nova perspectiva para a relação obrigacional surge a discussão sobre a reformulação da teoria do sujeito de direito e a necessidade de melhor definir e delimitar o que é parte, terceiro e sociedade no âmbito de um contrato.

1.2. A situação jurídica obrigacional

Há muito tempo tem sido feita na doutrina uma crítica à definição clássica de relação jurídica como o conceito básico do Direito Privado, a exemplo do que fazem Emilio Betti, Orlando Gomes e Francisco Amaral.[198] Tornou--se quase que um senso comum entre os civilistas que o conceito "relação jurídica" deve ser substituído por um outro, de *situação jurídica*, pelos motivos que serão expostos a seguir.

Foi Frederich Carl von Savigny quem buscou fazer a primeira definição de relação jurídica. Partiu de uma visão isolada ou unitária que se fundamenta na sujeição de um *sujeito ativo* (titular do direito subjetivo) a um *sujeito passivo* (titular do dever jurídico). Nessa definição Savigny destaca que a pretensão do titular do direito de exigir do titular do dever um determinado comportamento.[199]

Há quem diga, porém, que essa perspectiva foi um engano, porque reduz a relação jurídica a uma unidade simples, coisa que ela não é. Um

---

[198] AMARAL, Francisco. *Direito civil – introdução*. 7ª ed. Rio de Janeiro: Renovar, 2008, pp. 161 e segs.; BETTI, Emilio. *Teoria Generale del Negozio Giuridico*. Torino: Utet, 1943, pp. 27 e segs.; e GOMES, Orlando. *Introdução ao Direito Civil*. 19ª ed. Rio de Janeiro: Forense, 2008, pp. 96 e segs.
[199] SAVIGNY, Frederich Carl von. *Los fundamentos de la ciencia jurídica*. Buenos Aires: Losada, 1949, pp. 20 e segs.

exemplo dessa crítica, no Brasil, é Wille Duarte Costa e Olímpio Costa Junior.[200]

As críticas feitas partem do seguinte raciocínio: se a relação jurídica é um vínculo em que um titular de direito tem poder sobre a conduta de um sujeito de dever, como explicar circunstâncias em que aquele sujeito ativo também terá deveres decorrentes do mesmo vínculo? Por exemplo: o locador tem direito de receber o aluguel e ter seu imóvel conservado, mas também tem o dever de entregar a posse do imóvel ao locatário e pagar taxa extra no condomínio.

O que os críticos dizem é que a parte (sujeito) de uma relação jurídica obrigacional pode ser ora titular de direito, ora titular de dever. Se a relação jurídica é realmente como Savigny define, então na realidade ela é um conjunto de várias relações: haveria uma relação maior formada por várias relações menores. A isso se designou, respectivamente, de relações *complexas* e *unitárias*, respectivamente, como fez Manuel A. Domingues de Andrade.[201]

Castán Tobeñas, Torquato Castro e Olímpio Costa Junior, dentre outros, propuseram que tal conceito revisitado pelo de *situação jurídica*, que seria mais amplo.[202] Há situações da vida social (fatos, atos, condutas) que produzem interferência intersubjetiva, direta ou indireta. Um exemplo: o casamento, o namoro, a amizade, a locação, a compra e venda. Algumas dessas ocorrências são julgadas pelo legislador como merecedoras de tutela jurídica, e por isso se tornam hipóteses normativas. Pontes de Miranda entende que essas situações da vida normatizadas irão constituir o sistema jurídico.[203]

A situação jurídica é uma concepção genérica que compreende todas as posições que os sujeitos podem assumir entre si e perante objetos (bens da vida), independentemente de existir ou não uma relação individual entre

---

[200] Costa, Wille Duarte. *Relação jurídica*. Belo Horizonte: Del Rey, 1994, pp. 05-10; e COSTA JUNIOR, Olímpio. *A relação jurídica obrigacional*: situação, relação e obrigação em direito. São Paulo: Saraiva, 1994, pp. 09-15.

[201] ANDRADE, Manuel A. Domingues de. *Teoria da Relação jurídica*. Vol. I. Sujeitos e Objecto. Coimbra: Coimbra Editora, 2003, pp. 05 e segs.

[202] TOBEÑAS, Castán. *Situaciones jurídicas subjetivas*. Madrid: Reus, 1963, pp. 45 e segs.; COSTA JUNIOR, Olímpio. *A relação jurídica obrigacional...*, ob. cit., p. 12; CASTRO, Torquato. *Teoria da situação jurídica em direito privado nacional*. São Paulo: Saraiva, 1985, p. 54.

[203] PONTES DE MIRANDA. *Tratado de Direito Privado*. 2ª ed. Vol. 1. Rio de Janeiro: Borsoi, 1954, pp. 03 e segs.

sujeitos.[204] Nesse sentido, Emilio Betti e Orlando Gomes entende que há uma categoria geral (situação) e uma categoria especial (relação).[205] Contido nisso tem-se também a *posição jurídica*, que consiste naquilo que cabe ao sujeito perante alguém ou um objeto. As posições são: estados; faculdades; poderes; direitos; deveres; pretensões; ações; subordinações; obrigações; ônus; sujeições; encargo; e exceções.[206]

O conteúdo de uma situação jurídica é o complexo de posições jurídicas subjetivas que articulam um vínculo entre os sujeitos e direito. No caso de um contrato, as posições revelam o "confronto" de um sujeito ao outro.

As posições jurídicas se distinguem entre si de acordo com as vantagens e desvantagens patrimoniais de seus titulares. Tem-se, assim:

POSIÇÕES JURÍDICAS	
Ativa	*Passiva*
Quando o sujeito tem a vantagem sobre a conduta do outro. São as seguintes: • direito subjetivo; • faculdades; • estados; • poder jurídico; • direito potestativo (potestade); • expectativa de direito; • direito eventual; • interesse; • pretensão; e • ações.	Quando o sujeito tem a desvantagem sobre a conduta do outro. São as seguintes: • dever jurídico; • obrigação; • ônus; • sujeição; • encargo; e • exceção.

Uma situação também poderá se dar entre o sujeito e o objeto. É o que ocorre, por exemplo, com os direitos reais.

Nesse ponto, pode-se sistematizar a questão e a conclusão da seguinte maneira:

---

[204] CASTRO, Torquato. *Teoria da situação jurídica em direito privado nacional*, ob. cit., p. 54.

[205] BETTI, Emilio. *Teoria Generale del Negozio Giuridico*, ob. cit., p. 25; GOMES, Orlando. *Introdução ao Direito Civil*, ob. cit., p. 90.

[206] COSTA JUNIOR, Olímpio. *A relação jurídica obrigacional...*, ob. cit., p. 13. COSTA, Wille Duarte. *Relação jurídica*, ob. cit., pp. 08 e 09, explica que "os sujeitos não tomam uma única posição. Ao contrário, ora estão na posição ativa, ora na passiva, embora no mesmo negócio jurídico".

1. *Situação jurídica:* é a circunstância da vida, o fato normatizado;
2. *Relação jurídica:* são aquelas situações caracterizadas por um vínculo, isto é, uma ligação entre pessoas (intersubjetividade) ou entre pessoa e um objeto; e
3. *Posição jurídica:* é a atitude que se atribui ao sujeito como decorrência do vínculo relacional ou da situação.

Contudo, apesar da sedimentação desse ponto de vista doutrinário, a jurisprudência do Superior Tribunal de Justiça ainda mantém o ponto de vista tradicional e reconhece como objeto do processo o julgamento de lides decorrentes de *relações jurídicas*. No caso do STJ, alguns de seus julgados indicam que o tribunal segue uma linha inversa do que foi exposto acima: haveria como categoria geral – a relação jurídica – e dela decorreriam diversas situações. Ainda no âmbito do tribunal, não se distingue situação com posição jurídica.[207]

Essa análise se faz interessante para demonstrar a posição que terceiro e a sociedade assumem perante um contrato entre partes:

1. O contrato é caracterizado por uma relação jurídica, um vínculo obrigacional instersubjetivo entre as partes no qual esses sujeitos assumem diversas posições simultaneamente, quer dizer, ora uma parte é credor, ora é devedor;
2. Essa relação jurídica contratual constitui uma situação jurídica entre as partes (afinal, é uma situação da vida);
3. A relação jurídica contratual exerce uma função social, e por isso dela se desenvolve outra situação jurídica, no caso, com terceiros e a sociedade;
4. Nesse sentido, o contrato é capaz de criar uma situação jurídica entre as partes e terceiros, na qual se verificam posições jurídicas ativas e passivas para ambos; e

---

[207] Foram encontratos vários julgados utilizando o termo de busca *"relacao and juridica and situacao and juridica and posicao"* no sistema de busca de jurisprudência no site do tribunal (www.stj.jus.br). A título de exemplo, podem ser citados os seguintes julgados: 1) AgRg no Ag nº 1 319 141/MG, Primeira Turma, Rel. Min. Benedito Gonçalves, j. em 11/10/2011; 2) REsp. nº 567 192/SP, Quarta Turma, Rel. Min. Raúl Araújo, j. em 05/09/2013; 3) AgRg no Ag nº 1.197.355/RJ, Segunda Turma, Rel. Min. Mauro Campbell Marques, j. em 24/08/2010; 4) AgRg no REsp. nº 548.394/PE, Sexta Turma, Rel. Min. Og Fernandes, j. em 10/03/2009; e 5) AgRg no REsp. nº 873.185/RJ, Primeira Turma, Rel. Min. Francisco Falcão, j. em 01/03/2007.

5. Por isso, terceiros têm uma posição jurídica diante das partes. Sistematicamente:

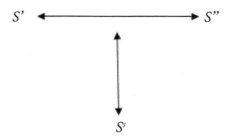

Sendo:
- S' – um contratante;
- S'' – outro contratante;
- S^s – terceiros; e
- – posição jurídica.

Nesse contexto, é difícil falar em *credor* e *devedor*; fala-se, simplesmente, em partes ou *polos de interesse*. Wille Duarte Costa, por exemplo, fala em *"núcleos do sujeito"*.[208] Para ser credor e devedor tudo dependerá da posição ocupada em uma determinada situação.

O terceiro não é parte do contrato, e nem tem vínculo intersubjetivo com os contratantes. O que ocorre é que a função social – como estatuto deontológico para o exercício da autonomia contratual aplicável a todas as pessoas – cria uma situação jurídica entre as partes e o terceiro, na qual ambos assumem posições ativas e passivas, conforme se verá a seguir e nos próximos capítulos.

Não se pode confundir *vínculo relacional* com *vínculo situacional*: o primeiro caracteriza a relação jurídica e é decorrente da lei (ex.: filiação), do ato jurídico (ex.: contrato e responsabilidade civil) ou de sentença (ex.: tutela e curatela); já o segundo tem a ver com circunstâncias da vida em que não há relação entre os entes, mas há posições ativas e passivas entre eles. Os contratantes entre si constituem um vínculo relacional; e terceiros para com os contratantes constituem um vínculo situacional. (Não esquecer, porém, que o vínculo relacional é uma situação jurídica também, especificada). Nesse sentido, o terceiro constituirá um vínculo com

---

[208] COSTA, Wille Duarte. *Relação jurídica*, ob. cit., p. 22.

um objeto, *in casu*, o contrato. Por isso, a situação é muito mais ampla que a relação jurídica, porque nesta o vínculo é intersubjetivo, e naquela o sujeito estará frente a frente não só com uma pessoa, mas também com coisa ou ente despersonalizado.[209]

A dinâmica do direito subjetivo decorre sempre de um vínculo jurídico decorrente de uma situação. Isso significa que não existe uma posição de forma isolada; sempre será *frente a alguém*. E isso vínculo se dá em decorrência de um interesse: as situações se formam por causa e para a proteção de um interesse. Por óbvio, o interesse maior em uma situação contratual sempre é patrimonial.

Inevitavelmente uma situação jurídica implica em uma interferência subjetiva, quer dizer, circunstâncias de alguém estarão envolvidas. E tal interferência pode ser *direta*, quando envolver posições de direitos e deveres correlatos, e *indireta*, no caso de reflexamente influir na esfera de terceiro. É justamente isso que ocorre no caso do contrato e de terceiros.[210]

Mas, veja: a função social não criou a situação/posição do terceiro perante um contrato. Isso sempre existiu. O que aconteceu é que a função social veio regulamentar essa situação por meio de deveres decorrentes do art. 421.

1.2.1. Definição de parte

Mas, o que se entende por parte?

Não se trata de uma resposta simples. Com o reconhecimento de deveres das partes para com terceiros – e vice-versa – por causa da funcionalização social do contrato – que representa a mitigação do princípio clássico da relatividade dos efeitos do contrato – há hoje a figura dos *"sujeitos do contrato"*, uma releitura do sujeito de direito (elemento subjetivo) na teoria geral da relação jurídica de direito privado. Haveria, então, três classes de sujeitos do contrato:

- As *partes* do negócio, que criam entre si um vínculo prestacional (dar, fazer e não fazer);
- Os *terceiros* que assumem uma posição jurídica específica e direta para com o vínculo entre as partes; e

---

[209] PONTES DE MIRANDA. *Tratado de Direito Privado*, ob. cit., p. 117.
[210] COSTA JUNIOR, Olímpio. *A relação jurídica obrigacional...*, ob. cit., p. 11.

A RELATIVIZAÇÃO DO PRINCÍPIO *RES INTER ALIOS ACTA*

- A *sociedade*, que abstratamente pode ter indiretamente benefícios ou desvantagens como decorrência das situações jurídicas anteriores. Afinal o contrato tem a virtude de interferir de algum modo na sociedade. É isto que a função social reconhece.

Para compreender o que se pode ter parte de um contrato, a processualística oferece importantes contribuições quando especifica os sujeitos da relação jurídica processual, a assistência e a intervenção de terceiros.

Cássio Scarpinela Bueno, adotando a definição de Giuseppe Chiovenda, assim define partes e terceiros no processo civil:[211]

> "[...] é parte quem pede e contra quem se pede alguma espécie de tutela jurisdicional. É terceiro todo aquele que não pede ou contra quem nada se pede em juízo. Partes são os não-terceiros; terceiros são todos os que não são partes. O conceito de parte, nestas condições, é obtido pela negação de quem seja terceiro e vice-versa".

Como essa definição pode contribuir para entender o que é parte de um contrato? Simples: basta substituir "tutela jurisdicional" por "prestação"... Assim teríamos que parte de um contrato é:

- *Em um negócio jurídico sinalagmático:* em uma primeira posição jurídica, é quem deve prestar algo a alguém – ou seja, *dar, fazer ou não fazer* –; e aquele que se beneficia da referida prestação. E em uma segunda posição jurídica, aquele prestou será o beneficiário, e vice-versa;
- *Em um negócio unilateral:* será o sujeito que deve prestar (dar, fazer e não fazer) em vantagem/benefício do outro, mas este nada deve prestar ao primeiro.

E aí, então, o terceiro será aquele a quem nada se deve prestar e que nada deve prestar a alguém. Assim como ocorre no processo, o terceiro não interfere na lide, exceto se intervir como interessado. (Mas a definição e a posição do terceiro serão melhor analisadas no próximo tópico).

---

[211] BUENO, Cássio Scarpinella. *Partes e terceiros no processo civil brasileiro.* 2ª ed. São Paulo: Saraiva, 2006, p. 03. Segundo o autor, o direito processual serve ao direito material e é expressão deste: a correta formação do processo depende das situações jurídicas ocupadas pelos sujeitos de direito.

Nesse sentido, a caracterização de parte e terceiro toma por referência um interesse direto no vínculo e o poder de intervir no vínculo e na situação jurídica, assim como parte é aquele que pode interferir na relação posta perante o juízo.[212]

Teresa Negreiros entende que a função social do contrato relativizou o conceito de "parte" na esfera contratual. Para ela, "partes" são todas pessoas afetadas pelo contrato, inclusive terceiros. Desse modo, a parte de um contrato não é apenas aquele sujeito que forma o negócio, mas também aqueles que são atingidos por um contrato, ainda que não tenham manifestado seu consentimento.[213] Mas, respeitosamente, parece que essa ideia poderia ser reformulada. Veja:

Que um contrato entre dois sujeitos (partes) pode afetar quem não participou da formação do contrato isso não há dúvidas e é uma realidade. Porém, entender estas últimas pessoas (terceiros) como partes parece ser uma impropriedade. Em um contrato cria-se uma situação jurídica, com posições ativas e passivas, entre as partes. É um vínculo próprio, contratual, obrigacional, caracterizado pela existência das prestações típicas. Além de uma eficácia *ex lege* expressa em requisitos de validade, sua essência é a eficácia *ex voluntate*, ou seja, as condições e efeitos definidos pelas próprias partes nas negociações preliminares. E além de deveres prestacionais ou principais, existem também os deveres anexos e acessórios, originados da cláusula geral de boa-fé (art. 422), cláusula contratual não escrita que impõe as condições de cumprimento das prestações. Se tais deveres forem descumpridos, tem ensejo a *responsabilidade civil contratual* (arts. 389 e segs.).

O mesmo não se diga, porém, dos que não participam da formação do vínculo contratual. Por óbvio, existe entre as parte e terceiros uma situação jurídica, com deveres e direitos recíprocos. Mas tal situação e tais posições não são contratuais, mas legais. Não se trata de uma obrigação negocial. É um vínculo estabelecido em lei, sem que haja vontade de todos esses sujeitos. É a função social do art. 421 que cria esse vínculo situacional e as posições ativas e passivas não de uma obrigação negocial, mas de uma "obrigação legal". Pode parecer melancólico, mas a verdade é *a função social não é uma cláusula contratual*, como o é a boa-fé objetiva (cláusula

---

[212] SATTA, Salvatore. Il conceto di parte. In: *Scritti giuridici in memoria di Calamndrei*. Padova, Cedam, 1958, pp. 696 e segs.

[213] NEGREIROS, Teresa. *Teoria do contrato: novos paradigmas*. 2ª ed. Rio de Janeiro: Renovar, 2006, pp. 230-231.

contratual não escrita), mas um dever legal de incolumidade no exercício da liberdade de contratar e no exercício da liberdade contratual de estabelecer as condições ou cláusulas contratuais. Desse modo, se um dever for descumprido e – se, e somente se – houver dano a responsabilidade civil será extracontratual (arts. 186 e 187 c/c *caput* do art. 927).

Propor que parte de um contrato é toda pessoa afetada por ele – o que de certa forma seriam todas as pessoas do mundo... – descaracterizaria o instituto. O contrato é e sempre continuará sendo produto da manifestação de vontade de duas ou mais pessoas. Se assim não for, não existiria mais "contrato", mas um fato jurídico *stricto sensu*.

Mas, poder-se-ia dizer que o Código de Defesa do Consumidor (CDC) põe abaixo o que se disse anteriormente, especialmente se analisados o parágrafo único do art. 2º, o art. 12, o *caput* do art. 14, o *caput* do art. 17 e o art. 29. Veja o que prescrevem:

"Art. 2° Consumidor é toda pessoa física ou jurídica que adquire ou utiliza produto ou serviço como destinatário final. Parágrafo único. Equipara-se a consumidor a coletividade de pessoas, ainda que indetermináveis, que haja intervindo nas relações de consumo".

"Art. 12. O fabricante, o produtor, o construtor, nacional ou estrangeiro, e o importador respondem, independentemente da existência de culpa, pela reparação dos danos causados aos consumidores por defeitos decorrentes de projeto, fabricação, construção, montagem, fórmulas, manipulação, apresentação ou acondicionamento de seus produtos, bem como por informações insuficientes ou inadequadas sobre sua utilização e riscos. [...]".

"Art. 14. O fornecedor de serviços responde, independentemente da existência de culpa, pela reparação dos danos causados aos consumidores por defeitos relativos à prestação dos serviços, bem como por informações insuficientes ou inadequadas sobre sua fruição e riscos. [...]".

"Art. 17. Para os efeitos desta Seção, equiparam-se aos consumidores todas as vítimas do evento".

"Art. 29. Para os fins deste Capítulo e do seguinte, equiparam-se aos consumidores todas as pessoas determináveis ou não, expostas às práticas nele previstas".

O parágrafo único do art. 2º, o art. 17 e o art. 29 põem o(s) terceiro(s) como vítima da relação de consumo entre fornecedor/fabricante e consumidor. É a figura do chamado *consumidor por equiparação* ou *bystander*.

Analisando os dispositivos acima, Cláudia Lima Marques entende que ele comprova a superação do sujeito individual na teoria do contrato, colocando o terceiro como parte da relação de consumo. Assim escreve:[214]

"[...] a superação do conceito de sujeito individual de direitos nas relações de serviços de consumo possui o condão de quebrar também alguns dogmas da teoria geral dos contratos. É, justamente, no plano da eficácia, que se localiza outra modificação importante trazida para o Direito Civil pelo CDC: os efeitos contratuais expandidos ou qualificados pela definição ampla de sujeito de direito da relação de consumo. Ora, se o terceiro é parte e é definido como consumidor, é sujeito de direitos mesmo em relações contratuais que não participa diretamente, mas as quais pode estar 'exposto' ou estar 'intervindo' sem vontade declarada".

Parece, contudo, que o parágrafo único do art. 2º e os art. 17 e 29 não tiveram a intenção de tornar terceiros como partes de um contrato. Observe que em ambos os dispositivos emprega pronominalmente o verbo *"equiparar"* no pronominal. *"Equiparar-se"* é tratar uma pessoa ou coisa diferente de *igual modo* a outra; não é tornar a mesma coisa, mas considerar como equivalentes. É feita uma comparação entre situações diferentes e, a partir daí, receberão tratamento semelhante.

Quando se equipara o terceiro com o consumidor, o CDC coloca ambos em igualdade de condições. Isso não significa dizer que terceiro se torna parte. Significa que o terceiro receberá o mesmo tratamento que as partes. Ou seja, os mesmos efeitos aplicados ao consumidor poderão ser aplicados a terceiros que foram vítimas de dano do fato de um produto ou serviço.

O Superior Tribunal de Justiça, no REsp. nº 1.370.139/SP deixou assentado que a vítima (terceiro) não integra uma relação de consumo, logo não se trata de parte:[215]

"[...]. 4. O art. 17 do CDC prevê a figura do consumidor por equiparação (bystander), sujeitando à proteção do CDC aqueles que, embora não tenham participado diretamente da relação de consumo, sejam vítimas de evento danoso decorrente dessa relação. Todavia, caracterização do consumidor por equiparação possui como pressuposto a ausência de vínculo jurídico entre

---

[214] MARQUES, Cláudia Lima. *Contratos no Código de Defesa do Consumidor: o novo regime das relações contratuais.* 4ª ed. São Paulo: Revista dos Tribunais, 2002, p. 232.

[215] STJ, REsp. nº 1.370.139/SP, Terceira Turma, Rel. Min. Nancy Andrighi, j. em 03/12/2013.

A RELATIVIZAÇÃO DO PRINCÍPIO *RES INTER ALIOS ACTA*

fornecedor e vítima; caso contrário, existente uma relação jurídica entre as partes, é com base nela que se deverá apurar eventual responsabilidade pelo evento danoso. [...]. 8. Recurso especial parcialmente conhecido e, nessa parte, desprovido".

O parágrafo único do art. 2º e os arts. 17 e 29 nada mais fazem que pôr em paralelo aqueles dois sujeitos, igualando por comparação, concedendo ao terceiro a mesma proteção dada às partes. Fazem, então, um juízo de valor entre aqueles sujeitos.

Com isso pretende-se (re)afirmar que a situação do terceiro não é contratual. Seu vínculo com as partes de um negócio não é contratual, mas legal.

A qualidade de parte coincide com a qualidade de sujeito ativo e passivo de uma posição jurídica decorrente de um vínculo contratual. A referida posição se constitui por prestações obrigacionais (*dar, fazer* e *não fazer*).

O terceiro não é parte de um contrato, mas é parte de uma situação jurídica especial que se estabelece entre as partes de um contrato e terceiros que de alguma forma podem ser atingidos ou atingir aquele contrato.

Entre as partes vigora como norteador o *princípio da eticidade*, que repercute como um juízo de valor da conduta das partes na realização das cláusulas contratuais. A eticidade é inserida no contrato por meio da *cláusula geral de boa-fé objetiva* (art. 422). A boa-fé cria um *dever geral* de *cooperação* entre as partes e proteção desse dever de agir cooperativamente se dá por meio da *tutela interna do crédito*.

Assim como no processo civil, o contrato será uma atividade de sujeitos em cooperação[216], o que significa afirmar que ambas as partes devem colaborar entre si para alcançar seus objetivos (lícitos) comuns. Essa sim – a cooperação – é a grande alteração da definição e caracterização do contrato na "pós-modernidade".

Com relação ao art. 422, tem-se o seguinte:

"Art. 422. Os contratantes são obrigados a guardar, assim na conclusão do contrato, como em sua execução, os princípios de probidade e boa-fé".

Esse dispositivo legal estabelece o dever de agir com eticidade (boa-fé) em três momentos contratuais:

---

[216] DINAMARCO, Cândido Rangel. *Litisconsórcio*. 5ª ed. São Paulo: Malheiros, 1997, p. 21.

1. *Na conclusão do contrato:* refere-se ao processo de negociações preliminares, no qual ainda não há contrato. Logo, a boa-fé aparece como um dever legal (imposto pela lei), de modo que a infração enseja a responsabilidade civil extracontratual ou responsabilidade civil pré-contratual;[217]
2. *Na execução do contrato:* trata-se da boa-fé como dever de conduta sobre como cumprir o vínculo contratual. São os chamados deveres anexos, verdadeiras cláusulas contratuais de cujo descumprimento resulta um inadimplemento chamado *violação positiva do contrato.* Sendo cláusula de um contrato, a responsabilidade é a civil contratual;[218] e
3. *Após a execução do contrato:* um dever de fidelidade permanece entre quem foi contratante, mas não é cláusula contratual, senão um dever legal. Logo, dá ensejo à responsabilidade extracontratual, designada pós-contratual.[219]

Já a função social não é uma cláusula contratual, mas um dever legal para as partes e para terceiros. Quando as partes exercem sua liberdade, elas deverão agir pautadas em um outro dever de cooperação, qual seja, a *socialidade,* que aparece como referencial axiológico. As partes agirão de acordo com a socialidade na fase pré-contratual, quando exercerem, nos termos do art. 421:

- *Liberdade de contratar:* refere-se à autonomia de contratar e com quem contratar; e
- *Liberdade contratual:* tem a ver com a autonomia de como contratar, quer dizer, o estabelecimento das cláusulas e condições do contrato. Esse momento ocorre na fase pré-contratual, e não na fase contratual.

---

[217] NEGREIROS, Teresa. *Teoria do contrato: novos paradigmas,* ob. cit., pp. 300 e segs.

[218] FACHETTI, Gilberto; PEREIRA, Carlos Frederico Bastos. As modalidades de violação positiva do contrato. In: *Revista Fórum de Direito Civil* – RFDC. Vol. 5. Belo Horizonte: Fórum, 2014, p. 227-250. Nesse sentido, também, o Enunciado 24 da I Jornada de Direito Civil do Conselho da Justiça Federal: "Em virtude do princípio da boa-fé, positivado no art. 422 do novo Código Civil, a violação dos deveres anexos constitui espécie de inadimplemento, independentemente de culpa".

[219] DONNINI, Rogerio Ferraz. *Responsabilidade civil pós-contratual.* 3ª ed. São Paulo: Saraiva, 2011. Inclusive, a tutela da fase pós-contratual foi reconhecida pelo Enunciado 25 da I Jornada de Direito Civil do Conselho da Justiça Federal: "O art. 422 do Código Civil não inviabiliza a aplicação pelo julgador do princípio da boa-fé nas fases pré-contratual e pós-contratual".

Na fase contratual as partes agem com boa-fé entre si (cláusula contratual não escrita, mas prescritiva). Elas também agem de acordo com a função social, mas não entre si, senão para com terceiros (ou a sociedade como um todo), mas como decorrência de um vínculo legal.[220] De igual maneira é o terceiro: tem o dever legal de não interferir no vínculo entre as partes. Por isso, pode haver uma responsabilidade decorrente do descumprimento de deveres de incolumidade estabelecidos pela função social, e tal responsabilidade será extracontratual.

Pode-se sistematizar que será parte de um contrato aqueles sujeitos que constituem o polo de interesse privado-particular e titularizam as situações jurídicas do vínculo contratual. Como disse Salvatore Satta, é o interesse o elemento essencial da definição de parte. E pode-se afirmar, seguramente, que tal interesse sempre tem cunho patrimonial ou, mesmo nos casos de interesse de ordem pessoal, terá como consequência atingir fins patrimoniais.

Tais sujeitos são aqueles que:

- *Exprimem seu consentimento para a formação do vínculo contratual:* são os indivíduos que irão exercer a liberdade de contratar, quer dizer, *de fazer* e *com quem fazer* um negócio;
- *São os interessados diretos:* têm a pretensão de satisfazer um interesse patrimonial, por meio de circulação de algum bem ou serviço;
- *Participam do processo de negociações preliminares na fase pré-contratual:* são os indivíduos que exercem a liberdade contratual, ou seja, de como contratar, estabelecendo cláusulas e condições para o contrato, e escolhendo o tipo de negócio de melhor atenda a seus interesses;
- *Participam do processo de execução na fase contratual:* assumem o dever de executar – por si, por seu representante ou por seu espólio – as prestações assumidas;
- *Respondem com seu patrimônio pelo inadimplemento (art. 391):* são os agentes do inadimplemento dos deveres prestacionais de uma posi-

---

[220] SATTA, Salvatore. Il conceto di parte, ob. cit., p. 696, esclarece que o Direito (enquanto ordenamento) é um conjunto de regras que regula a vida em sociedade. Logo, se a norma disciplina as situações jurídicas (legais e contratuais) entre os sujeitos, sempre haverá uma correlação entre tais situações e a sociedade. E a função social dos institutos jurídicos é exatamente a demonstração desse vínculo com a sociedade.

ção jurídica, exceto no caso de fiança e aval, pois o fiador e o avalista não são partes do contrato principal (arts. 827 e 828 e arts. 897 a 899);

- *Devem cooperar:* entre si, as partes devem manter um dever de solidariedade para que ambas alcancem seus objetivos (art. 422);
- *Devem manter a fidelidade contratual:* mesmo após sua execução ou resolução e resilição, em razão da incidência de deveres legais e de boa-fé na fase pós-contratual (*post pactum finitum*).
- *Podem extinguir o contrato:* esses sujeitos têm o poder de extinguir praticando a resilição unilateral (art. 473) e a resilição bilateral ou distrato (art. 472);
- *Podem revisar o contrato:* poderão, durante a execução do contrato, revisar as cláusulas e condições contratuais por meio da novação (arts. 360 a 367) desde que haja consentimento recíproco;
- *Têm legitimidade processual:* são pessoas que atendem ao requisito da legitimidade para a obtenção de provimento judicial, ou seja, poderão pleitear a tutela estatal-judicial para uma lide resultante do contrato.[221] Esse recurso à demanda judicial pode decorrer de: 1) necessidade de revisão contratual por onerosidade excessiva, isto é, a aplicação da cláusula *rebus sic stantibus* (arts. 317 e 478 a 460); e 2) pleitear a resolução do contrato e a indenização pelas perdas e danos ou pagamento dos consectários da mora (arts. 402, 474 e 475).

Se observar bem, verá que todos aqueles elementos caracterizadores da parte giram em torno que circunstâncias patrimoniais. Por isso, é possível afirmar que parte é aquele que em um contrato detém o patrimônio sobre o qual se fundamenta uma situação contratual. É aquele que enriquece ou empobrece, como ocorre nos contratos gratuitos e aleatórios; ou aqueles que têm ganhos e perdas equivalentes, como ocorre nos contratos comutativos e sinalagmáticos.

1.2.2. Definição de terceiros

E quem são os terceiros?

Assim como na definição dos sujeitos anteriores, também não se trata de algo simples.

---

[221] Greco Filho, Vicente. *Da intervenção de terceiros.* 2ª ed. São Paulo: Saraiva, 1986, pp. 24-25.

A RELATIVIZAÇÃO DO PRINCÍPIO *RES INTER ALIOS ACTA*

A princípio, *terceiro* – no Direito Civil – é todo sujeito que não concorreu com sua vontade para a formação de um ato jurídico civil. Por isso, pode--se afirmar que são pessoas estranhas a uma situação jurídica entre outros sujeitos. Nem por isso deixam de ter interesse nessa situação, como ocorre nos casos de oponibilidade de direitos de sua titularidade.

O Direito Privado reconhece duas classes de terceiros:

1. *"Penitus extranei"*: refere-se à universalidade de indivíduos ou "terceiros absolutos". São aqueles estranhos à constituição do ato e não estão e nunca estarão *na* situação jurídica entre as partes do ato, embora constituam uma situação jurídica especial para com as partes. Nessa categoria de terceiros o interesse que esses possam vir a ter em um ato é indireto, abstrato;

2. *"Nec alieni"*: ou *feri alieni*, são os "terceiros relativos". Tratam-se dos indivíduos que, embora não participem da celebração do contrato, passam a se relacionar juridicamente com as partes de um ato posteriormente à sua formação. As figuras desse terceiro que são conhecidas são as seguintes:
   - *Terceiros favorecidos:* aqueles que são beneficiados por uma estipulação feita na conclusão de um contrato, que se torna credor de um débito e tem o poder de exigí-lo de uma das partes (arts. 436 a 438);
   - *Terceiros prometidos:* quando pessoas fazem um contrato e uma delas assume o compromisso de terceiro alheio à celebração do contrato realize um fato para satisfazer interesse da outra parte. Tanto é assim que nenhuma obrigação haverá para quem se comprometer por outrem, se este, depois de se ter obrigado, faltar à prestação (art. 439 e 440);
   - *Terceiro outorgante preterido:* quando a anulabilidade do ato resultar da falta de autorização de terceiro, será validado se este a der posteriormente (art. 176). É o que acontece, por exemplo, quando forem preteridas a autorização do assistente, a outorga uxória e a outorga marital;
   - *Sucesores a título universal:* são cessionários do autor de uma herança que a transmite como universalidade (juridicamente). É o que ocorre na herança legítima e na testamentária. Assumem os créditos e os débitos do *de cujus* (art. 1.997); e
   - *Sucesores a título singular:* são os cessionários de bens determinados e especificados pelo autor da herança (seja em espécie ou

gênero) e deixados em favor de alguém. Trata-se do legado e em alguns casos do codicilo.

Quanto aos contratos, além do dito anteriormente, terceiros são aqueles que: 1) não concorrem com as partes na formação do negócio, pelo menos não com sua vontade; e 2) não têm que suportar as consequências jurídicas do negócio, ainda que os beneficiem.

Consequências jurídicas constituem a eficácia da situação jurídica de um ato, ou seja, sua produção de efeitos que nada mais é que a aquisição, modificação, transmissão e/ou extinção de direitos subjetivos de crédito. Com efeito:

- *Partes:* são as pessoas de cujas vontades resultam o contrato e estabelecem as condições e os efeitos de tal ato. São, portanto, os indivíduos que adquirem os direitos e deveres prestacionais (obrigação) que surgem da situação jurídica contratual; e
- *Terceiros:* é uma pessoa alheia aos efeitos produzidos pela situação contratual porque não manifestaram vontade jurígena. Mesmo os terceiros relativos estão nessa condição, pois não participaram da formação do ato (*nec alieni*).

Mas, seja parte ou seja terceiro, ambos são pessoas afetadas pelo contrato. As partes, por óbvio e sem necessidade de maiores detalhes; e os terceiros por causa de uma situação jurídica especial que se reconhece como efeito da função social.

É interessante observar que um contrato tem essa virtude de se referir a terceiro, que é o que hoje se designa por relativização do princípio da relatividade dos efeitos do contrato. A função social estabelece uma situação jurídica entre as partes e os terceiros na qual ambos os polos assumem duas possíveis posições jurídicas:

- *Terceiro como polo ativo:* nessa posição as partes terão um dever de incolumidade em relação a outras pessoas, significando basicamente que elas não podem celebrar um contrato ou estabelecer condições contratuais que tragam prejuízo a terceiro. As partes são sujeitos de dever e o terceiro tem direito; e
- *Terceiro como polo passivo:* nessa posição o terceiro tem um dever de incolumidade perante o vínculo contratual entre as partes. Não pode o terceiro agir ou se omitir de modo a prejudicar a realização do vínculo e a consumação normal da situação entre as partes.

A RELATIVIZAÇÃO DO PRINCÍPIO *RES INTER ALIOS ACTA*

Sobre a primeira posição jurídica do terceiro, pode-se dar como exemplo o plano de socorro às distribuidoras de energia elétrica promovido pelo Governo Federal em 2014. Foi uma situação teratológica, na qual o Governo emprestou dinheiro às distribuidoras de energia para os consumidores (terceiros) pagarem.

Um esquema do site de notícias *G1* ajuda a compreender a crise hídrica e de fornecimento de energia elétrica:[222]

ENTENDA O PLANO DE SOCORRO A DISTRIBUIDORAS DE ENERGIA

Final de 2013 e início de 2014	Falta de chuvas faz cair o nível dos reservatórios das hidrelétricas. Distribuidoras recorrem às usinas térmica e compram energia no mercado à vista (onde o preço disparou)
Março	O governo anuncia plano de empréstimo de R$ 12 bilhões para cobrir as despesas extras e socorrer as distribuidoras
	Após negociações, o plano foi fechado em R$ 12,4 bilhões, sendo R$ 1,2 bilhão do Tesouro e **R$ 11,2 bilhões** em empréstimos junto a bancos
	Consumidores vão pagar por isso a partir de 2015, quando as **contas de luz subirão**
Maio	Eletrobras diz que R$ 11,2 bilhões não serão suficientes para bancar gastos extra
Junho	Distribuidoras recebem a última parcela do empréstimo, que deveria durar até dezembro
	Empresas dizem que não podem pagar R$ 1,3 bilhão referente a despesas em maio. Ela venceria em 9 de julho
Julho	Aneel adia o vencimento da fatura para 30 de julho e, depois, para 28 de agosto
	Governo negocia novo empréstimo de **R$ 6,6 bilhões**
Agosto	Operações de ajuda devem fazer a **conta de luz subir 2,6%** em 2015, segundo o governo. Consultorias estimam alta de até 30%

[222] Disponível em: http://g1.globo.com/economia/noticia/2014/10/emprestimo-para-pagar-termicas-vai-custar-r-266-bi-consumidores.html (acesso em 24/08/2015). Crédito: Fábio Amato.

Na matéria publicada em 01/10/2014, o *G1* divulgou relatório do Tribunal de Contas da União (TCU) no qual consta que o empréstimo para pagar as termelétricas custaria R$ 26,6 bilhões aos consumidores, sendo R$ 17,8 bilhões o valor emprestado e R$ 8,8 bilhões os juros totalizados até 2017.

O empréstimo bancário foi tomado pelo Governo para socorrer as distribuidoras de energia que tiveram uma subida nos seus gastos por causa da falta de chuvas. Os reservatórios das hidrelétricas secaram de 2013 para 2014 em razão da falta de chuvas.Tal empréstimo será cobrado na conta de luz do consumidor, quer dizer, Governo e distribuidoras fazem empréstimo para o consumidor pagar. Aliás, não só o valor emprestado, mas também os juros e custos operacionais, que totalizam quase R$ 9 bilhões no período de 2015 a 2017.

A Agência Nacional de Energia Elétrica (Aneel) definiu que o empréstimo será repassado às contas de luz dos brasileiros entre 2015 e 2017. Em 2014, consultorias apontaram que as tarifas poderiam aumentar entre 20% e 30% em 2015 por conta dessa fatura. Porém, o aumento verificado foi bem superior. Cite-se como exemplo o caso da Eletropaulo: no início de 2015 as tarifas sofreram um aumento de 31,90%, e no meio do ano houve novo aumento médio de 15,23%. Isso significa que só os consumidores atendidos pela Eletropaulo tiveram um aumento de 47,13%.[223]

---

[223] Informação do site *G1*, disponível em: http://g1.globo.com/economia/seu-dinheiro/noticia/2015/06/aneel-aprova-aumento-de-ate-1704-nas-tarifas-da-eletropaulo.html. Assevera-se, porém, que aquele aumento da tarifa não se deve exclusivamente ao empréstimo, mas também a outros fatores, como a inflação e o sistema de bandeiras das contas de luz. Ainda segundo esse site, o aumento de energia por distribuidoras em março foi o seguinte: AES Sul – 39,5%; Bragantina – 38,5%; Uhenpal – 36,8%; Copel – 36,4%; RGE – 35,5%; CNEE – 35,2%; Cocel – 34,6%; Muxfeldt – 34,3%; Demei – 33,7%; Caiua – 32,4%; Forcel – 32,2%; Eletropaulo – 31,9%; CFLO – 31,9%; Hidropan – 31,8%; CPFL Paulista – 31,8%; EDEVP – 29,4%; CPFL Piratininga – 29,2%; Cemig – 28,8%; Enersul – 27,9%; DME-PC – 27,6%; Celg – 27,5%; Eletrocar – 27,2%; Eflul – 27%; Energisa MG – 26,9%; Cemat – 26,8%; Escelsa – 26,3%; ENF – 26%; Bandeirante – 24,9%; Celesc – 24,8%; Elektro – 24,2%; CEB – 24,1%; Ienergia – 23,9%; CJE – 22,8%; Light – 22,5%; CEEE – 21,9%; CSPE – 21,3%; Chesp – 21,3%; Santa Maria – 21%; Eletroacre – 21%; Cooperaliança – 20,5%; Joaocesa – 19,8%; CPEE – 19,1%; Ceron – 16,9%; Mococa – 16,2%; Coelce – 10,3%; CPFL Santa Cruz – 9,2%; Energisa SE – 8%; Sulgipe – 7,5%; Energisa Borborema – 5,7%; Coelba – 5,4%; Ceal – 4,7%; Celtins – 4,5% Energisa PB – 3,8%; Celpa – 3,6%; Cepisa – 3,2%; Cemar – 3%; Cosern – 2,8%; e Celpe – 2,2%. A média nacional foi de 23,4%. (Disponíve em: http://g1.globo.com/economia/noticia/2015/02/contas-de-luz-sobem-em-media-234-no-pais-partir-de-segunda.html).

A RELATIVIZAÇÃO DO PRINCÍPIO *RES INTER ALIOS ACTA*

Voltando ao plano de socorro, o relatório do TCU indica que o repasse às contas de luz para pagamento do empréstimo será feito em 34 parcelas, sendo: R$ 5,9 bilhões em 2015; R$ 13,3 bilhões em 2016; e R$ 7,4 bilhões em 2017.[224]

Outros exemplos de terceiro em posição ativa perante as partes de um contrato ocorrem nos casos de: 1) *pactum in favorem de tertii*, que é a estipulação em favor de terceiro dos arts. 436 a 438, pela qual o terceiro tem o direito de receber os créditos de uma relação contratual; e 2) *cláusula "pro amico in elegendo"*, ou contrato com pessoa a declarar (arts. 467 a 471), no qual as partes deixam para nomear um terceiro que será parte do contrato que está sendo celebrado.

Para o caso de terceiro no polo passivo de uma posição jurídica para com os contratantes, tem-se como exemplos de sua ação danosa a ser responsabilidade os seguintes casos:

- *Dolo de terceiro (art. 148):* o terceiro pode praticar dolo para favorecer a parte de um negócio. Nesse caso, as consequências serão as seguintes: 1) o negócio será anulado se a parte a quem o dolo apro-

---

[224] Veja a divisão dos custos de acordo com trecho da matéria: "No final de julho, o secretário-executivo do Ministério de Minas e Energia, Márcio Zimmermann, informou que o repasse dos empréstimos seria diluído em 3 anos (2015 a 2017) e resultaria em alta média nas contas de luz de 2,6% em 2015, 5% em 2016 e 1,4% em 2017. Porém, esse cálculo leva em conta, entre outros fatores, a relicitação de hidrelétricas cujas concessões vencem nos próximos meses, e que têm potencial para gerar 5 mil MW médios. Se isso for feito, a energia dessas usinas chegaria aos consumidores a preços cerca de 70% mais em conta, o que contribuiria para reduzir o preço médio da eletricidade no país. Trata-se de hidrelétricas administradas por concessionárias como a Cemig, de Minas Gerais, que não aderiram ao plano de barateamento da energia anunciado pelo governo em 2012. Além de prazo necessário para preparar o leilão, a relicitação pode sofrer atrasos devido a ações na Justiça. O governo tomou dois empréstimos: o primeiro, de R$ 11,2 bilhões, em abril, só foi suficiente para pagar 3 meses dos gastos no setor. Assim, o governo se viu obrigado a sacar um segundo, de R$ 6,6 bilhões, totalizando os R$ 17,8 bilhões. A operação é intermediada pela Câmara de Comercialização de Energia Elétrica (CCEE). O primeiro empréstimo foi fechado com um grupo de dez bancos e prevê taxa de juros de 1,9% acima do CDI, que é a taxa de juros cobrada nos empréstimos entre os bancos. Para o segundo, tomado junto a 13 bancos, os juros foram fixados em 2,35%, mais a variação da CDI. Dos R$ 17,8 bilhões, 53% foram emprestados por bancos públicos: Banco do Brasil e Caixa, com R$ 3,3 bilhões cada, e o Banco Nacional de Desenvolvimento Econômico e Social (Bndes), com R$ 2,7 bilhões". Disponível em: http://g1.globo.com/economia/noticia/2014/10/emprestimo-para-pagar-termicas-vai-custar-r-266-bi-consumidores.html (acesso em 24/08/2015). Crédito: Fábio Amato.

veite dele tivesse ou devesse ter conhecimento; ou 2) em caso contrário, ainda que subsista o negócio jurídico, o terceiro responderá por todas as perdas e danos da parte a quem ludibriou;

- *Coação de terceiro (arts. 154 e 155):* vicia o negócio jurídico a coação exercida por terceiro, se dela tivesse ou devesse ter conhecimento a parte a que aproveite, e esta responderá solidariamente com aquele por perdas e danos. Parte e terceiro são solidariamente responsáveis. Por outro lado, subsistirá o negócio se a coação decorrer de terceiro, sem que a parte a que aproveite dela tivesse ou devesse ter conhecimento, mas o autor da coação responderá por todas as perdas e danos que houver causado ao coacto;
- *"Consilium fraudis" (arts. 159 e 161):* Trata-se dos casos em que o terceiro adquirente age de má fé, colaborando com o devedor na promoção da fraude contra credor. Nesse caso, serão anuláveis os contratos onerosos do devedor insolvente, quando a insolvência for notória, ou houver motivo para ser conhecida do terceiro (outro contratante). Por isso, o terceiro pode ser réu em uma ação pauliana, conforme o art. 161: "A ação, nos casos dos arts. 158 e 159, poderá ser intentada contra o devedor insolvente, a pessoa que com ele celebrou a estipulação considerada fraudulenta, ou terceiros adquirentes que hajam procedido de má-fé";

Teresa Negreiros sistematiza a situação jurídica entre as partes e terceiros, e as posições jurídicas destes perante aqueles, a partir de duas teorias que reconhecem a eficácia *ultra pars* de um vínculo contratuasl: Trata-se das teorias *protetiva* e *onerativa* de terceiros:[225]

Pela *teoria protetiva*, o terceiro deve ser protegido dos prejuízos que possa vir a sofrer em razão do vínculo contratual entre duas ou mais partes. Nesse sentido, trata-se do reconhecimento de uma proteção especial do terceiro.

Essa teoria não é uma novidade e já existe de há muito no ordenamento jurídico brasileiro. É adotada, por exemplo, nas seguintes situações:

- *Terceiro subscritor:* são aqueles que não consentem para a formação de um contrato, não participam das negociações preliminares, porém as partes estipulam benefícios em seu favor. É o ocorre nos contratos a favor de terceiro e no contrato com pessoa a declarar (esta

---

[225] NEGREIROS, Teresa. *Teoria do contrato: novos paradigmas*, ob. cit., pp. 270 e segs.

A RELATIVIZAÇÃO DO PRINCÍPIO *RES INTER ALIOS ACTA*

hipótese uma novidade exclusiva do Código Civil de 2002). A disciplina jurídica é a dos art. 436 a 440;

- *Oponibilidade pelo terceiro adquirente de boa-fé:* trata-se das hipóteses em que se asseguram os direitos de terceiros que não podem ser prejudicados por um contrato. Essa proteção está expressa nos seguintes dispositivos legais do Código Civil:

DISPOSITIVO	PROTEÇÃO AO TERCEIRO
§ 2º do art. 167	Ressalva os direitos de terceiros de boa-fé em face dos contraentes do negócio jurídico simulado. "À parte que firmou o negócio jurídico simulado não é lícito arguir sua nulidade, em observância ao princípio *nemo auditur propriam turpitudinem allegans*, pois o direito ressalvado é apenas o de terceiro de boa-fé em face dos contraentes do negócio jurídico simulado". Casuística: TJMG, AC 10643060007330001 MG, 16ª Câmara Cível, Rel. Des. José Marcos Vieira, j. em 24/07/2014.
art. 172	O negócio anulável só pode ser confirmado pelas partes se de tal ato não resultar prejuízo a terceiro. Exemplo: o negócio celebrado pelo cônjuge sem a outorga do outro é anulável (arts. 1.649 e 1.650), mas não pode ser confirmado pelos contratantes por causa de prejuízo a direito do cônjuge preterido.
art. 191	A renúncia da prescrição só valerá se feita depois de consumada a prescrição e sem prejuízo de terceiro. Casuística: TJPR, Ap. Cív. Nº 8493605 PR 849360-5, 10ª Câmara Cível, Rel. Des. Arquelau Araujo Ribas, j. em 31/05/2012.
caput do art. 221	O instrumento particular feito e assinado serve de prova de obrigações convencionais de qualquer valor. Porém, somente servirão de prova perante terceiros após registro do documento no registro público de documentos (RTD). "Enquanto não efetuado o registro, o negócio jurídico tem efeitos meramente obrigacionais, ainda que em face de terceiros", mas não servem de prova exclusiva. Casuística: TRT 2ª Região, AP 00026805020135020024 SP, 5ª Turma, Rel. Maria da Conceição Batista, j. em 21/10/2014.
§ 4º do art. 252	Se terceiro for indicado em título com obrigação alternativa como árbitro a escolher a prestação a ser cumprida, ele não é obrigado a exercer tal ônus, sendo um direito potestativo seu aceitá-lo.

A RESPONSABILIDADE CIVIL PELA VIOLAÇÃO À FUNÇÃO SOCIAL DO CONTRATO

art. 288	Ineficácia, em relação a terceiros, a transmissão de um crédito, se não se celebrar mediante instrumento público, ou instrumento particular revestido das solenidades do § 1º do art. 654. Casuísticas: TRF 5ª Região, AC 200383000115850, 4ª Turma, Rel. Bruno Teixeira, j. em 01/10/2013; TJPR, APL 13474090 PR 1347409-0, 17ª Câmara Cível, Rel. Des. Rosana Amara Girardi Fachin, j. em 07/10/2015; e TJSP, APL 01015250220128260100, 1ª Câmara de Direito Privado, Rel. Des. Alcides Leopoldo e Silva Júnior, j. em 29/09/2015.
art. 298	Trata-se da impossibilidade de cessão do crédito penhorado. Havendo penhora do crédito, fica impossibilitada a cessão, exceto se o credor originário não foi ainda notificado da penhora. O devedor também deve ser notificado da penhora, pois se não o for será tido por solvente se proceder ao cumprimento da prestação para com o credor (art. 292) ou perante o cessionário. Neste caso de solvência do devedor, o credor responderá perante terceiros, inclusive o cessionário. Casuística: TJSP, AI 20909174620148260000 SP, 24ª Câmara de Direito Privado, Rel. Des. Erson de Oliveira, j. em 28/08/2014.
caput do art. 299	Ninguém pode obrigar terceiro a assumir a dívida de um devedor (assunção de dívida). É uma faculdade do terceiro. Trata-se da modificação subjetiva no polo passivo, por meio da transferência da dívida por parte do devedor originário a um terceiro, o assuntor.
art. 301	O débito poderá ser restaurado ao devedor primitivo se a assunção (substituição do devedor) for invalidada. Também as garantias dadas pelo devedor sobre seu patrimônio serão restauradas. Já as garantias que terceiro deram (fiança ou aval) não serão restauradas, exceto se o garantidor fidejussório (fiador ou avalista) estava de má-fé, quer dizer, conhecia o vício invalidante da assunção. Casuística: TJSC, AC 20100432796 SC 2010.043279-6, 2ª Câmara de Direito Privado, Rel. Des. Gilberto Gomes de Oliveira, j. em 27/02/2013.
caput do art. 305	O devedor deverá reembolsar o terceiro que pagar sua dívida. Não se trata de sub-rogação nos direitos do credor, mas apenas de receber o que pagou. A diferença deste tratamento é que o terceiro não sucede ao credor na posição obrigacional, e, portanto, não terá as garantias e outros efeitos da obrigação originária. Surge, assim, uma nova relação obrigacional entre o devedor e o credor. Se o terceiro adimplir dívida vencida, pode exigir do devedor o reembolso a qualquer momento. Claro que esse qualquer momento deve ser dentro do prazo prescricional de 05 anos, porque se trata de uma dívida líquida a ser cobrada (art. 206, § 5º). Se, porém, o terceiro pagar antes do vencimento fixado para a obrigação originária, não ocorrerá a antecipação do vencimento do débito (art. 333), devendo aguardar o termo ad quem para o cumprimento da prestação para exigir do devedor o reembolso. Casuísticas: TJBA, APL 00012779620118050213, 3ª Câmara Cível, Rel. Des. Maria do Socorro Barreto Santiago, j. em 15/10/2013; e TJSC, AC 20110297391 SC, 6ª Câmara Cível, Rel. Des. Ronei Danielli, j. em 03/07/2013.

A RELATIVIZAÇÃO DO PRINCÍPIO *RES INTER ALIOS ACTA*

art. 346, II e III	Inciso II: Se um imóvel for dado em garantia pignoratícia (hipoteca), o terceiro que o adquirir pode pagar a dívida que deu o imóvel em hipoteca (devedor). Nesse caso, passa a ter o direito de exigir desse devedor o ressarcimento. Inciso III: Trata-se da hipótese de um terceiro constituir hipoteca para garantir a dívida do devedor. Nesse caso, esse terceiro pagará o débito para não ser privado de direito sobre imóvel. Casuísticas: TJCE, APL 04539934820008060001, 6ª Câmara Cível, Rel. Des. Lira Ramos de Oliveira, j. em 14/09/2015; TJDFT, ACJ 2656920108070005, 2ª Turma Recursal dos Juizados Especiais Cíveis e Criminais do DF, Rel. Des. Asiel Henrique, j. em 01/03/2011; TJSP, APL 00191798020118260309, 8ª Câmara de Direito Privado, Rel. Des. Salles Rossi, j. em 13/11/2013; TJSP, APL 09123805020128260506, 20ª Câmara de Direito Privado, Rel. Des. Alberto Gosson, j. em 15/06/2015; TJRS, AC 70042596486, 18ª Câmara Cível, Rel. Des. Elaine Maria Canto da Fonseca, j. em 23/05/2013.
art. 359	Se o credor for evicto da coisa consignada em dação (arts. 447 a 457), a quitação perde efeito e seus direitos creditícios são restabelecidos, mas os direitos de um terceiro envolvido com a situação não podem ser prejudicados.
art. 364	Como o acessório segue o principal, a extinção da obrigação implica no fim das garantias (fidejussórias ou pignoratícias) e dos acessórios (juros, multa). Contudo, por acordo de vontades, essas garantias poderão subsistir. Mas há uma exceção à possibilidade de acordo de manter a garantia: se for garantia pignoratícia (penhor, anticrese ou hipoteca) sobre bens de terceiro que não consentiu com a manutenção da garantia. Casuística: TJMS, AI 14144661920148120000, 3ª Câmara Cível, Rel. Des. Fernando Mauro Moreira Marinho, j. em 08/06/2015.
art. 380	O dispositivo trata de duas hipóteses em que a compensação, embora permitida a princípio, não poderá ser operada: 1) Se a compensação prejudicar terceiro: por exemplo, a compensação deixa uma das partes que é devedor de terceiro inadimplente para com este. Se houver entre o devedor e o credor um consilium fraudis, então será hipótese de fraude contra credores (art. 168). O art. 380 se aplicará na hipótese de boa-fé do compensante; e 2) Penhora do crédito compensável: não há oposição ao exequente da compensação, se a compensabilidade ocorrer após a penhora (antes é possível, após não). Casuísticas: TJSP, AI 20372776520138260000, 20ª Câmara de Direito Privado, Rel. Des. Alberto Gosson, j. em 04/08/2014; e TJMS, AI 14141527320148120000, 3ª Câmara Cível, Rel. Des. Eduardo Machado Rocha, j. em 27/01/2015.

art. 385	Apresenta requisitos para a remição de dívida, que é quando o credor perdoa o débito do devedor, ou seja, dá por solvida a obrigação sem o cumprimento efetivo da prestação. Daí que o credor não receberá seu crédito. Mas se isso representar um prejuízo a terceiro (por exemplo, alguém que seja credor do credor-remitente ou do devedor-remido) tal remição não produzirá efeitos. É o que ocorreria, por exemplo, na fraude contra credores. Casuística: TJRJ, APL 16435455720118190004, 20ª Câmara Cível, Rel. Des. Flavia Romano de Rezende, j. em 14/11/2012.
art. 522	A cláusula de reserva de domínio será estipulada por escrito e depende de registro no domicílio do comprador para valer contra terceiros. Casuísticas: TJSP, APL 00025403320118260035, 34ª Câmara de Direito Privado, Rel. Des. Gomes Varjão, j. em 30/03/2015; TJMG, AC 10079073610457001, 14ª Câmara Cível, Rel. Des. Evangelina Castilho Duarte, j. em 28/02/2013; e TJRS, AI 70063689152, 23ª Câmara Cível, Rel. Des. Alberto Delgado Neto, j. em 28/05/2015.
art. 523	Não pode ser objeto de venda com reserva de domínio a coisa insuscetível de caracterização perfeita, para estremá-la de outras congêneres. Na dúvida, decide-se a favor do terceiro adquirente de boa-fé. Casuísticas: TJSC, AC 778413, 3ª Câmara de Direito Civil, Rel. Des. Marcus Tulio Sartorato, j. em 11/05/2009; e TJPR, APL 13479331, 9ª Câmara Cível, Rel. Des. Vilma Régia Ramos de Rezende, j. em 08/10/2015.
caput do art. 553	Disposição geral da obrigatoriedade do donatário de cumprir o encargo da doação em favor de terceiro indicado. Casuísticas: TJBA, APL 00006561520108050123, 3ª Câmara Cível, Rel. Des. Heloísa Pinto de Freitas Vieira Graddi, j. em 07/08/2012; e TJPR, AC 4229867, 7ª Câmara Cível, Rel. Des. José Mauricio Pinto de Almeida, j. em 07/12/2007.
art. 563	Os terceiros de boa-fé não serão prejudicados pela revogação da doação. Se o bem doado já foi alienado pelo donatário a terceiro adquirente, este não virá a perdê-lo.
art. 632	Se o depositário tiver conhecimento que a coisa depositada pelo depositante pertence a terceiro, somente poderá restituí-la com autorização do terceiro. Exemplo: pais depositam coisas de filhos; doador que deposita a coisa a ser dada ao donatário). Ao terceiro dá-se a oportunidade de resgatar a coisa a qualquer momento.
art. 686	A revogação do mandato somente produz efeitos em relação a terceiros que estejam em processo de negociação se for comunicada a estes. Casuísticas: TJSP, APL 30003554520138260408, Conselho Superior de Magistratura, Rel. Cons. Elliot Akel, j. em 23/02/2015; e TJMG, AC 10145120502037001, 17ª Câmara Cível, Rel. Des. Evandro Lopes da Costa Teixeira, j. em 06/02/2014.

A RELATIVIZAÇÃO DO PRINCÍPIO *RES INTER ALIOS ACTA*

caput do art. 785	Admite-se a transferência do contrato de seguro a terceiro com a alienação ou cessão do interesse segurado. Casuística: TJRS, AC 70045156734, 6ª Câmara Cível, Rel. Des. Sylvio José Costa da Silva Tavares, j. em 18/06/2015.
art. 787	Trata-se do *caput* e dos §§ 2º e 4º. Seguro de responsabilidade civil. A seguradora pode negociar com terceiros. Casuística: TJPR, RI 00597346220138160140, 2ª Turma Recursal, Rel. Des. Manuela Benke, j. em 14/05/2015.
caput do art. 788	O valor da indenização devido a terceiro prejudicado pelo ato ilícito do segurado deve ser pago diretamente ao terceiro vítima do ato. Casuística: TJDFT, APC 20090110282774, 5ª Turma Cível, Rel. Des. João Egmont, j. em 21/08/2013.
art. 804	O instituidor (credor ou censuísta) fornece coisas de seu patrimônio para o rendeiro (ou censuário). O rendeiro deverá, com periodicidade, pagar ao credor certa e determinada renda. O censuário detém o capital, e o censuísta lucra a renda. A renda pode ser constituída em favor de terceiro (estipulação em favor de terceiro).
§ 1º do art. 814	O terceiro de boa-fé não sofre as consequências da nulidade dívidas de jogo ou de aposta que não obrigam a pagamento; mas não se pode recobrar a quantia, que voluntariamente se pagou, salvo se foi ganha por dolo, ou se o perdente é menor ou interdito.
caput do art. 872	Se alguém assumir despesas para enterrar e velar alguém, tem direito de receber o valor das despesas daquele que teria obrigação alimentar perante o falecido. Não se trata, necessariamente, de obrigação dos herdeiros, mas de quem poderia ser devedor de alimentos.
par. ún. do art. 891	Se o título de crédito for incompleto ao tempo da emissão deve ser preenchido de conformidade com os ajustes realizados. O descumprimento dos ajustes previstos não constitui motivo de oposição ao terceiro portador, salvo se este, ao adquirir o título, tiver agido de má-fé. Casuística: TJSP, APL 00030376720078260300, 38ª Câmara de Direito Privado, Rel. Cesar Peixoto, j. em 27/11/2013.
art. 926	Qualquer negócio que tenha por objeto um título de crédito, só produz efeito perante terceiros uma vez feita a competente averbação no registro do emitente. Casuística: TJSP, APL 00783689720128260100, 13ª Câmara de Direito Privado, Rel. Des. Heraldo de Oliveira, j. em 04/08/2015.

§ 1º do art. 974	Poderá o incapaz, por meio de representante ou devidamente assistido, continuar a empresa antes exercida por ele enquanto capaz, por seus pais ou pelo autor de herança. Precederá autorização judicial, após exame das circunstâncias e dos riscos da empresa, bem como da conveniência em continuá-la podendo a autorização ser revogada pelo juiz, ouvidos os pais, tutores ou representantes legais do menor ou do interdito, sem prejuízo dos direitos adquiridos por terceiros.
art. 980	A sentença que decretar ou homologar a separação judicial do empresário e o ato de reconciliação não podem ser opostos a terceiros, antes de arquivados e averbados no Registro Público de Empresas Mercantis.
art. 987	Os sócios, nas relações entre si ou com terceiros, somente por escrito podem provar a existência da sociedade, mas os terceiros podem prová-la de qualquer modo. Casuística: TJMG, AC 10024043088723005, 15ª Câmara Cível, Rel. Des. Paulo Mendes Álvares, j. em 19/12/2013.
art. 989	Os bens sociais respondem pelos atos de gestão praticados por qualquer dos sócios, salvo pacto expresso limitativo de poderes, que somente terá eficácia contra o terceiro que o conheça ou deva conhecer.
par. ún. do art. 997	É ineficaz em relação a terceiros qualquer pacto separado, contrário ao disposto no instrumento do contrato social.
art. 1.016	Os administradores respondem solidariamente perante a sociedade e os terceiros prejudicados por culpa no desempenho de suas funções. Casuísticas: TRF 2ª Região, AMS 63452 ES 2004.50.01.006463-2, 8ª Turma Especializada, Rel. Raldênio Bonifacio Costa, j. em 12/02/2008; TRF 3ª Região, AI 47691 SP 0047691-49.2004.4.03.0000, 1ª Turma, Rel. Vesna Kolmar, j. em 16/07/2013; e TRF 3ª Região, AI 1617 SP 0001617-19.2013.4.03.0000, 1ª Turma, Rel. Toru Yamamoto, j. em 05/11/2013.
par. ún. do art. 1.039	Sem prejuízo da responsabilidade perante terceiros, podem os sócios, no ato constitutivo, ou por unânime convenção posterior, limitar entre si a responsabilidade de cada um.
art. 1.048	Somente após averbada a modificação do contrato produz efeito quanto a terceiros. Casuística: TJSP, APL 7123459000, 21ª Câmara de Direito Privado, Rel. Des. Antonio Marson, j. em 11/06/2008.

A RELATIVIZAÇÃO DO PRINCÍPIO *RES INTER ALIOS ACTA*

art. 1.144	O contrato que tenha por objeto a alienação, o usufruto ou arrendamento do estabelecimento, só produzirá efeitos quanto a terceiros depois de averbado à margem da inscrição do empresário, ou da sociedade empresária, no Registro Público de Empresas Mercantis, e de publicado na imprensa oficial. Casuísticas: TJRS, AC 70050156959, 19ª Câmara Cível, Rel. Des. Mylene Maria Michel, j. em 12/03/2013; TJMG, AC 10145110547851001, 14ª Câmara Cível, Rel. Des. Rogério Medeiros; e TJRS, RI 71004477535, 2ª Turma Recursal Cível, Rel. Alexandre Pacheco, j. em 18/12/2013.
caput do art. 1.154	O ato sujeito a registro não pode ser oposto a terceiro antes do cumprimento das respectivas formalidades, salvo prova de que este o conhecia.
caput do art. 1.174	As limitações contidas na outorga de poderes, para serem opostas a terceiros, dependem do arquivamento e averbação do instrumento no Registro Público de Empresas Mercantis, salvo se provado serem conhecidas da pessoa que tratou com o gerente.
par. ún. do art. 1.177	No exercício de suas funções, os prepostos são pessoalmente responsáveis, perante os preponentes, pelos atos culposos; e, perante terceiros, solidariamente com o preponente, pelos atos dolosos.
par. ún. do art. 1.333	Para ser oponível contra terceiros, a convenção do condomínio deverá ser registrada no Cartório de Registro de Imóveis. Casuística: TJRJ, RI 00269384320128190087, 4ª Turma Recursal, Rel. Lucia Mothe Glioche, j. em 24/06/2014.
art. 1.368	O terceiro, interessado ou não, que pagar a dívida, se sub-rogará de pleno direito no crédito e na propriedade fiduciária.
caput do art. 1.387	Salvo nas desapropriações, a servidão, uma vez registrada, só se extingue, com respeito a terceiros, quando cancelada.
art. 1.427	Salvo cláusula expressa, o terceiro que presta garantia real por dívida alheia não fica obrigado a substituí-la, ou reforçá-la, quando, sem culpa sua, se perca, deteriore ou desvalorize.
art. 1.463	Protege o terceiro de danos causados em caso de penhor de veículos sem que estejam previamente segurados contra furto, avaria, perecimento e danos causados a terceiros.
art. 1.563	A sentença que decretar a nulidade do casamento retroagirá à data da sua celebração, sem prejudicar a aquisição de direitos, a título oneroso, por terceiros de boa-fé, nem a resultante de sentença transitada em julgado.

§ 2º do art. 1.639	É admissível alteração do regime de bens, mediante autorização judicial em pedido motivado de ambos os cônjuges, apurada a procedência das razões invocadas e ressalvados os direitos de terceiros. Casuísticas: TJES, AC 30050195616, 2ª Câmara Cível, Rel. Des. Álvaro Manoel Rosindo Bourguignon, j. em 07/08/2007; e TJDFT, APC 20140910057469, 1ª Turma Cível, Rel. Des. Simone Lucindo, j. em 19/11/2014.
art. 1.646	Terceiro prejudicado por atos praticados pelos cônjuges na administração dos bens do casal terá direito regressivo contra o cônjuge que realizou o negócio jurídico, ou seus herdeiros.
art. 1.657	As convenções antenupciais somente terão efeito perante terceiros depois de registradas pelo oficial do Registro de Imóveis do domicílio dos cônjuges em livro especial.
art. 1.680	As coisas móveis, em face de terceiros, presumem-se do domínio do cônjuge devedor, salvo se o bem for de uso pessoal do outro.
caput do art. 1.817	São válidas as alienações onerosas de bens hereditários a terceiros de boa-fé.
par. ún. do art. 1.827	São eficazes as alienações feitas a título oneroso pelo herdeiro aparente a terceiro de boa-fé. Casuísticas: TJMG, AC 10026080345502001, 6ª Câmara Cível, Rel. Des. Sandra Fonseca; e STJ, AgRg no REsp 1404889/PE, 1ª Turma, Rel. Min. Benedito Gonçalves, j. em 23/06/2015.

- *Responsabilidade por vício do produto*: trata-se das hipóteses de responsabilidade previstas nos arts. 18 a 25 do Código de Defesa do Consumidor. Na cadeia de consumo prevista em tal hipótese, o fabricante aliena seu produto a um fornecedor (intermediário) que aliena o produto a consumidor. O consumidor é um terceiro em relação ao contrato do fabricante com o fornecedor. Contudo, caso venha a sofrer algum prejuízo, não só o fornecedor é responsável pelos danos, senão também o fabricante. A responsabilidade para com o consumidor-terceiro é solidária; e
- *"Bystander"*: são as hipóteses anteriormente descritas de "consumidor por equiparação". Referem-se às situações em que terceiros são lesados por uma situação jurídica de consumo e, apesar de não serem consumidores naquela situação, recebem a mesma proteção que se atribui aos consumidores (parágrafo único do art. 2º e art. 17 do CDC).

Em outra perspectiva tem-se a *teoria onerativa* de terceiros. Por ela atribui-se a terceiros estranhos ao vínculo das partes um dever de abstenção no sentido de garantir a incolumidade da situação jurídica contratual. Nesse sentido haverá responsabilidade do terceiro que descumprir os limites fixados pela lei e pela cláusula geral de função social, exercendo de maneira abusiva sua liberdade de contratar (art. 187 c/c art. 421). Quando o terceiro age de modo prejudicial a um vínculo contratual ele é designado de *terceiro ofensor*. É dessa ideia que resulta a *teoria do terceiro cúmplice do inadimplemento*.

A teoria onerativa fundamenta diversas regras dispersas pelo Código Civil, conforme se verifica abaixo:

DISPOSITIVO	ÔNUS DO TERCEIRO
art. 148	Trata-se de dolo praticado por um terceiro, com o intuito de favorecer um dos negociantes, em detrimento do outro, poderá interferir na validade do negócio. Por exemplo: o veterinário mente quanto a saúde de um touro para um comprador interessado para beneficiar o dono da fazenda. Nesse caso, o dolo praticado por terceiro poderá interferir de duas maneiras na eficácia do negócio: 1) Anula o negócio jurídico: ocorre quando o dolo é praticado por terceiro cujo beneficiário desse dolo: *a)* tinha conhecimento do dolo que foi praticado pelo terceiro; ou *b)* deveria ter esse conhecimento, naqueles casos em que o beneficiário do dolo tem alguma forma de controle sobre a conduta do terceiro (ex.: dolo praticado por empregado, preposto, filho incapaz, cônjuge); e 2) Não anula o negócio, mas o terceiro responde pelas perdas e danos que causar ao negociante prejudicado pelo dolo: naqueles casos em que o beneficiário do dolo desconhecia a conduta do terceiro e não tinha o dever de conhecê-la. Observe que na hipótese 1 ("Anula o negócio jurídico") foi utilizado um ou entre as hipóteses "a" e "b", porque são requisitos alternativos; já no caso da hipótese 2 ("Não anula o negócio") as duas causas são cumulativas. Casuísticas: TJPE, APL 500034145, 3ª Câmara Cível, Rel. Des. Bartolomeu Bueno, j. em 28/07/2011; TJSP, APL 77646420048260659, 14ª Câmara de Direito Privado, Rel. Des. Ligia Araújo Bisogni, j. em 08/02/2012; e TJBA, APL 00001998320108050122, 1ª Câmara Cível, Rel. Des. Maria Marta Karaoglan Martins Abreu, j. em 26/11/2012.

arts. 154 e 155	A coação praticada por um terceiro, com o intuito de favorecer um dos negociantes, em detrimento do outro, poderá interferir na validade do negócio. No caso do art. 154 a coação praticada por terceiro anula o negócio jurídico quando a ameaça é praticada por terceiro cujo beneficiário dessa violência: *a)* tinha conhecimento da coação que foi praticada pelo terceiro; ou *b)* deveria ter esse conhecimento, naqueles casos em que o beneficiário da coação tem alguma forma de controle sobre a conduta do terceiro (ex.: empregado, preposto, filho incapaz, cônjuge). Não anula o negócio, mas o terceiro responde pelas perdas e danos que causar ao negociante prejudicado pela coação naqueles casos em que o beneficiário da violência desconhecia a conduta do terceiro e não tinha o dever de conhecê-la. Casuísticas: TJSP, APL 92178025920098260000, 17ª Câmara de Direito Privado, Rel. Des. Paulo Pastore Filho, j. em 19/06/2013; e TJSP, APL 00319614920098260161, 12ª Câmara de Direito Privado, Rel. Des. Sandra Galhardo Esteves, j. em 15/06/2015.
arts. 159 e 161	Trata-se da hipótese de fraude contra credores com transmissão onerosa de bens. Essa fraude ocorre quando o devedor aliena bens a terceiro, recebendo valores como contraprestação (onerosidade). O problema é que mesmo recebendo por isso o devedor se encontra em estado de insolvência, seja porque se desfez dos valores ou porque o recebido não é suficiente para saldar suas dívidas. Para que a fraude se caracterize e o ato de transmissão seja anulador é necessário que o terceiro adquirente esteja de má-fé, isto é, saiba da intenção do devedor de se colocar em insolvência. Essa cumplicidade do terceiro é chamada de consilium fraudis, que é o fator determinante da caracterização dessa fraude. Estando o terceiro de boa-fé o negócio não será anulado. O consilium fraudis é caracterizado objetivamente nas seguintes situações: 1) Dolo do terceiro; 2) Notoriedade da insolvência do alienante, como, por exemplo, já fora noticiado pela imprensa que o alienante encontra-se em situação patrimonial prejudicada, ou porque seus estabelecimentos comerciais estão fechando as portas; 3) O terceiro tem motivos para conhecer a insolvência, como ocorre, por exemplo, nos casos em que o terceiro é familiar do alienante, ou um banco que detém cadastro do alienante.
art. 507	O dispositivo fixa a oponibilidade do direito de retrato da compra e venda em face de terceiro adquirente. Caso o bem gravado com a cláusula de retrovenda seja transferido a terceiro (por exemplo: o comprador vendeu, doou, deixou em testamento), contra ele poderá ser exercido o direito de retrato, inclusive pelos herdeiros e legatário. Quer dizer, o terceiro terá que "devolver" a coisa.

A RELATIVIZAÇÃO DO PRINCÍPIO *RES INTER ALIOS ACTA*

art. 608	O terceiro que estimular o rompimento do contrato de prestação de serviço deverá indenizar o servido pelo trabalho, pagando a este o equivalente a 2 anos da remuneração. Esse dispositivo trata da proibição de aliciamento de trabalho alheio, que ocorre por meio de cooptação por terceiro de parte já vinculada a outrem em um contrato. Exemplos: 1) cláusula de *exclusividade* do prestador de serviço para com o tomador: nesse caso, o prestador deve manter vínculo exclusivo com o seu tomador, não podendo contratar a mesma prestação de serviço com outra pessoa. Se terceiro aliciar o prestador de serviço, fica responsável pelos danos causados ao tomador, assim como o prestador também fica responsável por danos que causar ao tomador por causa do inadimplemento; e 2) claúsula de *não-concorrência* que proíbe o empregado de prestar serviços a terceiros concorrentes do seu empregador, mesmo após a vigência do contrato de trabalho. Casuísticas: TJSP, APL 00597718020128260100, 32ª Câmara de Direito Privado, Rel. Des. Kioitsi Chicuta, j. em 07/05/2015; e TJSP, APL 01729128220098260100, 23ª Câmara de Direito Privado, Rel. Des. J. B. Franco de Godoi, j. em 15/10/2014.
art. 673	Se o terceiro conhecer os poderes e aceitar celebrar o ato exorbitando esses poderes, não terá direito de ser indenizado por prejuízos que vir a sofrer, tanto do mandatário quanto do mandante. Se, porém, o mandatário prometeu a ratificação pelo mandante do ato praticado em exorbitância dos poderes da procuração, e não a conseguir, responderá pelos prejuízos do terceiro.
par. ún. do art. 879	Refere-se à alienação onerosa por quem recebeu coisa em pagamento indenvido. Se a coisa imóvel recebida em pagamento for alienada por quem a recebeu, duas consequências podem se verificar em favor do pagador, tomando em consideração a boa ou má-fé do alienante (lembrando que o alienante, aqui, é quem recebeu a coisa indevidamente): 1) alienante de boa-fé: tem direito de receber do alienante (aquele a quem pagou) apenas o valor do imóvel alienado onerosamente; e 2) alienante de má-fé: tem direito de receber do alienante (aquele a quem pagou) o valor do imóvel alienado onerosamente e as perdas e danos que venha a ter sofrido. Direitos perante o terceiro. Se a alienação foi gratuita (exemplo: doação) o pagador tem direito de propor ação reivindicatória para reaver o imóvel. Esse direito também existirá na hipótese de o terceiro estar de má-fé, ou seja, sabia do erro cometido pelo pagador.
art. 989	Os bens sociais respondem pelos atos de gestão praticados por qualquer dos sócios, salvo pacto expresso limitativo de poderes, que somente terá eficácia contra o terceiro que o conheça ou deva conhecer.

art. 1.094, IV	Intransferibilidade das quotas do capital de sociedade cooperativa a terceiros estranhos à sociedade, ainda que por herança. Casuística: TJRS, RC 71003669157, 1ª Turma Recursal Cível, Rel. Marta Borges Ortiz, j. em 26/03/2013.
par. ún. do art. 1.154	O ato sujeito a registro, ressalvadas disposições especiais da lei, não pode, antes do cumprimento das respectivas formalidades, ser oposto a terceiro, salvo prova de que este o conhecia. O terceiro não pode alegar ignorância, desde que cumpridas as referidas formalidades.
par. ún. do art. 1.339	É permitido ao condômino alienar parte acessória de sua unidade imobiliária a outro condômino, só podendo fazê-lo a terceiro se essa faculdade constar do ato constitutivo do condomínio, e se a ela não se opuser a respectiva assembléia geral. Casuística: TJPR, AC 846047-5, 15ª Câmara Cível, Rel. Des. Hamilton Mussi Corrêa, j. em 07/03/2012.
art. 1.418	O promitente comprador, titular de direito real, pode exigir do promitente vendedor, ou de terceiros, a quem os direitos deste forem cedidos, a outorga da escritura definitiva de compra e venda, conforme o disposto no instrumento preliminar; e, se houver recusa, requerer ao juiz a adjudicação do imóvel. Casuísticas: TJSP, AC 6148324300, 4ª Câmara de Direito Privado, Rel. Des. Maia da Cunha, j. em 12/02/2009; e TJMG, AC 10024113000566001, 11ª Câmara Cível, Rel. Des. Mariza Porto, j. em 21/05/2014.

Do que foi exposto é possível perceber que terceiros são aqueles que:

- Não são – e nem se tornam – parte do contrato, embora possam vir a ser seus beneficiários após a conclusão das tratativas;
- Não agiram em nome de alguém interessado ou de uma das partes, como ocorre nos casos de representação legal ou convencional, mas aí o terceiro é como se fosse o representado;
- Não deram seu consentimento para a constituição da operação contratual no momento da conclusão do negócio
- Não participam das negociações preliminares (fase pré-contratual);
- Não concorreram na criação das regras do contrato formalmente, ou seja, sua liberdade contratual, se se fez presente, é irrelevante para a interpretação e a integração do contrato;
- Não têm o dever de executar prestações (fase contratual); e
- São estranhos à situação jurídica contratual constituída entre os contratantes.[226]

---

[226] CARNEIRO, Athos Gusmão. *Intervenção de terceiros*. 15ª ed. São Paulo: Saraiva, 2003, pp. 15 e segs.

Como visto anteriormente, esse reconhecimento da inserção social do contrato e da sua amplitude de efeitos, que pode atingir a esfera jurídico--patrimonial de outros sujeitos, passou-se a admitir um vínculo entre as partes e os terceiros, formando verdadeira situação jurídica. Por isso, hoje em dia existe uma discussão sobre o conceito do terceiro que vai além da sua participação na negociação, conclusão e execução do vínculo contratual.

Daí, então, resulta que participam de um contrato – direta ou indiretamente – vários sujeitos contratuais para além das pessoas das partes. Entre tais sujeitos formam-se vínculos, dos quais resultam uma série de posições jurídicas ativas e passivas:

SUJEITOS DO CONTRATO		
Parte	*Terceiro:* • *beneficiário*; • *prejudicado*, vítima ou ofendido (teoria protetiva); e/ou • *cúmplice*, agente ativo ou ofensor (teoria onerativa).	Sociedade (ou grupo social)

Hoje, então, é óbvio que terceiro é aquele que não é parte. Mas, para além disso, é aquele que é atingido de algum modo pela eficácia de um contrato:

Parte: aquele que tem o lucro e o poder econômico sobre o contrato; é o indivíduo que poderá exigir o crédito/débito da obrigação, quer dizer, exercer sua pretensão patrimonial. É nesse sentido, inclusive, que Catherine Guelfucci-Thibierge conceitua esse sujeito como aqueles que "[...] peuvent donc se définir comme les personnes soumises à l'effect obligatoire du contrat par l'effect de leur vonlonté ou par l'effect de la loi", ou seja, parte é quem se submete à obrigatoriedade do negócio[227],[228];

• *Terceiro:* aquele que pode vir a ter ganhos ou perdas indiretamente por causa de um contrato, seja como beneficiário, seja como vítima de um conluio, seja como cúmplice de um conluio. Seja como for, ele não tem a pretensão de exigir o cumprimento do débito. É nesse

---

[227] GUELFUCCI-THIBIERGE, Catherine. De l'élargissement de la notion de partie au contrat. In: *Revue Trimestrielle de Droit Civil*. Nº 2. Paris, avril/juin 1994, p. 281.

[228] Assim também BOZZI, Lucia. Del contratto a favore di terzi, ob. cit., p. 302.

sentido que se pode dizer que o terceiro não possui o poder econômico sobre o contrato; e

- *Sociedade:* a beneficiária indireta e abstrata da circulação de riquezas que lhe proporciona desenvolvimento econômico. Também ela não tem a pretensão de exigir o cumprimento do crédito, mas teria essa pretensão em caso de um contrato causar dano social.

Luciano de Camargo Penteado desenvolve a ideia de que existem duas figuras de terceiros, quais sejam:[229]

"Terceiro-parte"	"Terceiro estranho"
É aquele que não faz parte de um contrato porque não manifestou consentimento necessário à formação do vínculo. Contudo, integra a relação contratual em razão de sua sujeição ao conteúdo do contrato estipulado entre as partes.	Trata-se daquele que não participa da celebração do contrato e os efeitos deste não terão repercussão em sua esfera jurídica.

Particularmente, parece que as duas figuras de terceiro não fazem sentido. Isso porque não existe um terceiro-parte, pois tal circunstância seria teratológica, afinal, ou se é ou não uma parte. O que existe é o *terceiro que se torna parte* no futuro, ou seja, após a conclusão contratual. É o que ocorre, por exemplo, na cessão de posição contratual e no contrato com pessoa a declarar. Mas quando passam a integrar o vínculo já não são mais terceiros, senão partes. Dessa maneira, somente existe – pura e simplesmente – o terceiro, que em razão das circunstâncias pode assumir posições ativas ou passivas perante as partes. Por exemplo: o terceiro cúmplice se encontra em posição de dever de abstenção perante um vínculo contratual, conforme ocorre no art. 608; já o terceiro ofendido em uma simulação (art.

---

[229] PENTEADO, Luciano Camargo. *Efeitos contratuais perante terceiros.* São Paulo: Quartier Latin, 2007, pp. 44 e segs. Assim escreve o autor: "existem terceiros que, embora não sejam partes do contrato na sua formação, pois não declaram a oferta e a aceitação que formam o negócio jurídico, vêm a integrar o efeito do contrato. Isso pode ocorrer, basicamente, de duas formas. De maneira direta, mediante simples anuência, tácita ou expressa, conforme o caso; ou mediante a prática de atos jurídicos de integração à relação contratual mais complexos, os quais podem ser mesmo negócios jurídicos, como ocorre com a cessão de crédito e a cessão de posição contratual. Teríamos, assim, a figura do terceiro que é parte da relação contratual sem ser parte do contrato".

A RELATIVIZAÇÃO DO PRINCÍPIO *RES INTER ALIOS ACTA*

167) ou fraude contra credores (arts. 158 a 161) tem o direito de não ser danado pelas partes; e ainda o terceiro a quem se estipulou um benefício de crédito tem o direito de exigí-lo.

Ou seja, terceiro é sempre estranho (*tertium est semper aliena*), mas sempre se encontra em posição jurídica ativa ou passiva perante os contratantes. Contudo, deve-se concordar com Luciano de Camargo Penteado quando ele reconhece que o terceiro (no seu ponto de vista, o estranho) não se submete aos efeitos internos do contrato, quer dizer, à obrigatoriedade, ao crédito, ao inadimplemento.[230]

Contudo, ele pode ser atingido externamente por esses efeitos internos. A proteção dos interesses internos das partes constitui a chamada *tutela interna do crédito*; a proteção dos interesses exteriores é a chamada *tutela externa do crédito*. A primeira se obtém pela proteção dos direitos prestacionais e anexos de boa-fé; e a segunda pelos deveres de abstenção e incolumidade decorrentes da função social.

Até aqui é pacífico na doutrina e na jurisprudência que a relativização do princípio da relatividade dos contratos, como decorrência da função social contrato, permite constatar a existência de situação jurídica que vincula as partes e terceiros. A novidade proposta por esse trabalho é reconhecer que também existe uma situação jurídica entre a sociedade e as partes e os terceiros, dada a virtude que o contrato de repercutir – abstrata e indiretamente – no desenvolvimento econômico em razão da circulação de bens e serviços que lhe caracteriza.

Tanto é assim que a tese desta pesquisa é reconhecer e demonstrar a existência de uma situação jurídica entre as partes e os terceiros e a sociedade.

---

[230] PENTEADO, Luciano Camargo. *Efeitos contratuais perante terceiros*, ob. cit., p. 44: "Não apenas terceiros estranhos seriam não seriam parte do negócio, como também não estariam submetidos aos seus efeitos intrnos, isto é, não integrariam a relação obrigacional, nem receberiam, em seu patrimônio, posições jurídicas de causa contratual, nem teriam ligação indireta com o contrato, por incompatibilidade de pretensões próprias com as das partes".

Sistematicamente:

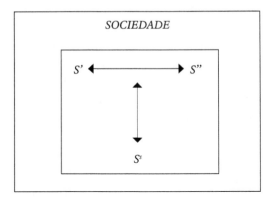

Sendo:
- S' – um contratante;
- S'' – outro contratante;
- S^s – terceiros; e
- ⟷ posição jurídica.

E que seria sociedade para fins dessa tese?

1.2.3. Definição de sociedade civil

Para fins dessa pesquisa delimita-se definir sociedade a partir do termo latino "*societas*", cujo significado primário é o de associação amistosa e convivência organizada entre os seres humanos. Tanto assim que o *Corpus Iuris Civilis* mencionava "*Ubi homo ibi societas; ubi societas, ibi jus*", ou seja, onde há homem haverá sociedade e consequentemente o Direito.

Interessa estabelecer – sem querer ser deveras sociológico – que sociedade civil representa uma comunidade de interesses comuns de pessoas, regulada pelo Direito, como quis definir Immanuel Kant. De acordo com esse filósofo, "sociedade civil" é um aglomerado de cidadãos que se destina à melhor organização coletiva, que se dá por meio da interferência da lei na liberdade dos indivíduos.

Em Kant, a condição dos indivíduos no contexto de um povo na sua relação recíproca é chamada de condição civil (*status civilis*).

Basta entender que a sociedade é a constituição contratual (contrato social) de um aglomerado intersubjetivo indissociável que visa a garan-

A RELATIVIZAÇÃO DO PRINCÍPIO *RES INTER ALIOS ACTA*

tir a proteção da vida, da liberdade e da propriedade dos indivíduos, que devem ser livres e iguais.[231]

Veja, então, que quando aqui se fala em sociedade civil pretende-se referir a um conjunto de pessoas associadas para a salvaguarda de valores predominantes e comuns, que são a *vida*, a *liberdade* e a *propriedade privada*.

Quando os contratos cíveis, mercantis, administrativos e consumeristas se funcionalizam em âmbito social (função social) quer significar isso que eles se submetem a um padrão ético de modo a se preservar aqueles valores: não pode alguém, por exemplo, exercer sua liberdade de maneira abusiva a ponto de causar prejuízos ao patrimônio de outrem.

Na verdade, a sociedade civil é um organismo sensível. O prejuízo a qualquer sujeito individualmente fere aqueles interesses que justificam a associação. Por isso, a lesão a um acaba promovendo reflexamente uma lesão à incolumidade dos valores sociais vida, liberdade e propriedade. Em Kant, o termo "civil" tem o significado de "político", representando um conjunto de ações destinados à coexistência das liberdades individuais para a formação de uma comunidade ética.

A funcionalização social do contrato implica em prescrever posturas/condutas aos sujeitos livres para contratar para que o exercício de sua liberdade não interfira na esfera jurídica do outro.

A sociedade civil é aquela que busca pelo bem, o que é seu grande desafio, em todos os âmbitos. Na perspectiva das relações econômicas o bem almejado é a aquisição da propriedade de forma ética, para reflexamente beneficiar a todos com o desenvolvimento econômico. Nesse sentido, Jean--Paul Sartre já disse que as pessoas sempre escolhem o *bom*, mas nada é bom para um sujeito sem que seja bom para todos: "Choisir d'être ceci ou cela, c'est affirmer en même temps la valeur de ce que nous choisissons, car nous ne pouvons jamais choisir le mal ; ce que nous choisissons, c'est toujours le bien, et rien ne peut être bon pour nous sans l'être pour tous".[232]

Adaptando o dito à realidade contratual, um negócio só é considerado *bom* quando atende aos interesses da sociedade civil, ou seja, é *bom para todos*.

---

[231] K A N T, Immanuel. *Doutrina do direito*. Trad. Edson Bini. São Paulo: Ícone, 1993.
[232] S A R T R E, Jean-Paul. *L'existentialisme est un humanisme*. Paris: Nagel, 1970, p. 03. E ainda S A R T R E, Jean-Paul. *O existencialismo é um humanismo*. São Paulo: Nova Cultural, 1987, p. 07: "o que escolhemos é sempre o bem e nada pode ser bom para nós sem o ser para todos".

A RESPONSABILIDADE CIVIL PELA VIOLAÇÃO À FUNÇÃO SOCIAL DO CONTRATO

Para Sartre, a pessoa exerce sua liberdade com a inteira responsabilidade sobre suas ações, pois cada escolha individual repercute na esfera de todos, quer dizer, a escolha de uma pessoa sobre uma ação será também uma escolha por todos os homens. Por isso, a pessoa não é responsável apenas por si, mas por toda a humanidade. Sendo assim, o homem deve escolher sempre o bem, do contrário desestrutura a vida de todos. Não à toa, Adam Ferguson explica que "a sociedade civil é o oposto de um indivíduo isolado, mais concretamente, alguém que vive numa comunidade".[233]

Assim ocorre em um dos aspectos da vida em que a pessoa exerce mais amplamente sua liberdade: os negócios, as relações econômicas, o *contrato*. As obrigações que as pessoas assumem, inerentes à vida em sociedade, estão intimamente ligadas, distribuídas em cadeias. O prejuízo de um contrato provoca efeito cascata em todos os demais. Não há como negar, então, a repercussão social de um contrato.

Um exemplo muito simples, mas que permite visualizar a amplitude de uma contratação é a campanha publicitária "Torta de Palmito", desenvolvida pela Agência Mood para o Grupo CCR, concessionária de rodovias, aeroportos e linhas de metrôs em São Paulo e no restante do país. Veja o texto da propaganda:[234]

"Sergio acaba de comer a melhor torta de palmito da sua vida. Sergio mora em São Paulo e veio pelo Metrô da Linha 4, Amarela. Já o palmito demorou mais para chegar. Foram 400km com seu Domingos, o motorista do caminhão. Eles vieram pela Rodovia Presidente Dutra até chegar nas mãos da Ana, chefe do restaurante. Diferente do Sergio que veio de Metrô, a Ana pegou a Rodovia dos Bandeirantes e logo estava com as mãos na massa, ou melhor, na farinha. Farinha que veio com o Zeca, motorista de outro caminhão. O Zeca pega cedinho a Castela Branco, porque se ele atrasasse a Ana não teria farinha, o palmito não teria massa, o Sergio não teria comido a melhor torta de palmito da sua vida e a torta ficaria assim... [*murcha*]. É para facilitar a vida do Sergio, do seu Domingos, da Ana, do Zeca e a sua que o Grupo CCR trabalha. Cuidando de rodovias, metrô, barcas e aeroportos, para que todos tenham as

[233] FERGUSON, Adam. "Ensaio Sobre a História da Sociedade Civil", 1767.
[234] Disponível em: http://www.grupoccr.com.br/ ou https://www.youtube.com/embed/CW8FJYd2cFE?rel=0, acesso em 30/09/2015. Créditos: Agência Mood; Criação: Rafael Gonzaga, Linus Oura e Fabio Eugenio; Direção: Gonzaga; Produção: Mixer; Trilha sonora: Lua Nova; Maestro: Teco Fuchs; Locução: Hélio Vaccari; Direção geral: João Daniel Tikhomiroff.

melhores tortas e os melhores momentos da sua vida. CCR: é por aqui que a gente chega lá".

O filme representado a partir desse texto mostra como um contrato tem um impacto na vida das pessoas. Imagine, agora, se o impacto é negativo.

O impacto negativo que um contrato proporciona decorre da lesão à função social. Assim, o que se pretende é mostrar quando há um bom contrato, quando seu impacto é positivo, quando seus efeitos são admitidos, o interesse que as pessoas em todas as relações negociais. Porém, os negócios não podem se desenvolver de qualquer maneira; devem atender a padrões éticos.

Toda violação à função social do contrato inevitavelmente viola os interesses sociais e causa um prejuízo ao seu patrimônio axiológico.

Desde 1933, com o economista austro-americano Fritz Machlup (1902-1983), tem-se reconhecido novos paradigmas sociais a partir do desenvolvimento tecnológico e que tem possibilitado uma propagação do conhecimento.[235] A essa condição social convencionou-se designar no final do século XX de *"sociedade de informação"*, *"sociedade de conhecimento"*, *"Nova Economia"* ou ainda *"Nova Era"*. Tal modo de vida e desenvolvimento social é uma repercussão da Globalização.

O homem tem buscado ampliar sua rede de conhecimento e desenvolver ferramentas de comunicação com o propósito de aperfeiçoar e melhorar seu padrão de vida. Nessa sociedade de informação verifica-se um paradoxo, pois ao perseguir um modo de vida melhor o homem também criando situações perversas, como a poluição, o desemprego, as crises, a violência.

Verifica-se, porém, que esse desenvolvimento de meios da vida individual e em sociedade foge ao controle das pessoas, pois ocorre de maneira autônoma.

Nesse modelo, o conhecimento e sua propagação global são fundamentais na produção de riqueza, que é o elemento principal para alcaçar o bem-estar e a qualidade de vida das pessoas. São as relações econômicas que possibilitam às pessoas uma vida melhor.[236]

---

[235] MACHLUP, Fritz. *The Production and Distribution of Knowledge in the United States*. Princeton: Princeton Univerty Press, 1962.

[236] CARDOSO, Gustavo *et al. A Sociedade em Rede em Portugal*. Porto: Campo das Letras, 2005, Ca. 7; RODOTÀ, Stefano. *Para uma cidadania electrónica*: a democracia e as novas tecnologias da comunicação. Os Cidadãos e a Sociedade de Informação. Lisboa: INCM, 2000; ARSENAULT,

Nesse trabalho, apresenta-se essa sociedade de informação como o fundamento da função social dos institutos jurídicos, em especial o contrato. Cabe ao Direito Civil a realização das potencialidades plenas dos indivíduos, principalmente através do patrimônio. (Por mais que o personalismo ético tenha se tornado o paradigma contemporâneo da civilística, no final das contas tudo se resume em proteger o patrimônio como meio de garantir a vida pela da pessoa humana). O contrato é o meio de aquisição da propriedade privada por excelência; logo seu propósito é munir a pessoa do bem-estar caracterizado naquela sociedade do conhecimento.

A pessoa se adapta, assim, a um novo modelo ou paradigma de sociedade, o qual o Direito Civil, suas instituições e seus institutos devem acompanhar.

Nesse modelo de sociedade, os autores identificam como tendência a *competitividade*, que aqui se caracteriza pelo seguinte:

- *Criação de mais riquezas;*
- *Aumento da qualidade de vida;*
- *Preservação da liberdade individual;*
- *Impedir a exclusão social; e*
- *Trazer todos a participar dos benefícios que o desenvolvimento oferece.*

A informação – cuja divulgação cabe ao sistema educacional – deve dotar a pessoa da capacidade de competir de maneira autônoma. Nesse sentido, Fritz Machlup escreve:[237]

> "However, there i salso the position of those who defend liberal education not for any absolute value attached to intelectual pursuits but rather for the contribution it makes indirectly, as a sharpener of intellect na a builder of character, to the eventual social and productive performance of the educated ones, and ultimatetly to the material welfare of society".

Contudo, há um padrão ético no desenvolvimento pessoal no seio da sociedade: o sujeito deve ser controlado para que suas necessidades se

---

Amelia e CASTELLS, Manuel. Conquering the minds, conquering Iraq: the social production of misinformation in the United States: a case study. In: *Information, Communication & Society*. Vol. 9, number 3, june 2006, pages 284-308;

[237] MACHLUP, Fritz. *The Production and Distribution of Knowledge in the United States*, ob. cit., p. 126.

A RELATIVIZAÇÃO DO PRINCÍPIO *RES INTER ALIOS ACTA*

adaptem a esse modelo social e de desenvolvimento econômico; não pode o sujeito pretender transformar o desenvolvimento ao seu favor pessoal. Ou seja:

1. O homem que deve se adaptar ao paradigma social, – justamente porque o homem não pode e nem tem como controlar seu desenvolvimento; e
2. Não pode o homem querer que tal desenvolvimento se adapte ao seu interesse pessoal.

Tudo o que foi dito sobre a funcionalização social do contrato na Parte I desse trabalho parece se adaptar perfeitamente a esse paradigma de sociedade de informação. Veja o porquê:

1. Identifica-se como "individualismo predatório" ou "individualismo egoísta" justamente quando a se utiliza de meios antijurídicos para a todo custo obter vantagens apenas para si ou prejudicar a outrem. O contrato se transforma de meio de aquisição de propriedade para fins de bem-estar aceito por todos em um meio (inadequado) de atendimento de interesses escusos; e
2. Cabe ao Direito disciplinar as relações negociais para enquadrar os agentes econômicos ao paradigma principal dessa sociedade de informação. E parece que o mecanismo mais eficiente – além dos já existentes há séculos – foi a funcionalização do contrato. Nesse trabalho o propósito foi identificar que a função social é um conjunto de deveres para que a liberdade de contratar se adeque ao modelo de negociação dessa sociedade tecnológica.

Mas a sociedade de informação também comporta suas desvantagens, como decorrência da massificação. Regina Vera Villas Bôas demonstra que nem tudo na globalização é bom (e mau):[238]

"Al parecer, la globalización financiera no há permitido resolver satisfactoriamente el problema de la asignación de recursos financieros a nível mun-

---

[238] Nesse sentido, sobre desgaste que podem ser provocados pela globalização, VILLAS BôAS, Regina Vera *et al.* La gloobalización financiera en América del Sur: los casos de Brasil, Colombia y Ecuador. In: VILLAS BôAS, Regina Vera; FILIPPO, José Augusto Corrêa. *Sociedade contemporânea, globalização e direitos humanos.* São Paulo: Baraúna, 2014, pp. 62-63.

dial y há exacerbado la inestabilidad de la economia mundial, provocando crisis financeiras severas y recorrentes. Si bien es certo es un paradigma de desarrollo y crecimiento, esto no implica que per se pueda catalogarse como un fenómeno bueno o malo. Dicha calificación dependerá si se está del lado de los perdedores o ganadores, sin embargo son más los afectados que los beneficiados. La globalización financiera plantea dos problemas principales, como se há visto: por un lado, la distribución desigual de los recursos financeiros del planeta, en detrimento de la mayoría de los países en desarrollo, y en segundo lugar, la inestabilidad financeira que interrumpe el crecimiento de la economía mundial".

Nesse cenário aparecem as desigualdades de acesso e desenvolvimento, a exploração, os danos ambientais, o desemprego. Por isso, o meio social se interessa por um justo desenvolvimento para todos. Do contrário haverá a consolidação da *"sociedade de risco"*, cuja principal característica é o risco de graves danos causados pelo hiperconsumo. Sociedade de risco é aquela em que os sujeitos se encontram em perigo e insegurança por causa do processo de modernização.[239] São esses riscos que a experiência jurídica deve mitigar e combater. Tanto é assim que Paula Vaz Freire entende que a realidade da sociedade de risco impõe à comunidade jurídica uma reflexão sobre os parâmetros do bem-estar com que o homem quer conviver.[240]

Esse modelo social vem repercutindo na legislação. Citando como exemplo o caso do Brasil, verifica-se que muitas seguintes leis estabelecem padrões de controle dos retrocessos e desvantagens que esse desenvolvimento social proporciona:

- Lei nº 7.347/85 (Lei da Ação Civil Pública): proteção dos interesses difusos e coletivos;
- Lei nº 8.069/90 (Estatuto da Criança e do Adolescente): obrigatoriedade da educação dos filhos e da formação responsável pelas escolas (c/c Lei nº 9.394/96 – Lei de Diretrizes e Bases da Educação Nacional);

---

[239] ULRICH, Beck. *Sociedade de risco:* rumo a uma outra modernidade. Tradução de Sebastião Nascimento. 2ª ed. São Paulo: 34, 2011.

[240] FREIRE, Paula Vaz. Sociedade de Risco e Direito do Consumidor. In: LOPEZ, Teresa Ancona; LEMOS, Patrícia Fraga Iglecias; RODRIGUES JUNIOR, Otavio Luiz (Coords.). *Sociedade de Risco e Direito Privado:* desafios normativos, consumeristas e ambientais. São Paulo: Atlas, 2013, pp. 375-379.

A RELATIVIZAÇÃO DO PRINCÍPIO *RES INTER ALIOS ACTA*

- Lei nº 8.078/90 (Código de Defesa do Consumidor): proteção da sociedade de consumo e dos direitos difusos e coletivos;
- Lei nº 10.406/2002 (Código Civil): funcionalização dos institutos de Direito Civil;
- Lei nº 10.741/2003 (Estatuto do Idoso): políticas de proteção do maior de 60 anos;
- Lei nº 12.651/2012 (Código Florestal): proteção do meio ambiente contra danos ambientais e desenvolvimento agroindustrial predatório;
- Lei nº 13.105/2015 (Código de Processo Civil): processo coletivo e proteção dos interesses sociais.

Em resumo, pode-se afirmar que a sociedade de informação é aquela que almeja o bem-estar social, sendo este o seu interesse principal. E não é estranho ao Direito – e tampouco novidade – a proteção desse interesse social. Juridicamente, a proteção da sociedade de informação se dá por meio da tutela dos interesses difusos e coletivos.

O Código Civil, por meio do art. 421, reconhece que o contrato é objeto de interesses coletivos, de modo que funcionalização social do contrato é uma forma de controle para que tais interesses não sejam lesados. No Capítulo 2 da Parte II será vista a relação entre contrato e direitos coletivos.

De que foi exposto pode-se perceber que o contrato vai além da esfera jurídica de quem o celebra. É um paradoxo em relação ao princípio clássico da relatividade dos efeitos. É claro que o contrato permanece sendo *inter pars* quanto à obrigação, mas quanto a seus efeitos, no âmbito de uma sociedade de informação, fica difícil defender que o crédito não alcança a esfera jurídica de terceiros e a sociedade.

1.3. Oponibilidade do contrato: *relativitè* e *opposabilitè*

O conceito de oponibilidade é da essência dos direitos da personalidade e direitos reais, e consiste em um dever geral de abstenção cujo titular é toda a coletividade (ou sociedade). Dessa maneira, o polo passivo é ocupado por todas as pessoas, e consequentemente todas elas guardam relação direta com os titulares daqueles poderes. E, por outro lado, os direitos de crédito sempre foram analisados na perspectiva do interesse individual do credor e do devedor. Isso significa dizer que a *exigibilidade* somente se faria presente entre as partes, e a sociedade não estaria envolvida nessa situação jurídica subjetiva. Mas a função social, quando cria um dever legal de ação – e não uma cláusula contratual não-escrita como a boa-fé objetiva – em favor da socialidade do vínculo torna o contrato objeto do interesse social e, principalmente, exigível – ou oponível – perante terceiros.

Com a ascensão da socialidade, a oponibilidade passou a ser tratada como um princípio do contrato, cujo conteúdo é a exigibilidade do contrato perante terceiros. O efeito relativo prevê que apenas as partes no contrato estão vinculados por ele. No entanto, um contrato pode ter efeitos em relação a terceiros, conforme foi visto anteriormente. A conduta solidária geral que a função social impõe às partes e a terceiros faz com que o tradicional efeito relativo dos contratos seja agora desafiado pela lei, mais especificamente pelo art. 421.

Veja que o contrato, então, é oponível por terceiros perante as partes, e vice-versa: um contrato não pode causar prejuízos a terceiros, assim como terceiros não podem prejudicar um vínculo contratual. Pode-se repetir aqui o que já foi descrito anteriormente sobre essa oponibilidade do contrato da seguinte maneira:

1. *Das partes para com terceiros.* Cria para terceiros o dever jurídico – e consequente direito subjetivo para as partes – de abstenção perante o vínculo contratual. Significa dizer que terceiros não podem exercer sua liberdade de contratar (art. 421) de modo a prejudicar a realização de um contrato entre sujeitos que já finalizam as negociações ou se encontram em fase de execução do acordo. Se o fizer, estimula o inadimplemento, primeiro fator que prejudica a realização da função social do contrato e da sua ideia de promoção da circulação de bens e serviços (riquezas). O terceiro não pode fazer nada que prejudique a execução de um contrato. Se o fizer de qualquer maneira, estará descumprindo a ordem do art. 421 e incorre em delito civil. É o caso, por exemplo, do terceiro que é cúmplice na violação de uma obrigação contratual: o contratante vítima pode opor a esse terceiro o contrato, para manter o contrato que tem com a outra parte. Se um terceiro estimula uma parte a romper um acordo de concorrência, causando prejuízo ao outro contratante, deve indenizá-la por prejudicá-la; e

2. *De terceiros para com as partes.* Todas as pessoas (terceiros) têm o direito subjetivo – as as partes um consequente dever jurídico – de exigir que um contrato seja celebrado de acordo com os crité-

rios legais (art. 166). Além disso, não podem ter sua esfera jurídica (pessoal e/ou econômica) prejudicada por um contrato. Ou seja, o acordo entre duas ou mais pessoas não pode lesar bens jurídicos (personalidade ou coisa) de um terceiro de modo a causar prejuízo patrimonial ou extrapatrimonial (redução dos valores preço e dignidade). Uma terceira pessoa também pode se opor a um contrato entre as partes para evitar uma situação jurídica em que é prejudicado. Um exemplo é a ação pauliana (art. 165). Em outros termos as externalidades do contrato dão a ele uma eficácia geral na sociedade.

A oponibilidade se refere, assim, à situação entre as partes e o meio social, em posições recíprocas de direitos e deveres:

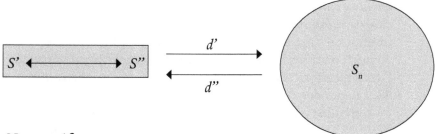

Nesse gráfico:

- S' ⟵⟶ S" representa o contrato entre dois sujeitos de direito, ou seja, o vínculo contratual estabelecido. Fala-se aí em relatividade (⟵⟶) quanto aos direitos de crédito: o crédito apenas produz efeitos entre as partes;
- d' é o dever que as partes têm de não ingerência na esfera jurídica de terceiros e de não causar prejuízos aos interesses sociais com a celebração de contratos que não traga utilidades à sociedade;
- d'' é o dever de abstenção – tal qual ocorre com os direitos reais – que terceiros têm para garantir a incolumidade do vínculo e, assim, preservar a consecução da finalidade prática das partes e a circulação de riquezas que interessa à sociedade. É aqui que se encontra a oponibilidade do contrato; e
- S_n é a sociedade, os terceiros determinados ou determináveis, quando um sujeito alheio ao contrato tem sua individualidade identificada.

A oponibilidade do contrato já existe em situações específicas no Direito Brasileiro. Dois exemplos podem ser citados nesse sentido:

- *Direito de prelação legal do condômino "pro indiviso" (art. 504 do Código Civil):* não pode um condômino em coisa indivisível vender a sua parte a terceiro se o outro condômino a quiser. Se este condômino for preterido, será um terceiro prejudicado e poderá opor seu direito de preferência aos contratantes da alienação da fração condominial (o outro condômino e o adquirente). Trata-se, então, da oponibilidade do direito do terceiro em relação a um contrato. O condômino preterido (aquele a quem não se der conhecimento da venda) poderá depositar o preço e haver para si a parte vendida ao estranho (adquirente), se o requerer no prazo de cento e oitenta dias, sob pena de decadência; e

- *Direito de preferência do locatário (arts. 27 a 34 da Lei nº 8.245/91):* no caso de venda, promessa de venda, cessão ou promessa de cessão de direitos ou dação em pagamento, o locatário tem preferência para adquirir o imóvel locado, em igualdade de condições com terceiros. Daqui resultarão duas consequências, de acordo com o *caput* do art. 33, a depender das circunstâncias: 1) se o contrato de locação não foi averbado no Registro Geral de Imóveis, o locatário preterido terá direito a indenização por perdas e danos a ser paga pelo locador; ou 2) se o contrato de locação foi averbado no Registro Geral de Imóveis, terá o locatário preterido o direito à adjudicação compulsória do art. 504 do Código Civil ("Art. 33. O locatário preterido no seu direito de preferência poderá reclamar do alienante as perdas e danos ou, depositando o preço e demais despesas do ato de transferência, haver para si o imóvel locado, se o requerer no prazo de seis meses, a contar do registro do ato no cartório de imóveis, desde que o contrato de locação esteja averbado pelo menos trinta dias antes da alienação junto à matrícula do imóvel"). O fato de o locatário preterido em seu direito de preferência dá a essa parte o direito de opor o contrato de locação contra o terceiro adquirente e o locador. Aqui, então, tem-se a oponibilidade da parte para com terceiros.

A partir dessas colocações é por isso que é possível alterar e reinventar a concepção tradicional de "sujeitos do contrato", para que ele seja ana-

A RELATIVIZAÇÃO DO PRINCÍPIO *RES INTER ALIOS ACTA*

lisado não apenas na perspectiva da relação entre as partes, mas também na sua eficácia (ainda que indireta) na sociedade.

1.4. Sujeitos do contrato: releitura da teoria do sujeito de direito

A solidariedade impõe, pode-se dizer, um *dever de altruísmo*, que não necessariamente tem fundamento religioso. *A pessoa é uma relação de alteridade*, já diria Guido Gonella, ou, em sentido tomasiano, *nomem personam significat relationem*.[241] Além disso, o Direito se fundamenta em situações relacionais.

Seguindo Guido Gonella, é possível identificar dois tipos de situações relacionais altruístas entre os sujeitos: *alteridade* (propriamente dita) e *reciprocidade*, que aqui serão assim sistematizadas:[242]

- *Alteridade propriamente dita ("alterità personale")*: refere-se ao valor das relações entre os sujeitos. É a relação intersubjetiva típica do Direito, constituída de obrigações e pretensões. É a relação entre *ego* e *alter*; e
- *Reciprocidade ("reciprocità")*: é a lei da *socialidade ("socialità")*, é um modo de operar altruisticamente na vida em sociedade. A reciprocidade não é meramente um valor ético, mas uma forma de agir impressa na sociedade, referindo-se, portanto à vida social (*societas*). É a relação entre o *ego* e o *socius* (este entendido como um corpo social).

Também o contrato apresentará as duas formas de situações relacionais. Veja:

Situação	Impacto do contrato
Alteridade	Diz respeito ao vínculo *inter alios*, isto é, entre as partes do contrato. Os principais valores que precisam guardar entre si são a vinculatoriedade (*pacta servare*) e a honestidade (*boa-fé objetiva*). Esses valores se referem à cooperação decorrente da *eticidade*, pela qual as partes devem contribuir uma com a outra para que ambas alcancem suas finalidades práticas.

---

[241] GONELLA, Guido. *La persona nella Filosofia del Diritto*. Milano: Giuffrè, 1938, pp. 100-110. "La persona non è semplicemente soggetto. È soggetto in *relazione* con altri soggetti, quindi è *relazionalità*" (p. 100).

[242] GONELLA, Guido. *La persona nella Filosofia del Diritto*, ob. cit., p. 101.

Reciprocidade	Trata-se de um vínculo que se forma entre os contratantes (*ego*) e a sociedade ("*socius*") numa cooperação recíproca em que um não pode prejudicar os interesses do outro. Essa "alteridade recíproca" é manifestação da *socialidade*, que alcança esse objetivo funcionalizando o contrato (art. 421), pois sobreleva a repercussão social de uma contratação.

O sujeito de direito é, hoje, mais que um titular de poderes em relações *inter pars* ou *erga omnes*; é, antes de mais nada, uma *pessoa social*, aqui significando o conjunto de pressupostos para a convivência comunitária e a necessária consciência de si e do outro. A solidariedade – assim como a igualdade e a liberdade – encontram-se no alicerce das relações jurídicas titularizadas pelos entes jurídicos. A partir disso, a releitura da teoria do sujeito de direito permite identificar duas repercussões ou maneira de ser do sujeito:

- *Sujeito de direito em sentido estrito*: trata-se da noção clássica – que não pode ser desprezada ou diminuída – pela qual o sujeito de direito é o ente jurídico (pessoa natural e jurídica) que preenche os requisitos da personalidade e capacidade de direito para titularizar situações ativas e passivas em relações jurídicas. É o ente, portanto, que pode ser titular de direitos e deveres – embora, excepcionalmente, haja circunstâncias em que entes despersonalizados encontram autorização do ordenamento jurídico para atuar. Nessa noção, o sujeito de direito pode ser titular de poderes/deveres perante polo de interesse singular ou determinado, caracterizando as relações *inter pars*, cujo principal exemplo são os direitos de crédito. Também pode haver circunstâncias em que o poder do titular se exerce em relação a todos os indivíduos, isto é, *erga omnes*, cujos exemplos são os direitos reais e da personalidade; e
- *Sujeito de direito em sentido amplo*: refere-se ao(s) indivíduo(s) como *pessoas sociais*, como "*socius*". Enquanto sujeitos inseridos em um contexto social, marcado pela necessária solidariedade como razão para a ação, os indivíduos devem agir entre si com reciprocidade, basicamente caracterizada por deveres de abstenção de não interferir e não prejudicar relações jurídicas constituídas ou a serem constituídas. Nesse caso, diferentemente da perspectiva formal da noção clássica, o sujeito aparece como um ente responsável pela preservação de valores de ética ou boa convivência. É o que ocorre

A RELATIVIZAÇÃO DO PRINCÍPIO *RES INTER ALIOS ACTA*

com o *dano infecto* decorrente de descumprimento da função social da propriedade (art. 1.228, § 1º), e com a desfuncionalização do contrato.

Nesse contexto, aparece uma crítica à *tese idealista* do individualismo tradicional – conforme constata Guido Gonella – que nega qualquer consciência de alteridade na pessoa. Porém, essa tese não se confirma pela realidade sociológica. É que *o ser humano é naturalmente sociável*. A socialidade é intrínseca à subjetividade, e não extrínseca.[243]

Também José F. Lorca Navarrete desataca o homem como ser social e, a partir dos padres filósofos (São Tomás e Santo Agostinho) confirma

---

[243] GONELLA, Guido. *La persona nella Filosofia del Diritto*, ob. cit., pp. 107-108: "Vi è però un idealismo critico che si distingue nettamente da quello attualista. Per questo idealismo critico *l'alterità è soggettività*. Ora, quella soggettivazione del reale che l'idealismo há invano cercato di instaurare (invano, perchè l'oggetto del conoscere – per quanto intrínseco all'atto del conoscere – resta sempre ed insoppimibilmente oggetto del conoscere), quella soggettivazione è attuata nel mondo etico non secondo la formula attualistica ma seccondo la formula della *sintesi intersubiettiva*. La formula di questa sintese è la seguinte : *l'alterità è intersubiettività*. Com ciò si soddisfa alla parte di vero dell'esigenza idealistica in quanto l'altro si pone di fronte come soggetto, ma nello stesso tempo si nega il soggettivismo assoluto in quanto non si nega l'alterità, che è rapporto, comportamento oggettivo fra soggetti. L'alterità è qualche cosa non di estrinseco ma di intrínseco alla soggettività (l'uomo è *naturalmente* sociovole). Infatti si ha alterità non solo nel riconoscimento della soggettività dell'altro ma anche nel soggetto, il quale – nello stesso momento in cui si pone come soggetto – si pone come altro si costituisce distinguendosi (principio di individuazione), si costituisce alterizzandosi, cioè affermando una separazione, che è nello stesso tempo unità di natura, in quanto l'alterità non è estraneità". Em tradução livre: "Mas há um idealismo crítico que se difere significativamente daquele atualista. Por esse idealismo crítico *a alteridade é subjetividade*. Agora, a subjetividade da realidade que o idealismo tentou sem sucesso estabelecer (em vão, porque o objeto do conhecimento – enquanto intrínseco ao ato de conhecer – permanece inseparavelmente objeto de conhecimento), aquela subjetividade implantada no mundo ético não segundo a fórmula atualista mas segundo a fórmula de *síntese intersubjetiva*. A fórmula dessa síntese é a seguinte: *a alteridade é intersubjetividade*. Com isso se satisfaz uma verdadeira exigência idealística na qual o outro se põe frente-a-frente como sujeito, mas ao mesmo tempo se nega o subjetivismo absoluto enquanto não se nega a alteridade, que é relação, comportamento objetivo entre sujeitos. A alteridade é intrínseca e não extrínseca à subjetividade (o homem é *naturalmente* sociável). Há alteridade não só no reconhecimento da subjetividade do outro, mas também no sujeito, o qual – no mesmo momento em que se coloca como sujeito – se põe como outro, isto é, afirma uma separação que é ao mesmo tempo unidade de natureza, enquanto a alteridade não é estranheza".

a natureza do homem como animal social e a estreita vinculação entre a socialidade e as pessoas.[244],[245]

Por isso, não é exagero afirmar que o ser humano não vive, mas convive. O que isso significa? Que o homem só consegue viver se for com outras pessoas, comunitariamente.

A partir dessa ascensão de uma perspectiva do *homo sociologicus* tem-se sua interferência na construção de um sistema de Direito Privado *solidarista*.[246] Isso cria entre os sujeitos privados uma relação amplamente socializada, de modo que os institutos de Direito Privado (personalidade, obrigações/contrato, propriedade, família e sucessão) acabam por ter *repercussão social*, e, consequentemente, *interesse social* sobre essas instituições, por mais privadas e particulares que sejam. A isso dá-se o nome de funcionalização social dos institutos de Direito Privado, um consectário lógico do primado da socialidade. As implicações disso consistem em uma vinculação recíproca entre os sujeitos de direito e uma relação jurídica e a sociedade, que já foi representada nos Capítulos 3 e 5 da Parte I.

Stefan Grundmann, destaca que não se pode prescindir da eficácia dos contratos perante terceiros, pois estes inevitavelmente são atingidos pelos efeitos de alguns negócios:[247]

"A crise financeira acaba de mostrar que o credo fundamental para a organização do Código Civil, com a separação entre direitos relativos e direitos absolutos nos livros 2 e 3, provoca consequências muito problemáticas, porque a eficácia dos contratos face a terceiros foi e continua sendo esquecida. Revela mais precisamente que uma imprudente concessão de crédito também pode atingir terceiros; que a securitização e a revenda posterior entre as entidades de propósito específico (*Special Purpose Vehicle*) e os investidores fazem

---

[244] NAVARRETE, José F. Lorca. *Temas de Teoría y Filosofía del Derecho.* Madrid: Edicione Pirámide, 1993, pp. 101-106.

[245] Assim também: DE SANCTIS, Francesco M. Individuo e società dell'assolutismo alla democrazia. In: PERLINGIERI, Pietro. *Soggetti e norma; individuo e società.* Napoli: Edizioni Scientifiche Italiane, 1987, pp. 05-28.

[246] SOMMA, Alessandro. Il diritto privato liberalista. A proposito di un recente contributo in tema di autonomia contrattuale. In: *Rivista Trimestrale di Diritto e Procedura Civile.* Anno LV, nº 2. Milano: Giuffrè, giugno 2001, pp. 289-294.

[247] GRUNDMANN, Stefan. Qual a unidade do Direito Privado? De uma concepção formal a uma concepção material. Tradução de Karina Fritz. In: *Civilistica.com.* Ano 2, nº 2, 2013, pp. 15-16. Os livros 2 e 3 a que se refere são do *B.G.B.* (Código Civil alemão).

crescer exponencialmente a disposição de assunção de riscos do concessor original do crédito; que uma nota de risco (*Rating*) irresponsável prejudica sobretudo terceiros, quartos e quintos e que um comportamento de investimento em massa (comportamento em bando) faz os riscos se tornarem muito sistêmicos. A crise financeira é também uma crise científica. E também uma crise para o princípio da relatividade no direito dos contratos e, consequentemente, para a ciência do direito contratual. Isso tem uma longa tradição. Em um dos casos mais proeminentes de eficácia para terceiros de relações contratuais internas, a eficácia externa de acordos fiduciários foi entendida – de acordo com o credo tradicional – como um tipo de direito 'quase real' e, com isso, se dissimulou o problema geral de que os contratos também produzem efeitos externos".

Pois bem. Isso significa dizer que, na realidade, a partir dessa funcionalização social dos institutos civis fundamentais, todos eles passam a constituir relações jurídicas *erga omnes*. Mesmo os direitos de crédito (pessoais ou obrigacionais), que tradicionalmente são vistos na perspectiva *inter pars*, têm hoje efeitos absolutos. Claro que aqui não se compreende a aquisição de direitos por parte de terceiros (à exceção, claro, da estipulação em favor de terceiro dos arts. 436 a 438). Quando se fala que os direitos de crédito têm eficácia *erga omnes* verifica-se que entre as partes e os terceiros alheios ao vínculo contratual (a sociedade) existe uma série de deveres de abstenção, basicamente caracterizados pela obrigação de incolumidade daquele vínculo.

Nesse sentido, é possível identificar que a produção de efeitos pelo contrato é de duas ordens:

- *Eficácia "inter pars"*: trata-se dos efeitos creditórios/debitórios diretos produzidos pelo contrato, apenas entre as partes. Refere-se à exigibilidade do crédito e as pretensões individuais expressas nas prestações; e
- *Eficácia "erga omnes"*: trata da repercussão social do contrato, e considera que este cria um vínculo entre as partes e a sociedade. A sociedade tem o direito de exigir a correta conclusão e execução do pacto, assim como as partes têm o direito de exigir que a sociedade não interfira negativamente no contrato ou nas negociações preliminares.

Sobre essa eficácia externa do contrato, é possível constar que existem, conforme Stefan Grundmann, quatro dimensões de interferência na esfera de terceiros:[248]

- *Eficácia externa negativa do contrato sobre terceiros;*
- *Eficácia externa positiva sobre terceiros;*
- *Eficácia protetora para terceiros;* e
- *Possibilidades positivas e negativas de influência de terceiros sobre o contrato.*

Um exemplo que pode ser dado vem do Direito Societário e a repercussão externa da organização, a *external corporate governance,* e a *Wall Street Rule (Reform),* que se ocupa do direito de aquisição hostil no mercado societário, evitando situações de concorrência desleal.[249]

A *external corporate governance* se refere à governança corporativa e a mecanismos e processos pelos quais as empresas são controladas e dirigidas. Inclui os processos pelos quais os objectivos das corporações são definidos e desenvolvidos no âmbito social e no ambiente de mercado. Por isso, os mecanismos de governança incluem o monitoramento de ações, de políticas, de práticas e de decisões das empresas, além dos seus agentes e interessados afetados.

Há dois grupos principais de interessados afetados:

- Os *stakeholders* externos, que são os accionistas, os credores, fornecedores, clientes e grupos comunitários afetados pelas atividades da corporação; e
- Os *stakeholders* internos, que são o conselho de administração, os executivos e outros funcionários.

---

[248] GRUNDMANN, Stefan. Qual a unidade do Direito Privado?..., ob. cit., p. 16.

[249] GRUNDMANN, Stefan. Qual a unidade do Direito Privado?..., ob. cit., p. 16: "O exemplo da eficácia externa negativa é somente um no qual se revela a necessidade de uma discussão sistemática acerca da eficácia externa dos contratos. Conceitualmente, deve-se distinguir – no direito societário, assim como no direito contratual, especialmente no direito dos contratos de longo-prazo – quatro dimensões: *eficácia externa negativa do contrato sobre terceiros; eficácia externa positiva sobre terceiros,* que é discutida intensamente, porém de forma isolada, com a figura do contrato com eficácia protetora para terceiros; e, inversamente, as possibilidades positivas e negativas de influência de terceiros sobre o contrato. Foi a discussão sobre governança no direito societário que acabou por trazer para o centro a problemática da repercussão externa sobre a organização. Aqui se deve registrar o direito de aquisição hostil, a *Wall Street Rule* e, no essencial, toda a *Corporate Governance* externa. Sobretudo o comportamento em massa não é, em princípio, sequer um campo de pesquisa desenvolvido para a ciência do direito contratual".

No âmbito desse sistema de gestão merecem destaque dois princípios fundamentais que se relacionam com a oponibilidade das relações obrigacionais da empresa:

- *Preservação dos interesses de outras partes:* as organizações devem reconhecer que têm obrigações legais, contratuais, sociais e de mercado orientada para as partes interessadas além dos accionistas, incluindo colaboradores, investidores, credores, fornecedores, comunidades locais e clientes; e
- *Integridade e comportamento ético:* as organizações devem desenvolver um código de conduta para seus diretores e executivos para que promovam a tomada de decisões éticas e responsáveis, tanto que devem ser escolhidos como diretores dirigentes íntegros.[250]

A *Wall Street Rule, Wall Street Reform* ou *Financial Reform* é a reforma e regulamentação do setor financeiro nos Estados Unidos. Expressa-se por um conjunto de Leis editadas ao longo dos anos:

- *The Glass-Steagall Act of 1933;*
- *Sarbanes-Oxley Act of 2002; H.R. 4173;*
- *Wall Street Reform and Consumer Protection Act of 2009 (House Bill);*
- *S.3217 was introduced by Senate Banking Committee (Senate Bill);*
- *Volcker Rule;* e
- *Financial Stability Oversight Council.*

Essas dimensões levam a concluir que na sociedade capitalista globalizada de hoje, não se pode prescindir da compreensão do contrato uma análise de comportamento em massa.

---

[250] "OECD Principles of Corporate Governance, 2004, Preamble and Article IV". OECD. Retrieved 2011-07-24; Sarbanes-Oxley Act of 2002, US Congress, Title I, 101(c)(1), Title VIII, and Title IX, 406; CLARKE, Thomas. Theories of Corporate Governance: The Philosophical Foundations of Corporate Governance. London and New York: Routledge, 2004.

Capítulo 2
A Desfuncionalização Social do Contrato
e suas Consequências

Mais que um critério ou padrão de política econômica e social para os contratos, a função social produz efeitos práticos para o exercício da liberdade de contratar. É preciso responsabilizar aqueles que atentam contra os interesses da sociedade e não preservam a confiança, a legítima expectativa e a razão prática da ação de contratar.

Trata-se de uma exigência da própria base axiológica do Código Civil, que tem como um de seus fundamentos a *operabilidade*. Essa regra de estrutura determina que as normas do Código sejam concretizadas, o que significa dizer que não serão meros enunciados sem sentido.

Pois bem. Aqui se busca um sentido prático para a função social: que sua violação configura um fato ilícito com prejuízos à sociedade *in re ipsa* – o *dano social* – e a consequente responsabilidade civil. Esta assume um importante papel nesse âmbito, no sentido de dissuadir os sujeitos a incrementar à sua conduta a prática contratual socialmente exigida.

Esse capítulo, então, quer demonstrar os danos resultantes da desfuncionalização do contrato, sua caracterização como ato ilícito (dano-evento), os danos-prejuízos que dela resultam e o sistema de responsabilidade civil que enseja, sempre com a preocupação de garantir que o contrato alcance seus fins econômicos privados e a causa-função social.

2.1. A desfuncionalização do contrato como ilícito civil

O contrato desfuncionalizado é aquele que não se encontra em consonância com a função social. A *desfuncionalização* do contrato é, portanto, a *des-*

construção ou *descaracterização* do negócio jurídico para que não atenda aos seus fins socioeconômicos típicos.

O art. 421 estabelece que a função social é *causa* e *limite* para o exercício da liberdade de contratar. Isso significa que a sociabilidade é razão prática e estatuto deontológico para que da autonomia contratual do sujeito decorra um contrato equilibrado e que atinja os fins individuais e sociais. Logo, se um contrato é celebrado em desconformidade com esses pressupostos, tem-se que ele não cumpre sua função social e, portanto, encontra-se *sócio-desfuncionalizado*. Nesse sentido, é interessante citar o seguinte trecho do REsp. nº 849.690/RS:[251]

> "O Código Civil de 1916, de feição individualista, privilegiava a autonomia da vontade e o princípio da força obrigatória dos vínculos. Por seu turno, o Código Civil de 2002 inverteu os valores e sobrepõe o social em face do individual. Dessa sorte, por força do Código de 1916, prevalecia o elemento subjetivo, o que obrigava o juiz a identificar a intenção das partes para interpretar o contrato. Hodiernamente, prevalece na interpretação o elemento objetivo, vale dizer, o contrato deve ser interpretado segundo os padrões socialmente reconhecíveis para aquela modalidade de negócio".

A desfuncionalização pode decorrer de duas desconformidades entre um contrato celebrado e a função social, que são as seguintes:

- *Desfuncionalização pela causa:* quando o motivo que leva as partes à celebração do contrato encontra-se em desconformidade com a sociabilidade, que é o que se pode designar de "*individualismo predatório*", nas palavras de Judith Martins-Costa.[252] Consiste em circunstâncias subjetivas que são executadas em desconformidade com a lei. Sua consequência é a *nulidade* do contrato (art. 166, VI); e
- *Desfuncionalização pelos deveres:* quando os deveres de conduta das partes para com terceiros, e de terceiros para com as partes, são descumpridos e dão origem a um contrato prejudicial a alguém e, consequentemente, aos valores sociais que visam a uma *ética das relações econômicas*. Logo, se houve descumprimento de um dever que

---

[251] STJ, REsp. nº 849.690/RS, Primeira Turma, Rel. Francisco Falcão, j. em 16/12/2008.
[252] MARTINS-COSTA, Judith. Reflexões sobre o princípio da função social do contrato. In: *Revista DireitoGV*. Vol. 1, nº 1, maio/2005, p. 41.

ocasiona dano a alguém, a consequência será o dever de indenizar, ou seja, a *responsabilidade civil* do agente danoso.

Nada impede que ambas as desfuncionalizações sejam verificadas em uma mesma situação – o que, aliás, parece ser o mais comum. Portanto, nada impede que ambas as sanções – *nulidade* (art. 166, VI) e *responsabilidade civil* (arts. 186 e 187 c/c *caput* do art. 927) – sejam aplicadas a uma circunstância desconforme ao art. 421. E isso nem pode ser configurado um *bis in idem*, pois os objetivos dessas sanções são diferentes: a decretação da nulidade quer extirpar um negócio jurídico celebrado em desconformidade com o ordenamento jurídico; já a responsabilidade civil objetiva a reparação do dano que as partes causaram a um terceiro, ou que um terceiro causou à(s) parte(s).

Preliminarmente falaremos da responsabilidade.

Conforme explica Francisco Amaral, no Direito Brasileiro o ato ilícito é sempre a infração de um dever, e a partir da natureza desse dever o ato ilícito pode ser de dois tipos:[253]

Ato ilícito	Dever infringido	Responsabilidade
Contratual	Descumprimento (inadimplemento absoluto ou relativo) ou cumprimento defeituoso (violação positiva do contrato) de direito de crédito (obrigacional), violando, assim, direito subjetivo relativo.	Contratual (arts. 389 c/c 391 e segs.)
Extracontratual	Descumprimento de um dever geral de abstenção consistente na violação de direito subjetivo absoluto, do qual resulta dano para outrem.	Extracontratual ou aquiliana (arts. 186 e 187 c/c *caput* do art. 927)

O primeiro ponto a ser determinado é que o art. 421, quando impõe a função social como limite para a ação de contratar, cria um *dever geral de abstenção*. Veja por quê:

É um *"dever"* porque só há que se falar de *limite* quando houver *proibições*, *permissões* ou *obrigações*, e esses modais são chamados de *deônticos*, exatamente porque se expressam na forma de *dever*. (Mesmo a permissão é um dever: um deve permitir que outro faça algo). Esse dever tem natureza

---

[253] AMARAL, Francisco. *Direito civil: introdução*. 7ª ed. Rio de Janeiro: Renovar, 2008, p. 552.

legal (extracontratual), e não contratual, porque não é imposto como uma cláusula contratual não escrita, a exemplo do que acontece com a boa-fé objetiva (art. 422). E é *"geral"* porque a função social do contrato diz respeito a uma relação entre as partes e terceiros:

É nesse sentido que se disse anteriormente que o princípio da relatividade dos efeitos do contrato (*res inter alios acta tertio neque nocet neque prodest*) foi mitigado por uma característica dos contratos percebida de há muito pela doutrina francesa: a *oponibilidade do contrato*.[254] O negócio pode sim produzir uma eficácia indireta *erga omnes*. Basta observar que a limitação imposta no art. 421 à liberdade de contratar por meio da função social não tem um sujeito definido, não se refere especificamente às partes, como o fará conseguintemente o art. 422, ao determinar que *"as partes"* ajam com boa-fé. Quer dizer, *o art. 421 se aplica a todo aquele que pretende exercer sua autonomia contratual.* Dessa maneira, a função social se aplica não apenas às partes, mas também a terceiros.

Por fim, o art. 421 se refere a uma *"abstenção"*. Não é possível que o legislador crie um rol de situações em que se cumpre a função social, até porque isso fugiria ao propósito de tê-la como cláusula geral. Por isso, sendo uma cláusula geral, a proposição normativa apenas pode dizer respeito a situações que atentam à função social. Oferece, então, um juízo *a contrario sensu*. Significa dizer – com obviedade, mas precisão – que a função social é atendida sempre que ela não for lesada. E é muito simples não lesar a função social: basta deixar que o contrato atinja seus efeitos econômicos *típicos* ou *naturais*. É nesse sentido que o contrato tem uma *causa-função*, conforme Emílio Betti.[255] Por isso, o dispositivo traz dever de abstenção ou de incolumidade: que as partes não façam pacto prejudicial aos interesses de terceiros, e que terceiros não aliciem uma das partes a romper com seu vínculo contratual, provocando o inadimplemento ou a ruptura das tratativas contratuais (negociações preliminares).

Enquanto ato ilícito, a ação contrária à função social da qual resulte dano enseja, por óbvio, a *responsabilidade civil*. Trata-se da díade *dever primário – dever secundário* sobre a qual se fundamenta a responsabilidade[256],

---

[254] Por exemplo, HUGUENEY, Pierre. *Responsabilité civile du tiers complice de la violation d'une obligation contractuelle*. Paris: Arthur Rousseau, 1910.

[255] BETTI, Emilio. *Teoria Generale del Negozio Giuridico*. Torino: Utet, 1943, pp. 100 e segs.

[256] DIAS, José de Aguiar. *Da responsabilidade civil*. 12ª ed. Rio de Janeiro: Lumen Juris, 2011, pp. 477-479. VON THUR, Andreas. *Derecho Civil*. Teoría General del Derecho Civil Alemán.

na qual o primário é o dever estabelecido em lei ou negócio jurídico, e o secundário é o dever de indenizar (reparar e compensar) os danos causados. No caso da função social a díade ficaria assim:

- *Dever primário:* encontra-se fixado no art. 421, qual seja, exercer a liberdade de contratar de acordo com a razão prática pretendida pela função social;
- *Infração:* o descumprimento daquele dever primário configura ato ilícito do tipo legal (art. 186 c/c art. 187); e
- *Dever secundário:* é o de reparar o dano que as partes causaram a terceiro, ou que terceiros causaram às partes (art. 927, *caput*). Seu pressuposto é a infração do dever primário.

Cabe agora refletir sobre o dano que resulta da função social para que se atribua às partes ou terceiros o dever de indenizar.

2.2. O dano social decorrente da desfuncionalização do contrato

O que se pretende doravante é demonstrar que a desfuncionalização social do contrato é um fato ilícito do qual poderá resultar um dano abrangente, qual seja, o *dano social*, categoria cuja presença no Direito Brasileiro é sustentada por Antonio Junqueira de Azevedo.[257] O dano, aqui não é a conduta, mas a consequência de uma simulação abrangente que está sendo designada de desfuncionalização.

Antes, porém, deve-se determinar o que aqui se entende por *dano*.

Segundo Fernando Noronha, *dano é a lesão a um bem jurídico com redução do seu valor*.[258] Nesse sentido, o dano aparece como um evento, com causa e consequência, e não necessariamente o resultado de uma conduta. É possível fazer a seguinte análise do conceito dado pelo autor:

- *"... lesão...":* todo dano representa uma infração a um dever legal ou contratual. O conteúdo desse dever é de abstenção perante um direito de incolumidade;

Vol. I. Tradução de Tito Ravá. Madrid: Marcial Pons, 1998, p. 114, por exemplo, associa dever e responsabilidade como consectários lógicos: "Junto con la palabra obligación, en nuestro lenguaje jurídico, se encuentra la palabra 'responsabilidad'".

[257] AZEVEDO, Antonio Junqueira. Por uma nova categoria de dano na responsabilidade civil: o dano social. In: *Revista Trimestral de Direito Civil*, vol. 19. Rio de Janeiro: Padma, jul./set. 2004, pp. 211-218.

[258] NORONHA, Fernando. *Direito das obrigações*. Vol. 1. 2ª ed. São Paulo: Saraiva, 2007, pp. 555-559.

- *"... bem jurídico..."*: o Direito existe para a proteção de dois entes: as *pessoas* e as *coisas*. Apesar do paradigma personalista do Direito Civil, fato é que o patrimônio permanece sendo uma das instituições socialmente relevantes. Dessa maneira, o Direito tutela as pessoas (naturais e jurídicas) e as coisas. Contudo, de uns tempos para cá, uma tese desenvolvida por Antonio Junqueira de Azevedo identifica a existência de uma nova categoria de dano, qual seja, o *dano social*. Nesse sentido, é possível afirmar que a sociedade como um todo é um bem juridicamente tutelado, cabendo aos indivíduos garantir a incolumidade da segurança das relações jurídico-sociais;
- *"... valor"*: tomando por referência a metafísica de Immanuel Kant[259], Fernando Noronha explica que as coisas têm preço e as pessoas têm dignidade. Esses são os valores socialmente admitidos e que são atingidos quando da lesão a um dever de incolumidade. Tal lesão provoca a *redução* desses valores. No caso do dano social, o valor reduzido é a segurança da sociedade; e
- *"... redução..."*: é o prejuízo sentido pelo titular do direito quando a lesão atinge o valor da coisa ou pessoa. Esse prejuízo pode ser *patrimonial* ou *extrapatrimonial*: o primeiro atinge o patrimônio da pessoa, empobrecendo-a; e o segundo atinge a dignidade do sujeito, sua personalidade. No dano social a redução será no nível de vida ou no patrimônio moral da sociedade.[260]

Dessa definição de dano é possível concluir que ele pode ser, em sentido genérico ou imediato, o descumprimento de dever, e em sentido estrito ou mediato, a consequência negativa desse descumprimento. Fala-se, assim, em *dano–evento* e *dano–prejuízo*.

---

[259] KANT, Immanuel. *Fundamentação da metafísica dos costumes*. São Paulo: Martin Claret, 2002, pp. 33-34. Escreve Kant: "No reino dos fins tudo tem ou um preço ou uma dignidade. Quando uma coisa tem um preço, pode pôr-se em vez dela qualquer outra como equivalente, mas quando uma coisa está acima de todo preço, e, portanto, não permite equivalente, então tem ela dignidade [...]. Esta apreciação dá, pois, a conhecer como dignidade o valor de uma tal disposição de espírito e põe-na infinitamente acima de todo preço. Nunca ela poderia ser posta em cálculo ou confronto com qualquer coisa que tivesse preço, sem de qualquer modo ferir a sua santidade?".

[260] AZEVEDO, Antonio Junqueira. Por uma nova categoria de dano na responsabilidade civil: o dano social, ob. cit., p. 216.

Flavio Samuele Pera resume da seguinte maneira essas duas figuras:[261]

- *Dano–evento:* é a lesão direta à pessoa, ao patrimônio ou a terceiro, decorrente do descumprimento de um direito. Ele é o dano imediato de um evento lesivo, porque corresponde à violação de um bem jurídico. Dessa maneira, o dano–evento é o que decorre da conduta contrária ao direito de outrem, pouco importando se lícita ou ilícita: a simples contrariedade à lei, ao negócio jurídico e à sentença judicial é um dano(-evento). Nesse sentido, o *dano–evento* sempre será um *dano à pessoa* e/ou um *dano à coisa*; e
- *Dano–prejuízo ou dano–consequência:* é a consequência prejudicial criada a partir do dano–evento, e por isso é mediato. Corresponde à redução do valor do bem jurídico. Logo, o dano–prejuízo sempre será *patrimonial* ou *extrapatrimonial,* pois é nesse sentido que se avalia a redução do valor da coisa ou da pessoa. Um dano–evento a uma coisa causa sempre um dano–prejuízo patrimonial, já que todas as coisas têm um preço. Contudo, também pode causar um dano–prejuízo extrapatrimonial, depende da afeição que a coisa atingida tem para o sujeito. (Por exemplo: um cão-guia é muito mais que um bem móvel semovente ou senciente para o deficiente visual que dele depende). Semelhantemente, um dano–evento a uma pessoa sempre dará causa a um dano–prejuízo extrapatrimonial. Mas da lesão à integridade psicossomática, moral ou intelectual do sujeito pode resultar um dano–prejuízo patrimonial. (Por exemplo: o modelo fotográfico que deixa de realizar desfiles porque teve a perna quebrada em um atropelamento).

Antonio Junqueira de Azevedo entende que existe uma terceira categoria de dano, ao lado dos já conhecidos danos patrimoniais (lucro cessante e dano emergente) e extrapatrimoniais (dano moral ou outros danos que não podem ser quantificados pecuniariamente). Tal categoria é o *dano social,* que consiste em uma lesão à segurança da sociedade que causa um prejuízo extrapatrimonial no nível de vida das pessoas e serve de mau exemplo para as relações intersubjetivas:[262]

---

[261] PERA, Flavio Samuele. Danno-evento e danno-conseguenza. In: VIOLA, Luigi. *Tractatus dei danni. La responsabilità civile ed il danno.* Vol. 1. S/l: Halley Editrice, 2007, pp. 387-396.
[262] AZEVEDO, Antonio Junqueira. Por uma nova categoria de dano na responsabilidade civil: o dano social, ob. cit., pp. 214-215.

"é que um ato, se doloso ou gravemente culposo, ou se negativamente exemplar, não é lesivo somente ao patrimônio material ou moral da vítima, mas sim, atinge a toda a sociedade, num rebaixamento imediato do nível de vida da população. Causa dano social. Isto é particularmente evidente quando se trata da segurança, que traz diminuição da tranquilidade social, ou de quebra da confiança, em situações contratuais ou paracontratuais, que acarreta redução da qualidade de vida".

Já tive a oportunidade de abordar o contexto em que surge o tema[263] e assim descrever que conforme o autor, é sabido que no Direito Brasileiro existem duas categorias tradicionais de danos, que são o dano patrimonial e o dano moral. Aquele ocorre quando há uma lesão a um bem material determinado, cuja indenização tem o objetivo de conduzir a vítima ao estado anterior ao dano, seja por aquilo que efetivamente se perdeu (dano emergente), ou o que razoavelmente deixou de lucrar (lucro cessante). Assim, tem-se que o dano patrimonial é quantificável, possível de ser exprimido em pecúnia.

No tocante ao dano moral, a lesão é causada a um bem imaterial, que causa sofrimento à vítima, não sendo, portanto, capaz de ser quantificada, e a indenização somente compensará a lesão à personalidade da vítima. Dessa maneira, conclui-se que em ambas as categorias de danos a indenização concentra sua atenção somente na vítima, em compensá-la ou reconduzi-la ao *status quo ante*.

É nesse contexto que Antonio Junqueira de Azevedo desenvolveu a tese de que, além da função compensatória, a indenização deve ser acrescida de um *plus* a título de pena e dissuasão, e que essa verba terá sua atenção totalmente voltada para o agente do dano, e não para a vítima.

O acréscimo desse *plus* no *quantum* indenizatório a ser pago pelo causador do dano apenas por arbitramento punitivo pelo juiz encontra uma vedação prevista no *caput* do art. 944, o qual dispõe que a indenização se mede pela extensão do dano.

---

[263] FACHETTI, Gilberto; SILVA, Alcides Caetano; SCHNEIDER, Flávio Britto Azevedo. O dano social como nova categoria de dano na responsabilidade civil e a destinação da sua indenização. In: *Revista Jus*, edição de 07/2015 (http://jus.com.br/artigos/40969/o-dano-social-como-nova-categoria-de-dano-na-responsabilidade-civil-e-a-destinacao-da-sua-indenizacao#ixzz3kPpjjluí).

A respeito do significado da palavra "dano" que consta no referido dispositivo, o Enunciado nº 456 da V Jornada de Direito Civil do Conselho da Justiça Federal do Superior Tribunal de Justiça entendeu que ali se incluem os danos sociais, difusos, coletivos e individuais homogêneos:

> Enunciado nº 456 – "Art. 944: A expressão 'dano' no art. 944 abrange não só os danos individuais, materiais ou imateriais, mas também os danos sociais, difusos, coletivos e individuais homogêneos a serem reclamados pelos legitimados para propor ações coletivas".

Vale dizer que não é possível atribuir à indenização uma função punitiva, visto que ela deve se restringir à extensão do dano, e não à conduta do agente lesivo.

Antonio Junqueira de Azevedo encontrou, sob um novo ponto de vista, a solução desse entrave e, consequentemente, a possibilidade de existir no Direito Brasileiro o caráter punitivo da indenização, que é o reconhecimento de uma nova categoria de dano na responsabilidade civil: o *dano social*. Segundo Junqueira, os danos sociais são lesões à sociedade, no seu nível de vida, tanto por rebaixamento de seu patrimônio moral – principalmente no que diz respeito à segurança – quanto por diminuição de sua qualidade de vida. Dessa maneira, *para que ocorra o dano social, o ato deve ser lesivo não só ao patrimônio material e moral da vítima, mas também à coletividade.* Isso se traduz na ideia de segurança, na redução da qualidade de vida, pois, quanto mais segurança se tem, melhor é para se viver; quanto menos seguro, pior.

Assim, quando um sujeito lesar a segurança do outro, seja por uma ofensa física ou psíquica, causa, além de um dano patrimonial ou moral, também um dano social. No mesmo contexto, os atos negativamente exemplares também causam uma lesão à tranquilidade e ao bem-estar coletivo de vida, conforme escreve o autor:[264]

> "Por outro lado, o mesmo raciocínio deve ser feito quanto aos atos que levam à conclusão de que não devem ser repetidos, atos negativamente exemplares – no sentido de que sobre eles cabe dizer 'imagina se todas as vezes fosse assim'. Também esses atos causam um rebaixamento do nível coletivo de vida – mais especificamente na qualidade de vida".

---

[264] AZEVEDO, Antonio Junqueira. Por uma nova categoria de dano na responsabilidade civil: o dano social, ob. cit., p. 215.

Logo, para que haja dano social, é preciso que o ato lesivo ultrapasse a esfera individual do lesado, de forma a comprometer também a segurança da sociedade, ou que cause reprovação por ser negativamente exemplar.

O dano social difere-se do dano patrimonial no que tange à esfera atingida pelo ato lesivo. Isso porque o dano patrimonial consiste no prejuízo material que a vítima suportou e é economicamente quantificável, de forma que para sua reparação basta somente substituir o bem danificado, ou então indenizar a vítima numa quantia suficiente a reparar o dano e conduzi-la ao *status quo*.

Além disso, o dano social não se confunde com o dano moral. Nesta categoria, a vítima sofre uma lesão incapaz de ser quantificada em pecúnia, visto que não houve uma lesão a um bem material, mas sim a um direito da personalidade ao qual não pode ser atribuído valor econômico. No caso do dano moral, muito embora as funções das indenizações se pareçam, não há que se confundir a função punitiva do dano moral com o dano social: neste há o cometimento de um novo dano, cuja vítima é a sociedade, em que haverá o acréscimo de um *plus* no *quantum* indenizatório para reparar o dano a ela causado, seja pela redução da qualidade de vida ou pela diminuição da segurança do local em que vivem as pessoas.

O autor oferece os seguintes exemplos de danos sociais o pedestre que joga papel no chão, o passageiro que atende ao celular no avião, o pai que solta balão com seu filho. São danos sociais porque podem causar entupimento de bueiros em dias de chuva, problemas de comunicação do avião causando um acidente aéreo, o incêndio de casas ou de florestas por conta da queda do balão *etc*.

É verdade que são exemplos simplórios, de condutas que não são tão graves. Mas o problema não é a conduta, mas sim a consequência.

E contextualizando com o que foi dito, o dano social pode ser caracterizado da seguinte maneira:

- *Dano social como dano–evento:* decorre da infração do dever de segurança da sociedade, lesando a seguridade das relações pessoais e econômicas; e
- *Dano social como dano–prejuízo:* a infração daquele dever de segurança provoca uma redução no nível de vida da sociedade e do seu patrimônio moral.

A *lesão à função social* – aqui designada de *desfuncionalização* – *causa um dano social*. A função social do contrato pretende assegurar:

- uma ética solidarista para o contrato enquanto instrumento de circulação de riquezas;
- a preservação da confiança nas relações econômicas;
- o "jogo limpo" entre as partes e terceiros, e terceiros e as partes; e
- uma exemplar e correta contratação, tanto na fase de tratativas quanto na fase de execução.

Em resumo, o que pretende o art. 421 é o desenvolvimento de um *bom contrato*, aqui entendido como aquele que oferece a garantia à sociedade de que sua causa é o desenvolvimento socioeconômico (individual e social). Isso nada mais é que a garantia da *segurança jurídica* da relação contratual; a segurança de que: o contrato será cumprido; a palavra empenhada não será frustrada; a confiança depositada naquele contrato não será em vão; o tempo não será desperdiçado; e os objetivos típicos de um contrato sejam concretizados.

Analisando o significado de segurança como fundamento do Código Civil, Francisco Amaral vai além da integridade física e psicossomática do indivíduo e assim escreve:[265]

> "A segurança significa não só a paz, a ordem, a estabilidade, como também a certeza da realização do direito, isto é, o conhecimento dos direitos e deveres estabelecidos e a convicção de seu exercício e cumprimento, e ainda a previsibilidade dos efeitos do comportamento pessoal. [...]. Há, porém, outro conceito de segurança, o material, que se aproxima da justiça, pelo qual a segurança é o valor que nos garante, por meio do direito, a consecução de certos bens e objetivos sociais, como solução contra os desequilíbrios econômicos e sociais".

Desse entendimento resulta que a segurança não é apenas a incolumidade física e a previsibilidade de condutas e consequências jurídicas de atos praticados. É também a garantia de valores, objetivos e bens sociais contra o desequilíbrio nas relações intersubjetivas (sociais) e negociais (econômicas). Tal segurança é garantida, posto que desejada, pela função

---

[265] AMARAL, Francisco. Código Civil e interpretação jurídica. In: *Revista Brasileira de Direito Comparado*. Nº 44 e 45. 1º e 2º semestres 2013. Rio de Janeiro: Instituto de Direito Comparado Luso-Brasileiro, 2014, pp. 154-155.

social, que pretende estabelecer como *razão prática* da ação de contratar a consecução dos referidos valores.

Assim, embora Antonio Junqueira de Azevedo centralize sua tese no fato de o dano social ser a lesão à segurança, não há motivo para restringir esse ideal de segurança apenas em relação à vida e à integridade psicossomática:[266]

> "A segurança, nem é preciso salientar, constitui um valor para qualquer sociedade. Quanto mais segurança, melhor a sociedade, quanto menos, pior. Logo, qualquer ato doloso ou gravemente culposo, em que o sujeito 'A' lesa o sujeito 'B', especialmente em sua vida ou integridade física e psíquica, além dos danos patrimoniais ou morais causados à vítima, é causa também de um dano à sociedade como um todo e, assim, o agente deve responder por isso".

Quando se fala em segurança, trata-se daquela que diz respeito a todas as relações jurídicas, sejam as que versem sobre direitos da personalidade, sejam aquelas que versem sobre direitos patrimoniais (reais e creditórios).

A segurança é um importante valor social não apenas quanto à incolumidade psicossomática do sujeito, mas quanto a tudo o que tem repercussão na sociedade. Inclusive um contrato, que como se viu tem reconhecida oponibilidade perante terceiros.

Um dano será social toda vez que um ato:[267]

- for negativamente exemplar;
- rebaixe o nível coletivo de vida;
- diminua a qualidade de vida social;
- lese a integridade psicossomática, moral e intelectual das pessoas;
- atinja o patrimônio da sociedade, ou seja, seus valores e interesses gerais;
- quebre a confiança; e
- diminua a tranquilidade social.

Dano social é, então, aquele que não se coaduna com os ideais da *sociedade de informação*, preocupada com o bem-estar e a tranquilidade.

---

[266] AZEVEDO, Antonio Junqueira. Por uma nova categoria de dano na responsabilidade civil: o dano social, ob. cit., p. 215.

[267] AZEVEDO, Antonio Junqueira. Por uma nova categoria de dano na responsabilidade civil: o dano social, ob. cit., pp. 214-215.

A DESFUNCIONALIZAÇÃO SOCIAL DO CONTRATO E SUAS CONSEQUÊNCIAS

É necessário deixar claro que *a função social pretende manter um nível social de tranquilidade para as relações econômicas*, pois elas têm ampla repercussão social. A desfuncionalização quebra essa tranquilidade, que nada mais é que a segurança. Basta pensar em uma cadeia de contratos sucessivos: qualquer problema no âmbito de um desses contratos cria um efeito cascata nos outros.

Conforme o próprio Junqueira admite, o dano social pode existir não só em situações paracontratuais, mas também em matéria contratual.

O autor cita como exemplo a empresa de aviação que sistematicamente atrasa os seus voos. É óbvio que essa atitude diminui o bem-estar das pessoas, afinal, é causa de um profundo estresse: "é muito diferente o passageiro sair de casa confiante quanto ao cumprimento dos horários de seus compromissos ou, nas mesmas condições, sair na angústia do imprevisível".

Outro exemplo dado pelo autor de dano social aplicado à esfera contratual é o famoso caso Zeca Pagodinho, contratado para ser "garoto propaganda" da cerveja Nova Schin, e após aparecer em rede nacional fazendo a divulgação desse novo produto, foi contratado para fazer propaganda para a cerveja Brahma. Assim comenta o episódio:[268]

"O desrespeito doloso do primeiro contrato, e o mau exemplo, no comportamento do cantor – sempre raciocinando por hipótese e considerando que tudo se passou como publicado –, em conluio com a Ambev, não deveria levar somente à indenização das perdas e danos da primeira contratante. Na verdade, se não houvesse um *plus* de indenização – pago por ele e pela Ambev –, tendo por causa o segundo acordo, estaríamos diante da falta de consequência para um ato doloso e diante de um evidente estímulo ao descumprimento dos contratos. A tolerância para com o dolo e para com o descumprimento da palavra (seria *alterum laedere e suum cuique non tribuere*, tudo ao contrário do que deveria ser) são os piores males para uma sociedade. Em resumo, é preciso repor, quer num caso, por punição, quer noutro, por dissuasão, o que foi tirado da sociedade. O dano social se apresenta aqui nas duas vertentes: merece punição e acréscimo dissuasório, ou didático".

---

[268] AZEVEDO, Antonio Junqueira. Por uma nova categoria de dano na responsabilidade civil: o dano social, ob. cit., pp. 215-216.

Também é exemplo de dano social em matéria contratual o caso levado ao Tribunal de Justiça do Estado do Rio Grande do Sul.[269] Segundo consta do julgado em análise, houve uma fraude no sistema de loterias chamado de "Toto Bola". As pessoas compravam as cartelas sem obter chances de êxito. Com isso, o Tribunal entendeu pela ilicitude da prática e aduziu que o dano material sofrido pelas vítimas limitava-se ao valor da cartela adquirida pelos consumidores, bem como entendeu pela inexistência de dano moral puro, ante a ausência de lesão a algum direito da personalidade:

> "TOTO BOLA. SISTEMA DE LOTERIAS DE CHANCES MÚLTIPLAS. FRAUDE QUE RETIRAVA AO CONSUMIDOR A CHANCE DE VENCER. AÇÃO DE REPARAÇÃO DE DANOS MATERIAIS E MORAIS. DANOS MATERIAIS LIMITADOS AO VALOR DAS CARTELAS COMPROVADAMENTE ADQUIRIDAS. DANOS MORAIS PUROS NÃO CARACTERIZADOS. POSSIBILIDADE, PORÉM, DE EXCEPCIONAL APLICAÇÃO DA FUNÇÃO PUNITIVA DA RESPONSABILIDADE CIVIL. NA PRESENÇA DE DANOS MAIS PROPRIAMENTE SOCIAIS DO QUE INDIVIDUAIS, RECOMENDA-SE O RECOLHIMENTO DOS VALORES DA CONDENAÇÃO AO FUNDO DE DEFESA DE INTERESSES DIFUSOS. RECURSO PARCIALMENTE PROVIDO. Não há que se falar em perda de uma chance, diante da remota possibilidade de ganho em um sistema de loterias. Danos materiais consistentes apenas no valor das cartelas comprovadamente adquiridas, sem reais chances de êxito. Ausência de danos morais puros, que se caracterizam pela presença da dor física ou sofrimento moral, situações de angústia, forte estresse, grave desconforto, exposição à situação de vexame, vulnerabilidade ou outra ofensa a direitos da personalidade. Presença de fraude, porém, que não pode passar em branco. Além de possíveis respostas na esfera do direito penal e administrativo, o direito civil também pode contribuir para orientar os atores sociais no sentido de evitar determinadas condutas, mediante a punição econômica de quem age em desacordo com padrões mínimos exigidos pela ética das relações sociais e econômicas. Trata-se da função punitiva e dissuasória que a responsabilidade civil pode, excepcionalmente, assumir, ao lado de sua clássica função reparatória/compensatória. O Direito deve ser mais esperto do que o torto, frustrando as indevidas expectativas de lucro ilícito, à custa dos consumidores de boa-fé. Considerando,

---

[269] TJRS, Recurso Cível nº 71001278639/RS, Terceira Turma Recursal Cível, Rel. Eugênio Facchini Neto, j. em 17/04/2007.

porém, que os danos verificados são mais sociais do que propriamente individuais, não é razoável que haja uma apropriação particular de tais valores, evitando-se a disfunção alhures denominada de *over compensantion*. Nesse caso, cabível a destinação do numerário para o Fundo de Defesa de Direitos Difusos, criado pela Lei 7.347/85, e aplicável também aos danos coletivos de consumo, nos termos do art. 100, parágrafo único, do CDC. Tratando-se de dano social ocorrido no âmbito do Estado do Rio Grande do Sul, a condenação deverá reverter para o fundo gaúcho de defesa do consumidor".

O referido acórdão entendeu que o dano causado por essa prática repercutiu mais na esfera social que no pessoal, causando assim um dano social, passível de reparação. Nesta senda, a indenização assumiria um caráter punitivo/dissuasório, objetivando punir os autores pela prática danosa, mas também coibir que atos lesivos como esse se repitam, fugindo da tradicional concepção compensatória/reparatória que a indenização possui.

Situação interessante aconteceu no caso de protesto indevidamente realizado pelo Banco Santander de uma duplicata, o que levou a autora a ajuizar ação pleiteando danos morais, materiais e sociais. A sentença, no entanto, entendeu que o banco era parte ilegítima na ação, oportunidade em que extinguiu o processo sem resolução do mérito.

Irresignada, a autora interpôs apelação objetivando a reforma da sentença, no sentido de reconhecer a legitimidade passiva do Banco Santander, bem como condená-lo em: danos morais pela negativação indevida de seu nome; danos materiais, pelas despesas que esta teve com honorários advocatícios para propor a demanda; e danos sociais, visto que tal ato gerou reflexos não só na autora, mas também em todos os clientes do banco que possam ser vítimas desse tipo de conduta. O Tribunal de Justiça de São Paulo não reformou a decisão de piso e entendeu que não existia no caso um dano social. Entenderam os membros da 20ª Câmara de Direito Privado a conduta danosa do banco não se qualificou como especialmente relevante para a sociedade; não pode ser considerada como de eficácia social a simples reiteração da falta de zelo da instituição bancária no protesto de títulos. Assim decidiu o Tribunal:[270]

---

[270] TJSP, APL: 00121712520098260664 SP 0012171-25.2009.8.26.0664, 20ª Câmara de Direito Privado, Rel. Des. Maria Lúcia Pizzotti, j. em 30/06/2014.

"APELAÇÃO. DUPLICATA. INDENIZAÇÃO DANOS MORAIS E MATERIAIS. PROTESTO INDEVIDO. LEGITIMIDADE. ENDOSSO-MANDATO. 'QUANTUM'. HONORÁRIOS CONTRATUAIS. DANO EMERGENTE. DANO SOCIAL REPELIDO. – Duplicata que é título causal, exigível, a despeito da falta de aceite, desde que demonstrado o negócio jurídico, com de documento hábil da entrega da mercadoria (art. 15, II, b, da Lei 5.474/68) requisitos cumulativos; – Negócio jurídico subjacente quitado vício no negócio que impede a exigibilidade do título, carente de lastro; – Inconteste legitimidade, aferida a partir da relação de direito material – endosso-mandato ou translativo que não repelem a responsabilidade da instituição bancária de garantir a higidez do título emitido de forma fraudulenta precedentes desta C. Câmara; – O abalo de crédito viola elemento integrante da moral humana, constituindo dano (modalidades própria e imprópria) indenizável inteligência dos artigos 186, 188 e 927 do Código Civil; – 'Quantum' arbitrado de acordo com a extensão do dano e com os paradigmas jurisprudenciais (art. 944, do CC) R$10.000,00; – Divergência doutrinária e jurisprudencial acerca da natureza dos honorários expressos nos artigos 389 e 404 do Código Civil. Função social do contrato que permite a eficácia externa do contrato de honorários, para garantir a plena restituição dos danos materiais impostos em decorrência de violação contratual precedentes; – Danos materiais que dependem de efetiva comprovação (art. 402 do Código Civil), recibo de patrono, em valor compatível com a razoabilidade e proporcionalidade da pretensão principal, honorários que consistem em dano emergente procedência do pedido indenizatório; – Dano social correspondência da eficácia punitiva da indenização com a interpretação restrita do artigo 944, do Código Civil doutrina e jurisprudência; – Dano social não verificado conduta danosa que não se qualificou como especialmente relevante para a sociedade eficácia SOCIAL da conduta que não pode ser considerada a partir da simples reiteração da falta de zelo da Instituição Bancária no protesto de títulos; RECURSO PARCIALMENTE PROVIDO".

O Tribunal, ao julgar o aludido recurso, reformou a decisão de piso para reconhecer a legitimidade do banco, bem como condená-lo em danos morais e materiais, pela negativação indevida do nome e as despesas com advogado que a autora suportou. Contudo, no tocante ao dano social, o TJSP entendeu não estar configurado, sob o argumento de que a mera conduta reiterada não é suficiente para caracterizar o dano social, devendo o mesmo possuir lesividade para além das partes envolvidas, e a conduta do banco não possui relevância social, motivo pelo qual afastou a incidência do dano social no caso concreto.

Não parece, porém, que tenha sido a melhor decisão quanto a esse aspecto. A falta de zelo por parte da instituição bancária põe sim em risco todos aqueles que possam vir a ser protestados.

No âmbito do Superior Tribunal de Justiça (STJ) foi realizada uma pesquisa de julgados entre os dias 01/12/2015 a 15/12/2015 com o objetivo de constatar qual a posição do Tribunal sobre o dano social em matéria contratual cível, mercantil e consumerista. A pesquisa foi feita utilizando os seguintes parâmetros:

- *Site da pesquisa:* http://www.jusbrasil.com.br/jurisprudencia;
- *Termo de busca:* "dano and social";
- *Resultado:*http://www.jusbrasil.com.br/jurisprudencia/busca?q=dano+social&idtopico=T10000002
- *Corte temporal:* 2008 a 2015;
- *Total de julgados que se referem ao objetivo da pesquisa:* 27.

Para fins dessa pesquisa considerou-se dano social como aquele definido por Antonio Junqueira de Azevedo, já que em matéria ambiental também se emprega o termo "dano social" como sinônimo de "dano moral coletivo", como se pode ver, dentre outros, no REsp nº 1.221.756/RJ.[271]

O resultado da pesquisa pode ser assim sistematizado:

---

[271] STJ, REsp. nº 1.221.756/RJ, Terceira Turma, Rel. Min. Massami Uyeda, j. em 02/02/2012.

A RESPONSABILIDADE CIVIL PELA VIOLAÇÃO À FUNÇÃO SOCIAL DO CONTRATO

DANO SOCIAL	
em matéria contratual	*em matéria extracontratual*
Rcl: 13200 GO 2013/0197835-7, Relator: Ministro LUIS FELIPE SALOMÃO, Data de Julgamento: 08/10/2014, S2 – SEGUNDA SEÇÃO, Data de Publicação: DJe 14/11/2014; Rcl: 15832 GO 2013/0416474-4, Relator: Ministro PAULO DE TARSO SANSEVERINO, Data de Publicação: DJ 20/10/2014; Rcl 12.062/GO, Rel. Ministro RAUL ARAÚJO, Segunda Seção, j. 12/11/2014, DJe 20/11/2014; Rcl 16444 GO 2014/0029066-4; Decisão Monocrática; Rcl 10419 MG 2012/0223789-9; Decisão Monocrática; Rcl: 14141 GO 2013/0287513-6, Relator: Ministro RICARDO VILLAS BÔAS CUEVA, Data de Publicação: DJ 03/12/2014; Rcl 14142 GO 2013/0287521-3; Relator(a): Ministro PAULO DE TARSO SANSEVERINO. Publicação: DJ 20/10/2014; Rcl 16452 GO 2014/0029631-1. Relator(a): Ministro PAULO DE TARSO SANSEVERINO Publicação: DJ 20/10/2014; Rcl 15597 GO 2013/0401488-0. Relator(a): Ministro PAULO DE TARSO SANSEVERINO Publicação: DJ 20/10/2014; Rcl 14855 GO 2013/0352554-1; Decisão Monocrática; Rcl 15832 GO 2013/0416474-4; Decisão Monocrática; Rcl 16442 GO 2014/0029055-1 Relator(a): Ministro MARCO AURÉLIO BELLIZZE Publicação: DJ 21/11/2014; Rcl 14131 GO 2013/0287272-5. Relator (a): Ministro RICARDO VILLAS BÔAS CUEVA Publicação: DJ 03/12/2014; AREsp 634818 SP 2014/0331282-0. Decisão Monocrática; AREsp 634818 SP 2014/0331282-0 Relator (a): Ministro SÉRGIO KUKINA Publicação: DJ 05/02/2015.	Rcl: 12062 GO 2013/0090064-6, Relator: Ministro RAUL ARAÚJO, Data de Julgamento: 12/11/2014, S2 – SEGUNDA SEÇÃO, Data de Publicação: DJe 20/11/2014; AgRg no REsp: 1121092 RS 2009/0018944-4, Relator: Ministra ALDERITA RAMOS DE OLIVEIRA (DESEMBARGADORA CONVOCADA DO TJ/PE), Data de Julgamento: 20/08/2013, T6 – SEXTA TURMA, Data de Publicação: DJe 04/09/2013; AgRg no REsp: 1515335 CE 2015/0030425-6, Relator: Ministro HUMBERTO MARTINS, Data de Julgamento: 28/04/2015, T2 – SEGUNDA TURMA, Data de Publicação: DJe 06/05/2015; AgRg no REsp: 1465543 SC 2014/0163360-5, Relator: Ministro HUMBERTO MARTINS, Data de Julgamento: 09/09/2014, T2 – SEGUNDA TURMA, Data de Publicação: DJe 16/09/2014; AgRg no AREsp: 460157 PI 2014/0003637-6, Relator: Ministro MAURO CAMPBELL MARQUES, Data de Julgamento: 20/03/2014, T2 – SEGUNDA TURMA, Data de Publicação: DJe 26/03/2014; AgRg no REsp: 1478224 SE 2014/0218927-3, Relator: Ministro MAURO CAMPBELL MARQUES, Data de Julgamento: 24/02/2015, T2 – SEGUNDA TURMA, Data de Publicação: DJe 02/03/2015; AgRg no REsp: 1409341 PE 2013/0339547-4, Relator: Ministro MAURO CAMPBELL MARQUES, Data de Julgamento: 26/11/2013, T2 – SEGUNDA TURMA, Data de Publicação: DJe 04/12/2013; REsp: 1346893 PR 2012/0205738-4, Relator: Ministro MAURO CAMPBELL MARQUES, Data de Julgamento: 06/11/2012, T2 – SEGUNDA TURMA, Data de Publicação: DJe 12/11/2012; EDcl no AGRAVO EM RECURSO ESPECIAL: EDcl no AREsp 460824 RJ 2014/0004789-0; Decisão Monocrática; RECURSO ESPECIAL: REsp 1111349 SP 2008/0202543-7; Decisão Monocrática; REsp 1479616 GO 2014/0222984-6. Relator (a): Ministro RICARDO VILLAS BÔAS CUEVA. Julgamento 03/03/2015 Órgão Julgador: T3 – TERCEIRA TURMA; REsp 246263 SP 2000/0006952-3 Relator (a): Ministro JOSÉ DELGADO Julgamento: 11/04/2000 Órgão Julgador: T1 – PRIMEIRA TURMA.
Total de julgados: 15	Total de julgados: 12.

Estatisticamente:

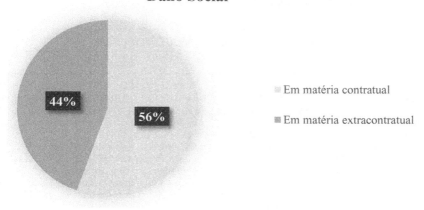

No caso dos julgados que trataram do dano social em matéria contratual, em algumas situações foi confirmada a condenação à indenização advinda do tribunal *a quo*, conforme se verifica:

DANO SOCIAL EM MATÉRIA CONTRATUAL	
cabível	*não cabível*
Rcl: 13200 GO 2013/0197835-7, Relator: Ministro LUIS FELIPE SALOMÃO, Data de Julgamento: 08/10/2014, S2 – SEGUNDA SEÇÃO, Data de Publicação: DJe 14/11/2014; REsp: 631204 RS 2004/0023234-8, Relator: Ministro CASTRO FILHO, Data de Julgamento: 25/11/2008, T3 – TERCEIRA TURMA. (Obs.: usou repercussão social do dano para agravar indenização); Rcl: 14141 GO 2013/0287513-6, Relator: Ministro RICARDO VILLAS BÔAS CUEVA, Data de Publicação: DJ 03/12/2014; Rcl 14142 GO 2013/0287521-3. Relator(a): Ministro PAULO DE TARSO SANSEVERINO Publicação: DJ 20/10/2014; Rcl 16452 GO 2014/0029631-1. Relator(a): Ministro PAULO DE TARSO SANSEVERINO Publicação: DJ 20/10/2014; Rcl 15597 GO 2013/0401488-0. Relator(a): Ministro PAULO DE TARSO SANSEVERINO Publicação: DJ 20/10/2014; Rcl 14855 GO 2013/0352554-1. Decisão Monocrática; Rcl 16442 GO 2014/0029055-1 Relator(a): Ministro MARCO AURÉLIO BELLIZZE Publicação: DJ 21/11/2014; Rcl 14131 GO 2013/0287272-5 Relator(a): Ministro RICARDO VILLAS BÔAS CUEVA Publicação: DJ 03/12/2014; AREsp 634818 SP 2014/0331282-0. Decisão Monocrática; AREsp 634818 SP 2014/0331282-0 Relator(a): Ministro SÉRGIO KUKINA Publicação: DJ 05/02/2015	Rcl: 15832 GO 2013/0416474-4, Relator: Ministro PAULO DE TARSO SANSEVERINO, Data de Publicação: DJ 20/10/2014): (Motivo: ilegitimidade do particular em tutelar direito da coletividade); Rcl 12.062/GO, Rel. Ministro RAUL ARAÚJO, Segunda Seção, j. 12/11/2014, DJe 20/11/2014 (Motivo: indenização concedida *extra petita*); Rcl 16444 GO 2014/0029066-4; Decisão Monocrática (Motivo: indenização concedida *extra petita*); Rcl 10419 MG 2012/0223789-9. Decisão Monocrática (Motivo: ilegitimidade do particular em tutelar direito da coletividade).
Total de julgados: 11	Total de julgados: 04

Estatisticamente:

Reconhecimento de dano social em matéria contratual

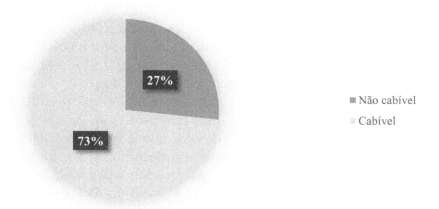

A análise dos julgados pesquisados revelou o seguinte:

- A jurisprudência do Tribunal, em todas as Turmas analisadas, é pela admissão do instituto no ordenamento jurídico brasileiro;
- A maioria das decisões versavam sobre casos envolvendo a relação entre consumidores e instituições bancárias, sendo a espera abusiva em fila para atendimento a maior causa de demanda;
- O Tribunal deu ao dano social o papel de dano punitivo como forma de sanção pelo fato de que a reiteração da referida conduta pelas entidades bancárias e considerou que isto configura a lesão coletiva;
- Também é dominante a jurisprudência da 3ª Turma no sentido de que o arbitramento do dano social, quando envolver instituições bancárias, pode – e deve – se dar de ofício (Rcl. nº 14.855/GO, Rel. Min. Ricardo Villas Bôas Cuevas, j. em 20/11/2014. Decisão Monocrática);
- O valor da indenização a ser fixado deve ser feito dentro de parâmetros necessários para o desestímulo à prática das ações lesivas;
- Consubstanciam-se em dano social as práticas reiteradas que causam lesões aos consumidores e, consequentemente, à sociedade (Rcl. nº 16.442/GO, Rel. Min. Marco Aurélio Bellizze, j. em 21/11/2014);
- O arbitramento de indenização *ex officio* pelo juiz não configura julgamento *extra petita*: "Mesmo não havendo pedido inicial, cabe ao juiz, utilizando-se do seu poder geral de cautela, fazer valer de todo

o aparato jurídico para manter a autoridade do ordenamento jurídico no aspecto eficácia das normas do Direito Social, não ficando alheio à realidade que o cerca, sendo assim, tal imposição não pode ser considerada *extra petita*, uma vez que o arbitramento do dano social visa inibir a repetição do ilícito e mitigar o lucro obtido pelo réu com a atitude de agressão ao ordenamento jurídico, aos consumidores, enfim à sociedade em geral" (Rcl. nº 16.442/GO, Rel. Min. Marco Aurélio Bellizze, j. em 21/11/2014);

- Quando o juiz percebe condutas socialmente reprováveis, fixa a verba compensatória de caráter punitivo a título de dano social;
- Não é pacífica a destinação do valor da indenização, pois há julgados em que não se admitiu a apropriação da indenização pelo particular: "Essa indenização não é para a vítima, sendo destinada a um fundo de proteção consumerista (art. 100 do CDC), ambiental ou trabalhista, por exemplo, ou até mesmo instituição de caridade, a critério do juiz (art. 883, parágrafo único do CC). Enfim, é a aplicação da função social da responsabilidade civil (é cláusula geral; norma de ordem pública). 5. Com atos já reiterados pela mesma reclamada em desfavor dos consumidores e confirmada através de condutas socialmente reprováveis, poderá ser fixada verba compensatória, já que a condenação individual não gera o meio coercitivo adequado, pois a continuidade de deficiência e descaso para com o consumidor se repete constantemente. A possibilidade da condenação por dano social, assim, tem como caráter punitivo e coercitivo, com fincas a evitar nos atos ilícitos por parte da reclamada" (Rcl. nº 14.131/GO, Rel. Min. Ricardo Villas Bôas Cueva, j. em 03/12/2014).

Essa pesquisa revela que o STJ reconhece a possibilidade de decorrer dano social de um contrato, toda vez que este contrato estiver em dissonância com os interesses sociais. Ele ocorre toda vez que práticas contratuais – especialmente as reiteradas – lesem a sociedade (em especial os consumidores). O dano social é um prejuízo que caminha ao lado do dano material e moral, verificado quando a execução de um contrato lesa a sociedade.

Sabe-se que o contrato possui uma função social e uma função econômica que diz respeito ao interesse patrimonial individual das partes. Quando a função econômica individual é lesada, tem-se o dano moral e patrimonial; quando a função social é lesada, tem-se o dano social.

A DESFUNCIONALIZAÇÃO SOCIAL DO CONTRATO E SUAS CONSEQUÊNCIAS

Embora a função social do contrato não apareça nos julgados analisados como o critério de verificação de quando o contrato atende a tais interesses sociais, ela pode sim ser usada como o elemento que norteia e caracteriza o dano social decorrente de um contrato.

O que se pretende dizer aqui é que, toda vez que se lese a função social do contrato, além dos típicos danos patrimoniais e morais, também se pode verificar a presença de um dano social, decorrente da desfuncionalização do negócio.

Como já dito anteriormente, o dano social está na consequência prejudicial que deriva da violação do padrão de conduta da função social. Isso acontece não apenas naqueles "grandes" contratos, assim denominados aqueles que envolvem vultosos valores pecuniários ou têm ampla abrangência na sociedade. Simples contratos do dia-a-dia podem lesar a função social, mas o dano social decorrente dessa violação passa despercebido por causa do impacto. Cite-se um caso simples: "A" põe um imóvel para locação. "B" se interessa pelo aluguel e providencia a documentação para fechar negócio com "A". Surge "C", porém, interessado no imóvel e oferecendo R$ 100,00 a mais sobre o valor do aluguel fixado por "A" como forma de estimular o locador a locar para ele o bem. "B" é preterido.

Esse exemplo pode parecer banal, mas há aí a violação a duas cláusulas gerais fundamentais dos contratos: entre "A" e "B" houve a violação da boa-fé objetiva por parte do primeiro, que deverá indenizar os prejuízos materiais sofridos por "B" (responsabilidade civil pré-contratual); por outro lado, as condutas de "A" e "C" também violam a função social. Aí reside o dano social, a ser indenizado como um *plus* punitivo.

Observe que a instigação de "C" não é uma situação típica que ocorre no período das negociações preliminares, porque o negócio já estava em vias de conclusão. "B" já havia criado legítimas expectativas em torno do contrato. A simples melhor proposta não configura violação.

Parece um caso banal para configurar um dano social. Mas há sim esta lesão. Poder-se ia dizer que uma situação de tão pequena monta não é relevante para fins de caracterização de uma violação à função social. Não deve prosperar essa forma de ver as coisas. Primeiro que não se pode chamar um contrato de irrelevante: às vezes ele é tudo para uma pessoa, é o máximo que ela consegue celebrar, e não sabemos a importância que tem para o sujeito. Segundo que é nessas pequenas atitudes que tem raízes as condutas mais graves, como o desvio de recursos em obras públicas. E terceiro que dano social não está na extensão do prejuízo; o raciocínio é ao contrário: a extensão é maior porque há dano social.

No caso de contratos que envolvem pequenos valores, então, há sim dano social que pode ser indenizado. Tal dano pode ter impacto menor que em outras circunstâncias, mas isso não impede sua existência.

2.3. Desfuncionalização e direitos coletivos difusos

Como visto, a desfuncionalização provoca um dano social.

O dano social é uma lesão aos interesses da coletividade, figura conhecida como *"direitos ou interesses difusos"*. A vítima do dano social é a sociedade, lesada pela desfuncionalização que atinge seus interesses indivisíveis. Isso porque os direitos difusos têm como titular não um sujeito determinado, mas a coletividade indeterminada. O principal direito difuso lesado pela desfuncionalização é o desequilíbrio da ordem econômica.

Na década de 1980, o Brasil experimentou a implementação da Política Nacional do Meio Ambiente em 1981 (Lei nº 6.938/81), da Lei de Ação Civil Pública em 1985 (Lei nº 7.347/85) e do Código de Defesa do Consumidor (Lei nº 8.078/90). Essa legislação reconheceu o alcance de um direito em relação não só a um indivíduo, mas também em relação a um grande grupo de pessoas. Reconheceu, ainda, a existência de conflitos coletivos de ordem econômica, social ou cultural.[272] Tal reconhecimento é a materialização de *direitos difusos, coletivos, individuais* e *individuais homogêneos*.

---

[272] VILLAS BÔAS, Regina Vera; DAMASCENA, Carine Valeriano. Aspectos relevantes da história dos direitos difusos e coletivos. In: *Revista Direito & Paz*. Ano 6, nº 11, Lorena, 2004, p. 94-95, aponta que o surgimento de tais direitos é um resultado da massificação social decorrente da Revolução Industrial. Foram os sindicatos da época os responsáveis pelo reconhecimento de uma "nova ordem coletiva": "a revolução das máquinas realizou expressiva modificação da realidade social mundial, implicando aglomeração de pessoas nos grandes centros urbanos. Verifica-se a transformação de uma sociedade essencialmente comercial e agrícola para uma sociedade em que a manufatura industrial tornava-se o modo dominante de organização da vida econômica. Isso exigiu um novo modelo de produção apto a suportar as transformações sociais que começavam a ocorrer. Iniciou-se a substituição do homem pela máquina com o escopo de socorrer o crescimento da demanda de produtos e serviços para um número sempre crescente de pessoas. Surge, nesse contexto, a produção em série nas indústrias, cuja escala inaugurada a partir de modelos previamente concebidos permite a diminuição dos custos, ao mesmo tempo em que propicia o desemprego em massa. Configurada, pois, a sociedade de massas [...]. Afirma-se, nessa conjuntura, que o principal erro dos idealizadores do Estado Liberal consistiu no seu desconhecimento da possibilidade de se concretizar a Revolução Industrial que, ao produzir o desemprego em massa, paralelamente mitigou o valor

Os direitos podem ser *individuais* (quando o seu titular é um indivíduo determinado e isolado) ou *transindividuais* (quando o titular não é um indivíduo especificamente, mas uma coletividade).

Os *direitos individuais* são os direitos subjetivos propriamente ditos, ou seja, aqueles cujo titular é determinado e isolado. São exemplos a propriedade, a vida, a privacidade, o crédito.

Já os direitos transindividuais, metaindividuais ou ainda direitos coletivos *lato sensu* podem ser distribuídos em três categorias:[273]

- *Direitos difusos (art. 81, I do CDC)*: são indivisíveis, pois têm como titular não um sujeito determinado, mas a coletividade indeterminada, quer dizer, todas as pessoas em conjunto.[274] São aqueles transindividuais (pertencentes a vários indivíduos), de natureza indivisível (só podem ser considerados como um todo), e cujos titulares sejam pessoas indeterminadas (não se consegue sua individuação, nem mesmo como grupo) e ligadas por circunstâncias de fato.[275] Sua principal característica é que tais direitos são massificados (pertencem à massa de sujeitos), e o prejuízo de sua violação atinge a todos. São exemplos: meio ambiente equilibrado, saúde, educação, qualidade de vida. Segundo Rodolfo de Camargo Mancuso eles

---

do trabalho humano, potencializou o conflito entre as classes patronais e operárias e acentuou muito mais o desequilíbrio social. Nesse contexto, inevitável a eclosão dos sindicatos que se formam para combater o imenso poder industrial e as péssimas condições de vida que assim exsurgem. Na expressão utilizada por Mauro Cappelletti, ressurgem os corpos intermediários entre o indivíduo – isolado de um lado –, e o Estado, do outro. Mancuso esclarece que a nova estrutura das relações sociais, tratada como a 'a nova ordem coletiva', manifesta-se em virtude da Revolução Industrial, da massificação da sociedade e do movimento sindical".

[273] Código de Defesa do Consumidor, art. 81: "A defesa coletiva será exercida quando se tratar de: I – interesses ou direitos difusos, assim entendidos, para efeitos deste código, os transindividuais, de natureza indivisível, de que sejam titulares pessoas indeterminadas e ligadas por circunstâncias de fato; II – interesses ou direitos coletivos, assim entendidos, para efeitos deste código, os transindividuais, de natureza indivisível de que seja titular grupo, categoria ou classe de pessoas ligadas entre si ou com a parte contrária por uma relação jurídica base; III – interesses ou direitos individuais homogêneos, assim entendidos os decorrentes de origem comum".

[274] GRINOVER, Ada Pellegrini. *A tutela dos interesses difusos*. São Paulo: Max Limonad, 1984, pp. 30-31.

[275] ZANETI JR., Hermes. *Processo Coletivo*. Salvador: JusPodivm, 2006, Caps. 1 e 2; e ZAVASCKI, Teori Albino. Defesa de direitos coletivos e defesa coletiva de direitos. In: *Revista Jurídica*. Nº 212. Porto Alegre, jan. 1995, pp. 16-33.

constituem uma *res communes omnium* (e não uma res nullius), no sentido de que são "interesses de grupos integrados por uma pluralidade de pessoas indeterminadas, embora vinculadas por um mesmo interesse comum";[276]

- *Direitos coletivos (art. 81, II do CDC)*: não são direitos de toda a sociedade, mas de certas categorias ou grupos sociais em que os indivíduos estão ligados a alguém por meio de um vínculo jurídico. São aqueles transindividuais, de natureza indivisível, de que seja titular grupo, categoria ou classe de pessoas (indeterminadas, mas determináveis enquanto grupo, categoria ou classe) ligadas entre si ou com a parte contrária por uma relação jurídica base (esta deve ser anterior à lesão).[277] Apresentam duas características elementares: 1) *indeterminabilidade:* a princípio, os indivíduos titulares desses direitos são indeterminados, mas poderão ser determinados (são determináveis); e 2) *indivisibilidade:* o direito é de todos do grupo, da categoria, logo não é possível tratamento diferenciado, sendo os interesses da categoria tratados coletivamente. O exemplo clássico são as categorias profissionais representadas pelos sindicados ou as entidades de classe (Ordem dos Advogados do Brasil, Conselhos Profissionais); os condôminos edilícios; e

- *Direitos individuais homogêneos (art. 81, III do CDC)*: são direitos cujos titulares são indeterminados, mas após a ocorrência futura de um evento de origem comum os sujeitos identificados e individualizados. Os sujeitos formam um grupo de vítimas comuns de um acontecimento; têm seus danos individuais, mas o direito é homogêneo. Daí a possibilidade de sua tutela se dar de forma coletiva (*class action*), comportando posterior identificação das vítimas e dos seus danos particulares.[278] Suas origens remontam às *class actions*

---

[276] MANCUSO, Rodolfo de Camargo. A concomitância de ações coletivas, entre si, e em face das ações individuais. In: *Revista da Procuradoria Geral do Estado de São Paulo*. Vol. 54, pp. 45-93.

[277] ZANETI JR., Hermes. *Processo Coletivo*, ob. cit., Caps. 1 e 2.

[278] BARBOSA MOREIRA, José Carlos. Tutela jurisdicional dos interesses coletivos ou difusos. In: *Temas de direito processual*. 3ª série. São Paulo: Saraiva, 1984, pp. 195-196. NERY JÚNIOR, Nelson; ANDRADE NERY, Rosa Maria de. Código de Processo Civil Comentado e Legislação Extravagante. 7ª ed. São Paulo: Revista dos Tribunais, 2003, p. 813, assim definem essa categoria de direitos coletivos: "direitos individuais cujo titular é perfeitamente identificável e cujo objeto é divisível e cindível. O que caracteriza um direito individual comum como homogêneo é a sua origem comum. A grande novidade trazida pelo CDC no particular foi

for damages norte-americanas. Representam uma ficção criada pelo Direito positivo com a finalidade de possibilitar uma proteção coletiva (molecular) de direitos individuais com dimensão coletiva (em massa). São aqueles decorrentes de origem comum, ou seja, nascidos em consequência da própria lesão ou ameaça de lesão, em que a relação jurídica entre as partes é *ex post factum* (fato lesivo). O que têm em comum é a procedência, a "progênese" na conduta comissiva ou omissiva da parte contrária, geradora da lesão ou ameaça de lesão. O pedido nas ações coletivas será sempre uma tese jurídica geral que beneficie aos substituídos (as peculiaridades dos direitos individuais deverão ser atendidas em liquidação de sentença a ser procedida individualmente).[279] Um exemplo é o recente episódio do rompimento das barragens da Samarco em Mariana – MG, que ocasionou danos não apenas aos moradores da região, mas também a todos os habitantes de cidades às margens do Rio do Doce nos Estado de Minas Gerais e Espírito Santo.

A violação à função social do contrato é um fato ilícito que causa um dano social, pois reflexamente atinge e lesa o interesse social consubstanciado em direitos transindividuais, porém apenas os difusos. Flávio Tartuce, por exemplo, considera o dano social como sinônimo de dano difuso: *"os danos sociais são difusos*, envolvendo direitos dessa natureza, em que as vítimas são indeterminadas ou indetermináveis".[280] Essa relação, inclusive, se verifica no Código de Defesa do Consumidor, que faz menção clara aos danos sociais como danos difusos, conforme se verifica em seu art. 6º, VI:

> "Art. 6º. São direitos básicos do consumidor: [...].
> VI – a efetiva prevenção e reparação de danos patrimoniais e morais, individuais, coletivos e difusos; [...]".

---

permitir que esses direitos individuais pudessem ser defendidos coletivamente em juízo. Não se trata de pluralidade subjetiva de demanda (litisconsórcio), mas de uma única demanda, coletiva, objetivando a tutela dos titulares dos direitos individuais homogêneos. A ação coletiva para a defesa de direitos individuais homogêneos é, grosso modo, a *class action brasileira*".

[279] ZANETI JR., Hermes. *Processo Coletivo*, ob. cit., Caps. 1 e 2.

[280] TARTUCE, Flávio. *Manual de Direito do Consumidor*. São Paulo: Método, 2013, p. 58.

Os direitos coletivos em sentido e os individuais homogêneos correspondem a um grupo específico ou especificável; logo, não é a sociedade como um todo. O dano, aí, não é social, mas individual ou de uma categoria. Nesse sentido, decidiu o Superior Tribunal de Justiça no REsp. nº 1.293.606/MG:[281]

> "DIREITO COLETIVO E DIREITO DO CONSUMIDOR. AÇÃO CIVIL PÚBLICA. PLANO DE SAÚDE. CLÁUSULA RESTRITIVA ABUSIVA. AÇÃO HÍBRIDA. DIREITOS INDIVIDUAIS HOMOGÊNEOS, DIFUSOS E COLETIVOS. DANOS INDIVIDUAIS. CONDENAÇÃO. APURAÇÃO EM LIQUIDAÇÃO DE SENTENÇA. DANOS MORAIS COLETIVOS. CONDENAÇÃO. POSSIBILIDADE, EM TESE. NO CASO CONCRETO DANOS MORAIS COLETIVOS INEXISTENTES. 1. [...]. 2. No caso concreto, trata-se de ação civil pública de tutela híbrida. Percebe-se que: (a) há direitos individuais homogêneos referentes aos eventuais danos experimentados por aqueles contratantes que tiveram tratamento de saúde embaraçado por força da cláusula restritiva tida por ilegal; (b) há direitos coletivos resultantes da ilegalidade em abstrato da cláusula contratual em foco, a qual atinge igualmente e de forma indivisível o grupo de contratantes atuais do plano de saúde; (c) há direitos difusos, relacionados aos consumidores futuros do plano de saúde, coletividade essa formada por pessoas indeterminadas e indetermináveis. 3. A violação de direitos individuais homogêneos não pode, ela própria, desencadear um dano que também não seja de índole individual, porque essa separação faz parte do próprio conceito dos institutos. Porém, coisa diversa consiste em reconhecer situações jurídicas das quais decorrem, simultaneamente, violação de direitos individuais homogêneos, coletivos ou difusos. Havendo múltiplos fatos ou múltiplos danos, nada impede que se reconheça, ao lado do dano individual, também aquele de natureza coletiva. 4. [...]. 5. Porém, na hipótese em julgamento, não se vislumbram danos coletivos, difusos ou sociais. Da ilegalidade constatada nos contratos de consumo não decorreram consequências lesivas além daquelas experimentadas por quem, concretamente, teve o tratamento embaraçado ou por aquele que desembolsou os valores ilicitamente sonegados pelo plano. Tais prejuízos, todavia, dizem respeito a direitos individuais homogêneos, os quais só rendem ensejo a condenações reversíveis a fundos públicos na hipótese da *fluid recovery*, prevista

---

[281] STJ, REsp. nº 1.293.606/MG, Quarta Turma, Rel. Min. Luis Felipe Salomão, j. em 02/09/2014.

no art. 100 do CDC. Acórdão mantido por fundamentos distintos. 6. Recurso especial não provido".

Chama atenção o item 5 da Ementa do Acórdão porque apenas reconheceu os danos concretamente verificados em razão da lesão a direitos individuais homogêneos, o que não configura um dano social.

A propósito, Flavio Tartuce, refletindo sobre o dano social assim conclui, com toda razão e contra o que não se pode contestar: "O *dano social* é aquele que repercute socialmente, podendo gerar prejuízos de ordem patrimonial ou imaterial aos membros da coletividade. Há um rebaixamento moral, uma perda de qualidade de vida. O dano social está caracterizado, por exemplo, nas *condutas socialmente reprováveis*, que fazem mal ao coletivo, movidas pelo intuito egoísta".[282]

Ora, se o dano social tem repercussão social e representa os prejuízos à ordem patrimonial ou imaterial aos membros da coletividade, como não o reconhecer como uma lesão aos direitos difusos? A análise dos direitos metaindividuais é mais uma comprovação de que o dano social não é estranho à legislação brasileira. E como tal demonstra também que tal lesão pode decorrer de situações contratuais, e não apenas extranegociais.

Por fim, pode-se dissertar um pouco sobre o chamado "dano moral coletivo". Flavio Tartuce se questiona se esta é uma hipótese de dano social.

Primeiramente, pode-se tomar como referência para a definição de dano moral coletivo o escrito por Carlos Alberto Bittar Filho:[283]

"Com supedâneo, assim, em todos os argumentos levantados, chega-se à conclusão de que o dano moral coletivo é a injusta lesão da esfera moral de uma dada comunidade, ou seja, é a violação antijurídica de um determinado círculo de valores coletivos. Quando se fala em dano moral coletivo, está-se fazendo menção ao fato de que o patrimônio valorativo de uma certa comunidade (maior ou menor), idealmente considerado, foi agredido de maneira absolutamente injustificável do ponto de vista jurídico; quer isso dizer, em última instância, que se feriu a própria cultura, em seu aspecto imaterial. Tal como se dá na seara do dano moral individual, aqui também não há que se cogitar de prova da culpa, devendo-se responsabilizar o agente pelo simples fato da violação (*damnum in re ipsa*)".

[282] Tartuce, Flávio. Reflexões sobre o dano social, ob. cit., pp. 200-201.
[283] Citado por Tartuce, Flávio. Reflexões sobre o dano social, ob. cit., pp. 200-201.

O dano social e o dano moral coletivo seriam diferentes porque este atinge os direitos da personalidade de um grupo, enquanto o primeiro tem por vítima a sociedade em patrimônio material e imaterial.[284]

Deveras, ambos são diferentes. Não se pode falar em dano moral coletivo quando se lesa um interesse difuso, pois dano moral é lesão a direito da personalidade, e não existe direito da personalidade da coletividade, já que são personalíssimos.

Também não existe dano moral decorrente da lesão de uma categoria. Logo, somente haveria dano moral em caso de interesses homogêneos, quando individualizados. Mas aí eles serão danos morais individuais. Logo, *o dano moral coletivo não existe.*

No âmbito do Superior Tribunal de Justiça o dano moral coletivo foi apreciado em duas situações, uma pela 1ª Turma e a outra pela 3ª Turma.

A 3ª Turma reconheceu a existência de um dano moral coletivo no REsp. nº 866.636/SP:[285]

> "Civil e processo civil. Recurso especial. Ação civil pública proposta pelo PROCON e pelo Estado de São Paulo. Anticoncepcional Microvlar. Acontecimentos que se notabilizaram como o 'caso das pílulas de farinha'. Cartelas de comprimidos sem princípio ativo, utilizadas para teste de maquinário, que acabaram atingindo consumidoras e não impediram a gravidez indesejada. Pedido de condenação genérica, permitindo futura liquidação individual por parte das consumidoras lesadas. Discussão vinculada à necessidade de respeito à segurança do consumidor, ao direito de informação e à compensação pelos danos morais sofridos. A mulher que toma tal medicamento tem a intenção de utilizá-lo como meio a possibilitar sua escolha quanto ao momento de ter filhos, e a falha do remédio, ao frustrar a opção da mulher, dá ensejo à obrigação de compensação pelos danos morais, em liquidação posterior. Recurso especial não conhecido".

Por outro lado, a 1ª Turma, no REsp. nº 598.281/MG não reconheceu a reparação por dano moral coletivo em decorrência de um dano ambiental:[286]

---

[284] TARTUCE, Flávio. Reflexões sobre o dano social, ob. cit., pp. 195.

[285] STJ, REsp. nº 866.636/SP, Terceira Turma, Rel. Min. Nancy Andrighi, j. em 20/11/2007. A mesma turma manteve o entendimento no REsp. nº 1.221.756/RJ, Terceira Turma, Rel. Min. Massami Uyeda, j. em 02/02/2012.

[286] STJ, REsp. nº 598.281/MG, Primeira Turma, Rel. Min. Luiz Fux, Rel. p/ Acórdão Min. Teori Albino Zavascki, j. em 02.05.2006.

"PROCESSUAL CIVIL. AÇÃO CIVIL PÚBLICA. DANO AMBIENTAL. DANO MORAL COLETIVO. NECESSÁRIA VINCULAÇÃO DO DANO MORAL À NOÇÃO DE DOR, DE SOFRIMENTO PSÍQUICO, DE CARÁTER INDIVIDUAL. INCOMPATIBILIDADE COM A NOÇÃO DE TRANSINDIVIDUALIDADE (INDETERMINABILIDADE DO SUJEITO PASSIVO E INDIVISIBILIDADE DA OFENSA E DA REPARAÇÃO). RECURSO ESPECIAL IMPROVIDO".

Em recente decisão, no REsp. nº 1.293.606/MG, já citado acima, a 4ª Turma considerou a possibilidade de existir dano moral coletivo, como um sinal de que está abrindo as portas para o reconhecimento dessa modalidade no Direito brasileiro: "Assim, por violação a direitos transindividuais, é cabível, em tese, a condenação por dano moral coletivo como categoria autônoma de dano, a qual não se relaciona necessariamente com aqueles tradicionais atributos da pessoa humana (dor, sofrimento ou abalo psíquico)".[287] Porém, a própria 4ª Turma já se manifestou no REsp. nº 1.303.014/RS contra o dano moral coletivo, sendo este excepcional: "o reconhecimento de dano moral coletivo deve se limitar às hipóteses em que configurada grave ofensa à moralidade pública, sob pena de sua banalização, tornando-se, somente, mais um custo para as sociedades empresárias, a ser repassado aos consumidores".[288]

Quando se lesa um interesse difuso somente se haverá de falar em dano social. A coletividade tem interesses materiais e imateriais, mas nunca direitos da personalidade (personalíssimos).

2.4. Desfuncionalização e abuso de direito

Fernando Noronha coloca a violação à função social como um exercício abusivo da liberdade de contratar.[289] De fato, não deixa de ser um exercício abusivo da autonomia contratual, afinal ao exercê-lo se causaria danos à sociedade.

---

[287] STJ, REsp. nº 1.293.606/MG, Quarta Turma, Rel. Min. Luis Felipe Salomão, j. em 02/09/2014.

[288] REsp. nº 1.303.014/RS, Quarta Turma, Rel. Min. Luis Felipe Salomão, Rel. p/ Acórdão Min. Raul Araújo, j. em 18/12/2014.

[289] NORONHA, Fernando. *Princípios dos contratos (autonomia privada, boa-fé, justiça contratual) e cláusulas abusivas*. Tese de Doutorado. Faculdade de Direito da Universidade de São Paulo. São Paulo: 1990, pp. 118 e segs.

Preliminarmente, é necessário determinar a natureza jurídica do ilícito emulativo. Como destaca Francisco Amaral[290], existem duas posições doutrinárias opostas sobre o abuso de direito:

- *Teoria subjetiva:* o titular exerce seu direito sem necessidade e com a intenção de prejudicar. Nesse caso, o abuso de direito teria três pressupostos: 1) *exercício do direito*; 2) *inexistência de interesse econômico*; e 3) *intenção de causar dano*. Nesse caso, a emulação é o ânimo de prejudicar (*ato culposo*). Trata-se de um ilícito fundamentado na culpa do qual resultaria uma responsabilidade aquiliana;
- *Teoria objetiva:* o abuso de direito independe da intenção do titular do direito: é a simples consequência do exercício anormal do direito subjetivo ou do direito potestativo, havendo dois critérios: 1) *econômico:* o exercício do direito não satisfaz interesses legítimos, mas ilegítimos, quer dizer, não faz com que o autor aufira benefícios econômicos; e 2) *funcional:* o direito não é exercido de acordo com sua função social, isto é, pode-se dizer que não é exercido de acordo com os padrões ético-cooperativos. Nesse sentido, fala-se em um ilícito objetivo (independente de culpa) que enseja uma responsabilidade objetiva.

A divergência não é apenas doutrinária, mas também judicial. A título de exemplo, o seguinte julgado do Tribunal de Justiça do Estado do Rio Grande do Sul adota a posição da responsabilidade subjetiva pelo abuso de direito:[291]

> APELAÇÃO CÍVEL. RESPONSABILIDADE CIVIL SUBJETIVA. PRESSUPOSTOS. AUSÊNCIA DE COMPROVAÇÃO. ÔNUS DA PROVA. ART. 333, INC. I, DO CPC. FATO CONSTITUTIVO DO DIREITO DO AUTOR. NÃO COMPROVAÇÃO. DENUNCIAÇÃO CALUNIOSA INEXISTENTE. NÃO CARACTERIZAÇÃO DE ABUSO DE DIREITO. EXERCÍCIO REGULAR DE UM DIREITO. IMPROCEDÊNCIA DO PEDIDO DE INDENIZAÇÃO. RESPONSABILIDADE CIVIL POR ABUSO DE DIREITO. O Código Civil estabelece postura diferenciada em relação ao exercício de direitos, pois

---

[290] AMARAL, Francisco. *Direito civil: introdução*, ob. cit., pp. 210-211.
[291] TJRS, Apelação Cível nº 70051625234, 9ª Câmara Cível, Rel. Des. Leonel Pires Ohlweiler, j. em 27/02/2013. Outros exemplos são os seguintes julgados: TJRJ, APELAÇÃO APL 01606428520138190001; TJRS, AC 70053523130.

a partir do artigo 3º da Constituição Federal, busca a realização da solidariedade. A figura do abuso de direito está expressamente prevista no artigo 187 do Código Civil, normatizando o descumprimento de um dever jurídico genérico. Necessidade de ultrapassar o debate entre subjetivistas e objetivistas. Requisitos do abuso de direito: *a)* exercício de um direito a partir de uma determinada situação jurídica ou posição jurídica, *b)* o titular do direito, por ação ou omissão, entre em conflito com um interesse alheio não tutelado por uma norma jurídica específica. *c)* o direito é exercido de modo irregular e *d)* a conduta antijurídica do titular do direito produz um dano a terceiro. ÔNUS DA PROVA. FATO CONSTITUTIVO DO DIREITO DO AUTOR. Para que obtenha êxito na sua ação indenizatória, ao autor impõe-se carrear aos autos elementos que comprovem a presença de tais elementos caracterizadores da responsabilidade civil por abuso de direito. Não tendo o autor logrado êxito em se desincumbir do encargo de comprovar o fato constitutivo do seu direito alegado na inicial, deixa de atender ao imposto pelo art. 333, I, do CPC. É imperativa a improcedência do pedido formulado em ação indenizatória. CASO CONCRETO DOS AUTOS. Caso em que o requerido prestou depoimento em inquérito policial, informando o envolvimento do autor na falsificação de fichas de vale-transporte. Caracterizado, no caso concreto, o exercício de um direito de informar à autoridade policial, a prática de atos ilícitos. O conjunto das provas não demonstrou que o direito foi exercido de modo irregular, violando o artigo 187 do Código Civil. Nas duas denúncias do Ministério Público o ora réu também figurou como denunciado, respondendo igualmente pelos crimes imputados ao autor. Inexistência de antijuridicidade da conduta, a partir de elementos objetivos. A mera comunicação de um fato delituoso à autoridade competente, para a sua devida investigação, por si só, não implica responsabilidade indenizatória, mesmo quando resultar inconclusiva, ou sobrevier absolvição. Para configurar o dever de indenizar, é imprescindível que o informante do fato tenha agido de modo irregular. Não verificados tais requisitos objetivos e sem a má-fé do informante, não haverá lide temerária apta a acarretar obrigação reparatória. Precedentes do TJ/RS. APELO DESPROVIDO.

Já quanto à responsabilidade civil objetiva por abuso de direito, pode-se citar, exemplificativamente, o seguinte julgado do Superior Tribunal de Justiça:[292]

---

[292] STJ, REsp. nº 1329556-SP, 3ª Turma, Rel. Min. Ricardo Villas Bôas Cueva, j. em 25/11/2014.

RECURSO ESPECIAL. DIREITO DO CONSUMIDOR. AÇÃO INDE-
NIZATÓRIA. PROPAGANDA ENGANOSA. COGUMELO DO SOL.
CURA DO CÂNCER. ABUSO DE DIREITO. ART. 39, INCISO IV, DO
CDC. HIPERVULNERABILIDADE. RESPONSABILIDADE OBJETIVA.
DANOS MORAIS. INDENIZAÇÃO DEVIDA. DISSÍDIO JURISPRUDEN-
CIAL COMPROVADO. 1. Cuida-se de ação por danos morais proposta por
consumidor ludibriado por propaganda enganosa, em ofensa a direito subjetivo do consumidor de obter informações claras e precisas acerca de produto
medicinal vendido pela recorrida e destinado à cura de doenças malignas,
dentre outras funções. 2. O Código de Defesa do Consumidor assegura que
a oferta e apresentação de produtos ou serviços propiciem informações cor-
retas, claras, precisas e ostensivas a respeito de características, qualidades,
garantia, composição, preço, garantia, prazos de validade e origem, além de
vedar a publicidade enganosa e abusiva, que dispensa a demonstração do
elemento subjetivo (dolo ou culpa) para sua configuração. 3. A propaganda
enganosa, como atestado pelas instâncias ordinárias, tinha aptidão a induzir
em erro o consumidor fragilizado, cuja conduta subsume-se à hipótese de
estado de perigo (art. 156 do Código Civil). 4. A vulnerabilidade informacio-
nal agravada ou potencializada, denominada hipervulnerabilidade do consumidor, prevista no art. 39, IV, do CDC, deriva do manifesto desequilíbrio
entre as partes. 5. O dano moral prescinde de prova e a responsabilidade de
seu causador opera-se in re ipsa em virtude do desconforto, da aflição e dos
transtornos suportados pelo consumidor. 6. Em virtude das especificidades
fáticas da demanda, afigura-se razoável a fixação da verba indenizatória por
danos morais no valor de R$ 30.000,00 (trinta mil reais). 7. Recurso especial
provido.

Veja como fica a relação entre ambas as teorias e a desfuncionalização, independentemente de qual seja aquela que se entenda adotada pelo
Código Civil:

Se for adotada a *teoria subjetiva*, somente haverá desfuncionalização
indenizável quando as partes e o terceiro cúmplice agirem com *dolo* ou
quase-dolo (culpa gravíssima). Agir com dolo, nesse caso, significa prever,
mas não evitar, os efeitos negativos do exercício da liberdade contratual
na esfera jurídica de terceiros ou da outra parte. A culpa *stricto sensu*, aqui,
não repercutirá na responsabilidade civil, pois ela ocorre em caso de igno-
rância da situação contratual, e não se pode exigir tanto zelo e diligência

no exercício da livre iniciativa privada. Por isso, em se tratando de teoria subjetiva da emulação, a desfuncionalização ensejaria o seguinte:

- *Se partes e terceiros agiram com dolo ou culpa gravíssima:* haverá responsabilidade civil dos agentes emulativos, além da nulidade do que se praticou; e
- *Se partes e terceiros agiram com culpa leve ou levíssima:* não haverá responsabilidade, mas o contrato poderá ser nulo.

Ainda no caso da teoria subjetiva, a desfuncionalização será um tipo especial de abuso, com consequências jurídicas próprias, a exemplo do que ocorre com o § 2º do art. 1.228, que se refere ao abuso do direito de propriedade ("§ 2º. São defesos os atos que não trazem ao proprietário qualquer comodidade, ou utilidade, e sejam animados pela intenção de prejudicar outrem"). Dessa maneira, o art. 187 representaria uma caracterização geral do ato emulativo, enquanto que o exercício abusivo da liberdade de contratar e da propriedade constituem emulações especiais.

Se, porém, se entender que o Código adotou a teoria objetiva, então, independentemente de culpa (*lato sensu*), aquele que exercer sua liberdade de contratar em prejuízo de outrem, terá agido abusivamente e, consequentemente, deverá indenizar os danos. Veja o seguinte exemplo em que haveria mera culpa e, independentemente disso, aquele que assim agiu deveria indenizar possíveis prejuízos:

As tratativas para fusão de duas empresas ("A" e "B") está bastante avançada, mas acontecendo em sigilo. Uma terceira pessoa jurídica ("C") faz proposta de fusão com "A", sem conhecer as negociações com "B". Considerando a melhor proposta, "A" rompe as tratativas com "B" e se incorpora a "C", que não conhecia aquela negociação. Verifica-se, nesse caso, a frustração da confiança e legítimas expectativas de "B".

Veja que no caso a culpa do terceiro ("C") é leve, embora, talvez, haja danos de grande extensão para "B". No âmbito da responsabilidade subjetiva seria o caso de redução equitativa do valor da indenização, conforme parágrafo único do art. 944 ("Art. 944. A indenização mede-se pela extensão do dano. Parágrafo único. Se houver excessiva desproporção entre a gravidade da culpa e o dano, poderá o juiz reduzir, equitativamente, a indenização"). Contudo, na perspectiva da teoria objetiva haveria por parte de

"C", bem como "A", o dever de indenizar prejuízos de "B". Portanto, não parece razoável atribuir ao terceiro envolvido ("C") o dever de indenizar prejuízos da parte preterida. Isso, porém, não afasta a responsabilidade de "B", em razão da infração de deveres típicos da boa-fé objetiva, mas aí nada tem a ver com a função social e sim com responsabilidade pré-contratual.

Mário Moacyr Porto escreve sobre o ocaso da culpa como condicionante do dever de indenizar em razão das modificações da vida em sociedade. Prescindir da culpa torna-se uma necessidade lógica para garantir a indenização de quem sofre dano:[293]

> "Vivemos, hoje, a época da crescente mecanização dos nossos hábitos de conviver, da 'robotização' das atividades fabris, do tráfego alucinante das megalópolis, das agressões ao meio ambiente pelos grandes complexos industriais, dos 'vazamentos' catastróficos das usinas nucleares, enfim, da despersonalização do homem, das vicissitudes da luta de Galatéia contra Pigmaleão. A responsabilidade é, hoje, um problema de garantia social e, por isso mesmo, refoge às condicionantes subjetivas da culpa individual. Criamos uma civilização de corpo maior que a alma, como diz Bergson. A lei não esgota o direito e é impossível dividir o mundo em esquemas rígidos sem deixar restos".

O autor pretendia defender que a comprovação da culpa do agente causador do dano deveria ser irrelevante para ensejar o dever de reparação. A demonstração de culpa estaria dissonante da realidade das demandas sociais: "é justo, razoável, equitativo, impor à vítima do dano, igualmente inocente, o ônus de suportar sozinha as consequências de um dano causado por outrem? Em que princípio moral ou regra jurídica se apoiaria a opção favorável ao autor do dano?".

Para ele, a culpa deveria ser vista como um "erro de conduta". Em tal definição a culpa é analisada de acordo com as circunstâncias externas ao sujeito e que levaram ao resultado danoso. Essa forma de analisar a culpa é bem diferente da tradicional individuação subjetiva, interna ao causador do dano.[294] O dano tem que ser indenizado independentemente de

---

[293] PORTO, Mário Moacyr. O ocaso da culpa como fundamento da responsabilidade civil. In: *Revista de AJURIS*. Nº 39, mar. 1987, pp. 199-205.

[294] PORTO, Mário Moacyr. O ocaso da culpa como fundamento da responsabilidade civil, ob. cit., p. 200: "parece-nos satisfatória a definição de culpa que nos dão Mazeaud, Mazeaud et Tunc: 'Há culpa quando um erro de conduta não teria sido cometido por uma pessoa

culpa e a partir do resultado das circunstâncias. Veja que já em 1987 Mário Moacyr Porto tende a admitir a responsabilidade objetiva como regra do sistema de indenização.

Agostinho Alvim aponta que na tradição jurídica brasileira os requisitos ou pressupostos da obrigação de indenizar sempre foram três: o *prejuízo*, a *culpa* e o *nexo causal*.[295] A esses elementos Anderson Schreiber chama de "filtros tradicionais da responsabilidade civil", e na sua opinião estão passando por um processo de "erosão", representado pelo ocaso da culpa.[296] Para ele, a prova da culpa é uma *prova diabólica* (*probatio diabolica* ou *devil's proof*), ou seja, difícil ou impossível de produzir.[297] Para Schreiber o paradigma da responsabilidade é a indenização da vítima:

> "A transferência ou eliminação do peso da prova da culpa e a relativa desimportância da prova do nexo causal diante da sua flexibilização vêm acolhidas na prática jurisprudencial justamente com a finalidade, ideologicamente legítima, de garantir ao ofendido alguma indenização. É evidente que, com isto, não se cancela a importância da culpa e do nexo causal na estrutura elementar da responsabilidade civil, mas tem-se, no âmbito desta mesma estrutura, um gradual deslocamento de foco – que deixa a culpa e o nexo causal em direção ao dano. É sobre este último elemento que as atenções dos tribunais vêm se concentrando, podendo se afirmar que, hoje, o objetivo das cortes,

avisada (prudente e diligente) colocada nas mesmas circunstâncias 'externas' do autor do dano' (Traité Theorique et Pratique de la Responsabilité Civil, 5ª ed., I/493, n. 439). Resulta daí que a conduta do agente deverá ser apreciada in abstracto, em face das circunstâncias 'externas', objetivas, e não em conformidade com a sua individualidade 'interna', subjetiva".

[295] ALVIM, Agostinho. *Da inexecução das obrigações e suas consequências*. São Paulo: Saraiva, 1955, p. 194. Assim também: CAHALI, Yussef Said. Culpa (direito civil). In: *Enciclopédia Saraiva do Direito*. São Paulo: Saraiva, 1977, nº, 141.

[296] SCHREIBER, Anderson. *Novos paradigmas da responsabilidade civil – da erosão dos filtros da reparação à diluição dos danos*. São Paulo: Atlas, 2007, pp. 09-75: "A fim de evitar tais dificuldades, presunções de culpa foram, em toda parte, esculpidas pela doutrina e pela jurisprudência com base no próprio texto das codificações. Ideologicamente, tais presunções representavam uma solução intermediária, que impedia as injustiças perpetradas pela severa exigência da prova da culpa, ao mesmo tempo em que negava acolhida a novos fundamentos de responsabilidade. Na prática, todavia, as presunções de culpa foram passando, na experiência jurisprudencial e na abordagem doutrinária, de presunções relativas para presunções absolutas, de tal modo que o juiz, ao final, já presumia de forma tão definitiva a culpa do ofensor que isso equivalia a dispensar a culpa para a responsabilização".

[297] SILVESTRE, Gilberto Fachetti. *As máximas de experiência no processo civil*. Rio de Janeiro: Lumen Juris, 2011, pp. 100 e segs.

na aplicação da responsabilidade civil, tem sido menos o de identificar um responsável que se vincule (pela sua culpa ou pela sua atividade) ao dano, e mais o de assegurar, por qualquer meio disponível, a integral reparação dos prejuízos sofridos pela vítima".

Quer dizer, a vítima é a o centro da responsabilidade civil, e não a punição do agente. Tanto que, havendo dano e vários inocentes (entre vítima e vários envolvidos) responderá aquele que teve algum benefício com o incidente. Irá pagar quem teve benefício e pode indenizar a vítima, independentemente de comprovação de culpa.[298]

Disso tudo fica o entendimento de que hodiernamente o sistema busca a indenização da vítima para além da culpa do agente. Por isso, nessa perspectiva, a responsabilidade civil objetiva – como regra geral – é uma necessidade lógica para a realização de tais pressupostos da reparação do dano injusto.

Dessa maneira, no que se refere à responsabilidade civil por abuso de direito, parece que deve prosperar a tese objetiva, pois esta terá sido a vontade do Código.

Mas, a violação da função social do contrato é um abuso de direito? A função social é um dos limites a que se refere o art. 187, que quando extrapolados configurarão o abuso de direito:

"Art. 187. Também comete ato ilícito o titular de um direito que, ao exercê--lo, excede manifestamente os limites impostos pelo seu fim econômico ou social, pela boa-fé ou pelos bons costumes".

Exceder os limites impostos pelo fim econômico ou social de um direito é ir para além do que impõe a função social para o exercício da liberdade de contratar. O direito é a liberdade de contratar e a liberdade contratual; se exercido de maneira lesiva aos fins típicos do contrato fica caracterizada a desfuncionalização da sua causa-função. Logo, havendo dano a terceiro, a uma das partes ou a ambas, restará configurado o abuso do direito de liberdade. Haverá, assim, um ato ilícito.

Essa ideia, inclusive, foi explicitada pelo Superior Tribunal de Justiça na Decisão Monocrática no REsp. nº 1.423.584/RS.[299] O caso versava sobre

---

[298] LIMA, Alvino. *Culpa e risco*. São Paulo: Revista dos Tribunais, 1960, p. 270.

[299] STJ, REsp. nº 1.423.584/RS, Decisão Monocrática, Terceira Turma, Rel. Min. Paulo de Tarso Sanseverino, j. em 18/12/2014. A matéria é jurisprudência pacífica no âmbito de todas

o desconto em folha de um contrato de empréstimo consignado. Havia cláusula que dava ao banco credor o poder de unilateralmente aumentar a margem consignável para desconto, de modo a ser superior a 30%. O devedor alegou tratar-se de abuso que dava liberdade (abusiva) ao credor e provocava o superendividamento. Na decisão do relator ele reconhece que a liberdade de contratar deve ser exercida dentro de limites sendo um deles a função social, conforme preceitua o art. 421. Do contrário, tem-se um exercício abusivo da autonomia individual:

> "Não se desconhece que esses contratos financeiros foram celebrados com a anuência do consumidor, no exercício dos poderes outorgados pela liberdade contratual. Entretanto, o princípio da autonomia privada longe está de ser absoluto em nosso sistema jurídico. O próprio Código Civil de 2002, em seu art. 421, estabelece textualmente que 'a liberdade de contratar será exercida em razão e nos limites da função social do contrato'. Portanto, o princípio da autonomia privada não é absoluto, devendo respeito a outros princípios do nosso sistema jurídico (função social do contrato, boa-fé objetiva) [...]".

A esse propósito, Cláudia Lima Marques também considera que ao extrapolar a função social fica caracterizado um abuso de direito:[300]

> "Uma vontade protegida pelo direito, vontade liberta das pressões e dos desejos impostos pela publicidade e por outros métodos agressivos de venda, em suma, uma vontade racional. Não há como negar que o consumo massificado de hoje, pós-industrial, está ligado faticamente a uma série de perigos para o consumidor, vale lembrar os fenômenos atuais de superendividamento,

as Turmas e Seções do Tribunal. Em igual sentido: STJ, EREsp. Nº 569.972/RS, Segunda Seção, Rel. Min. João Otávio de Noronha, j. em 22/10/2009; STJ, REsp. nº 758.559/RS, Quarta Turma, Rel. Min. Aldir Passarinho Junior, j. em 08/06/2009; STJ, AgRg nos EDcl no REsp. nº 1.031.949/RS, Terceira Turma, Rel. Min. Nancy Andrighi, j. em 05/08/2008; STJ, AgRg no REsp. nº 1.174.333/RS, Terceira Turma, Rel. Min. Massami Uyeda, j. em 12/05/2010; STJ, AgRg no REsp. nº 959.612/MG, Rel. Min. João Otávio de Noronha, Quarta Turma, j. em 03/05/2010; STJ, AgRg no REsp. nº 1.226.659/RS, Rel. Min. Maria Isabel Gallotti, Quarta Turma, j. em 08/04/2011; STJ, RMS nº 21.380/MT, Rel. Min. Arnaldo Esteves Lima, Quinta Turma, j. em 15/10/2007; e STJ, AgRg no Ag 1.381.307/DF, Rel. Min. Sidnei Beneti, Terceira Turma, j. em 27/04/2011.

[300] MARQUES, Cláudia Lima. *Contratos no Código de Defesa do Consumidor: o novo regime das relações contratuais*. 4ª ed. São Paulo: Revista dos Tribunais, 2002, pp. 590-591. De igual maneira, LOPES, José Reinaldo de Lima. Crédito ao consumidor e superendividamento – uma problemática geral. In: *Revista do Direito do Consumidor*. Nº 17, jan./mar. 1996, p. 60.

de práticas comerciais abusivas, de abusos contratuais, da existência de mono-pólios naturais dos serviços públicos concedidos ou privatizados, de falhas na concorrência, no mercado, na informação e na liberdade material do con-tratante mais fraco na elaboração e conclusão dos contratos. Apesar de todos estes perigos e dificuldades, o novo direito contratual visa concretizar a fun-ção social dos contratos, impondo parâmetros de transparência e boa-fé".

Quer dizer, a desfuncionalização socioeconômica do contrato é um ato ilícito porque o titular da liberdade de contratar excedeu os limites do seu direito.

O "abuso de direito", originado do conceito romano de *æmulatio*, é o exercício irregular de um poder originado do contrato ou da lei.[301] Nesse sentido, o Digesto já determinava que *"neminem lædit qui sou jure utitur"*, no sentido de que quem exerce um direito não causa prejuízo a ninguém. Com o passar o tempo, convencionou-se que o significado dessa máxima é que ninguém pode (*"neminem potest"*) causar prejuízo a alguém quando exercer um direito seu. É o princípio *"juris præcept hæc sunt: honeste vivere neminem lædere, suum cuique tribuere".*[302]

Quem vive honestamente não causa prejuízo a ninguém; e age com honestidade quem respeito o que de cada um.

Nessa linha, Fernando Augusto Cunha Sá escreve que "ilícito é, assim, o comportamento negador de específicas orientações axiológico-norma-tivas, é a conduta que contradiz concretas proibições de ação ou omissão, como reflexo de valor contido na norma e, por aí, o oposto do comporta-mento normativamente qualificado como obrigatório relativamente a uma situação concreta".[303]

Tomando como referência o Código Civil a caracterização prelimi-nar do abuso de direito é negativa. Nos termos do inciso I do art. 188 não comete ato ilícito (arts. 186 e 187) aquele que age no *"exercício regular de um direito reconhecido"*. Logo, será abusivo, rasteiramente, aquele que exerce seu direito de maneira irregular. Mas, quando tal exercício será irregular?

---

[301] MENEZES CORDEIRO, Antonio Manuel da Rocha e. *Da boa fé no Direito Civil*. Lisboa: Almedina, 2007, p. 670; PONTES DE MIRANDA, Francisco Cavalcanti. *Tratado de Direito Privado – Parte Especial*. Tomo LIII. 3ª ed. São Paulo: Revista dos Tribunais, 1984, p. 64; e JOBIM, Marco Félix. Da noção à teoria do abuso de direito. In: *Revista Páginas de Direito*, Porto Alegre, ano 8, nº 794, 01 de julho de 2008.

[302] SÁ, Fernando Augusto Cunha. *O abuso de direito*. Lisboa: Almedina, 2005, p. 90.

[303] SÁ, Fernando Augusto Cunha. *O abuso de direito*, ob. cit., p. 499.

A irregularidade se verifica pela manifesta contrariedade aos limites estabelecidos pelo art. 187, quais sejam:[304]

- *fim econômico do direito*;
- *fim social do direito*;
- *a boa-fé*; ou
- *os bons costumes.*

Esses elementos não são cumulativos, bastando a contrariedade a apenas um deles para que se configure a emulação.[305]

Interessa-nos, nesse trabalho, os fins econômicos e sociais. Nesse contexto, "fim" significa a adaptação da vontade do direito subjetivo aos padrões de uma época. Para Heloísa Carpena, a palavra indica adoção de um critério do "motivo legítimo".[306] No caso da liberdade de contratar, o motivo ou padrão é a função socioeconômica. Então, analisar os fins econômico e sociais do direito significa determinar o que motivou a criação daquele direito.

O contrato existe para satisfazer as necessidades patrimoniais das pessoas, para que elas adquiriram propriedade. Aí se verifica a importância do negócio para a economia e para o bem-estar das pessoas. Nada mais "social" que isso. Como se viu o capítulo anterior, a sociedade de informação – o modelo social contemporâneo – busca justamente isso: a promoção do bem-estar.

Do abuso de direito da liberdade de contratar decorre um dano social. Ora, se é emulação extrapolar os limites dos fins sociais, logo a sociedade

---

[304] Sobre a relação entre esses elementos, ver: CARVALHO NETO, Inácio de. Responsabilidade civil decorrente do abuso de direito. In DELGADO, Mario Luiz; ALVES, Jones Figueiredo (Coords.). *Questões Controvertidas – Responsabilidade Civil*. Vol. 5. São Paulo: Método, 2006; BARBOSA MOREIRA, José Carlos. Novo Código Civil. Doutrinas (VII): Abuso do Direito. In: *Revista Síntese de Direito Civil e Processual Civil*. Nº 26, nov./dez. 2003; MARTINS-COSTA, Judith. Os avatares do abuso de direito e o rumo indicado pela boa-fé. In: DELGADO, Mário Luiz; ALVES, Jones Figueiredo (Coords.). *Questões Controvertidas – Parte Geral do Código Civil*. Vol. 6. São Paulo: Método, 2007; e AGUIAR JÚNIOR, Rui Rosado. A boa-fé na relação de consumo. In: *Revista de Direito do Consumidor*. Nº 14. São Paulo: Revista dos Tribunais, 1995, p. 20-27.

[305] CARPENA, Helena. Abuso de direito à luz do novo Código Civil. In: TEPEDINO, Gustavo (Coord.). *A Parte Geral do Novo Código Civil*: Estudos na Perspectiva Civil-Constitucional. Vol. II. Rio de Janeiro: Renovar, 2003, p. 392.

[306] CARPENA, Heloísa. *Abuso do direito nos contratos de consumo*. Rio de Janeiro: Renovar, 2001, 392.

será prejudicada por esse abuso. Dessa maneira, a violação da função social pelas partes e/ou terceiros é um abuso de direito e causa dano social.

Louis Josserand entende que o titular do direito subjetivo não pode usar seus poderes/faculdades de forma contrária aos interesses da coletividade. Não sendo assim, haveria o abuso como um desvio do espírito do direito, que é sua função social (ou fim social). Esse desvio é imoral, desinteressante e egoísta.[307]

Qual a relação entre o art. 187 e o art. 421?

- O art. 187 se aplica a todas as situações jurídicas subjetivas, quer dizer, a todos os direitos, de qualquer natureza;
- O art. 421 diz respeito apenas à autonomia contratual;
- O art. 421 reforça o limite da função social como critério de exercício regular da liberdade de contratar;
- Dada a semelhança que fixa o fim social como limite para exercício do direito (no caso do art. 187 é qualquer direito, e no caso do art. 421 é a liberdade negocial), pode-se dizer que a violação dos deveres do art. 421 caracteriza um abuso de direito; e
- Se abuso de direito é um ato ilícito, conforme a primeira parte do art. 187, e se agir fora dos padrões da função social é um abuso de direito, logo, a violação da função social do contrato é um ato ilícito.

Sobre o abuso no direito de contratar Philippe Stoffel-Munck[308] entende que o assunto está na encruzilhada de três requisitos principais que dominam toda a questão: a exigência moral, a demanda social e a exigência de fidelidade à palavra empenhada. A violação da lealdade é um abuso. O uso da liberdade contratual em detrimento dos fracos em posição dominante ou econômica é um abuso.

Para entender o problema do abuso nessa matéria é preciso considerar o contrato como uma relação humana entre contratantes. E aí o abuso se revela como uma falta, de comportamento reprovável. Segundo o autor, o abuso da liberdade contratual é semelhante a um fenômeno de regulação, no qual se verifica se as ações estão fora de qualquer ideia de função social.

---

[307] JOSSERAND, Louis. *Cours de droit civil positif français*. 3ª ed. Paris: Sirey, 1939, p. 255.
[308] STOFFEL-MUNCK, Philippe. L'abus dans le contrat: essai d'une théorie. Paris: L.G.D.J., 2000, pp. 04 e segs.

Com base no que diz Philippe Stoffel-Munck e também Jacques Ghestin[309] é possível caracterizar o abuso do direito da autonomia contratual de duas maneiras:

1. *Abuso da liberdade de contratar:* diz respeito à emulação na celebração de contratos, o que significa afirmar que um contrato é celebrado sem sua causa-função típica e causando prejuízo a alguém. Esse abuso ocorre quando a autonomia é exercida contra seu espírito próprio (*"la lettre à l'esprit"*), o que significa dizer, a sua *finalidade*. Assim, um contrato é celebrado sem trazer benefícios sociais e econômicos e patrimoniais. Ou até traz benefícios patrimoniais a alguém, porém de forma antiética; e

2. *Abuso da liberdade contratual:* refere-se ao estabelecimento no contrato de cláusulas ou condições que também se desviam do espírito da autonomia e das finalidades típicas do contrato. São as chamadas cláusulas abusivas e que proporcionam o desequilíbrio na comutatividade do sinalágma.

A autonomia não exime o sujeito de observar normas legais e morais que visam a coibir abusos que vieram a reboque da massificação social e na vulnerabilidade a que as pessoas se sujeitam quotidianamente. O controle do abuso serve ao saneamento do mercado e ao contrário do que possa parecer não serve para restringir a liberdade contratual, mas para aperfeiçoá-la, buscando assegurar a vontade real daquele que é estimulado a contratar.[310]

Mas, como se daria o abuso da liberdade de contratar, quer dizer, de fazer contratos? Essa pergunta é feita por João de Matos Antunes Varela: "encontra-se o princípio da autonomia privada subordinado ou não aos mesmos limites que os comuns aos direitos subjetivos?".[311] Essa mesma pergunta é feita por Rosalice Fidalgo Pinheiro, que busca respondê-la.[312] Para a autora, a limitação da liberdade se verifica pela função social que o

---

[309] GHESTIN, Jacques. L'abus dans les contrats. In: *Gazzete du Palais*, s.n., 20/08/1981.

[310] Nesse sentido: STJ, REsp. nº 384.284/RS, Segunda Turma, Rel. Min. Herman Benjamin, j. em 20/08/2009.

[311] VARELA, João de Matos Antunes. O abuso de direito no sistema jurídico brasileiro. In: *Revista de Direito Comparado Luso-Brasileiro*. Vol. 1, 1982, p. 38.

[312] PINHEIRO, Rosalice Fidalgo. *O abuso do direito e as relações contratuais*. Rio de Janeiro: Renovar, 2002; ou PINHEIRO, Rosalice Fidalgo. O abuso do direito e as relações contratuais:

contrato deve desempenhar, bem como pela boa-fé objetiva que orienta as ações das partes. Porém, a autora se restringe a caracterizar o abuso do contrato apenas como contrariedade à boa-fé objetiva, e indica como exemplos a *exceptio doli*, a *surrectio*, a *supressio* e o *verire contra factum proprium*.

A questão do exercício abusivo da liberdade gira em torno do *"exercício inadmissível de posições jurídicas"*. Conforme visto no capítulo anterior, as posições jurídicas dizem respeito ao comportamento (poder/subordinação) entre as pessoas envolvidas em uma situação jurídica. Nesse caso, há:

- *Situação jurídica entre as partes:* tanto negociantes quanto já contratados, as partes interessadas devem exercer suas posições jurídicas nos limites da honestidade. Entre elas (internamente) a boa-fé objetiva irá orientar o exercício da liberdade; e
- *Situação jurídica entre as partes e terceiro(s):* o vínculo contratual cria posições ativas e passivas entre as partes contratantes ou em contratação para com sujeitos externos às negociações ou ao contrato. Entre eles (externamente) a função social orienta a autonomia, impedindo a desintegração de situações jurídicas já consolidadas ou em consolidação.

Joaquim de Souza Ribeiro escreve que:[313]

"Justifica-se, assim, de todos os pontos de vista, um controle do conteúdo [do contrato], que significa a reafirmação mitigada dos critérios e da específica racionalidade do ordenamento, com a simultânea garantia de realização, no plano individual e coletivo, de interesses individual e coletivo, de interesses essenciais que este modo de contratar tem tendência a deixar desprotegidos".

Com a ascensão da função social do contrato ela se torna um parâmetro fundamental para o exercício da autonomia contratual. É a socialidade que irá indicar quando um contrato foi feito fora das suas causas típicas.

---

primeiras aproximações. In: *Caderno da Escola de Direito do Centro Universitário Autônomo do Brasil*. Vol. 1, nº 1, 2002, pp. 43-55.

[313] RIBEIRO, Joaquim de Souza. *O Problema do Contrato – As Cláusulas Contratuais Gerais e o Princípio da Liberdade Contratual*. Lisboa: Almedina, 1999, p. 645.

Lembrando que a função social do contrato não é um instrumento de caridade para as partes entre si e para com terceiros. Não é essa solidariedade e nem esse interesse social que se pretende. Por isso, quando se fala da função social como limite simplesmente está sendo estabelecido pelo art. 421 que o contrato deve alcançar sua eficácia típica.

E por isso, considerando atitudes típicas das relações da livre iniciativa e os argumentos expostos, parece fazer sentido entender a desfuncionalização como abuso de direito, sendo possível concluir tratar-se de *emulação objetiva*. Logo, consequentemente, a responsabilidade por desfuncionalização social do contrato será a responsabilidade civil objetiva.

2.5. A responsabilidade civil pela desfuncionalização do contrato

Havendo a lesão ao dever de incolumidade contratual pretendido pelo art. 421, fica configurado abuso de direito e, consequentemente, um ato ilícito (art. 187). Ainda que não se verifiquem danos patrimoniais e morais diretos, ao menos o dano social estará presente, pois há um prejuízo ao padrão moral da coletividade. E quando há ato ilícito, a consequência é o dever de indenizar (art. 927), que já adentra ao âmbito da sistemática da responsabilidade civil.

Da lesão à função social podem resultar as três ordens de danos:

Dano	Caracterização na lesão à função social
Patrimonial	Refere-se às reduções patrimoniais (*dans emergens*) ou impossibilidades de lucro (*lucrum cessans*). Por exemplo: 1) um contrato entre uma empresa e um agricultor que traga danos ao meio ambiente ensejará a necessidade de investimentos pecuniários para reparar a situação e reconstituir o meio ambiente ao estado anterior; 2) um contrato de locação entre um comerciante e um particular que pretende cooptar o fundo de comércio de um concorrente provoca para este a redução de seus ganhos; e 3) o terceiro que alicia um dos negociantes a romper com as tratativas causa perdas à parte preterida que já realizou investimentos para a conclusão do negócio. Sem querer adentrar na discussão da natureza jurídica, é possível que se verifique a perda de uma chance como uma redução de expectativas patrimoniais.
Extrapatrimonial	Ocorre quando a desconformidade da liberdade de contratar atinge as integridades psicossomática, moral e intelectual das pessoas jurídicas e naturais. Por exemplo, contratos que envolvam objetos ilícitos ou condutas tidas por criminosas.

Social	Sempre verificado na desconformidade com a função social, refere-se à repercussão negativa da conduta de contratar no âmbito social, verificado pela desconformidade entre o contrato ou as negociações preliminares e os fins sociais típicos do negócio. Toda vez que o contrato ou as tratativas se desenvolvem de maneira contrária à ética da sociedade de informação ocorre dano social, um prejuízo à economia como um todo e ao patrimônio moral da sociedade. Um exemplo são os negócios superfaturados com a finalidade de desvios de recursos públicos, tão frequentes e hoje em voga mais que nunca em nosso país.

Então, havendo contrariedade à função social, os danos patrimoniais, morais e sociais serão indenizados. O valor da reparação dos primeiros sempre decorre de uma operação matemática: a situação patrimonial anterior ao dano e a perda posterior ao ato ilícito. Já os segundos e os terceiros dependem de arbitramento judicial, seguindo técnicas de fixação de *quantum* já debatidas na doutrina e seguidas pela jurisprudência.

Sobre a fixação da indenização por dano social, este é um tipo de dano cuja indenização também é fixada de forma semelhante ao dano moral: por arbitramento. Logo a indenização não é quantificável como no dano material, pois assim como no dano moral, é necessário o arbitramento do *quantum* indenizatório pelo juiz.

Já tive a oportunidade de escrever que a indenização do dano social, tal qual concebida por Antonio Junqueira Azevedo possui uma função diversa da indenização decorrente dos danos individuais (patrimonial e moral), pois nesta categoria, a função da indenização não é exclusivamente a reparação da vítima pela lesão sofrida, até porque a vítima aqui é a sociedade, mas também a coerção do agente lesivo, por meio de um *plus*, assumindo assim um papel punitivo, para que condutas como essas sejam desestimuladas.[314] Tem-se então que a indenização por dano social pode ocorrer tanto com o intuito de punir o agente ofensor pelo ato praticado, como por desestimulo à atividade desenvolvida, fazendo, dessa forma, com que outras pessoas não incorram no mesmo erro.

---

[314] A indenização do dano social, tal qual concebida por AZEVEDO, Antonio Junqueira. Por uma nova categoria de dano na responsabilidade civil: o dano social, ob. cit., pp. 216-217, e FACHETTI, Gilberto; SILVA, Alcides Caetano; SCHNEIDER, Flávio Britto Azevedo. O dano social como nova categoria de dano na responsabilidade civil e a destinação da sua indenização. In: *Revista Jus*, edição de 07/2015 (http://jus.com.br/artigos/40969/o-dano-social-como-nova-categoria-de-dano-na-responsabilidade-civil-e-a-destinacao-da-sua-indenizacao#ixzz3kPpjjlui).

Para Antonio Junqueira de Azevedo deve-se observar que a indenização por desestímulo, muito embora também seja oriunda de um dano social, possui finalidade e características diversas da punição. Tal raciocínio justifica-se na ideia de que o desestímulo visa um comportamento futuro, servindo tanto para o agente ofensor, quanto para outros a não cometerem o mesmo ato ilícito. Logo, tal indenização possuirá um caráter didático. Além disso, esse tipo de indenização se aplica especialmente às pessoas jurídicas que cometem atos ilícitos em suas atividades que visam atender ao público. Assim escreve Junqueira:[315]

"Observamos, sobre isso, que a pena tem em vista um fato passado enquanto que o valor de desestímulo tem em vista o comportamento futuro; há punição versus prevenção. [...]. O valor por desestímulo, por outro lado, voltando a comparação com punição, é especialmente útil quando se trata de empresa, pessoa jurídica, agindo no exercício de suas atividades profissionais, em geral atividades dirigidas ao público. [...]. Portanto, apesar do mesmo fundamento – dano social – as verbas devem ser discriminadas; as diferenças entre verbas de punição e por desestímulo se apresentam nas razões justificadoras (fatos passados e fatos futuros) e, em linha de princípio, também quando se põe a atenção nas pessoas visadas (pessoas físicas na punição e pessoas jurídicas na dissuasão)".

Seguindo a mesma lógica, é possível inferir também que a indenização como punição é voltada para os atos ilícitos passados, cometidos por pessoas naturais. Nesse viés, o autor entende ser causa de indenização punitiva o dano social cometido por dolo ou culpa grave que causar lesão à sociedade, no nível de vida, tanto por rebaixamento de seu patrimônio moral, principalmente no tocante a segurança, quanto por diminuição da qualidade de vida.

Dito isso, a indenização por dano social pode revestir-se de caráter dissuasório, quando visar o desestímulo por parte de empresas ou pessoas jurídicas a não cometerem o ato ilícito no futuro (prevenção), bem como revestir-se do caráter punitivo, quando objetivar a punição do agente (pessoa física) por ter cometido algum ato ilícito que reduziu a qualidade de vida da sociedade, principalmente no tocante a segurança (punição).

---

[315] AZEVEDO, Antonio Junqueira. Por uma nova categoria de dano na responsabilidade civil: o dano social, ob. cit., p. 214.

Sobre a fixação da verba indenizatória nesse caso, pode-se, em analogia ao dano moral, dada a natureza semelhante de ambos, fazer uso no que couber dos critérios observados para a fixação do valor do *quantum* compensatório.[316] Para esse fim, serve de referência o art. 53 da Lei nº 5.250/67 (Lei de Imprensa)[317], além, claro, de outros:

- *Intensidade do constrangimento do ofendido;*
- *Posição social e política do ofendido;*
- *Gravidade da ofensa;*
- *Natureza da ofensa;*
- *Repercussão da ofensa;*
- *Intensidade do dolo ou o grau da culpa do ofensor;*
- *Situação econômica do ofensor;*
- *Condenação anterior em ação cível fundada em abuso no exercício da liberdade de contratar (reincidência);*
- *Reparação e retratação espontânea anterior à propositura da ação cível indenizatória;*
- *Capacidade econômica dos agentes;*
- *Extensão do dano;*
- *Capacidade de recuperação;*
- *Sofrimento da vítima; e*
- *"Punitive damages".*

Surgem nesse contexto duas importantes questões: a legitimidade para pleitear o dano social da desfuncionalização do contrato, e a destinação da indenização decorrente de lesão da função social.

---

[316] Sobre os critérios, ver CAHALI, Yussef Said. *Dano moral.* São Paulo: Revista dos Tribunais, 2011, pp. 100 e segs.

[317] "Art. 53. No arbitramento da indenização em reparação do dano moral, o juiz terá em conta, notadamente: I – a intensidade do sofrimento do ofendido, a gravidade, a natureza e repercussão da ofensa e a posição social e política do ofendido; II – a intensidade do dolo ou o grau da culpa do responsável, sua situação econômica e sua condenação anterior em ação criminal ou cível fundada em abuso no exercício da liberdade de manifestação do pensamento e informação; III – a retratação espontânea e cabal, antes da propositura da ação penal ou cível, a publicação ou transmissão da resposta ou pedido de retificação, nos prazos previstos na lei e independentemente de intervenção judicial, e a extensão da reparação por êsse meio obtida pelo ofendido". De se observar, no entanto, que o Supremo Tribunal Federal decidiu que a referida lei não foi recepcionada pela Constituição de 1988, conforme ADPF nº 130, Rel. Min. Carlos Britto, Tribunal Pleno, j. em 30/04/2009.

A destinação da indenização por dano social constitui ponto de divergências dentro dessa teoria. O próprio Junqueira admite isso como questão polêmica e tormentosa. Nesse sentido, existe a possibilidade de tal *plus* indenizatório ser destinado aos fundos de reparação à sociedade, como é feito nos casos de danos ambientais. Ocorre que a melhor forma para que tal verba seja destinada para esse fim seria por meio de ações movidas pelos órgãos da sociedade.

Para o autor essa ideia de destinar a indenização para fundos não é plausível, pois órgãos como o Ministério Público já possuem grande demanda, e certamente não teriam condições de assumir ações dessa natureza. Para o autor, a indenização deve ser entregue à vítima, pelo fato dela ter atuado no processo, pois foi ela quem trabalhou para a obtenção da verba.

Tal entendimento tem fulcro na ideia de que quando o particular propõe sua ação individual, este exerce uma função pública, defendendo, além dos seus direitos, os da sociedade, merecendo, portanto, a recompensa por isso. Dessa maneira, haverá um estímulo para que o particular mova as ações pleiteando esse *plus* indenizatório, pois assim, este agirá também em nome da sociedade.[318]

Tem razão o autor. Ora, se o dano social tem caráter muito mais punitivo e dissuasório que reparatório, então o que importa é a fixação da indenização, e não quem será seu beneficiário. Digamos que os fins justificam os meios...

Sendo assim, a sistemática de indenização dos danos será diferenciada:

Lesante	Lesado	Destinação da indenização
Partes	Terceiros específicos (diretamente, pois indiretamente a sociedade também é lesada)	O terceiro ofendido (prejudicado) fará jus à reparação dos danos patrimoniais, à compensação por danos morais e ao *plus* que nada mais é que o dano social. É ele quem atua para o benefício da sociedade, tutelando os interesses sociais

---

[318] FACHETTI, Gilberto; SILVA, Alcides Caetano; SCHNEIDER, Flávio Britto Azevedo. O dano social como nova categoria de dano na responsabilidade civil e a destinação da sua indenização. In: *Revista Jus*, edição de 07/2015 (http://jus.com.br/artigos/40969/o-dano-social-como-nova-categoria-de-dano-na-responsabilidade-civil-e-a-destinacao-da-sua-indenizacao#ixzz3kPpjjlui).

Partes	A sociedade como um todo, sem danos diretos a terceiros específicos	A tutela caberá aos órgãos públicos e a indenização será destinada a fundos sociais determinados em lei
Terceiros	Partes	Ambas fazem jus à indenização por danos morais, patrimoniais e sociais (*plus*). Como as partes laboram em prol do interesse social, fazem por merecer a percepção da indenização
Terceiro e uma das partes	A outra parte	Ambos os lesantes (parte inadimplente e terceiro ofensor) devem indenizar a parte ofendida em seus prejuízos típicos (patrimoniais e morais) e social

Cabe, agora, discutir a natureza dessa responsabilidade por dano social em caso de desfuncionalização. O assunto não foi enfrentado por Antonio Junqueira de Azevedo.

Preliminarmente faz-se importante discutir o que se entende por responsabilidade civil no âmbito dessa pesquisa.

Para José de Aguiar Dias a responsabilidade civil é a reconstituição de uma situação jurídica contratual ou extracontratual decorrente de uma agressão a um interesse jurídico.[319] É, em resumo, o dever de indenizar prejuízos decorrentes da violação de deveres, uma vez que a ninguém é lícito lesar os direitos de outrem (*neminem lædere*).[320]

Existe uma classificação dos sistemas de responsabilidade civil, sendo os mais relevantes os seguintes:[321]

- *Responsabilidade civil extracontratual:* surge do dever de indenizar danos decorrentes da violação do descumprimento de um dever de incolumidade fixado em lei;
- *Responsabilidade civil contratual:* quando ocorre o inadimplemento, ou seja, o descumprimento de deveres prestacionais de uma obrigação

---

[319] DIAS, José de Aguiar. *Da responsabilidade civil.* 12ª ed. Rio de Janeiro: Lumen Juris, 2011, p. 20.

[320] ALVIM, Agostinho. *Da inexecução das obrigações e suas consequências.* São Paulo: Saraiva, 1955, p. 173.

[321] CONSTANTINESCO, Léontin Jean. *Inexécution et faute contractuelle en droit comparé* (droits français, allemand, anglais). Pais: W. Kohlhammer Verlag, 1960, pp. 80 e segs.; PLANIOL, Marcel; RIPERT, Georges. *Traité pratique de droit civil français:* Obligations. 1. Ptie. Paris: LGDJ, 1952; DIAS, José de Aguiar. *Da responsabilidade civil,* ob. cit., pp. 20 e segs.; LIMA, Alvino. *Culpa e risco,* ob. cit., p. 17.

(inadimplemento absoluto e mora) ou de deveres anexos (violação positiva do contrato).

A sistematização das principais diferenças entre ambas pode ser feita assim:

Diferença	Responsabilidade civil contratual	Responsabilidade civil extracontratual
Dano	*In re ipsa*, ou seja, do inadimplemento resulta necessariamente um dano, que não precisa ser provado (é pressuposto). Consequentemente, não precisa ser provado pelo credor (que nesse caso será a "vítima").	Precisa ser provado. Sem sua prova não se fala em ato ilícito, que é o pressuposto do dever de indenizar.
Culpa	A violação do dever, caracterizada pelo não cumprimento da prestação, não pode ser comprovada pelo credor, pois a prova negativa de fato é *probatio diabolica (devil's proof)*. O credor, então, alega o inadimplemento e caberá ao devedor comprovar que pagou por meio de provas admitidas em direito (como, por exemplo, recibos oi depósitos em conta bancária).	Cabe à vítima provar a culpa e o nexo de causalidade, isto é: a vítima tem que provar quem é o titular da conduta, que este titular agiu com culpa (dolo ou culpa) e que daquela conduta resultou um dano. Assim, a vítima deverá provar quando e como sofreu o dano e quem lhe causou tal prejuízo e em que condições.
Liquidação do dano	O valor dos prejuízos patrimoniais se encontra pré-liquidado no próprio ato negocial, como, por exemplo, as cláusulas que fixam o valor dos juros de mora e da multa. Caso, ainda, não haja essa pré-liquidação, a própria lei oferece parâmetros para que seja fixado o valor (ex.: taxa de juros).	No caso dos danos patrimoniais, a vítima deverá comprovar sua redução patrimonial. O valor devido a título de indenização depende da diferença patrimonial (*restitutio in integrum*). Em se tratando de dano moral, a vítima deve provar as condições subjetivas e objetivas suas e de seu agressor, para o juiz arbitrar o valor da indenização.

Essa responsabilidade pode ser *subjetiva* ou *objetiva*:

A *responsabilidade civil subjetiva* é aquela que se fundamenta na *culpa* (em sentido amplo). Sem a comprovação da conduta consciente do agente causador do dano não há que se falar em ato ilícito e, consequentemente, indenização. Não basta que uma vítima tenha sofrido um dano injusto ou prejuízo; é preciso que o agente que infringiu o dever tenha o discerni-

A RESPONSABILIDADE CIVIL PELA VIOLAÇÃO À FUNÇÃO SOCIAL DO CONTRATO

mento da sua conduta lesiva, isto é, tenha agido culposamente (dolo ou culpa em sentido estrito). O foco, aqui, é o agente.

A *responsabilidade civil objetiva* é aquela cujos fundamentos são os riscos a que as pessoas estão submetidas no quotidiano da sociedade de informação. A comprovação de culpa nessas condições de risco é difícil ou impossível de ser produzida, de modo a consistir em um ônus a mais àquele que já sofre com um dano.[322] Nesse sistema de responsabilidade, preocupa-se com a vítima, que não pode sofrer o dano. A quem se beneficia de algum modo com a lesão a essa vítima deverá recair o dever de indenizar.

Martinho Garcez Neto destaca as teorias das raízes históricas da responsabilidade objetiva, que podem ser assim sistematizadas: 1) *teoria germânica:* danos oriundos de atividades empresariais de risco devem ser incluídos nas despesas do negócio, mesmo que não haja culpa; 2) *teoria italiana:* considera culpa um elemento insuficiente para a indenização de prejuízos e por isso desenvolvem um sistema de indenização independente de culpa, falando-se aqui de responsabilidade sem culpa; 3) *teoria francesa:* o que enseja a responsabilidade é o fato danoso ou o risco criado, e não a culpa do agente, sendo que aqui a responsabilidade *independe* de culpa do agente (Saleilles e Josserand). Tanto assim que o art. 1.382 do *Code* tem a seguinte redação: "Tout fait quelconque de l'homme, qui cause à autrui un dommage, oblige celui par la faute duquel il est arrivé, à le réparer".[323]

---

[322] LIMA, Alvino. *Culpa e risco*, ob. cit., p. 119.

[323] NETO, Martinho Garcez. *Responsabilidade civil no Direito Comparado*. Rio de Janeiro: Renovar, 2000, p. 95. DIAS, José de Aguiar. *Da responsabilidade civil*, ob. cit., p. 69, assim resume o pensamento de SALEILLES, Raymond descrito em sua obra *Les Accident de Travail et la Responsabilité Civile*, de 1897: "A lei deixa a cada um a liberdade de seus atos; ela não proíbe senão aqueles que se conhecem como causa direta do dano. Não poderia proibir aqueles que apenas trazem em si a virtualidade de atos danosos, uma vez que se possa crer fundamentalmente em tais perigos possam ser evitados, à base de prudência e habilidade. Mas, se a lei os permite, impõe àqueles que tomam o risco a seu cargo a obrigação de pagar os gastos respectivos, sejam ou não resultados de culpa. Entre eles e as vítimas não há equiparação. Ocorrido o dano, é preciso que alguém o suporte. Não há culpa positiva de nenhum deles. Qual seria, então, o critério e imputação do risco? A prática exige que aquele que obtém proveito de iniciativa lhe suporte os encargos, pelo menos a título de sua causa material, uma vez que essa iniciativa constitui um fato que, em si e por si, encerra perigos potenciais contra os quais os terceiros não dispõem de defesa eficaz. É um balanceamento a fazer. A justiça quer que se faça inclinar o prato da responsabilidade para o lado do iniciador do risco".

Importante destacar o que dizem Raymond Saleilles[324] em *"Les accidents de travail et la responsabilité civile* : (essai d'une théorie objective de la responsabilitè déllictuelle)", de 1807, e Louis Josserand[325] em *"La responsabilité de fait des choses inanimées"*, de 1897:

Saleilles	Fundamenta a responsabilidade civil em um princípio de causalidade, que deveria se sobrepor ao princípio de imputabilidade típico da responsabilidade aquiliana (subjetiva). Dessa maneira, não haveria a necessidade de comprovação do comportamento do agente causador do dano, pois a responsabilidade se fundamentaria no resultado *causado* por aquele agente, independentemente de sua culpa: "Cest une responsabilité purement objective, dérivant du fait lui-même et de sa matérialité". É por isso que o que importa é o fato danoso, e não o comportamento do agente: "chacun en agissant court des risques et que là ou un malheur arrive par suite d'un fait voluntaire et libre, l'auteur du fait payera les risques. C'est le prix de la liberté et c'est également la formule j'ai essayé de la démontrer, de l'article 1.382". Mas, conforme destaca Alvino Lima, Saleilles veio a modificar seu pensamento em 1910, conforme expôs no artigo "Responsabilité du fait des choses devant la Cour superieure du Canadá" (In: *Revue trim. de droit civil*, 1911, p. 5). A mudança foi que Saleilles passou a admitir uma presunção de culpa no fato danoso que comportaria prova em contrário.[326] Sendo assim, quem introduzir no meio social um acontecimento que tem a possibilidade de provocar prejuízo a outrem é o sujeito que deve suportar a responsabilidade de indenizar o prejuízo produzido.
Josserand	Seguindo a mesma linha de Saleilles, o autor desenvolve mais a ideia de equidade no âmbito da responsabilidade objetiva. Entre a indenização da vítima a investigação da culpa do agente, deve-se proteger a primeira por dois motivos: 1º) tendo já sofrido o dano, não é justo imputar-lhe o "sofrimento" de provar a culpa do outro; e 2º) tal ônus não pode ser-lhe imputado quando não concorreu com culpa sua para causar o resultado danoso.[327] Ou seja, *culpa é dano*.

Os franceses deixam claro que a responsabilidade civil objetiva prescinde de culpa. Isso significa que ela não é importante para a determinação do dever de indenizar. Jamais se poderia dizer, então, que a responsabilidade objetiva é aquela em que não há culpa. Na verdade, ela se fundamenta na ideia de que a culpa não precisa ser provada. No fundo, a responsabili-

---

[324] SAILELLES, Raymond, *Les accidents de travail et la responsabilité civile* : (essai d'une théorie objective de la responsabilitè déllictuelle). Paris: Arthur Rousseau, 1807, pp. 03 e segs.

[325] JOSSERAND, Louis. *La responsabilité de fait des choses inanimées*. Paris: Arthur Rousseau, 1897.

[326] LIMA, Alvino. *Culpa e risco*, ob. cit., pp. 119-120.

[327] JOSSERAND, Louis. *La responsabilité de fait des choses inanimées*, ob. cit., pp. 17-18.

dade objetiva é aquela que reconhece a prova da culpa como uma *probatio diabolica* e, como tal, entende tratar-se de um ônus iníquo à vítima, principalmente em uma sociedade cada vez mais complexa.

A tese dos franceses é fundamental para justificar os pontos principais da ideia de responsabilidade civil por desfuncionalização do contrato proposta por esse trabalho.

Alvino Lima, por exemplo, reconhece a existência de uma *culpa de ordem econômica*: basta que um determinado fato contratual esteja contrário às suas funções típicas que, havendo dano, haverá o dever de indenizar:[328]

> "A culpa na execução consiste em ter o titular do direito agido no exercício do mesmo sem interesse apreciável, sem vantagem, embora sem intenção de prejudicar, mas de tal maneira que o ato praticado é economicamente mau e condenável. É uma culpa de ordem econômica".

Seria extremamente difícil – para não dizer impossível – a comprovação de culpa daqueles que descumprem os deveres estabelecidos pela função social. Por isso, para que o dano social ocorra basta a desfuncionalização dos efeitos típicos do contrato. Já no caso dos danos específicos de quem é lesado (terceiro, parte ou partes) é preciso comprovar o prejuízo, mas a indenização também independe da culpa de quem desfuncionalizou um contrato.

E agora vem o novo Código de Processo Civil (Lei nº 13.105/2015), que adota a teoria da distribuição dinâmica do ônus da prova, conforme consta no § 1º do art. 373:

> "Art. 373. O ônus da prova incumbe:
>
> I – ao autor, quanto ao fato constitutivo de seu direito;
>
> II – ao réu, quanto à existência de fato impeditivo, modificativo ou extintivo do direito do autor.
>
> § 1º. Nos casos previstos em lei ou diante de peculiaridades da causa relacionadas à impossibilidade ou à excessiva dificuldade de cumprir o encargo nos termos do caput ou à maior facilidade de obtenção da prova do fato contrário, poderá o juiz atribuir o ônus da prova de modo diverso, desde que o faça por decisão fundamentada, caso em que deverá dar à parte a oportunidade de se desincumbir do ônus que lhe foi atribuído.

---

[328] LIMA, Alvino. *Culpa e risco*, ob. cit., pp. 224-225.

§ 2º. A decisão prevista no § 1º deste artigo não pode gerar situação em que a desincumbência do encargo pela parte seja impossível ou excessivamente difícil.

§ 3º. A distribuição diversa do ônus da prova também pode ocorrer por convenção das partes, salvo quando:

I – recair sobre direito indisponível da parte;

II – tornar excessivamente difícil a uma parte o exercício do direito.

§ 4º. A convenção de que trata o § 3º pode ser celebrada antes ou durante o processo".

A adoção dessa teoria segue o princípio basilar do princípio da cooperação processual entre partes e juiz, que informa o processo civil brasileiro. Não se trata de uma novidade, pois o inciso VIII do art. 6º do Código do Defesa do Consumidor já lhe previa:

"Art. 6º São direitos básicos do consumidor:

[...];

VIII – a facilitação da defesa de seus direitos, inclusive com a inversão do ônus da prova, a seu favor, no processo civil, quando, a critério do juiz, for verossímil a alegação ou quando for ele hipossuficiente, segundo as regras ordinárias de experiências;

[...]".

A novidade, em comparação com os dois dispositivos legais, é que o CDC adota a teoria para fins de proteção dos hipossuficientes, enquanto o novo CPC deseja a cooperação no deslinde da ação.

A utilização da distribuição do ônus já é utilizada no Superior Tribunal de Justiça mesmo na vigência do CPC/1973, conforme se constata pela interpretação constitucional nos julgados dos seguintes recursos: REsp. nº 1.286.704/SP, REsp. nº 1.084.371/RJ, REsp. nº 1.189.679/RS e RMS nº 27.358/RJ.

Poderá o juiz, na fase de saneamento do processo (art. 357, III do CPC/2015) aplicar a inversão do ônus naquele caso concreto.

O § 1º do art. 373 desempenhará importante papel no afastamento das *devil's proof* para garantir um melhor julgamento das demandas. Imagine a dificuldade da parte preterida de um contrato provar, por exemplo, o aliciamento doloso que um terceiro praticou sobre o contratante para o inadimplemento.

A RESPONSABILIDADE CIVIL PELA VIOLAÇÃO À FUNÇÃO SOCIAL DO CONTRATO

Por isso, para melhor e bem do direito, torna-se uma questão de política processual considerar o aliciamento pelo terceiro como ilícito civil objetivo, que enseja responsabilidade objetiva, cabendo ao terceiro provar que não interferiu maliciosamente.

Uma última classificação que se faz necessária é sobre a responsabilidade pré-contratual, contratual e pós-contratual. Tome-se como referência Rogério Ferraz Donnini e a distinção que ele faz:[329],[330]

- *Responsabilidade civil pré-contratual:* é o dever de indenizar danos decorrentes do descumprimento de deveres que decorrem da cláusula geral de boa-fé na fase de negociações preliminares (antes da conclusão do contrato). Tem a ver com a lesão às legítimas expectativas do outro negociante, que lhe frustra e causa prejuízo se considerarmos os investimentos feitos pela parte preterida. Sua natureza é extracontratual porque ainda não há contrato;
- *Responsabilidade civil contratual:* como já dito, corresponde às indenizações típicas do inadimplemento decorrente do descumprimento das prestações ou dos deveres anexos que decorrem da boa-fé; e
- *Responsabilidade civil pós-contratual:* aquela que decorre do descumprimento de deveres de boa-fé que permanecem incidindo sobre as partes *ex post factum finitum.* Como já não existe mais contrato os deveres são legais, impostos pela boa-fé, e por isso a responsabilidade é extracontratual. Praticamente se refere a um dever de lealdade entre as partes e de responsabilidade por danos que se verifiquem após o cumprimento das prestações.

À responsabilidade pela desfuncionalização não corresponde nenhum nesse tipo de responsabilidade. Veja por quê: 1) esses sistemas de responsabilidade correspondem ao descumprimento de deveres fundamentados especificamente na boa-fé objetiva (art. 422), pela divisão das fases nego-

---

[329] DONNINI, Rogerio Ferraz. *Responsabilidade civil pós-contratual.* 3ª ed. São Paulo: Saraiva, 2011, pp. 50 e segs.

[330] Essa classificação é reconhecida pela comunidade jurídica conforme os Enunciados nº 23 e nº 25 da I Jornada de Direito Civil do Centro de Estudos Jurídicos da Justiça Federal (STJ): Enunciado 23: "Em virtude do princípio da boa-fé, positivado no art. 422 do novo Código Civil, a violação dos deveres anexos constitui espécie de inadimplemento independentemente de culpa"; e Enunciado 25: "O art. 422 do Código Civil não inviabiliza a aplicação, pelo julgador, do princípio da boa-fé nas fases pré e pós-contratual".

ciais em "até a conclusão e na conclusão" e "durante a execução". O art. 421 não faz tal destrinche; e 2) a função social não é uma cláusula contratual, mas um conjunto de deveres legais. Logo, não há que se falar em inadimplemento absoluto, moro e violação positiva do contrato.

Portanto, a responsabilidade pela desfuncionalização será extracontratual, objetiva.

Em resumo, a ideia principal que se quer transmitir é que a responsabilidade civil pela desfuncionalização social do contrato é o dever de reparar o dano (art. 927) decorrente de abuso de direito (arts. 187) caracterizado pela infração de deveres resultantes do art. 421, da qual resultará prejuízos sociais para a sociedade e possível danos patrimoniais e morais para pessoas específicas diretamente atingidas pela desfuncionalização.

2.6. Tutela do dano social que decorre da desfuncionalização do contrato

Dois são os temas mais tenebrosos e discutíveis da teoria do dano social. O primeiro deles diz respeito à legitimidade do particular em tutelá-lo; e o segundo se refere à destinação da indenização.

Já tive a oportunidade de escrever que de nada vale o ordenamento jurídico brasileiro adotar uma nova categoria de dano, cuja indenização pode assumir um caráter punitivo ou dissuasório, se não soubermos qual é o fim a que ela se destina, e quem são os legitimados a pleiteá-la, já que nesta categoria de dano a vítima passa da figura da pessoa, atingindo também a sociedade na qual ela está inserida.[331]

Existe a possibilidade de tal *plus* indenizatório ser destinado aos fundos de reparação à sociedade, como é feito nos casos de danos ambientais.

Sobre esses fundos, o Código de Defesa do Consumidor prevê o chamado *fluid recovery* em seu parágrafo único do art. 100:

> "Art. 100. Decorrido o prazo de um ano sem habilitação de interessados em número compatível com a gravidade do dano, poderão os legitimados do art. 82 promover a liquidação e execução da indenização devida.
>
> Parágrafo único. O produto da indenização devida reverterá para o fundo criado pela Lei nº 7.347, de 24 de julho de 1985".

---

[331] FACHETTI, Gilberto; SILVA, Alcides Caetano; SCHNEIDER, Flávio Britto Azevedo. O dano social como nova categoria de dano na responsabilidade civil e a destinação da sua indenização. In: *Revista Jus*, edição de 07/2015 (http://jus.com.br/artigos/40969/o-dano-social-como-nova-categoria-de-dano-na-responsabilidade-civil-e-a-destinacao-da-sua-indenizacao#ixzz3kPpjjlui).

E no que se refere à Lei de Ação Civil Pública (Lei nº 7.347/85) o *caput* do art. 13 prevê a criação e regulamentação de fundo ao qual se destinava o dinheiro da indenização dos danos em maça:

> "Art. 13. Havendo condenação em dinheiro, a indenização pelo dano causado reverterá a um fundo gerido por um Conselho Federal ou por Conselhos Estaduais de que participarão necessariamente o Ministério Público e representantes da comunidade, sendo seus recursos destinados à reconstituição dos bens lesados".

Inicialmente tal fundo foi designado de "Fundo para Reconstituição de Bens Lesados" e regulamentado pelo Decreto nº 92.302/86. Esse fundo foi revogado pelo Decreto nº 407/91.

Posteriormente, o Decreto nº 1.306/94 criou e regulamentou o "Fundo de Defesa de Direitos Difusos", gerido pelo Conselho Federal Gestor do Fundo de Defesa de Direitos Difusos (CFDD), órgão colegiado integrante da estrutura organizacional do Ministério da Justiça.

Para Antonio Junqueira, essa ideia de destinar a indenização para fundos não é plausível, pois órgãos como o Ministério Público já possuem grande demanda, e certamente não teriam condições de assumir ações dessa natureza. Para o autor, a indenização deve ser entregue à vítima, pelo fato de ela ter atuado no processo, pois foi ela quem trabalhou para a obtenção da verba. Tal entendimento tem fulcro na ideia de que quando o particular propõe sua ação individual exerce uma função pública, defendendo, além dos seus direitos, os da sociedade, merecendo, portanto, a recompensa por isso. Dessa maneira, haverá um estímulo para que o particular mova as ações pleiteando esse *plus* indenizatório, pois assim, este agirá também em nome da sociedade.

Flavio Tartuce, por sua vez, entende que a destinação mais apropriada para a verba indenizatória oriunda do dano social é para os fundos sociais: "A ideia, nesse sentido, é perfeita, se os prejuízos atingiram toda a coletividade, em um sentido difuso, os valores de reparação devem também ser revertidos para os prejudicados, mesmo que de forma indireta".[332] Desse modo, se a coletividade foi vítima do dano, então os valores da reparação devem ser revertidos para os fundos sociais, pois assim ela será ressarcida mesmo que de forma indireta.

---

[332] TARTUCE, Flávio. Reflexões sobre o dano social, ob. cit., p. 438.

Portanto, conclui-se que dano social consiste na lesão que causa redução da segurança e qualidade de vida da coletividade, cuja indenização possui a função punitiva e dissuasória do agente ofensor, para que ele e outras pessoas não venham incidir em condutas lesivas. Entende que a melhor destinação para esse dinheiro são os fundos sociais, pelo fato da lesão extrapolar a esfera individual da vítima e atingir a coletividade, fazendo todas as pessoas inseridas no local da ocorrência do dano vítimas da conduta lesiva, o que demonstra divergência sobre o tema.

Sobre a legitimidade, a qualquer um, enquanto vítima, é legítimo tutelar o dano sofrido. Se o dano é a sociedade, então todos sofrem o dano. Essa é a ideia, em resumo, de Antonio Junqueira de Azevedo.

Contudo, o Superior Tribunal de Justiça entendeu que o particular não tem essa legitimidade, conforme se verifica no seguinte julgado:[333]

"RECLAMAÇÃO. JUIZADOS ESPECIAIS. DIREITO DO CONSUMIDOR. AGÊNCIA BANCÁRIA. 'FILA'. TEMPO DE ESPERA. AÇÃO DE INDENIZAÇÃO POR DANOS MORAIS. CONDENAÇÃO POR DANOS SOCIAIS EM SEDE DE RECURSO INOMINADO. JULGAMENTO ULTRA PETITA. RECLAMAÇÃO PROCEDENTE. 1. [...]. 3. Nos termos do Enunciado 456 da V Jornada de Direito Civil do CJF/STJ, os danos sociais, difusos, coletivos e individuais homogêneos devem ser reclamados pelos legitimados para propor ações coletivas. 4. Assim, ainda que o autor da ação tivesse apresentado pedido de fixação de dano social, há ausência de legitimidade da parte para pleitear, em nome próprio, direito da coletividade. 5. Reclamação procedente".

Sobre a legitimidade e destinação da indenização na tutela do dano social em contratos desfuncionalizados, conclui-se o seguinte:

Assim como todo e qualquer dano, o social tem uma extensão, que significa a repercussão do prejuízo à sua vítima, que no caso é a sociedade. Essa extensão é reconhecida, inclusive, pelo *caput* do art. 944. Logo, há contratos desfuncionalizados que causam danos sociais de maior ou menor extensão (aqui entendida como a repercussão do prejuízo). Nesse sentido, é possível falar em contratos de *pequena* e de *grande* monta.

Será de *grande monta* aqueles contratos que envolvem altos valores pecuniários, que fazem circular grande porção de riqueza, cuja cadeia produ-

---

[333] STJ, Rcl. nº 13.200/GO, Segunda Secção, Rel. Min. Luis Felipe Salomão, j. em 08/10/2014.

tiva e distributiva envolve maior número de pessoas ou grupos de pessoas. Pode-se dar como exemplo desses contratos os celebrados por grandes empresas, como empreiteiras contratadas por empresas de capital misto para a realização de grandes obras e há superfaturamento de valores.

Será de *pequena monta* aqueles contratos que não envolvem grandes valores, sem grande repercussão na cadeia econômica. As pessoas envolvidas são os particulares, geralmente em pequeno número. Mas, o fato de ser um contrato simples não impede que cause danos à sociedade. Exemplo: contrato de locação para uma profissional do sexo, ou para uma pessoa praticar rufianismo.

Naqueles contratos de pequena monta não se justifica mover a os órgãos públicos para a defesa de direitos difusos para a tutela do dano social. Ele pode ser pleiteado por aqueles prejudicados particulares (parte, partes ou terceiros). Inclusive, eles podem se apropriar da indenização, por tutelarem um interesse coletivo.

Já nos contratos de grande monta, aí sim a legitimidade é exclusiva daqueles que têm o poder de propor ação coletiva e tutelar danos sociais. E o valor recebido é destinado aos fundos públicos de proteção dos direitos coletivos.

Cite-se como exemplo o Recurso Extraordinário nº 741.868/GO. Nele, o Supremo Tribunal Federal, em sede de recurso que atacou a decisão proferida pela Primeira Turma Julgadora Mista da 7ª Região do Tribunal de Justiçado Estado de Goiás, posicionou-se de forma importante a respeito do dano social. Na oportunidade, a relatora, entendeu que a decisão recorrida não merecia reparos no tocante à fixação do dano social e na função punitiva/dissuasória que a indenização sua possui. Ou seja, concordou com o Acórdão atacado que fixou o dano social e sua indenização.[334]

A Corte admitiu de forma clara e objetiva que a condenação ao pagamento de indenização punitiva – chamada no julgado de "pena privada" – servirá não só à empresa condenada, mas também, de forma indireta, às demais empresas que adotam práticas ilícitas reiteradas com o intuito de obter lucro, como uma forma didática para que elas se abstenham dessas

---

[334] Análise feita em oportunidade que já tive de escrever em: FACHETTI, Gilberto; SILVA, Alcides Caetano; SCHNEIDER, Flávio Britto Azevedo. O dano social como nova categoria de dano na responsabilidade civil e a destinação da sua indenização. In: *Revista Jus*, edição de 07/2015 (http://jus.com.br/artigos/40969/o-dano-social-como-nova-categoria-de-dano-na-responsabilidade-civil-e-a-destinacao-da-sua-indenizacao#ixzz3kPpjjlui).

condutas, sob pena de também serem condenadas por isso. Vê-se aí a ideia de *contratos de grande monta.*

Além disso, o STF afirmou ser o dano social de interesse público, o que independe de pedidos para que possa ser analisado. Quer dizer, admite a fixação *ex officio* pelo juiz, não considerado tal situação um julgamento *extra petita*, diferentemente da jurisprudência do STJ.

Por fim, o STF decidiu que nos casos de punição pelo dano social, a verba indenizatória deve ser revertida em prol da mesma sociedade afetada, motivo pelo qual determinou que o valor fixado deve ser destinado para algum fundo existente no município que tenham escopo social, ou então determinar de forma direta a destinação para outras entidades da mesma natureza.

Dessa forma, o Supremo Tribunal Federal admitiu a existência do dano social no sistema jurídico brasileiro em matéria contratual, bem como a possibilidade de ser arbitrada uma indenização que sirva de punição ao infrator, objetivando o desestímulo de práticas ilícitas, além de coibir aos demais a não incidirem no mesmo erro, devendo sempre cumprir os ditames da lei, e assim, manter o nível da qualidade de vida da sociedade. Nesse cenário, o Tribunal posicionou-se no sentido de que a verba indenizatória do dano social deverá ser revertida para fundos sociais ou então entidades dessa natureza, por ser a sociedade vítima desta categoria de dano, especialmente por se tratar de um contrato que envolve grandes valores e grande interesse social.[335]

---

[335] STF, RExt. nº 741.868/GO, Rel. Min Cármen Lúcia, j. em 29/04/2013: "RECURSO EXTRAORDINÁRIO. CONSUMIDOR. DANO SOCIAL. OFENSA CONSTITUCIONAL INDIRETA. AGRAVO AO QUAL SE NEGA SEGUIMENTO. [...]. 2. A Recorrente alega que a Turma Recursal teria contrariado o inc. XXXIX do art. 5º da Constituição da República. Argumenta que: 'não existe qualquer dispositivo processual que autorize o douto Magistrado a impor a referida 'indenização social', por mais que a justifique com base no sistema protetivo à relação de consumo e aos consumidores. Ora, o próprio Código de Defesa do Consumidor não previu indenização a esse título' (fl. 103). Apreciada a matéria trazida na espécie, DECIDO. 3. Razão jurídica não assiste à Agravante. O Juiz Relator na Primeira Turma Julgadora afirmou: 'o 'quantum' indenizatório do dano moral vem se mantendo num patamar que não provoque no beneficiário acréscimo substancial de patrimônio e, assim permanecendo, não serve de incentivo às empresas para adoção de medidas que impliquem melhoria dos produtos e serviços. A condenação punitiva viria, então, em complemento àquela indenização concedida à vítima em particular, em observância à repercussão social daquele comportamento negligente do fornecedor. A juíza prolatora da sentença atacada fundamentou com maestria a medida, não merecendo qualquer reparo, seja para diminuição do valor, seja para sua supressão, seja

A RESPONSABILIDADE CIVIL PELA VIOLAÇÃO À FUNÇÃO SOCIAL DO CONTRATO

Veja, enfrentar esse tema da legitimidade e da indenização é uma questão complexa que foge ao corte metodológico proposto nesse trabalho. Trata-se de um assunto que enseja discussões e conclusões próprias, e por isso merece um estudo mais aprofundado e específico. Ou seja, é assunto para uma outra tese. Sendo assim, essa pesquisa optou por apenas fazer algumas conclusões pertinentes à ideia principal aqui defendida, não adentrando em detalhes específicos para garantir o foco temático.

2.7. A invalidade do contrato desfuncionalizado

A desfuncionalização não se tratará de anulabilidade porque a causa ilícita ou ilegal, quer dizer, a desfuncionalização do contrato pela causa, não se subsume a nenhuma das hipóteses do rol taxativo (*numerus clausus*) do art. 171:

> "Art. 171. Além dos casos expressamente declarados na lei, é anulável o negócio jurídico:
>
> I – por incapacidade relativa do agente;
>
> II – por vício resultante de erro, dolo, coação, estado de perigo, lesão ou fraude contra credores".

No caso dos vícios do inciso II, embora haja um problema de causa, a lei dá um tratamento diferenciado e prevê essa sanção especificamente.

Havendo ilicitude e/ou ilegalidade da causa-função, a invalidade aplicada é a *nulidade*. Quer dizer, o contrato será *nulo*. Observe as hipóteses de nulidade do art. 166:

para aumentar a indenização da vítima. Transcrevo trecho da fundamentação: (...). De outro lado, de forma indireta a finalidade dessa pena privada, de que estou tratando, também terá reflexos sobre outras empresas do mesmo ramo que insistem em manter na sua planilha de custos e benefícios a infringência aos direitos dos consumidores como fator multiplicador de suas riquezas. O art. 883, parágrafo único do Código Civil, preceitua que no caso deste artigo, o que se deu reverterá em favor de estabelecimento local de beneficência, a critério do juiz'. O dispositivo está inserido no capítulo do pagamento indevido de forma a justificar que eventual pagamento feito nessas condições poderá ter uma destinação social. Ora, interpretando-se teleologicamente a norma, tenho que em se tratando de punição ao chamado dano social o benefício deve vir em prol da mesma sociedade afetada. Assim, o valor a ser fixado pode ser revertido tanto para um dos Fundos existentes no município que têm cunho social ou mesmo de forma direta para uma entidade com o mesmo escopo. Para concluir, o dispositivo invocado é norma de ordem pública e por tal motivo independe de qualquer pedido para sua apreciação e aplicação e ofício [...]. Pelo exposto, nego seguimento a este recurso extraordinário (art. 557, caput, do Código de Processo Civil e art. 21, § 1º, do Regimento Interno do Supremo Tribunal Federal). Publique-se".

"Art. 166. É nulo o negócio jurídico quando:

I – celebrado por pessoa absolutamente incapaz;

II – for ilícito, impossível ou indeterminável o seu objeto;

III – o motivo determinante, comum a ambas as partes, for ilícito;

IV – não revestir a forma prescrita em lei;

V – for preterida alguma solenidade que a lei considere essencial para a sua validade;

VI – tiver por objetivo fraudar lei imperativa;

VII – a lei taxativamente o declarar nulo, ou proibir-lhe a prática, sem cominar sanção".

Quando se tratar de causa ilegal em razão da contrariedade do objeto, do sujeito, de condição e de forma com o sistema jurídico, as hipóteses de nulidade são as dos incisos I, II, IV e V.

A questão é descobrir qual hipótese de nulidade incide no caso de desfuncionalização da causa do contrato. Aí, então, verifica-se que pode ocorrer o seguinte:

É possível constatar uma *nulidade por motivo determinante ilícito* (inciso III). Trata-se da ilicitude ou ilegalidade da *causa subjetiva*, também designada de *"motivo"*. Para que assim o seja, deve atender a três requisitos. O primeiro deles é ser *determinante*. Segundo Humberto Theodoro Junior, será determinante o motivo que se apresenta como cláusula ou condição da vontade declarada.[336] A causa subjetiva irá definir o objeto da declaração de vontade. Por isso, com base no que diz o autor, foi possível distinguir a existência de dois tipos de motivos determinantes:

1. *Motivo remoto:* é aquela destinação que o emissor da vontade tem no plano subjetivo e não é manifestada ao destinatário da declaração como condição para o negócio;

2. *Motivo próximo:* é quando as razões que levam o interessado a celebrar o contrato são expressas como condição para que o negócio se realize e produza seus efeitos. Nesse caso, o receptor da vontade deve conhecer o motivo do emissor e ser informado de que esse motivo é a razão de ser da celebração do contrato;

---

[336] THEODORO JÚNIOR, Humberto. In: TEIXEIRA, Sálvio de Figueiredo (coord.). *Comentários ao novo Código Civil.* Vol. III, Tomo I. Rio de Janeiro: Forense, 2003, p. 456-478.

Verifica-se, então, que o motivo determinante que interfere na validade do negócio é o *motivo próximo*, ou seja, a causa da conclusão do pacto.

O segundo requisito a que se refere o inciso III do art. 166 é a *ilicitude* do motivo. Significa que a razão de se ter feito o contrato é a prática de um ato ilícito ou um delito. Humberto Theodoro Júnior esclarece que o motivo ilícito unilateral não tem o condão de invalidar o negócio, pouco importando a prática do ato ilícito do declarante (oblato ou policitante). Por isso, pode-se concluir que o motivo ilícito que interferirá na validade do contrato como causa ilícita e ilegal é o motivo próximo.

O último requisito de invalidade do motivo é a sua *bilateralidade*, ou seja, que o motivo seja determinante e ilícito para o emissor e o receptor da vontade, isto é, tanto para o oblato quanto para o policitante. Trata-se do motivo próximo que se transforma no conteúdo do acordo. O exemplo dado é quando o vendedor de uma arma aliena esse objeto para que o comprador pratique o ato de assassinar alguém. Esse motivo comum deve ser anterior ou contemporâneo à conclusão do ato. É possível concluir que esse motivo comum torna uma das partes compartícipe ou cúmplice do delito.

Dessa maneira, *a causa subjetiva também contamina a causa-função do negócio*, pois o contrato não é utilizado para a consecução dos fins socialmente típicos, aceitos e predominantes. Nenhum benefício é oferecido à sociedade, e se o é, será ilegítimo. Apesar da circulação de riquezas promovida nesses casos, esse acontecimento não é aceito pela coletividade e atinge drasticamente o interesse social.

Essa foi a desfuncionalização da validade da causa subjetiva. É possível verificar, ainda, a desfuncionalização da *causa objetiva*, ou causa-função. Trata-se da desfuncionalização dos efeitos jurídico-sociais do tipo contratual e do interesse social (função social). Para tanto, a discussão girará em torno dos incisos VI ("tiver por objetivo fraudar lei imperativa") e VII ("a lei taxativamente o declarar nulo, ou proibir-lhe a prática, sem cominar sanção"), ambos do art. 166.

No que se refere ao inciso VI, pouco importa a intenção do(s) agente(s) em fraudar a lei. Importa que a contrariedade ocorra; a nulidade decorre da infração pura e simplesmente.[337]

---

[337] THEODORO JÚNIOR, Humberto. *Comentários ao novo Código Civil*, ob. cit., p. 442: "A nulidade por fraude à lei é objetiva, não depende da intenção de burlar o mandamento legal. As ilicitudes, diretas e indiretas, independem da postura subjetiva do agente. Se a contrariedade

A fraude à lei não está necessariamente no resultado, mas no modo de celebrar e executar o contrato. Por isso, a restrição está na própria norma jurídica. São exemplos de proibições no Código Civil:

- A venda a *non domino* (venda de coisa alheia) (art. 447 e segs.);
- A preterição de exercício do direito de prelação do condômino *pro indiviso* (art. 504);
- O *pacta corvina* (426);
- A compra e venda entre cônjuges de bens da meação (art. 499);
- A doação ao cúmplice do adultério (art. 550);
- A proibição ao segurado reconhecer sua responsabilidade ou confessar a ação, bem como transigir com o terceiro prejudicado, ou indenizá-lo diretamente, sem anuência expressa do segurador (§ 2º do art. 784);
- A constituição de enfiteuses (*caput* do art. 2.038);
- As restrições nos aforamentos (§ 1º do art. 2.038);
- A prática de ato de disposição do próprio corpo, quando importar diminuição permanente da integridade física, ou contrariar os bons costumes (*caput* do art. 13);
- Alienar ou gravar os bens em separado das partes comuns do condomínio edilício (§ 1º do art. 1.339); e
- O testamento conjuntivo, seja simultâneo, recíproco ou correspectivo (art. 1.863).

O último inciso a analisar é o VII ("a lei taxativamente o declarar nulo, ou proibir-lhe a prática, sem cominar sanção"). Qual o seu âmbito de aplicação? Em realidade, esse inciso contém duas hipóteses de nulidade:

1. *Quando a lei taxativamente declara determinado negócio nulo porque não cominou outra sanção:* nesse caso, a nulidade é a única sanção. Se outra penalidade tiver sido estipulada, mesmo que também haja previsão de nulidade, prevalecerá a outra sanção. Quer dizer, não prevalece o inciso VI se outra sanção houver sido cominada. Exemplos: *i*) se além de nulo a lei previu o dever de indenizar pelos prejuízos, apenas se aplicará a responsabilidade civil, não nulando o negócio; e *ii*)

à lei de fato ocorreu, pouco importa saber se o infrator teve ou não o propósito de fraudar o preceito legal".

se a lei proíbe um ato sem prever nulidade e prevê apenas o dever de indenizar, o negócio não será invalidado; e

2. *Quando a lei proíbe determinado negócio e apenas prevê como consequência a nulidade:* nessa situação apenas se aplicará a nulidade. Ou seja, não vem expressa outra sanção. Nesse sentido, escreve Humberto Theodoro Júnior: "Deve-se, nessas hipóteses, verificar se a lei, ou não, a previsão de sanção diversa para sua infringência. Se houver outra sanção expressamente cominada, não se terá como nulo o negócio. Aplica-se apenas a cominação legal".[338]

Quer dizer, a nulidade nesse caso do inciso VII tem caráter supletivo e não se pode cumular com outra sanção. Será quando o negócio é praticado contra uma norma cogente (imperativa). Mas, a nulidade apenas incidirá sobre o negócio se não houver sido estabelecida pela norma outra sanção para o caso de prática daquele ato.

Então, postas essas premissas, resta saber se a desfuncionalização da causa invalida o contrato. E se sim, qual a hipótese. Observe, antes, que o art. 421 não comina expressamente nem a nulidade e nem a responsabilidade civil. Estas consequências são inferidas da interpretação *a contrario sensu* do enunciado normativo. Por isso, não se trata da nulidade da primeira parte do inciso VII, qual seja: quando a lei taxativamente declara determinado negócio nulo porque não cominou outra sanção.

Também não se tratará da segunda parte, isto é, quando a lei proíbe determinado negócio e apenas prevê como consequência a nulidade, porque não há declaração taxativamente desse efeito prejudicial ao negócio no art. 421.

A desfuncionalização da causa provoca a nulidade do contrato em razão de *fraude à lei* (inciso VI).

A conclusão de Humberto Theodoro Júnior sobre esse inciso VI é a seguinte:[339]

"É preciso que a própria norma restritiva traga em si um sentido de impedir, de qualquer maneira, determinado efeito, seja direta ou indiretamente. Quando apenas se proíbe um tipo de contrato, nem sempre se quer impedir outros que, eventualmente, cheguem a resultado análogo. A fraude à lei, por-

---

[338] THEODORO JÚNIOR, Humberto. *Comentários ao novo Código Civil*, ob. cit., pp. 462-463.
[339] THEODORO JÚNIOR, Humberto. *Comentários ao novo Código Civil*, ob. cit., p. 444.

tanto, reclama interpretação primeiro da norma que se supõe fraudada, para se concluir sobre se contém restrição apenas a um tipo de contrato ou a toda e qualquer negociação acerca de determinado bem".

Pode-se concluir, então, que:

- A restrição nem sempre é *expressa* (como ocorre nos exemplos citados acima). (Seguindo a teoria da norma jurídica de Hans Kelsen, *quando explícita*, tratar-se-ia da *norma primária*);
- Sendo assim, a restrição pode estar *implícita* no conteúdo do mandamento legal. (Também seguindo Hans Kelsen, seria a *norma secundária*, que é interpretação da norma primária)[340];
- Então, a restrição está *no sentido* da norma ("...seja direta ou indiretamente", nas palavras do autor citado);
- Nem sempre a proibição se refere ao tipo de contrato celebrado (exemplo: o *pacta corvina*);
- Também a restrição poderá ser quanto à negociação, a conclusão e a execução do contrato.

O art. 421 *não* traz consigo, *expressamente*, uma sanção. Dessa maneira, caberá uma análise a partir justamente de um juízo *a contrario sensu* da norma contida no art. 421:

"Art. 421. A liberdade de contratar será exercida em razão e nos limites da função social do contrato".

Observe o raciocínio:

- Nesse dispositivo há uma norma estabelecendo *conduta* para o exercício da liberdade de contratar: contratar *em razão* (causa) e *nos limites* (dever) da função social;

---

[340] Na 2ª edição do *Teoria Pura do Direito*, KELSEN, Hans. *Teoria pura do direito*. 6ª ed. São Paulo: Martins Fontes, 1998, pp. 40 e segs., classifica a norma jurídica em dois tipos:1) *Norma primária*: aquela que prescreve uma sanção ("B") por causa de certa conduta ("A"), de maneira que: *["Se A, deve ser B"]*; e 2) *Norma secundária*: trata-se de um juízo *a contrario sensu* pelo qual se determinada conduta ("A") tem como consequência uma sanção ("B"), então tal conduta é proibida e, logo, o sujeito não pode praticá-la, o que indica qual a conduta correta ("C"), de modo que: *["Se A, deve ser B, então C"]*. Assim também: FACHETTI, Gilberto; CASTELLANOS, Angel Rafael Mariño. A norma jurídica como razão para a ação. In: *Revista Forense*. Vol. 403. Rio de Janeiro: Forense, 2009, p. 553-568.

- Não se comportar como estipulado acima provoca a *desfuncionali-zação do contrato*;
- A desfuncionalização pela causa tem como consequência a nulidade do contrato porque houve infração do art. 421 (inciso VI do art. 166);
- A desfuncionalização pelos limites consiste no descumprimento de um dever, e toda vez que há a lesão a um dever com dano (art. 186) a consequência será a responsabilidade civil (art. 927, *caput*).

Nesse raciocínio, é possível verificar que há uma *proibição* de se comportar de maneira contrária ao interesse coletivo. O art. 421 é uma norma cogente, quer dizer, imperativa, da qual se conclui: *"aja de acordo com a função social, tanto no seu querer, quanto no modo de contratar"*. Logo, se houver desfuncionalização da causa (conduta), a consequência é a nulidade (sanção), e *a contrario sensu* o indivíduo deve respeitar o interesse social expresso na função social (conduta correta).

Nesse sentido, Humberto Theodoro Júnior indica duas maneiras de agir contra uma norma imperativa:

1. *Agere contra legem:* trata-se de uma "ofensa frontal ou direta". Nela será convencionado exatamente o que a norma jurídica proíbe. Um exemplo: a constituição de enfiteuses (*caput* do art. 2.038); e
2. *Agere in fraudem legis:* a violação da lei se faz por meio de um negócio que, em sua estrutura e pressupostos, é lícito e válido, mas seus efeitos são resultados proibidos em lei. Exemplo: a simulação (art. 167, *caput*).

Aplicando a fórmula *["Se A, deve ser B, então C"]* é possível perceber que há uma proibição implícita no art. 421, sendo:

- *"A"* – a desfuncionalização do contrato pela causa (não se contratou a partir do interesse social);
- *"B"* – a nulidade, como sanção do Direito Civil para o caso de fraude à lei a determinações legais; e
- *"C"* – o juízo pelo qual o sujeito conclui a correta forma de contratar: de acordo com a lei e sem lesar terceiros ou os interesses sociais, quer dizer, é proibido agir contrariamente aos ditames da função social.

Dessa maneira, a lei estabelece uma conduta obrigatória para o exercício da autonomia contratual: *não contratar fora das razões incutidas na noção de função social*. A nulidade pela desfuncionalização da causa é implícita. A nulidade do contrato pela desfuncionalização tem duas causas:

- O motivo ilícito comum e determinante (inciso III), se houver, e a obrigatoriedade desatendida, que acontece quando se infringe a lei. A consequência sancionatória é a nulidade, conforme o inciso VII do art. 166; e
- A nulidade do contrato desfuncionalizado pela causa é decretada em ação de nulidade, cuja legitimidade ativa é de qualquer interessado – entenda-se, todo aquele que tem um direito prejudicado pelo contrato – e pelo Ministério Público, conforme art. 168, *caput*. Também pode ocorrer a decretação de nulidade *ex officio* pelo juiz, durante a tramitação de qualquer outra ação que tenha por objeto o contrato nulo (art. 168, parágrafo único).

A legitimidade passiva da ação é das partes ou qualquer outro envolvido diretamente no contrato.

Segundo Francisco Amaral, o conteúdo da sentença que decreta a nulidade é declaratório, uma vez que não cria nova situação jurídica e apenas declara que o ato é nulo. Para o autor, a sentença tem eficácia retroativa à conclusão do contrato, isto é, *ex tunc* (art. 182).[341]

É comum, a propósito, que se diga que uma das diferenças entre negócio nulo e anulável é que o primeiro não produza efeitos: *quod nullum est nullum producit effectum*. Em regra, é essa a realidade, embora, como destaca Humberto Theodoro Júnior, nem sempre ela se verifica. Cita como exemplos de negócios nulos que produzem efeitos: 1) o herdeiro aparente que aliena seu direito apesar do título sucessório nulo não prejudicará o terceiro adquirente de boa-fé (art. 1.827, parágrafo único); 2) a não obrigatoriedade de restituir valor pago a incapaz se este auferiu proveito (art. 181); 3) a usucapião ordinária abreviada por causa de título nulo registrado (art. 1.242); 4) a manutenção dos efeitos do casamento inválido para o cônjuge de boa-fé (art. 1.561).[342] Outro exemplo são as indenizações de benfeitorias e frutos nos casos de posse de boa-fé (arts. 1.219 e segs.).[343]

---

[341] AMARAL, Francisco. *Direito Civil: introdução*, ob. cit., p. 542.
[342] THEODORO JÚNIOR, Humberto. *Comentários ao novo Código Civil*, ob. cit., p. 427.
[343] AMARAL, Francisco. *Direito Civil: introdução*, ob. cit., p. 542.

A regra é que em caso de negócio nulo há a impossibilidade de convalescência e de sanatória da nulidade (art. 169), quer dizer, o negócio desfuncionalizado o será para sempre. Não convalesce, isto é, não se torna válido pela vontade das partes ou pela passagem do tempo. Por isso, pensa-se que a ação de nulidade pode ser proposta a qualquer momento.

Contudo, pense num negócio nulo que tenha sido executado, mesmo inválido produziu efeitos, e já se passaram alguns anos. E o pior: tenha havido, talvez, alienações consecutivas. Como forma de garantir a estabilidade e a segurança jurídica, embora não haja convalescência e decadência da ação, as pretensões resultantes do desfazimento do negócio prescrevem após seus prazos especiais previstos no art. 206 ou art. 205. Não se verifica o interesse em decretar a nulidade de um negócio executado após o transcurso do prazo prescricional das pretensões que resultariam dessa nulidade. O mesmo não se aplica aos negócios nulos ainda não executados.[344]

Nesse sentido, aquele contrato que apresentar desfuncionalização da causa será nulo. A eficácia retrooperante da decretação de sua nulidade, contudo, depende de vários fatores.

O primeiro deles é se o contrato ainda não produziu efeitos ou não produziu efeitos relevantes. Neste caso ele é desfeito e as partes devem retornar ao *status quo ante*, inclusive restituindo valores e bens. Se, contudo, a execução já se tenha consumado e haja estabilidade na relação, por uma questão de segurança jurídica não se justifica o desfazimento dos efeitos, embora contrariem o interesse social.

O desfazimento do que se produziu, quando possível, é uma sanção necessária para a proteção do interesse social em torno do contrato quando este for desfuncionalizado em seus propósitos, isto é, querem as partes

---

[344] THEODORO JÚNIOR, Humberto. *Comentários ao novo Código Civil*, ob. cit., pp. 428-429. Assim, também, AMARAL, Francisco. *Direito Civil: introdução*, ob. cit., p. 543: "O direito de propor a ação de nulidade não se extingue pelo decurso do tempo, embora se reconheça que a situação criada pelo negócio jurídico nulo se possa convalidar pelo tempo decorrido, no prazo e na forma da lei". E cita como exemplo contrário ao disposto no art. 169 o art. 54 da Lei nº 9.784/99, que autoriza a Administração Pública anular atos administrativos desfavoráveis em até 05 anos: "Art. 54. O direito da Administração de anular os atos administrativos de que decorram efeitos favoráveis para os destinatários decai em cinco anos, contados da data em que foram praticados, salvo comprovada má-fé. § 1º. No caso de efeitos patrimoniais contínuos, o prazo de decadência contar-se-á da percepção do primeiro pagamento. § 2º. Considera-se exercício do direito de anular qualquer medida de autoridade administrativa que importe impugnação à validade do ato".

A DESFUNCIONALIZAÇÃO SOCIAL DO CONTRATO E SUAS CONSEQUÊNCIAS

celebrá-lo em desatenção a padrões éticos estabelecidos pela sociedade, pelo sistema econômico e pelo ordenamento jurídico.

No caso da desfuncionalização social do contrato pelas partes tem-se uma simulação: elas em conluio fazem um negócio para burlar restrição legal que protege terceiros, que acabam sendo enganados e prejudicados.

Art. 167. É nulo o negócio jurídico simulado, mas subsistirá o que se dissimulou, se válido for na substância e na forma.

§ 1º Haverá simulação nos negócios jurídicos quando:

I – aparentarem conferir ou transmitir direitos a pessoas diversas daquelas às quais realmente se conferem, ou transmitem;

II – contiverem declaração, confissão, condição ou cláusula não verdadeira;

III – os instrumentos particulares forem antedatados, ou pós-datados.

§ 2º Ressalvam-se os direitos de terceiros de boa-fé em face dos contraentes do negócio jurídico simulado.

Em ambos os casos pode haver um ato ilícito decorrente do abuso de direito de contratar (art. 187) e a nulidade do ato praticado em decorrência da causa antijurídica.

A desfuncionalização social do contrato dá à simulação do art. 167 uma maior abrangência. Não se pode esquecer que a simulação é (e sempre foi) um *vício social da declaração*, já que contraria os fins típicos do negócio.

Há expressa previsão da indenização por perdas e danos quando a situação subjetiva dos envolvidos no negócio inválido não puder ser restabelecida, isto é, retornar ao *status quo ante* ("restituir-se-ão as partes ao estado em que antes dele se achavam"). É verdade que o dispositivo prevê essa consequência para os casos de anulação ("Anulado o negócio jurídico..."), mas sabe-se que *melius est abundare quam deficere* (antes mais que menos), quer dizer, se pode indenizar em caso de anulação, também se pode indenizar em caso de nulação.

Há situações no Código Civil em que a norma protege silenciosamente a função social do contrato. Os exemplos que podem ser citados são os seguintes: 1) o art. 426, que considera nula o *pacta corvina*, quando proíbe ser objeto de contrato a herança de pessoa viva; 2) o art. 424, pelo qual são nulas as cláusulas que estipulem a renúncia antecipada do aderente a direito resultante da natureza do negócio nos contratos de adesão; e 3) o art. 1.475 que considera nula cláusula que veda a alienação do imóvel hipotecado (embora se admita que a referida transmissão provoque o vencimento antecipado da dívida).

No Superior Tribunal de Justiça foi possível encontrar dois julgados que relacionam nulidade e função social do contrato.[345]

No REsp. nº 1.297.427/SP a Quarta Turma analisou o Acórdão do Tribunal de Justiça do Estado de São Paulo na APL nº 992080091520/SP, que entendeu que a cláusula do contrato de seguro que dá à seguradora o poder de resilição unilateral de contrato de seguro de vida, com fulcro em simples manifestação de vontade no sentido de não pretender a renovação da apólice, é nulo. Tal nulidade decorre de dispositivos do Código de Defesa do Consumidor (art. 51, IV, XI e §1º, I e II; e art. 54), mas também pela contrariedade à função social. O Acórdão do TJSP impugnado é o seguinte:[346]

"SEGURO DE VIDA E ACIDENTES PESSOAIS EM GRUPO – AÇÃO DECLARATÓRIA – RECUSA DA SEGURADORA À RENOVAÇÃO DO CONTRATO – DISPOSIÇÃO CONTRATUAL QUE AUTORIZA A DENÚNCIA IMOTIVADA – NULIDADE – VIOLAÇÃO DE DISPOSITIVOS DO CÓDIGO DE DEFESA DO CONSUMIDOR E AFRONTA AOS PRINCÍPIOS DA BOA-FÉ OBJETIVA E FUNÇÃO SOCIAL DO CONTRATO – É nula de pleno direito a cláusula que admite a rescisão unilateral, pela seguradora, de contrato de seguro de vida, com fulcro em simples manifestação de vontade no sentido de não pretender a renovação da apólice. Permitir tal rescisão, após sucessivas renovações automáticas, por diversos anos, e no momento em que a idade do segurado o torna mais suscetível à ocorrência do sinistro, importa em violação à boa-fé objetiva e função social dos contratos e coloca o consumidor hipossuficiente em desvantagem excessiva, o que não se pode admitir".

---

[345] A pesquisa foi feita no sítio eletrônico do STJ (www.stj.jus.br) na parte de Jurisprudência. Foi utilizado como critério de busca expressão *"nulo and contrato and funcao and social"*. Poucos dos julgados encontrados no período de 2010 a 2015 declaram um contrato nulo por desconformidade à função social. Dois julgados serão destacados pela relação com a ideia deste trabalho e por ser matéria repetitiva: REsp. nº 1.297.427/SP, Quarta Turma, Rel. Min. Antonio Carlos Ferreira, j. em 24/04/2015; e AREsp. nº 17.723/MS, Quarta Turma, Rel. Min. Raul Araujo, j. em 28/11/2014.

[346] TJSP, APL nº 992080091520/SP, 35ª Câmara de Direito Privado, Rel. Des. José Malerbi, j. em 08/02/2010.

Ao julgar a Apelação interposta pelo autor, o TJSP declarou nula a referida cláusula de resilição potestativa, entendendo que essa estipulação contraria a função social do contrato e a boa-fé objetiva.

O STJ, porém, no REsp. nº 1.297.427/SP, reformou a decisão do TJSP entendendo que a cláusula de rescisão unilateral é válida e não contraria a ordem jurídica, dando provimento ao recurso interposto pela seguradora. Aliás, a jurisprudência da 2ª Seção do STJ é no sentido de não configurar abusividade a referida cláusula.[347]

Contudo, o STJ não negou que a desfuncionalização é causa de nulidade; o Tribunal simplesmente não reconheceu como nula a cláusula de rescisão potestativa pela seguradora. Mas parece ter razão o TJSP, e tal cláusula deve sim ser considerada e contraria sim a função social: "A prerrogativa de não renovar o contrato não é, pois, absoluta, notadamente na hipótese de contrato cativo, como anteriormente exposto, mesmo porque a seguradora embasa essa prerrogativa no simples adimplemento do prazo contratual, sem qualquer prova de eventual alteração da equação financeira do seguro ou de outra situação excepcional que torne inviável a manutenção da apólice. Aliás, constitui risco profissional da seguradora ter de manter o vínculo contratual com o indivíduo que pagou contribuições durante anos para os seus serviços e nem os utilizou, em razão de sua boa saúde e pouca idade".

Já no AREsp. nº 17.723/MS, interposto contra o REsp 1.483.853/MS, a Quarta Turma reconheceu a validade das garantias prestadas por terceiro pessoa física em cédula de crédito rural. Os §§ 2º e 3º, art. 60 do Decreto-Lei nº 167/67 determinam a nulidade do aval ou de outras garantias (pignoratícias ou fidejussórias), em nota promissória rural ou duplicata rural endossadas, dadas por terceiras pessoas físicas. A exceção é quanto às participantes da empresa emitente ou por outras pessoas jurídicas. A Turma, porém, entendeu que tal nulidade não atinge as cédulas de crédito rural, "por que aqui tem-se um financiamento bancário, um negócio jurídico em

---

[347] Conforme se verifica nos seguintes julgados: AgRg nos EDcl no AREsp nº 55.769/PR, Quarta Turma, Rel. Min. Maria Isabel Gallotti, j. em em 24/2/2015; AgRg no REsp nº 1.308.708/SP, Terceira Turma, Rel. Min. João Otávio de Noronha, j. em 10/02/2015; REsp. nº 880.605/RN, Segunda Seção, Rel. Min. Luis Felipe Salomão, Rel. p/ Acórdão Min. Massami Uyeda, j. em 13/06/2012; EDcl no REsp nº 1.281.752/SP, Quarta Turma, Rel. Min. Marco Buzzi, j. em 23/09/2014; e AgRg no REsp nº 1.350.227/SP, Terceira Turma, Rel. Min. Sidnei Beneti, j. em 11/12/2012.

que há a participação direta da instituição de crédito no negócio, enquanto na operação de desconto, o banco adquire o título, por endosso translatício. Nesse passo, dada a natureza de financiamento bancário, inexiste óbice algum à prestação de quaisquer garantias, mesmo as dadas por terceiros, em se tratando de cédula de crédito rural, cumprindo-se assim a função social dessa espécie contratual". Veja que nesse caso a função social do contrato foi utilizada para dar uma interpretação aos dispositivos legais de modo a dar validade à garantia.

A análise dos referidos julgados confirmam o reconhecimento de validade de um contrato fundada na função social.

Capítulo 3
A Desfuncionalização do Contrato pelas Partes

Não se pode dizer que foi a função social que criou a responsabilidade civil das partes por danos a terceiros. Isso não é novidade nos sistemas jurídicos, afinal, todo aquele que causa prejuízo, independente das circunstâncias, tem o dever de indenizar. Assim, a responsabilidade civil de contratantes que interferem negativamente na esfera jurídica de outrem é sanção aplicada desde sempre.

Contudo, a partir da função social, pode-se identificar um novo tipo de dano praticado pelas partes que desfuncionalizam o contrato: o *dano social*. Isso agrega um valor pecuniário à indenização a ser paga pelas partes para fins de estimular a ética contratual.

Nesse capítulo serão analisados critérios objetivos para a constatação de quando um contrato descumpre a função social pela conduta das partes e, consequentemente, causa um dano à sociedade.

3.1. O negócio jurídico ilícito

Orlando Gomes faz uma distinção entre *ato ilícito* e *negócio ilícito*. O negócio é ilícito nas hipóteses de motivo determinante ilícito e objeto inidôneo.

Segundo o autor, a diferença principal entre ato e negócio ilícito está nas consequências: somente o primeiro geraria o dever de indenizar, pois o segundo provocaria apenas a ineficácia do ato por causa da contrariedade ao Direito.[348]

---

[348] GOMES, Orlando. *Introdução ao Direito Civil.* 19ª ed. Rio de Janeiro: Forense, 2008, p. 439.

"Antes da análise da estrutura do *ato ilícito*, torna-se necessário estremá--lo do *negócio ilícito*, que com ele poderia ser confundido por ter o mesmo qualificativo. Observa Trabucchi que, para distingui-los, se tem de levar em conta a relação entre vontade e os efeitos jurídicos. O negócio ilícito não é reprimido com a sanção legal do ressarcimento, mas pela *ineficácia*. É *ilícito* o negócio quando não conforme ao Direito sua *causa* ou seu *motivo determinante*, ou não idôneos o *objeto* e o *comportamento* das partes. A *causa é ilícita* quando contrária a normas imperativas, à ordem pública e aos bons costumes, como no exemplo clássico do contrato em que uma das partes recebe dinheiro para não cometer crime. Se o *motivo* determinante do negócio for *ilícito*, como no caso de empréstimo para jogo, o contrato será ilícito se comum às partes. O negócio é também ilícito quando tem *objeto inidôneo*, como a venda de coisa proibida. Ilícito é, do mesmo modo, *subjetivamente*, se o sujeito está proibido de praticá-lo, como na compra, pelo tutor, de bem do pupilo"

Isso poderia levar a crer que, no caso das partes que celebram um contrato para prejudicar um terceiro, haveria um *contrato ilícito*, e não um *ato ilícito*. Embora o contrato seja deveras ilícito ele *poderá*, também, ser um ato ilícito, se:

- Além da inidoneidade do objeto e do motivo ilícito determinante dos contratantes, forem infringidos os limites da conduta de livremente contratar; e
- Houver prejuízo patrimonial ou extrapatrimonial de terceiro. Para que um ato seja considerado ilícito é preciso que haja dano;

Assim, além de ser um negócio (ilícito), o que enseja sua invalidade e ineficácia, poderá haver uma *conduta ilícita*, caracterizada pelo descumprimento de um dever e dano a outrem. Por isso, obviamente, o contrato será nulo (art. 166, II e III), mas também é um ato ilícito, caso dele derive um dano a alguém (terceiro). Por isso, a conduta das partes em pactuarem um contrato ilícito é uma infração a um dever legal, da qual poderá decorrer o dever de indenizar se danar terceiro.[349]

---

[349] No Superior Tribunal de Justiça fala-se em "negócio ilícito" sempre associado a crime ou a fraude tributária, especialmente em sede de *habeas corpus*. Quando se utiliza o termo de busca "contrato ilícito" não há o emprego desse termo em julgados, fazendo-se apenas uma relação entre contrato e enriquecimento sem causa, que com se sabe não é ato ilícito. A pesquisa foi feita no site do JusBrasil (www.jus.com.br) utilizando o termo de busca "negocio

3.2. Quando as partes desfuncionalizam o contrato

As partes desfuncionalizam o contrato toda vez que concluem e/ou executam um negócio que não atinge seus escopos típicos (sociais, econômicos e jurídicos). Embora possa atingir objetivos particulares – nem sempre lícitos – o contrato está em desacordo com uma ética contratual que estabelece um "jogo limpo" nesse processo de circulação de riquezas.[350]

O desacordo com os efeitos típicos do contrato ocorre quando as partes celebram um negócio:

1. Fora dos padrões legais, causando um dano ao patrimônio moral da sociedade. Nesse caso haverá um dano direto à sociedade como um todo, sem, contudo, se dirigir a uma pessoa especificamente (terceiro). Todas as pessoas sofrerão danos mediatamente; e/ou
2. Que diretamente cause danos a um terceiro e que só indiretamente afeta a sociedade. Nesse caso, a tutela do dano social causado pela desfuncionalização caberá ao terceiro prejudicado imediatamente pelo contrato.

Um contrato desfuncionalizado é um contrato atípico.

No Capítulo 4 da Parte I foram estabelecidos critérios objetivos para verificar quando o contrato feito não está de acordo com os preceitos da função social. Chega a hora de aplicar os referidos critérios na situação em que as partes celebram um pacto desfuncionalizado.

Aqueles critérios foram elaborados com base em Luigi Ferri, quando sustenta a necessária valoração da manifestação de vontade individual das partes a partir dos fins que perseguem. Deve-se verificar se esse fim prático também consiste em um *fim socialmente útil*. A partir disso, o autor apresenta três pontos de análise para avaliar quando esses fins práticos dos sujeitos negociantes são socialmente úteis.[351]

Retomando novamente o que foi escrito naquele momento, tais critérios podem ser formulados nesse seguinte esquema:

---

and ilicito" e "contrato and ilícito". Total de julgados encontrados: 9.289. Link da pesquisa: http://www.jusbrasil.com.br/jurisprudencia/busca?q=neg%C3%B3cio+il%C3%ADcito&id topico=T10000002.

[350] CAORSI, Juan J. Benítez. *Solidaridad contractual*: Noción posmoderna del contrato. Madrid: Editorial Reus, 2013, pp. 34 e segs.

[351] FERRI, Luigi. *L'autonomia privata*. Milano: Giuffrè, 1959, pp. 308-309.

4. Primeiramente, deve-se verificar se a vontade concreta dos sujeitos está de acordo com os escopos da função jurídica do negócio;
5. Em segundo lugar, analisa-se a consonância da vontade concreta das partes com os objetivos da ordem pública (ou o *"mit den Zielen der Volksordnung im Einklang"* de Karl Larenz); e
6. Finalmente, é feita a avaliação se a causa do negócio é identificada com a função econômico-social da autonomia privada, expressa no tipo de negócio abstratamente considerado.

Assim, a análise dos critérios de Luigi Ferri permitiu adaptar sua tese ao Direito brasileiro, e aí foi construído o seguinte procedimento de análise:

Fases	Adaptação dos critérios de avaliação de Luigi Ferri
1ª	*Vontade dos sujeitos de acordo com a função jurídica do negócio:* qual a função do negócio pretendido? Tal função vem descrita em lei, nos chamados tipos contratuais cíveis e mercantis (arts. 481 a 861).
2ª	*Consonância da vontade das partes com a ordem pública:* que tipo de interesse tem a ordem pública? A livre concorrência e a competição econômica equilibrada e ética, ou seja, que haja um *"fair play"* no mercado. Corresponde à *Compliance*, com vistas a garantir a adequação das atividades negociais de uma empresa com as regras mercadológicas.
3ª	*Causa do negócio de acordo com a função econômico-social:* como deve *funcionar* uma negociação? Refere-se ao que promoverá em âmbito social e econômico a realização daquele determinado negócio. Trata-se de um dano social ao patrimônio moral da sociedade ou a lesão à esfera jurídica de terceiro(s).

Se a desfuncionalização causa dano a terceiro (*pure economic losses*) ou à ética social das relações econômicas (*dumping social*), é óbvio que haverá o dever de indenizar tais prejuízos (patrimoniais, extrapatrimoniais e sociais).

Como exemplo, pode-se citar o caso da Colômbia, descrito por Calor Pizarro Wilson e Álvaro Vidal Olivares, em que muito se discute a possibilidade de uma ação própria que atribua legitimidade atividade ao terceiro perante o devedor de um contrato cuja execução ou inadimplemento lhe tenha causado prejuízo. O requisito para tanto é a existência de um contrato coligado – ou *"cadenas de contratos"* – pelo qual o terceiro seja o credor em um segundo contrato do devedor de um primeiro contrato. O cumprimento ou o incumprimento desse primeiro contrato poderá ser prejudicial ao segundo. Também deverá haver dolo tanto do devedor quanto do credor do primeiro negócio.[352]

"Entendido el efecto relativo en forma estricta, si como producto del incumplimiento contractual un tercero sufre daño, la víctima podrá invocar la responsabilidad extracontractual en contra del deudor contractual. Si un contracto causa un daño a un tercero, éste deberá prevalerse del régimen extracontractual. En absoluta lógica, el tercero, víctima del incumplimiento contractual, no podrá esgrimir el régimen contractual para obtener la repararación del daño. Esta situación há originado un debate sobre la posibilidad de atribuir al tercero una acción de natureleza necesariamente contractual contra el deudor de su deudor en presencia de una 'cadena de contratos'. Es decir, aquel tercero cuyo deudor es al mismo tempo acreedor de otro sujeto el cual incumple causando un daño al primero , podría ser responsable en form contractual frente al acreedor de su acreedor. En la figura participan tres sujetos, y el plateamiento consiste, reitero, en determinar si el acreedor extremo puede demandar al deudor de otro extremo. El reconocimiento de la acción contractual a favor del tercero o acreedor extremo permite eliminar las diferencias entre la responsabilidad exigible al deudor extremo respecto de sua acreedor inmediato y del último acreedor en la cadena contractual. De manera tal que si un sujeto vende un producto defectuoso, el adquiriente del primer adquirente pueda demandar la responsabilidad contractual del primer vendedor. La idea que subyace a este planteamiento consiste en reconocer la misma reparación a las víctimas del incumplimiento contractual, sean partes o terceros, y, de esta manera, no infringir las previsiones contractuales del deudor contractual. La situación objeto de análisis consiste en lo siguiente. Um acreedor sufre un daño por el incumlimiento de un contrato en el cual no participa con su voluntad, pero lo une un vínculo contractual con el acreedor del contrato insatisfecho. La víctima se encuentra en un extremo de tres o más eslabones de una cadena de contratos, en cuyo extremo contrario se encuentra el autor causal del daño. En la hipótesis descrita, el daño del acreedor es el resultado del incumplimiento de la obligación del deudor de su deudor. Por cierto, el acreedor extremo puede demandar a su deudor inmediatom pero qué ocurre si éste es insolvente o declarado en quebra"".

---

[352] WILSON, Calor Pizarro; OLIVARES, Álvaro Vidal. *Incumplimiento contractual, resolución e indemnización de daños*. Bogotá: Editorial Universidad del Rosario, 2010, pp. 71-72.

Essa figura colombiana em muito parece se aproximar do que é previsto no Direito brasileiro na fraude contra credores, quando há *consilium fraudis* (art. 159). Além da anulação pauliana do negócio, os fraudadores de um credor deverão indenizar as perdas e danos nos termos do art. 182.

Em Espanha, a figura do *"contrato en daño de tercero"* também é conhecida e discutida e a doutrina, a exemplo de Rodrigo Bercovitz Rodríguez-Cano entende que nesses casos se aplicaria plenamente o art. 1.902 do Código Civil espanhol, que no Brasil, a propósito, corresponde ao art. 186: "Artículo 1902. El que por acción u omisión causa daño a otro, interviniendo culpa o negligencia, está obligado a reparar el daño causado".[353]

Carlos Rogel Vide defende que um contrato que tem por efeito o prejuízo de terceiro padece de validade. Por óbvio, foge de sua função típica:[354]

> "Al lado de contratos em su favor, caben contratos em daño de tercero, que se dan cuando dicho daño, pretendido por una o ambas partes, es consecuencia directa e inmediata de aquel – piénsese en acuerdos que violan pactos de exclusiva o tienden a impedir o dificultar la actividad económica de un competidor –. En el caso de que la intención de dañar sea común a los contractantes, podría atacarse el contrato solicitándose la nulidad del mismo por causa ilícita; en el caso de que tal intención corresponda a uno solo de los contratantes, siempre cabe recurrir al art. 1902 C.c., con el fin de solicitar la indemnización que proceda".

Veja que no caso de contratos em prejuízo de terceiros deu lugar a que se fale de um conceito de *"contrato en daño de tercero"*, que ocorre em duas situações diferentes, a depender do envolvimento das partes contratantes no incumprimento do contrato: 1) *contrato en daño de tercero* quando apenas uma das partes está envolvida no inadimplemento do contrato que prejudica o terceiro; ou 2) *contrato en daño de tercero* quando ambas as partes estão envolvidas no inadimplemento. As consequências também serão diferentes, com efeito, dependendo do risco assumido ou propiciado pela(s) parte(s).

---

[353] Rodríguez-Cano, Rodrigo Bercovitz. *Manual de Derecho Civil (contratos)*. Madrid: S.A. Bercal, 2003, pp. 72-73.

[354] Vide, Carlos Rogel. *Derecho de obligaciones y contratos*. 2ª edición. Madrid: Editorial Reus, 2013, pp. 153-154.

Contudo, observe que nesse instituto espanhol o terceiro tutelado é aquele que é parte em um contrato com alguma das partes do contrato que será inadimplido. Ou seja, o contrato que o terceiro tem com uma das partes de outro contrato depende do adimplemento que seu contratante tem com um outro contrato.

Tem-se então que no primeiro caso responderá pelo dano unicamente aquela parte que incorre no incumprimento de uma obrigação contratual. Trata-se de um inadimplemento contratual pelo qual o terceiro poderá reagir de acordo com os instrumentos jurídico-processuais correspondentes: ação de cumprimento (o que corresponderia à tutela específica no Brasil); ação resolutória; e/ou ação de indenização de danos.

Uma situação dessas, aqui no Brasil, também se resolveria da mesma maneira, mas não se pode falar em contrato desfuncionalizado *pelas partes* porque o motivo disfuncional não é comum a ambas as partes.

Já na segunda situação, quando ambas as partes estão mancomunadas para prejudicar terceiro, aí, então, o outro contratante – que conhece e assume o incumprimento contratual da outra parte – também responde pelos danos do terceiro. Trata-se de uma responsabilidade extracontratual pelo dano que ambas as partes contribuem com sua conduta. O terceiro prejudicado – lembre-se, que é parte em um segundo contrato com uma das partes do negócio que será inadimplido – poderá exercer em relação a ambas partes uma ação de indenização de danos, fundada no art. 1.902 do Código Civil espanhol, tendo, portanto, natureza extracontratual. Porém, as consequências vão além: o conhecimento comum – ou pelo menos a aceitação comum – do incumprimento com fins prejudiciais a terceiros constitui motivo relevante na causa do contrato, o que vem a nulá-lo.[355]

No caso do Brasil a legislação previu: 1) o dever de reparar no caso de partes mancomunadas para prejudicar terceiros, como ocorre na fraude contra credores (art. 159) e na simulação (art. 167); 2) a nulidade do contrato por contrariedade à lei (art. 166, VI, c/c art. 421); e 3) as mesmas consequências não só para o caso de contrato coligado, mas para toda situação em que um terceiro se prejudica por causa de outros contratantes. Pode-se concluir, assim, que a legislação brasileira é mais zelosa – ou "rigorosa" – com a proteção dos terceiros e com a ética contratual.

---

[355] RODRÍGUEZ-CANO, Rodrigo Bercovitz. *Manual de Derecho Civil (contratos)*, ob. cit., pp. 72-73

A RESPONSABILIDADE CIVIL PELA VIOLAÇÃO À FUNÇÃO SOCIAL DO CONTRATO

Ainda no que se refere ao Brasil, há precedentes do Superior Tribunal de Justiça que demonstram o entendimento de que a responsabilidade conjunta das partes por contrato lesivo a terceiro somente ocorrerá se ambas agirem mancomunadas na lesão a terceiro, conforme se verifica no REsp. nº 1.512.647-MG. Nesse julgado, a 4ª Turma entendeu que a Google Brasil não é responsável por violação de direito autoral de terceiro praticada por usuário, conforme se depreende da ementa do Acórdão:[356]

"DIREITO CIVIL. RESPONSABILIDADE CIVIL DOS ADMINISTRADORES DE REDE SOCIAL POR VIOLAÇÃO DE DIREITO AUTORAL CAUSADA POR SEUS USUÁRIOS. A Google não é responsável pelos prejuízos decorrentes de violações de direito autoral levadas a efeito por usuários que utilizavam a rede social Orkut para comercializar obras sem autorização dos respectivos titulares, uma vez verificado (a) que o provedor de internet não obteve lucro ou contribuiu decisivamente com a prática ilícita e (b) que os danos sofridos antecederam a notificação do provedor acerca da existência do conteúdo infringente. Na situação em análise, a Google, administradora da rede social Orkut, não violou diretamente direitos autorais, seja editando, contrafazendo ou distribuindo obras protegidas, seja praticando quaisquer dos verbos previstos nos arts. 102 a 104 da Lei 9.610/1998. De fato, tratando-se de provedor de internet comum, como os administradores de rede social, não é óbvia a inserção de sua conduta regular em algum dos verbos constantes nos arts. 102 a 104 da Lei de Direitos Autorais. Há que se investigar como e em que medida a estrutura do provedor de internet ou sua conduta culposa ou dolosamente omissiva contribuíram para a violação de direitos autorais. No direito comparado, a responsabilidade civil de provedores de internet por violações de direitos autorais praticadas por terceiros tem sido reconhecida a partir da ideia de responsabilidade contributiva e de responsabilidade vicária, somada à constatação de que a utilização de obra protegida não consubstancia o chamado *fair use*. Nesse contexto, reconhece-se a responsabilidade contributiva do provedor de internet, no cenário de violação de propriedade intelectual, nas hipóteses em que há intencional induzimento ou encorajamento para que terceiros cometam diretamente ato ilícito. A responsabilidade vicária, por sua vez, tem lugar nos casos em que há lucratividade com ilícitos praticados por outrem, e o beneficiado se nega a exercer o poder de controle ou de limitação dos danos quando poderia fazê-lo. No caso em exame, a rede

---

[356] STJ, REsp. nº 1.512.647-MG, 4ª. Turma, Rel. Min. Luis Felipe Salomão, j. em 130/5/2015.

social em questão não tinha como traço fundamental o compartilhamento de obras, prática que poderia ensejar a distribuição ilegal de criações protegidas. Descabe, portanto, a incidência da chamada responsabilidade contributiva. Igualmente, não se verificou ter havido lucratividade com ilícitos praticados por usuários em razão da negativa de o provedor exercer o poder de controle ou de limitação dos danos quando poderia fazê-lo, do que resulta a impossibilidade de aplicação da chamada teoria da responsabilidade vicária. Ademais, não há danos que possam ser imputados à inércia do provedor de internet. Ato ilícito futuro não pode acarretar ou justificar dano pretérito. Se eventualmente houver omissão culposa – em tornar indisponíveis as páginas que veiculavam o conteúdo ilícito -, são os danos resultantes dessa omissão que devem ser recompostos, descabendo o ressarcimento, pela Google, de eventuais prejuízos que os autores já vinham experimentando antes mesmo de proceder à notificação".

Na Itália fala-se em *"contratto in frode ai terzi"*, cujos prejuízos sentidos por terceiro quando as partes "fraudam" sua esfera jurídica também deverão ser indenizados. Nesse sentido, cabe observar a decisão Cass., Sez. I, 29 maggio 2003 n. 8600, da Corte di Cassazione:[357]

"il negozio in frode alla legge è quello che persegue una finalità vietata dall'ordinamento in quanto contraria a norma imperativa o ai principi dell'ordine pubblico e del buon costume o perché diretta ad eludere una norma imperativa. L'intento di recare pregiudizio ad altri soggetti non rientra di per sé nella descritta fattispecie perché non si rinviene nell'ordinamento una norma che stabilisca in via generale, come per il primo tipo di contratto, l'invalidità del contratto stipulato in frode ai terzi, ai quali ultimi, invece, l'ordinamento accorda rimedi specifici, correlati alle varie ipotesi di pregiudizio che essi possano risentire dall'altrui attività negoziale".

Desse Acórdão se depreende que um negócio que frauda a lei é aquele que persegue uma finalidade vetada pelo ordenamento jurídico porque contraria a norma imperativa ou os princípios da ordem pública e dos bons costumes, ou porque pretende burlar uma norma imperativa.

---

[357] Em tradução livre. Assim também: Cass. Sez. Un., 25 ottobre 1993 n. 10603; Cassazione civile, Sez. I, 14 aprile 2011 n. 8541; Cass. Civ., Sez. III, 4024/1981.

A intenção de provocar prejuízo a outros sujeitos não se enquadra, por si só, no caso concreto descrito, porque não se encontra no ordenamento jurídico uma norma que estabeleça como regra geral, como para o primeiro tipo de contrato, a invalidade do contrato estipulado em fraude aos terceiros. Aos últimos, porém, o ordenamento prevê remédios específicos, correlatos às várias hipóteses de prejuízo que esses possam causam a outras atividades negociais.

Trata-se de figura semelhante à fraude contra credores brasileira, mas cuja discussão nos tribunais italianos gira em torno da nulidade desse tipo de negócio. É que lá não se analisa a situação como vício do negócio jurídico, como no Brasil, mas como uma interferência contratual na esfera jurídica de terceiro.

No caso do Brasil, um exemplo da possibilidade de um contrato causar dano a terceiro não passou despercebida pela lei, pois há previsão legal do dever de indenizar quando as partes de um contrato de empreitada causam danos a terceiros, conforme dispõe o art. 937: "O dono de edifício ou construção responde pelos danos que resultarem de sua ruína, se esta provier de falta de reparos, cuja necessidade fosse manifesta". A falta de zelo das partes na consecução da obra põe terceiros em perigo, faltando com o zelo para com a sociedade na execução do contrato. Por isso, ambas as partes são responsáveis para com o terceiro danado em virtude da obra. Trata-se de responsabilidade civil extracontratual.

Ainda no Brasil é possível citar dois institutos como exemplo e que envolvem contratos do sistema financeiro nacional. Trata-se da *gestão fraudulenta* e da *gestão temerária*.

Segundo Paschoal Mantecca a *gestão fraudulenta* "caracteriza-se pela ilicitude dos atos praticados pelos responsáveis pela gestão empresarial, exteriorizada por manobras ardilosas e pela prática consciente de fraudes".[358] Nos termos do art. 4º da Lei nº 7.492/86, somente instituições financeiras podem ser geridas fraudulentamente:

> "Art. 4º Gerir fraudulentamente instituição financeira:
> Pena – Reclusão, de 3 (três) a 12 (doze) anos, e multa.
> Parágrafo único. Se a gestão é temerária:
> Pena – Reclusão, de 2 (dois) a 8 (oito) anos, e multa".

---

[358] MANTECCA, Paschoal. *Crimes contra a economia popular e sua repressão*. São Paulo, Saraiva, 1985, p. 41.

A análise do tipo penal permite concluir que: 1) o sujeito ativo é o administrador da instituição financeira, enquanto que o passivo será o Estado e todos os que forem prejudicados (art. 25); 2) somente existirá em caso de dolo; e 3) seu elemento normativo é "fraudar", que significa utilizar de meio ardil e de má-fé para ludibriar os agentes do sistema financeiro.

Um exemplo que pode ser dado é do administrador que faz empréstimo com juros subsidiados em nome da instituição, porém utiliza o dinheiro em benefício próprio.

O parágrafo único do art. 4º tipifica o crime de *gestão temerária*. Verifica-se quando uma instituição financeira se utiliza de técnicas que estão fora dos parâmetros do mercado gerando riscos excessivos para o patrimônio dos investidores. Trata-se de uma gestão irresponsável.

Por fim, também merece destaque o crime do art. 20 da Lei nº 7.492/86, qual seja, o *desvio de financiamento*. Por ele, um contrato sofre uma deturpação: aplica-se, em finalidade diversa da prevista em lei ou contrato, recursos provenientes de financiamento concedido por instituição financeira oficial ou por instituição credenciada para repassá-lo a outrem.

Conforme se verifica nesses três exemplos, o administrador da instituição financeira deturpa os fins típicos do contrato que celebra para obter algum benefício que não é lícito no âmbito daquela contratação. Se estiver mancomunado com um contratante, ambos desfuncionalizam o contrato; se for só o administrador, apenas este desfuncionaliza e deverá indenizar o dano social.

Esses foram exemplos legais. Cabe analisar, agora, alguns casos da história recente do Brasil que demonstram a desfuncionalização contratual pelas partes, causando prejuízos a terceiros ou à sociedade. A cada caso será aplicada a fórmula de avaliação desenvolvida a partir de Luigi Ferri para demonstrar que tais contratos se encontram contrários aos preceitos da função social.

3.2.1. O "Petrolão"

Recentemente, uma operação da Polícia Federal em conjunto com o Ministério Público Federal, que recebeu o nome fantasia de "Operação Lava Jato", apura um possível esquema de corrupção entre empreiteiras, doleiros, partidos políticos e diretores da Petrobrás S.A., fundamentado, *em tese*, em contratos ilícitos celebrados em licitações. Esse esquema de corrupção também recebeu um nome fantasia: "Petrolão".

Sendo verdadeiras as acusações, os contratos entre a Petrobrás e as empreiteiras causaram sérios prejuízos ao erário e à sociedade. Veja, então, tratar-se de um contrato com interferência negativa na esfera jurídica de terceiro, no caso, a União, e também a sociedade. No caso da primeira, sendo a acionista majoritária da Petrobrás, verificaram-se prejuízos patrimoniais que podem somar R$ 10 bilhões. Segundo o Ministério Público Federal, os valores de contratos das empresas com a Petrobrás subiram mais de 1.000,00% em 10 anos. As empresas foram chamadas de "O Clube". O sítio de notícias *G1* divulgou um infográfico que explica o *suposto* esquema que pode ser confirmado dependendo das investigações:[359]

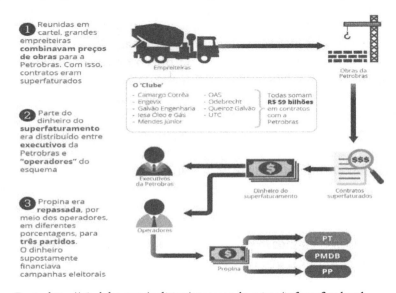

Fonte: http://g1.globo.com/politica/operacao-lava-jato/infografico.html

Outro infográfico do mesmo portal de notícias mostra os contratos supostamente superfaturados que foram celebrados entre a Petrobrás S.A. e as empreiteiras:

---

[359] Créditos: Edição: Gustavo Miller (Conteúdo), Leo Aragão (Infografia) e Marcelo Brandt (Fotografia); Infografia: Karina Almeida e Roberta Jaworski; Desenvolvedores: Fábio Rosa e Rogério Banquieri.

A DESFUNCIONALIZAÇÃO DO CONTRATO PELAS PARTES

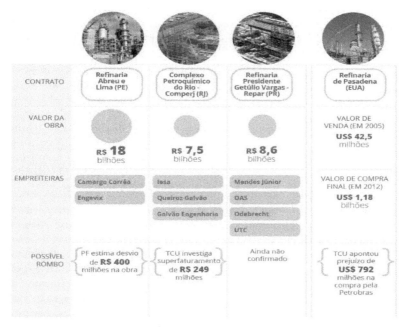

Fonte: http://g1.globo.com/politica/operacao-lava-jato/infografico.html

Aplicando às situações contratuais entre as empreiteiras e a Petrobrás os critérios de avaliação do negócio de Luigi Ferri, é possível constatar o seguinte:

Fases	Critérios	Empreiteiras (o "Clube") x Petrobrás
1ª	*Vontade dos sujeitos de acordo com a função jurídica do negócio:* qual a função do negócio pretendido?	Os contratos estão em desacordo com os efeitos típicos pretendidos pela lei, pois o objetivo das licitações é proporcionar uma justa concorrência entre os agentes econômicos para a contratação com entes públicos. Tanto que a cartelização (*bid rigging, cover bidding* ou *complementary bidding, bid supression, bid rotation*) tem tipificação como infração de ordem econômica no sistema legal antitruste brasileiro: arts. 20 e 21 da Lei nº 8.884/94; art. 36, *caput* e § 3º da Lei nº 12.529/2011; art. 4º, II, da Lei nº 8.137/90; e art. 90 da Lei nº 8.666/93.

2ª	*Consonância da vontade das partes com a ordem pública:* que tipo de interesse tem a ordem pública?	Certamente que um superfaturamento dos contratos a ponto de causar um rombo estimado em R$ 10 bilhões, com a redução do capital social da Petrobrás por causa da desvalorização das suas ações, e para o financiamento ilícito de campanhas eleitorais não é o que a sociedade espera dessas negociações. Um patrimônio público foi utilizado para fins imorais e hoje se encontra, segundo as estimativas divulgadas na imprensa, praticamente na bancarrota. Em 2013, estimou-se que a dívida líquida da petroleira era de R$ 221,56 bilhões.
3ª	*Causa do negócio de acordo com a função econômico-social:* como deve *funcionar* uma negociação de grande porte?	As partes envolvidas não tinham como razão prática da conduta de contratar o desenvolvimento da engenharia brasileira, da atividade industrial, do desenvolvimento econômico e seu consequente desenvolvimento social. O interesse era o puro enriquecimento (*in casu*, ilícito), verdadeira demonstração de *individualismo predatório.* Como visto, as partes *devem* incorporar no exercício de sua liberdade contratual o interesse da sociedade.

Ocorreu uma *má gestão (mismanagement)* empresarial no caso do superfaturamento desses contratos. A má gestão, por si só, não é necessariamente uma desfuncionalização do contrato. Por exemplo, se em uma empresa familiar os donos acabam confundindo o caixa da empresa e o pessoal da família, fazendo uso do dinheiro e não registrando, haverá má gestão. Se tal ato de gerir mal acabar repercutindo na esfera de outrem, aí sim fala-se em desfuncionalização.

Foi o que ocorreu, a propósito, com a Petrobrás. A má gestão envolvendo os contratos aumentou a crise financeira da empresa e a desvalorização do seu capital social. O prejuízo pode ser medido em números: o valor de mercado da estatal, em dólar, recuou 27,50% desde 2009, sendo a única dentre as grandes petroleiras a registrar tamanha perda:

A DESFUNCIONALIZAÇÃO DO CONTRATO PELAS PARTES

E sua queda é imbatível
Valor de mercado da estatal em dólar recuou 27,5% desde 2009 — o maior tombo entre as petroleiras

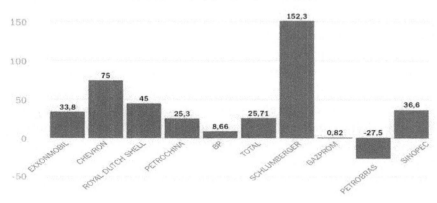

Fonte: http://veja.abril.com.br/noticia/economia/petrobras-e-campea-mundial-de-queda--em-acoes-na-bolsa/

As ações da empresa também sofreram queda vertiginosa: em 31/05/2008, o preço da ação era R$ 37,58; em 30/09/2015 havia caído para R$ 7,24. De 2014 a 2015 o maior preço registrado em 12 meses foi de R$ 14,95 e o menor preço em 12 meses foi de R$ 6,44.[360] Os economistas dizem que as ações caíram mais de 60% e a empresa encolheu R$ 225 bilhões: em fevereiro de 2012 seu valor era de R$ 329,90 bilhões, caindo para R$ 105 bilhões em fevereiro de 2015.

Em 2014, o Conselho de Administração da Petrobras divulgou um balanço com baixa contábil de R$ 88 bilhões, incluindo aí as perdas por desvios em corrupção (o "Petrolão").

Os problemas de má gestão da empresa em contratos provocaram grave crise financeira – e moral – que não só atingiu o patrimônio da companhia, mas os cofres públicos e a sociedade.

Uma matéria do jornal "O Estado de São Paulo" ("Estadão") publicada em 05/03/2015 revela a repercussão social da crise da Petrobrás. Segundo

---

[360] Fonte: Exame.com – Mercado, Editora Abril. Disponível em: http://exame.abril.com.br/mercados/cotacoes-bovespa/acoes/PETR4/grafico.

a matéria, os problemas enfrentados pela empresa influenciaram direta ou indiretamente na perda de 10,00% dos empregos formais do Brasil. (Veja, é 10,00% do País inteiro...). Isso significa 81.774 postos de emprego. Nessa matéria, o economista José Márcio Camargo, chefe a Opus Investimentos e professor da PUC-Rio, atribuiu aos escândalos de corrupção investigados pela Lava Jato a paralização de obras e a queda das atividades da empresa, o que estaria na causa das demissões.[361]

Como negar, então, ter havido desfuncionalização dos contratos com as empreiteiras nesse cenário de crise institucional da empresa, de desvalorização do capital e, principalmente, da perda de empregos?

Já se como não bastasse isso, o valor médio dos derivados de petróleo subiu vertiginosamente, a exemplo do que ocorreu com a gasolina, que em cinco anos valorizou 25,00% nas bombas dos postos de combustíveis. Veja o gráfico referente apenas a 2015:[362]

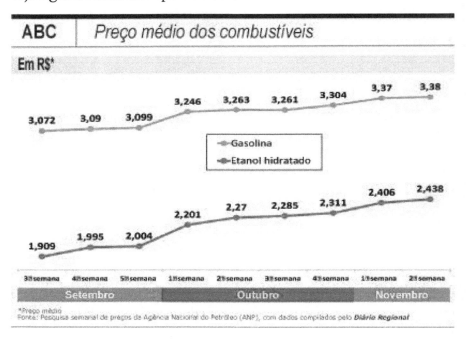

[361] Estadão – Economia. Disponível em: http://economia.estadao.com.br/noticias/geral,crise-na-petrobras-afeta-emprego-e-cidades-dependentes-da-estatal-cortam-vagas,1644052. Crédito: Daniela Amorim.
[362] Fonte: http://www.diarioregional.com.br/2015/11/17/etanol-sobe-28-no-abc-em-dois-meses-e-gasolina-torna-se-vantajosa-nos-postos/. Matéria de 09/03/2015.

Observe que em todas as avaliações envolvendo os negócios com as empreiteiras foram negativas, ficando caracterizada uma má gestão que provocou a contrariedade do contrato com os interesses sociais. Logo, houve desfuncionalização. Tendo infringido deveres de função social, cometendo um ato ilícito, surge o dever de indenizar os danos morais e patrimoniais da empresa e, também, o dano social, que é de pleno direito nesses casos. A Petrobrás, vítima dessa má gestão, poderá cobrar tais valores desviados – avaliados em R$ 2,5 bilhões – e os órgãos competentes devem propor a ação necessária ao ressarcimento dos danos sociais. Quem pagará? As empreiteiras e os gestores da empresa. Dessa forma, deve ser adicionado ao valor das indenizações dos danos patrimonial e moral uma verba arbitrada pelo juiz a título de lesão à sociedade.

3.2.2. A compra da refinaria de Pasadena

Trata-se de outro episódio envolvendo a Petrobrás, que inclusive contribuiu para o agravamento da sua crise financeira e de gestão.

Em 2006 foi celebrado um contrato entre a Petrobrás e a petroleira belga Astra Oil Company para a compra de 50% da participação da segunda na refinaria de Pasadena, com sede no estado americano do Texas (Houston Ship Channel). O valor pago à Astra Oil nesse primeiro contrato foi de US$ 360 milhões, assim divididos: 1) US$ 190 milhões pelos papéis; e 2) US$ 170 milhões pelo petróleo que estava armazenado na refinaria.

Em 2012, um segundo contrato foi celebrado entre aquelas partes para a compra dos outros 50% de participação da Astra Oil, pelo qual a Petrobrás pagou US$ 820,5 milhões.

Até aí a transação é normal no mundo dos negócios. Porém, foi constatado o seguinte: em 2005, a Astra Oil comprou sua participação na refinaria de Pasadena por US$ 42,5 milhões; anteriormente a 2005, houve uma proposta feita à Petrobrás para a aquisição daquelas ações compradas pela Astra Oil em 2005 que girava em torno de US$ 30 milhões a US$ 40 milhões. Ora, por que a Petrobrás comprou 50% das ações um ano após a compra pela Astra por valor dez vezes superior?

Daí surgiram alguns questionamentos: o contrato entre Petrobrás e Astra Oil foi uma compra típica do mundo dos negócios? Afinal de contas, a Petrobrás acabou pagando à Astra Oil US$ 1,18 bilhão pela refinaria, valor 27 vezes superior ao que a segunda pagou pelo estabelecimento em 2005.

A justificativa dada pelo Conselho dirigente da petroleira brasileira para a compra da refinaria era a necessidade de expansão dos negócios da empresa.

Não se sabe se foi propositalmente, mas no contrato entre Astra Oil e Petrobrás constavam duas cláusulas totalmente prejudiciais à segunda: a cláusula *put option* e a cláusula *marlim*. A primeira cláusula impôs à Petrobrás a obrigatoriedade de adquirir os outros 50% pertencentes à Astra Oil caso houvesse qualquer desentendimento entre ambas, o que de fato ocorreu em 2008 em razão de um conflito entre ambas quanto a investimentos estruturais na refinaria. A corte federal do Texas determinou em 2010 que a Petrobrás adquirisse os 50% da Astra Oil. Apesar de recorrer a cortes superiores dos EUA e à Câmara de Arbitragem de Nova York, a brasileira perdeu e teve que cumprir a ordem judicial texana.

Já a cláusula *marlim* garantia um lucro de 6,90% ao ano à Astra Oil como garantia do negócio. Foram essas cláusulas que obrigaram a Petrobrás a desembolsar mais dinheiro no negócio, gerando um gasto de US$ 1,18 bilhão.

Segundo suspeitas da Polícia Federal, do Ministério Público Federal e do Tribunal de Contas da União, a referida negociação nada mais consistiu que superfaturamento e evasão de divisas por meio desse contrato, através das cláusulas *put option* e *marlim*.

Se confirmadas essas suspeitas, mais uma vez a estatal brasileira teria sido parte de um contrato prejudicial aos interesses econômicos do Brasil. A transação estaria maculada de fortes indícios de dano aos cofres públicos e de gestão temerária e antieconômica.[363]

Mas não só o erário brasileiro foi lesado. O escritório de advocacia americano Pomerantz registrou uma *class action* que tramita na Corte Federal de Nova York em face da Petrobras International Finance Company (PifCo) e pela Petrobras Global Finance B.V. (PGF) em nome de acionistas que compraram papéis de ações e títulos da dívida da PifCo e da PGF em Nova York, chamadas ADR entre janeiro de 2010 e março de 2015. O motivo é que o possível esquema de corrupção e as omissões de informa-

---

[363] TCU, Processo nº (005.406/2013-7 OU TC005.406/2013-7 OU TC-005.406/2013-7 OU 005.406/13-7 OU TC005.406/13-7 OU TC-005.406/13-7)[B001,B002,B012,B013], Rel. Min. José Jorge de Vasconcelos Lima, Data de Entrada: 01/03/2013. Assunto: APURAÇÃO EXISTÊNCIA DE DANO AOS COFRES PÚBLICOS NO PROCESSO DE AQUISIÇÃO DA REFI NARIA PASADENA REFINING SYSTEM INC.

ções sobre Pasadena e a Refinaria de Abreu e Lima trouxeram prejuízos àqueles que adquiriram papéis da companhia brasileira.

Então, além do erário brasileiro, também terceiros (os acionistas) foram prejudicados pelos contratos mal celebrados por causa dos fins ilícitos. É possível verificar tal situação a partir da fórmula de Luigi Ferri:

Fases	Critérios	Astra Oil Company x Petrobrás
1ª	*Vontade dos sujeitos de acordo com a função jurídica do negócio:* qual a função do negócio pretendido?	Não se trata de um contrato aleatório e nem é de praxe celebrar um contrato pelo qual a parte pode ter que pagar 27 vezes mais do que custa uma refinaria. Trata-se de um lucro exorbitante da Astra Oil Company. A onerosidade excessiva não é característica do mercado de negócios nesses casos.
2ª	*Consonância da vontade das partes com a ordem pública:* que tipo de interesse tem a ordem pública?	Se confirmadas as suspeitas da PF, do MPF e do TCU, o contrato mais uma vez teve fins ilícitos, sendo utilizado para desvio de dinheiro e dano aos cofres públicos. Ainda que não se confirme tais suspeitas, fato é que os agentes não agiram corretamente, celebrando contrato prejudicial ao interesse público. Não há dúvidas que se trata de gestão antieconômica. Tal incompetência administrativa viola a eficiência e o zelo para com os recursos do país.
3ª	*Causa do negócio de acordo com a função econômico-social:* como deve *funcionar* uma negociação de grande porte?	Tal contrato não trouxe qualquer benefício à Petrobrás, afinal a refinaria se encontra inutilizável. No final das contas, o contrato só fez aumentar o déficit financeiro da petroleira. Além do mais, aquele objetivo inicial de expandir os negócios e a produção – o que seria extremamente benéfico ao país – não se confirmou. Aliás, foi justamente o contrário.

Observe que em todas as rubricas da fórmula acima a avaliação foi negativa. Dessa forma, fica caracterizada a contrariedade à função social e, consequentemente, o dever de indenizar os prejuízos patrimoniais, morais e sociais por ambas as partes àqueles que foram prejudicados. Inclui-se aí, então, não só a Petrobrás, mas também a Astra Oil, que agiu egoisticamente.

3.2.3. O "Mensalão"

O infográfico abaixo explica a celebração de vários contratos celebrados para camuflar um esquema de desvio de dinheiro público por serviços não executados perante a Administração Pública, além de contratos bancários simulados com o fim de repassar dinheiro para partidos políticos.

As principais empresas e contratos envolvidos no esquema foram:

Contratantes	Objeto do contrato
DNA Produções *x* Governo Federal	Favorecida em contratos publicitários com a Administração Pública Federal, recebia os valores sem a devida prestação dos serviços para repassar recursos a políticos e partidos.
Graffiti Participações *x* Banco BMG	A primeira era utilizada para fazer "caixa dois" em favor de partido político. Recebia dinheiro por meio do Banco BMG para posteriormente repassá-lo a um partido político.
Multiaction Entretenimentos Ltda *x* Correios (EBCT – Empresa Brasileira de Correios e Telégrafos)	A primeira empresa foi favorecida na contratação pela segunda para a realização de eventos superfaturados. O valor recebido é repassado para partidos políticos.
SMP&B *x* Governo Federal	Usada para lavagem de dinheiro e repasse de recursos para partidos.
Banco Opportunity *x* SMP&B/ Graffiti Participações/ Multiaction Entretenimentos Ltda/ DNA Produções	O Banco Opportunity é o controlador da Companhia de Telecomunicações Brasil Telecom e celebrou contratos superfaturados com as empresas de publicidade e eventos.

O infográfico abaixo do portal de notícias *G1* ajuda a entender o esquema de repasses de dinheiro.

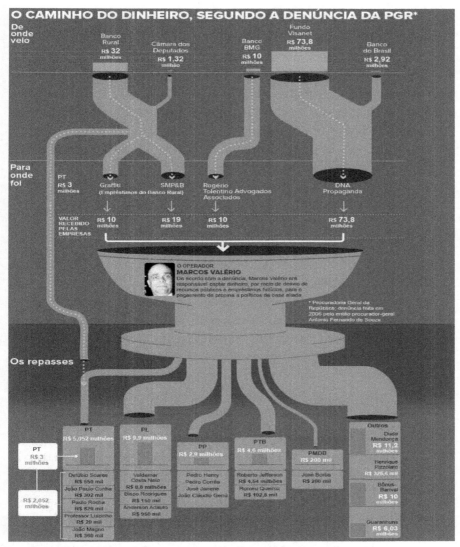

Fonte: http://g1.globo.com/politica/mensalao/infografico/platb/

Como esse episódio envolvia instituição financeira, também foi um caso de gestão fraudulenta. A gestão fraudulenta é a causa da desfuncionalização dos contratos, que foram utilizados para simular situações ilegais.

3.2.4. O Shopping 25 de Março

A responsabilidade do proprietário do espaço físico chamado "Shopping 25", famoso em São Paulo por locar stands e boxes para comerciantes acusados de negociar produtos que poderiam violar o direito de propriedade de marcas famosas, foi afirmada pela 3ª Turma do STJ no REsp. nº 1.295.838/SP, que reconheceu que os contratos entre o shopping e os proprietários dos stands violava direito de terceiros. Entendeu ainda o julgado que o Shopping 25 conhece o prejuízo das marcas famosas (terceiros), estando, portanto, mancomunadas entre si as partes locadora e locatárias[364]:

> "CIVIL E PROCESSUAL CIVIL. VIOLAÇÃO A DIREITOS DE PROPRIEDADE INDUSTRIAL. 'SHOPPING 25 DE MARÇO' EM SÃO PAULO. ADMINISTRADORA DE CENTRO COMERCIAL POPULAR EM QUE PERPETRADOS SISTEMATICAMENTE ILÍCITOS DESSA NATUREZA. RESPONSABILIDADE CIVIL. 1.- A administradora de centro de comércio popular que, como firmado, na análise dos fatos, pela Justiça estadual de origem, permite e fomenta a violação ao direito de propriedade industrial das autoras, por parte dos lojistas locatários dos seus 'stands' e 'boxes', torna-se co-responsável pelo ilícito danoso realizado por intermédio dos terceiros cessionários dos espaços do estabelecimento. 2.- Considerada a moldura fática firmada pelo Tribunal de origem cuja reapreciação encontra obstáculo na Súmula 7 desta Corte, mantém-se a legitimidade passiva da proprietária do

[364] STJ, REsp. nº 1.295.838/SP, 3ª Turma, Rel. Min. Nancy Andrighi, Rel. p/ Acórdão Min. Sidnei Beneti, j. em 26/11/2013. A relatora, no entanto, votou de forma contrária ao entendimento majoritário, conforme se verifica na sua seguinte declaração de voto: "Não há responsabilidade de administradora ou proprietária de centro comercial em impedir atos atentatórios ao direito de propriedade industrial e a venda ou estoque de produtos contrafaceados por empresas que alugam lojas no mencionado centro comercial. Isso porque o locador não tem o dever de fiscalizar e reprimir a atividade efetivamente desenvolvida por cada locatário, a fim de confirmar a eventual prática de algum ilícito civil ou criminal, restringindo-se a sua responsabilidade aos elementos necessários à perfeita execução do contrato de locação, porquanto a relação locatícia não confere ao locador poder de polícia sobre os locatários. Desse modo, deve verificar se o exercício, pelo locador, do direitos e obrigações oriundos das relações locatícias, condiz com a função social do contrato, coibindo condutas que evidenciem a tentativa de obtenção de benefícios financeiros que ultrapasse a finalidade normal do instrumento. Além disso, a fiscalização, controle e repressão de atividades contrárias à lei, incumbe exclusivamente à Administração Pública, detentora do poder discricionário de disciplinar e restringir direitos e liberdades individuais em prol do interesse público".

Shopping para a ação de proibição de atividade ilícita que vem realizando juntamente com os cessionários de suas unidades, para a ação ajuizada pelas titulares das marcas objeto de contrafração. 3.- Recurso Especial a que se nega provimento".

A decisão indica a desfuncionalização dos contratos de locação em razão do motivo ilícito comum. Os elementos do negócio podem ser analisados:

Fases	Critérios	Shopping 25 x Donos dos Stands
1ª	*Vontade dos sujeitos de acordo com a função jurídica do negócio.*	A vontade das partes se dirige à contrafação, que no caso é pública e notória. Não se destina, portanto, ao desenvolvimento comercial e à atividade típica esperada de uma locação empresarial.
2ª	*Consonância da vontade das partes com a ordem pública.*	A propriedade intelectual/industrial, como aspecto inerente à integridade intelectual da pessoa, constitui verdadeiro direito da personalidade, que no caso das locações é objeto de lesão. Provavelmente não há objeto de tutela jurídica que mais interessa ao Direito que a personalidade dos sujeitos de direito.
3ª	*Causa do negócio de acordo com a função econômico-social.*	A causa é a violação de propriedade intelectual (Lei nº 9.610/98), que não se encontra de acordo com a legislação brasileira, tanto que é tipificada como crime.

3.3. A aplicação do art. 883 do Código Civil

Se duas partes procederem a uma contratação desfuncionalizada e algum órgão tutelar o dano social, tanto os valores envolvidos quanto a indenização pelo dano social serão revertidos a fundo escolhido pelo juiz. É o que prescreve o parágrafo único do art. 863 do Código Civil:

> "Art. 883. Não terá direito à repetição aquele que deu alguma coisa para obter fim ilícito, imoral, ou proibido por lei.
>
> Parágrafo único. No caso deste artigo, o que se deu reverterá em favor de estabelecimento local de beneficência, a critério do juiz".

O dispositivo se refere a uma obrigação ilícita. Se alguém pagar para outrem pela prática de algum ato ilícito, não faz jus à repetição. Exem-

A RESPONSABILIDADE CIVIL PELA VIOLAÇÃO À FUNÇÃO SOCIAL DO CONTRATO

plo: alguém paga determinada quantia para que outrem lhe traga drogas. Este, porém, é preso antes de realizar a entrega. Aquele que pagou não tem direito de reaver a quantia.

Nesse caso, o parágrafo se preocupa com a destinação do que se deu em pagamento. A coisa ou quantia dada em pagamento não ficará em poder do que recebeu e nem será estornada. De acordo com o parágrafo, deve ser revertida a alguma instituição de beneficência, "a critério do juiz".

Cabem aqui duas observações:

- *O juiz poderá determinar a reversão de ofício:* se há "critério do juiz", critério lhe dá poder-dever de executar tal reversão. Isso ocorre nas hipóteses de haver um processo (penal ou civil) para apurar responsabilidades dos agentes envolvidas (executor e mandante); e
- *O requerimento pode ser feito pelo Ministério Público:* em razão do interesse de ordem pública, o MP pode pleitear a reversão, caso não haja processo ou, se houver, não foi determina a doação à instituição beneficente.

Rosa Maria de Andrade Nery e Nelson Nery Junior escrevem que esse dispositivo se aplica nas hipóteses de atos que visam fins imorais ou ilícitos:[365]

> "A lei nega ação ao credor para exigir a repetição daquilo que fora entregue em cumprimento de negócio que tinha por finalidade a obtenção de fim ilícito, moral ou proibido por lei. Por não ter o credor, nesses casos, direito de excussão do patrimônio do devedor, essas situações se assemelhavam às obrigações naturais, cuja marca mais significativa é a de não se revestirem de ação para exigir seu cumprimento. O comando contido no parágrafo único deste artigo, contudo, de perda da posse e propriedade da coisa que se pretendia reaver, dá à hipótese contornos que ultrapassam a tradicional classificação de obrigação natural. Diante da evidente ilicitude do motivo, razão determinante do negócio pelo qual a coisa foi entregue, pode o juiz considerar no negócio a ocorrência de mácula que comprometa a existência (CC 104 II) ou a validade (CC 140 e CC 166 II, III, VI ou VII) do negócio, a merecer tratativa diversa, mais severa, de anulabilidade do negócio ou declaração de inexistência ou nulidade dele".

---

[365] NERY JUNIOR, Nelson; NERY, Rosa Maria de Andrade. *Código Civil Comentado.* 11ª ed. São Paulo: Revista dos Tribunais, 2014, pp. 1.156-1.157.

Os autores deixam claro que esse tipo de ato envolve ilicitude e imoralidade, o que é contrário aos interesses sociais e jurídicos. Ferem a função social, portanto.

Se um contrato for desfuncionalizado pelas partes, em conluio, não caberá a devolução dos valores envolvidos a elas. Caberá ao juiz determinar que tais valores sejam revertidos em favor de instituição beneficente.

Se a desfuncionalização for praticada por apenas uma das partes e tiver algum valor a perceber do outro contratante, tal valor também será destinado à instituição beneficente. Os débitos que tem a pagar à parte que não participou da violação da função social continuam sendo devidos e devem ser pagos.

Caso algum órgão de defesa de direitos coletivos proponha a ação para que os valores devidos sejam revertidos em prol de alguma instituição, parece-nos que o meio processual adequado não será a *actio in rem verso* do art. 886 do Código Civil:

> "Art. 886. Não caberá a restituição por enriquecimento, se a lei conferir ao lesado outros meios para se ressarcir do prejuízo sofrido".

A ação de *in rem verso* tem caráter subsidiário frente a outros meios para recomposição de lesões a bem jurídicos, ou seja, ela é utilizada quando não há fundamento e meio próprio legalmente previsto para a tutela do enriquecimento sem causa. No caso da desfuncionalização haverá um dano à sociedade que, como tal, deve ser tutelado em ação indenizatória.

3.4. Uma simulação mais abrangente

Quando as partes de um contrato agem violando a função social do contrato acabam praticando um negócio com vício social, qual seja, a simulação. Não à toa esse princípio foi elevado – ou rebaixado – à categoria mais grave dos defeitos do negócio jurídico pelo Código Civil de 2002, que é fundamentado na sociabilidade.

A ideia de simulação decorrente da disfunção do contrato é mais abrangente – e talvez mais grave – que a simulação sempre descrita nos livros.

Esse vício ocorre quando os envolvidos no contrato, com malícia, celebram um negócio, mas na verdade praticam outro. Quer dizer, aparentemente concluem certo tipo contratual, contudo acabam produzindo efeitos diversos da eficácia típica prevista para aquele negócio. O ardil tem por objetivo camuflar a obtenção de interesses que não têm amparo legal. A vontade declarada e conhecida de todos é uma e a vontade real, oculta, é outra.[366]

Emilio Betti entende que não há necessária conexão entre simulação e fraude, quer dizer, não são correspondentes ou sinônimos. Explica que fraude se refere a uma qualificação do interesse como ilícito, enquanto a simulação é uma reprovação da causa do interesse.[367] Isso parece significar que a fraude causa prejuízo e a simulação é um problema de causa imoral ou ilícita.

Ao que tudo indica o Direito brasileiro também seguiu essa linha de distinção, quando estabeleceu hipóteses específicas de fraude (fraude contra credores, gestão fraudulenta) e estabeleceu as hipóteses de simulação no § 1º do art. 167.

A simulação é um vício do negócio caracterizado por uma mentira, uma falsa declaração de vontade que tem o objetivo de celebrar um falso negócio. Essa situação é tida por vício porque não exprime a realidade e engana terceiro ou burla proibição imposta pela lei. É possível verificar duas formas de simulação:[368]

1. *Simulação absoluta:* quando as partes celebram um negócio só para constar sua existência, mas não o executam. Exemplo: acordo de prestação de pensão alimentícia entre pai e filho para abatimento de Imposto de Renda, sendo que nunca houve o referido pagamento; e

2. *Simulação relativa:* quando as partes celebram um negócio, chamado de aparente, mas na prática são produzidos os efeitos de outro negócio, dito real. Exemplo: duas pessoas simulam uma doação para impedir que o valor entre na comunhão de bens (regime da comunhão parcial), porém na realidade trata-se de uma dação em pagamento, que por ser negócio oneroso entraria na comunhão de bens para futura partilha. O negócio aparente é chamado de simulação (ou negócio simulado), e o negócio verdadeiramente executado, real, é a dissimulação (ou negócio dissimulado).

---

[366] AMARAL, Francisco. *Direito civil – introdução.* 7ª ed. Rio de Janeiro: Renovar, 2008, pp. 300 e segs.

[367] BETTI, Emilio. *Teoria Generale del Negozio Giuridico.* Torino: Utet, 1943, p. 568.

[368] GOMES, Orlando. *Introdução ao Direito Civil.* 19ª ed. Rio de Janeiro: Forense, 2008, pp. 428 e segs.

De acordo com o caput do art. 167, somente a simulação é nula. A dissimulação é válida, desde que atendidos os pressupostos de existência, validade e eficácia exigidos pela lei. Quer dizer: na simulação absoluta, todo o ato será nulo e nada restará, pois apenas existe o negócio aparente e não há qualquer negócio real; na simulação relativa, o negócio fingido pelas partes será nulo e os efeitos realmente praticados permanecem válidos.

No caso do exemplo da falsa doação, esta será descartada e passa-se a reconhecer que houve a dação em pagamento. A simulação exige *consilium fraudis* entre as partes.

Caso terceiros de boa-fé sejam usados pelos negociantes para alcançar seus objetivos simulados, ele não poderá ser prejudicado, de maneira que mesmo o negócio simulado permanecerá válido para que seus direitos perante os simuladores possam produzir efeitos, conforme prescreve o § 2º. Exemplo: o pai simula a venda de imóvel ao filho, quando na verdade pratica uma doação, para escapar o referido bem da colação; posteriormente o filho vende o imóvel a terceiro de boa-fé. A simulação não será nula porque traria prejuízos a quem também foi enganado, usado (é a chamada *simulação nocente*).

O § 1º elenca três situações que se consideram simulação:

1. *Quando o negócio aparenta conferir ou transmitir direitos a pessoas diversas daquelas às quais realmente se conferem ou transmitem:* ocorre quando em um negócio há interposta pessoa ou o "laranja". Exemplo: o marido vendo imóvel a um amigo e este doa para a amante do primeiro;

2. *Quando o negócio contiver declaração, confissão, condição ou cláusula não verdadeira:* é a ocultação da verdade. Exemplo: venda de imóvel por um valor, mas na escritura é posto um valor bem inferior para driblar o pagamento de ITBI; e

3. *Quando os instrumentos particulares forem antedatados ou pós-datados:* refere-se à falsidade da data. O negócio deve ser datado de acordo com o dia em que é assinado. Exemplo: o chamado cheque pré-datado. A antedatação ou pós-datação do cheque é nula, tanto que, se apresentado ao banco, poderá ser descontado (art. 32 da Lei nº 7.357/85). Nesse sentido, o STJ confirmou a nulidade da falsa data no cheque, aplicando o inciso III, porém entendeu que, em razão da legítima expectativa criada, aquele que desconta o cheque antecipadamente deve indenizar o outro em dano moral. Ou seja: cheque pré-datado é simulação; pode ser descontado antes da data fixada,

pois é ordem de pagamento à vista; mas configurará dano moral, em razão da falsa expectativa criada no titular da conta bancária do cheque, conforme a Súmula nº 370: "Caracteriza dano moral a apresentação antecipada de cheque pré-datado".

Federico Maria Giuliani diferencia simulação, elisão e evasão, na perspectiva fiscal. Interessa-nos aqui porque o fato gerador tributário geralmente é um contrato. Logo, o negócio estaria sendo utilizado para fraudes fiscais:[369]

- *Elisão fiscal:* são ações para afastar o fato gerador do tributo sem que haja irregularidade. Haverá a utilização de outra situação para a não incidência ou menor incidência de tributos. Essa outra situação é regular e admitida em Direito, mas está sendo utilizada de maneira ilegítima; e
- *Evasão fiscal:* quando o contribuinte utiliza de meios irregulares e ilícitos para afastar a incidência de algum tributo sobre sua operação econômica. O contribuinte não pagará o tributo, embora ocorra seu fato gerador.

A simulação é o instrumento para se praticar a evasão fiscal; é um instrumento ilícito para afastar a incidência tributária, e se caracteriza pelo emprego de manobras ardis. Após a ocorrência do fato gerador a regra de incidência tributária é desviada por meio de falsificações pela simulação de fato ou ato jurídico.[370]

O legislador deu poder ao Fisco de desconsiderar os atos simulatórios e admitir os dissimulatórios praticando por contratantes. É o que se verifica no parágrafo único do art. 116 do Código Tributário Nacional, investindo o Fisco dos poderes necessários à desconsideração das simulações levadas a efeito pelas partes.[371]

---

[369] GIULIANI, Federico Maria. Simulazione, elusione, e abuso del diritto (spunti comparatistici, e considerazioni critiche sulle tesi della Corte di Cassazione). In: *Rivista Free Online di Diritto Tributario e dela Impresa.* Milano, nº 644 del 18 ottobre 2006.

[370] COÊLHO, Sacha Calmon Navarro. *Manual de Direito Tributário.* Rio de Janeiro: Forense, 2000, pp. 237-238.

[371] AMARO, Luciano. *Direito Tributário Brasileiro.* 11ª ed. São Paulo: Saraiva, 2005, p. 238. Escreve o autor: "nada mais fez o legislador do que explicitar o poder da autoridade fiscal de identificar situações em que, para fugir do pagamento do tributo, o indivíduo apela para

Art. 116. Salvo disposição de lei em contrário, considera-se ocorrido o fato gerador e existentes os seus efeitos:

I – tratando-se de situação de fato, desde o momento em que o se verifiquem as circunstâncias materiais necessárias a que produza os efeitos que normalmente lhe são próprios;

II – tratando-se de situação jurídica, desde o momento em que esteja definitivamente constituída, nos termos de direito aplicável.

Parágrafo único. A autoridade administrativa poderá desconsiderar atos ou negócios jurídicos praticados com a finalidade de dissimular a ocorrência do fato gerador do tributo ou a natureza dos elementos constitutivos da obrigação tributária, observados os procedimentos a serem estabelecidos em lei ordinária.

Esses contratos simulados com fins de fraudar o fisco correspondem a uma verdadeira violação da função social do contrato. Opera-se um contrato com o objetivo de causar dano à sociedade. Trata-se de uma demonstração do prejuízo social que o contrato entre partes pode ocasionar.

Emílio Betti entende que a vida coletiva depende de sinceridade (*sincerità*) e clareza (*chiarezza*) em suas relações socais e jurídicas. Uma intenção que de propósito se oculta não é adequada a essa vida social. A simulação expressa a inadequação do modo de contratar com os valores sociais e jurídicos.[372]

Na *ação de simulação*, objetivando a declaração de nulidade, podem intervir os órgãos de proteção dos direitos difusos e pleitear danos sociais. Tal legitimidade também pode ser atribuída ao terceiro prejudicado naqueles contratos de pequena monta. Quer dizer, a referida ação terá o escopo não só de invalidar o negócio, mas também o de indenizar os prejuízos patrimoniais e morais de alguém prejudicado diretamente e os danos sofridos pela sociedade em razão do vício social. A indenização em caso de inva-

---

a simulação de uma situação jurídica (não tributável ou com tributação menos onerosa), ocultando (dissimulando) a verdadeira situação jurídica (tributável ou com tributação mais onerosa). Não se argumente que dissimulação é diferente de simulação; e, por isso, o legislador tenha querido algo mais. Quando se fala em simulação, refere-se como objeto dessa ação (de dissimular), uma situação de não-incidência. Já ao falar de dissimulação, ao contrário, a referência objetiva é uma situação de incidência. Dissimula-se o positivo (ocorrência do fato gerador), simulando-se o negativo (não-ocorrência do fato gerador)".

[372] BETTI, Emilio. *Teoria Generale del Negozio Giuridico*, ob. cit., pp. 565-566.

lidade se fundamenta no art. 182: "Art. 182. Anulado o negócio jurídico, restituir-se-ão as partes ao estado em que antes dele se achavam, e, não sendo possível restituí-las, serão indenizadas com o equivalente".

3.5. A desfuncionalização do contrato pelas partes em confronto com terceiros

Reconhecida a existência de uma situação jurídica – extracontratual – entre terceiros e as partes de um contrato, é possível discutir a posição ativa do terceiro, principalmente quando sofre danos. Isso também é uma consequência da desfuncionalização.

Os exemplos anteriores vão além da esfera específica de terceiros, atingindo muito mais a sociedade. É possível, porém, que se apontem alguns casos em que terceiros são diretamente prejudicados pelas partes de um contrato. Fala-se, nessas hipóteses, no *terceiro vítima* ou *terceiro prejudicado*.

O reconhecimento da existência de uma posição do terceiro e sua proteção frente às relações jurídicas não é novidade no Direito brasileiro. O termo "terceiro prejudicado" é um sintagma conhecido e difundido pelo Direito Processual Civil de há muito. Como exemplo, veja o que se verifica no *caput* e no § 1º do art. 499 do Código de Processo Civil de 1973:

> "Art. 499. O recurso pode ser interposto pela parte vencida, pelo terceiro prejudicado e pelo Ministério Público.
>
> § 1º Cumpre ao terceiro demonstrar o nexo de interdependência entre o seu interesse de intervir e a relação jurídica submetida à apreciação judicial".

No mesmo sentido, o Código de Processo Civil de 2015 (Lei nº 13.105/2015) também dá ao terceiro que for prejudicado por uma determinada situação jurídica ou processual a legitimidade de pleitear seus interesses:

> "Art. 996. O recurso pode ser interposto pela parte vencida, pelo terceiro prejudicado e pelo Ministério Público, como parte ou como fiscal da ordem jurídica.
>
> Parágrafo único. Cumpre ao terceiro demonstrar a possibilidade de a decisão sobre a relação jurídica submetida à apreciação judicial atingir direito de que se afirme titular ou que possa discutir em juízo como substituto processual".

O Direito Processual Civil, então, oferece uma contribuição para melhor entender o que é um terceiro prejudicado: é aquele que sofrerá os efeitos da sentença que julgar o processo entre autor e réu porque tem algum interesse dependente da situação jurídica entre as partes.

Logo, o terceiro prejudicado pelos contratantes é aquele que tem algum direito (ou interesse legítimo) vinculado ao negócio, e tal direito é violado de algum modo pelas partes: seja pela conclusão, pela execução ou, ainda, pelo inadimplemento.

E isso se percebe por outros dispositivos legais, a exemplo do que se verificava no *caput* do art. 1.031 do Código Civil de 1916:

> "Art. 1.031. A transação não aproveita, nem prejudica senão aos que nela intervieram, ainda que diga respeito a coisa indivisível".

Esse dispositivo foi repetido pelo *caput* do art. 844 do Código Civil de 2002:

> "Art. 844. A transação não aproveita, nem prejudica senão aos que nela intervierem, ainda que diga respeito a coisa indivisível".

A propósito, a proteção de pessoas alheias à transação foi objeto de análise no Superior Tribunal de Justiça o REsp. nº 1.234.321/SC, julgado em 2011. O relatório do Min. Luis Felipe Salomão pode ser assim resumido:[373]

- Em 1997, "A" ajuizou ação anulatória de ato jurídico cumulada com cancelamento de registros imobiliários e reivindicação de imóvel em face de "B" e "C";
- Alegava que "B" vendeu por meio de escritura pública a "C" o imóvel situado no município de Tubarão – SC;
- "C", por sua vez, juntamente com a esposa, vendeu o imóvel, dando quitação a "D";
- "D", por fim, alienou o imóvel a "A" por meio de cessão de direitos;
- "A" informou que a área referente ao imóvel esteve em litígio envolvendo o município, tendo o judiciário reconhecido que o imóvel é particular;
- "A", então, procurou "D" para obtenção da escritura, quando foi informada que pendia ação de execução ajuizada por "B" em face de "D" e de "C";

[373] STJ, REsp. nº 1.234.321/SC, Quarta Turma, Rel. Min. Luis Felipe Salomão, j. em 07/06/2011.

- "A" sustentou que "B" (exequente na mencionada execução) e "C" (executado na citada execução) firmaram acordo homologado pelo juízo sem o conhecimento do executado "D";
- "A" narrou que, por meio de execução de valor ínfimo, "C" e "D" não poderiam se tornar titulares do imóvel antes vendido, para devolvê--lo a "B". Afirmou que o juiz que homologou o acordo, também réu na presente ação, posteriormente, veio a se tornar proprietário de 50% do imóvel;
- "A" requereu a declaração de nulidade do acordo (transação) e a anulação dos registros imobiliários;
- O juiz julgou improcedente a ação e o Tribunal de Justiça do Estado de Santa Catarina, em sede de apelação, negou provimento ao recurso da apelante e não conheceu um outro recurso.

Em seu voto o relator destacou que "C" havia efetuado a cessão de direitos relativos ao imóvel objeto da transação a "D", o que era de conhecimento de "B" (tanto é assim que ajuizou execução em face de ambos buscando obter as parcelas remanescentes da venda do imóvel feita ao primeiro".

Ficou patente a malícia e o dolo de "B" e "C" para lesar terceiro, pois sabiam que "C" não mais tinha direito sobre o imóvel objeto da transação e que, por conseguinte, não poderia, por ato unilateral seu, mesmo que homologado em juízo, adjudicar o imóvel a "B".

Aplicando o art. 1.031 do CC/1916 – vigente à época – o relator confirmou que a transação aproveita e prejudica tão somente os que nela intervieram.

Nesse sentido, o recurso reconheceu que "A" foi um terceiro prejudicado pela transação (negócio jurídico) entre "B" e "C", de modo que foi declarada nula:

"DIREITO CIVIL E PROCESSUAL CIVIL. RECURSO ESPECIAL. CONTROVÉRSIA DIRIMIDA À LUZ DO CÓDIGO CIVIL DE 1916. A AÇÃO ANULATÓRIA PREVISTA NO ARTIGO 486 DO CPC É ADEQUADA À ANULAÇÃO DE ACORDO HOMOLOGADO POR SENTENÇA. TRANSAÇÃO TENDO POR OBJETO BEM, CUJOS DIREITOS HAVIAM SIDO CEDIDOS A TERCEIRO. IMPOSSIBILIDADE. AQUISIÇÃO DE BEM, PELO MAGISTRADO QUE CONDUZIU O FEITO, OBJETO DE ACORDO QUE HOMOLOGARA. INVIABILIDADE. ANULAÇÃO DE REGISTROS IMOBILIÁRIOS, QUE TINHAM PRESUNÇÃO DE LEGITIMIDADE,

RELATIVOS A BENS ADQUIRIDOS POR TERCEIROS. NECESSIDADE DE SER ASSEGURADO O CONTRADITÓRIO E A AMPLA DEFESA. 1. A ação anulatória, embasada no artigo 486 do Código de Processo, é adequada à desconstituição do acordo homologado por sentença que não aborda o conteúdo da avença, pois o dispositivo processual prevê que 'Os atos judiciais, que não dependem de sentença, ou em que esta for meramente homologatória, podem ser rescindidos, como os atos jurídicos em geral, nos termos da lei civil'. 2. Transação é contrato bilateral, oneroso, pelo qual, por meio de concessões mútuas, os interessados previnem ou terminam litígio, eliminando a incerteza de uma relação jurídica, todavia 'não pode transigir quem não tenha poder de disposição dos que constituem objeto da transação', sendo certo que 'direito de que o titular não pode dispor é insuscetível de transação'. (GOMES, Orlando. Contratos. 23ª ed. Rio de Janeiro: Forense, 2001, ps. 440-442). 3. O artigo 1.026 do Código Civil de 1916 proclama a indivisibilidade da transação, dispondo que 'sendo nula qualquer das cláusulas, nula será esta', e o 1.031 do mesmo diploma dispõe que 'a transação não aproveita nem prejudica senão os que nela intervieram, ainda que diga respeito a coisa indivisível'. Com efeito, não poderiam as partes ter celebrado acordo tendo por objeto bem, cujos direitos sabiam ter sido anteriormente cedidos por um dos contraentes. [...]. 6. Recurso especial parcialmente provido".

Um outro exemplo no STJ se extrai do REsp. nº 464.426/SP:[374]

"SEGURO. INCÊNDIO. FATO CRIMINOSO IMPUTADO A UM DOS SÓCIOS DA EMPRESA LOCATÁRIA DO IMÓVEL. BENEFICIÁRIA, TERCEIRA DE BOA-FÉ, QUE NÃO TEVE PARTICIPAÇÃO ALGUMA NO SINISTRO. DIREITO À INDENIZAÇÃO. Reconhecida a boa-fé da beneficiária do seguro, o ato ilícito cometido pelo segurado (provocação do incêndio) não a atinge, sendo, pois, válido o contrato em relação a ela. Recurso especial não conhecido, prejudicada a Medida Cautelar nº 5.195-SP".

Nesse caso havia um contrato de seguro que, evidentemente, não cobria os danos causados dolosamente pelo segurado nos termos do art. 768 do Código Civil ("O segurado perderá o direito à garantia se agravar intencionalmente o risco objeto do contrato"). Mas o STJ entendeu que um ter-

---

[374] STJ, REsp. nº 464.426/SP, Quarta Turma, Rel. Min. Barros Monteiro, j. em 02/10/2003.

ceiro de boa-fé não pode deixar de ser beneficiário do seguro dos danos que sofreu em razão das restrições do contrato entre a seguradora e o segurado.

Nesses casos também se constata a desfuncionalização dos contratos, afinal foram utilizados e executados de maneira danosa em face de terceiros. A sociedade, reflexamente, também é prejudicada, afinal não é assim que se deseja o desenvolvimento de um processo de contratação.

Os terceiros prejudicados pelas moras, pelo dolo, pela simulação têm o direito de serem indenizados pelos prejuízos que vierem a sofrer.

E se pensarmos na desfuncionalização como uma simulação mais ampla, então o confronto do contrato das partes perante terceiros pode ser ampliado.

O problema diz respeito a terceiros que criaram expectativas e confiança em contratos simulados/dissimulados. Pode-se sistematizar a questão da seguinte maneira:

Terceiros prejudicados pelo alienante do negócio simulado	São aqueles atingidos pelo falso alienante e, portanto, guardam ação contra este ou seus herdeiros. Se for conveniente e de seu interesse, o terceiro poderá fazer valer a realidade sobre a ficção criada pela simulação.
Terceiros que adquirem direitos do adquirente do negócio aparente	Nesse caso, o terceiro irá adquirir direitos sobre o bem alienado ao adquirente fictício. Nesse caso pode haver terceiro de boa ou má-fé, e os efeitos poderão ser diversos. O § 2º do art. 167 protege o terceiro de boa-fé: "Ressalvam-se os direitos de terceiros de boa-fé em face dos contraentes do negócio jurídico simulado".

Capítulo 4
A Desfuncionalização do Contrato por Terceiros

A responsabilidade do terceiro que *interfere* ou *induz* – doravante designado *terceiro interferente* e *terceiro cúmplice* – o inadimplemento de um contrato ou mesmo das tratativas preliminares é um instrumento jurídico de política negocial nos países de *Common Law* e que foi importado para as nações de *Civil Law*.

Essa afirmação se confirma pelos valores fundantes de tal sistema de responsabilidade:

1. *Proteção extracontratual*, isto é, para além dos confins clássicos da relatividade dos efeitos do contrato;
2. Implantação de uma *ética negocial* para o capitalismo ("capitalismo ético");
3. Garantia de que o contrato cumpra sua *função social*; e
4. *Proteção das estruturas de interesse da sociedade*, ou seu patrimônio moral, fundamentado na honestidade e na tutela da confiança.

A responsabilidade do terceiro resultante da desfuncionalização que ele provoca tem a ver, portanto, com a efetivação de um novo paradigma de contrato: o exercício da autonomia contratual com caráter sociabilista, incorporando como *razão prática* a confiança e o desenvolvimento social na conduta daqueles que exercem sua liberdade.

4.1. A culpa presumida do terceiro
A responsabilidade civil do terceiro cúmplice não segue a lógica da dogmática geral da responsabilidade aquiliana. O interferente praticará o ato

ilícito independentemente da comprovação de ter agido com dolo ou culpa leve, grave ou gravíssima. Quer dizer, a culpa em sentido amplo do art. 186 não é requisito para caracterizar o ato ilícito desfuncionalizador do contrato, que se assemelha ao que ficou consignado na tradição de *Common Law* como *"tortious interference"*. Sendo assim, é possível afirmar que a responsabilidade do terceiro cúmplice é especial, sendo objetiva. Caberá a ele comprovar a inevitabilidade do ato para que seja isento de pagar a indenização.

Mas é preciso tomar muitas cautelas ao denunciar a atividade negocial do terceiro como ilícita, afinal não se pode criminalizar o funcionamento da atividade econômica quando feito de forma regular.[375]

Segundo Luís Heleno Terrinha, é o *conhecimento* e a *intenção* do terceiro que irão materializar o exercício irregular da liberdade de contratar do terceiro.[376] Contudo, sendo a desfuncionalização pelo terceiro o exercício abusivo da sua liberdade de contratar, bastará que suas atitudes sejam contrárias aos fins jurídicos, econômicos e sociais da autonomia contratual para que tenha a responsabilidade de indenizar. Contudo, pode o terceiro provar, por exemplo, que não conhecia a existência de negociações preliminares entre dois possíveis contratantes quando aliciou a um deles.

Quer dizer: *a culpa do terceiro interferente é presumida*; logo, *comporta inversão do ônus da prova*.

Não se trata de responsabilidade objetiva sem culpa, pois neste sistema a indenização será devida ainda que o ato seja lícito, como ocorre nas hipóteses do arts. 929, 932 e 933.

Dessa maneira, se o terceiro provar que não teve culpa na desfuncionalização, fica exonerado de ter que indenizar a vítima de sua conduta.

Mas, como seria a culpa na desfuncionalização?

No âmbito do art. 421, tem-se por culpa a *infração voluntária* do dever de exercer a liberdade de contratar nos limites da função social. A voluntariedade, aqui, não se significa *desejar, querer,* – pelo menos não necessariamente –; significa *discernimento*, isto é, a consciência da realidade que cerca o terceiro. Podendo discernir a extensão de sua conduta, pode o terceiro *prever* e *evitar* resultados nefastos às esferas jurídicas das partes de um contrato ou da sociedade como um todo. Quer dizer, a *previsibilidade*

---

[375] VINEY, Geneviève. *Introduction à la responsabilité*. 3ª ed. Paris: LGDJ, 2008, p. 583.
[376] TERRINHA, Luís Heleno. Pressupostos da Responsabilidade Civil Extracontratual do Terceiro Interferente – Reflexões numa perspectiva de direito comparado. In: *JusJornal*. Nº 1.308, 27 de setembro de 2011. Coimbra Editora: Coimbra, 2011.

e a *evitabilidade* são os requisitos fundamentais para caracterizar como ilícita a conduta interferente de terceiro sobre um contrato.

Nesse sentido, a conduta do terceiro configura um *tortious* quando estiverem presentes *conhecimento* e *intenção*, que podem ser assim caracterizados:

Pressuposto	Descrição
Conhecimento	Trata-se da *capacidade intelectiva* do terceiro de compreender as consequências das suas atitudes de interferência em um contrato firmado ou a ser firmado. O terceiro conhece a existência de um vínculo ou de um processo de negociações preliminares e tem consciência do resultado da sua possível intervenção ou da maneira como irá intervir.
Intenção	É a situação *comportamental-finalística* caracterizada pela conduta voluntária ou intencional do terceiro de interferir negativamente em um contrato. É essa atitude que é condenada pelo Direito e pela ética jurídica da função social pretendida pelo art. 421. No contexto da interferência, o terceiro tinha a possibilidade de não intervir ou de intervir dentro de limites aceitáveis, mas opta por agir ou se omitir negativamente.

Com base nesses pressupostos é possível assim determinar os graus de culpa da conduta do terceiro interferente para caracterizar o *tortious*:

Grau de culpa	Conhecimento	Intenção	Caracterização
Culpa levíssima	Não há	Não há	Trata-se de uma interferência insignificante. Pode-se dizer que, apesar de culposa, não teve influência decisiva sobre o inadimplemento contratual.
Culpa leve	Não há	Não há	Embora tenha sido uma interferência significante – ou até decisiva – o terceiro não sabia que estava agindo contra um contrato já existente.
Culpa grave	Há	Não há	O terceiro conhece a existência de um contrato, tem consciência de seus atos, toma uma atitude lesiva ao contrato, porém não tinha essa intenção. Trata-se de um descuido que acaba provocando grande repercussão negativa no contrato de outrem. Por exemplo, ao prestar um conselho ou dar sugestão, o terceiro exagera na sua opinião.

Culpa gravíssima	Há	Há	Trata-se de figura que se aproxima do dolo. Porém, no âmbito da intenção, seu grau de atenção quanto às consequências do seu comportamento é voluntariamente reduzido. Ou seja, o terceiro age fora dos limites, por exemplo, prestando informações e conselhos além do que lhe foi pedido. Ou então o terceiro dá um conselho sem que lhe tenha sido solicitado.
Dolo eventual	Há	Há	Os atos do terceiro não estão diretamente direcionados a romper um determinado vínculo. Ele atua ignorando as consequências da sua conduta, consciente de que pode prejudicar, mas nem por isso se inclina a evitar o dano.
Dolo direto	Há	Há	O terceiro envida sua conduta para o fim específico de provocar o inadimplemento entre duas partes.

Nas hipóteses de culpa leve e levíssima, justamente por faltar o elemento *conhecimento,* o terceiro não pode ser responsabilizado, caso consiga comprovar, já que seria exigir uma diligência tal que não é possível de ser cumprida pelo *bonus pater familiæ (homem médio).* Ou, então, haveria uma discrepância entre a consequência danosa e a gravidade da conduta do terceiro, de modo que o juiz pode escusá-lo da responsabilidade por redução equitativa da indenização, conforme parágrafo único do art. 944: "Art. 944. A indenização mede-se pela extensão do dano. Parágrafo único. Se houver excessiva desproporção entre a gravidade da culpa e o dano, poderá o juiz reduzir, equitativamente, a indenização".

O mesmo não ocorre nas hipóteses de culpa grave e gravíssima, e dolo direto e eventual. Aí o terceiro tem conhecimento e sua conduta se direciona para a finalidade danosa, o que é moral e juridicamente condenável e deve ser desestimulado.

4.2. Condutas hipotéticas do terceiro que desfuncionalizam o contrato

Manuel Carneiro da Frada defende que os contratos são protegidos por deveres de confiança, os quais se estendem a terceiros.[377] Nesse mesmo

---

[377] FRADA, Manuel Antônio de Castro Portugal Carneiro da. *Contrato e deveres de protecção.* Coimbra: Coimbra, 1994, pp. 20 e segs.

sentido, Luciano de Camargo Penteado destaca que aos terceiros também são atribuídos deveres laterais de conduta.[378] Tais deveres se originariam da cláusula de boa-fé objetiva do art. 422. Assim como os terceiros estariam protegidos de contratos celebrados e que lhes possam prejudicar algum direito, também as partes estariam protegidas da conduta de terceiro que possa prejudicar o vínculo: "o comportamento do terceiro não pode manifestamente interferir, perturbando o normal desempenho da prestação pelas partes. Nesse último sentido, o terceiro não pode se associar a uma das partes para descumprir com a obrigação. Nesse caso, seria um terceiro-cúmplice no inadimplemento daquela prestação".[379]

Na Alemanha, a tutela do crédito frente a terceiros é vista como um dever de proteção (*Schutzpflichten*), que se estende das partes para terceiros alheios a um contrato ou uma relação obrigatória, figura que lá é conhecida como *Vertrag (und Rechtsverhältnis) mit Schutzwirkung zugunsten Dritter*.[380]

A conduta do terceiro que desfuncionaliza o contrato pode ser tanto uma ação quanto uma omissão. Mas o que importa é o resultado que sua interferência provoca, que pode ter três consequências possíveis. Charles Carpenter aponta os possíveis resultados da conduta ilícita do terceiro sobre um contrato:[381]

- *O incumprimento da obrigação contratual do devedor perante o credor;*
- *O cumprimento da prestação pelo devedor que seja mais oneroso para o credor;* e
- *O cumprimento da prestação pelo devedor que proporcione menor ganho para o credor.*

Quer dizer: a conduta condenável do terceiro é aquela que provoca o inadimplemento em suas três modalidades: o *inadimplemento absoluto*; a

---

[378] PENTEADO, Luciano de Camargo. *Efeitos contratuais perante terceiros*. Tese de Doutorado. Faculdade de Direito da Universidade de São Paulo. Orientador: Antonio Junqueira de Azevedo, 2006, pp. 36-37. Também: PENTEADO, Luciano de Camargo. *Efeitos contratuais perante terceiros*. São Paulo: Quartier Latin, 2007, pp. 30 e segs.

[379] PENTEADO, Luciano de Camargo. *Efeitos contratuais perante terceiros*. Tese de Doutorado, ob. cit., p. 37.

[380] SALVADOR, Manuel. *Terceiro e os efeitos dos actos ou contratos*. Lisboa: s/ ed., 1962, pp. 10 e segs.

[381] CARPENTER, Charles. Interference with contract relations. In: *Harvard Law Review*. Vol. XLI, 1927-1928, p. 732. Assim também: TEDESCHI, Guido. La tutela aquiliana del creditore contro i terzi. In: *Rivista di Diritto Civile*. Anno I, 1955, pp. 291 e segs.

mora (inadimplemento relativo); e a *violação positiva do contrato*.[382] Veja as hipóteses[383]:

4.2.1. Contrato interferente

Trata-se de um contrato entre terceiro e o devedor de um credor em outro contrato, ou seja, para simplificar: existe um segundo contrato no qual o terceiro é parte junto com a parte de um primeiro contrato. O terceiro contribui com o inadimplemento que o seu contratante pratica em relação à parte do outro contrato. Esse segundo contrato prejudicará o primeiro, dada a incompatibilidade entre as execuções. Nesse sentido, o contrato que o terceiro propõe a celebrar é mais vantajoso para a parte aliciada, que irá inadimplir ou romper as tratativas com a parte de um outro contrato.

Trata-se do que ficou consignado na doutrina anglo-saxã como *"inducing breach of contract"*[384] e na França como *"tiers complice"*.[385]

Nesse contexto, surgem dois atos ilícitos e, consequentemente, duas responsabilidades em favor do credor prejudicado no contrato interferido:

Agente do dano	Ato ilícito	Responsabilidade	No Brasil
Devedor	Ato ilícito contratual (inadimplemento)	Responsabilidade civil contratual	Art. 389 c/c arts. 402 a 420.
Terceiro	Ato ilícito aquiliano (delitual)	Responsabilidade civil extracontratual (subjetiva ou aquiliana)	Art. 186 c/c *caput* do art. 927.

Para que haja a responsabilidade do terceiro é imprescindível que ele aja com dolo ou culpa grave. Isso significa que ele tem papel decisivo no rompimento das tratativas ou do inadimplemento, assumindo verdadeiramente o papel de *cúmplice*.

---

[382] FACHETTI, Gilberto; PEREIRA, Carlos Frederico Bastos. As modalidades de violação positiva do contrato. In: *Revista Fórum de Direito Civil* – RFDC. Vol. 5. Belo Horizonte: Fórum, 2014, p. 227-250.

[383] TERRINHA, Luís Heleno. Pressupostos da Responsabilidade Civil Extracontratual do Terceiro Interferente – Reflexões numa perspectiva de direito comparado. In: *JusJornal*. Nº 1.308, 27 de setembro de 2011. Coimbra Editora: Coimbra, 2011.

[384] CARPENTER, Charles. Interference with contract relations, ob. cit., p. 728.

[385] HUGUENEY, Pierre. *Responsabilité civile du tiers complice de la violation d'une obligation contractuelle*. Paris: Arthur Rousseau, 1910, pp. 183 e segs.

Foi o que aconteceu nos Estados Unidos com o já citado caso *Texaco vs. Pennzoil* [Texaco, Inc. v. Pennzoil Co., 729 S.W.2d 768 (Tex. App. 1987)] no Capítulo 4 da Parte I, e no Brasil o famoso caso envolvendo o cantor Zeca Pagodinho e as cervejarias Schincariol e AmBev.

Relembrando o episódio brasileiro, Zeca Pagodinho contratou com a agência de publicidade Fischer América para ser "garoto propaganda" de comercial da cerveja Nova Schin na televisão. Porém, Zeca foi aliciado pela agência África, que fazia a campanha publicitária da cerveja Brahma (AmBev).

Zeca Pagodinho fez comerciais para a Brahma semanas após aparecer na TV fazendo a propagando da Nova Schin. Além da violação de cláusula contratual de exclusividade e fidelidade Zeca também agiu de maneira considerada antiética e a Nova Schin entendeu que haveria repercussão jurídica por violação, também, da função social do contrato.

O Tribunal de Justiça do Estado São Paulo proferiu acórdão favorável à pretensão da Nova Schin/Agência Fischer de ser indenizada pela AmBev/ Agência África pelos danos sofridos em razão da ruptura do contrato. Foi o reconhecimento da ilicitude da interferência do terceiro no contrato.[386]

O caso foi levado ao Superior Tribunal de Justiça, que acolheu a tese da parte prejudicada pelo aliciamento do terceiro, de modo a responsabilizar este pelos danos sofridos pela outra.[387]

4.2.2. Indução interferente ilícita

Nesse caso não há um contrato celebrado ou a ser celebrado entre o terceiro e o devedor de outro negócio. Aqui, o terceiro se utiliza de conselhos, recomendações ou informações para estimular que o devedor não cumpra seus deveres e se desvincule do contrato.

É preciso ter certo cuidado para não querer caracterizar qualquer atuação do terceiro nesse sentido como ilícita, afinal, a todos é lícito emitir opiniões e alertar possíveis riscos ou desvios,[388] ou seja, "o facto de se emitir uma mera declaração verdadeira sobre factos existentes não acarreta

---

[386] TJSP, Apelação Cível nº 9112793-79.2007.8.26.0000, 5ª. Câmara de Direito Privado, Rel. Des. Mônaco da Silva, j. em 12/06/2013.

[387] STJ, REsp. nº 1.316.149, 3ª Turma, Rel. Min. Paulo de Tarso Sanseverino, j. em 03/06/2014.

[388] VIRASSAMY, Georges. Conaissance et Opposabilité. In: FONTAINE, Marcel; GHESTIN, Jacques (direction). *Les effets du contrat à l'égard des tiers* – comparaisons franco-belges. Paris: LGDJ, 1992, pp. 134-136.

qualquer tipo de responsabilidade, tenha sido ou não a informação pedida e ainda que resulte num efeito persuasivo para o incumprimento".[389]

Por exemplo, o Código Civil português estabelece critérios de quando os conselhos são lícitos em seu art. 485º:

> "Artigo 485º. Conselhos, recomendações ou informações:
> 1 – Os simples conselhos, recomendações ou informações não responsabilizam quem os dá, ainda que haja negligência da sua parte.
> 2 – A obrigação de indemnizar existe, porém, quando se tenha assumido a responsabilidade pelos danos, quando havia o dever jurídico de dar conselho, recomendação ou informação e se tenha procedido com negligência ou intenção de prejudicar, ou quando o procedimento do agente constitua facto punível".

Ernest Freund entende que o terceiro pode ingerir com conselhos negativamente interferentes em um contrato nas hipóteses de obrigação social ou moral, por uma relação de amizade, ou ainda de obrigações negociais em que o terceiro assume esse compromisso.[390] Aliás, parece que o terceiro *deve* dar conselhos quando verificar que um contrato não encontra amparo legal ou moral, isto é, descumpre a função social.

Então, o critério para configurar indução interferente é o das opiniões dadas maliciosamente, de má-fé, inverídicas, exageradas, cujo propósito implícito e presumido seja o de prejudicar o credor.

Sendo assim, pode-se determinar como indução interferente ilícita aquela recomendação dada pelo terceiro que:

- Não foi solicitada;
- Não cabia ao terceiro proferir;
- Não é verdadeira;
- Foi dada com adjetivos inverídicos (exageros);
- Extrapola os limites das informações solicitadas; e
- Ausência de "*honest*", figura de *common law* que corresponde à boa-fé objetiva.

---

[389] TERRINHA, Luís Heleno. Pressupostos da Responsabilidade Civil Extracontratual do Terceiro Interferente..., ob. cit., 2011.

[390] FREUND, Ernst. Malice and Unlawful Interference. In: *Harvard Law Review*. Vol. XI. 1897-1898, pp. 463-464.

Verificadas essas características no conselho interferente dado pelo terceiro, este carece de justificativa e legitimidade para emiti-lo. Se tal recomendação induz o devedor à quebra do contrato, o terceiro deve ser responsabilizado.

Luís Heleno Terrinha entende que a interferência por indução, mesmo que baseada em falsas informações, não pode caracterizar ato ilícito do terceiro, de modo que não haveria aí sua responsabilidade:[391]

> "O Código Civil Português tem o art. 485º que lida especialmente com a responsabilidade extracontratual por 'conselhos, recomendações ou informações'. Aí se estabelece, no nº 1, que 'os simples conselhos, recomendações ou informações não responsabilizam quem os dá, ainda que haja negligência'. É o reconhecimento legal de que, na generalidade destas situações, não assistimos ao cumprimento de uma obrigação, nem se verifica da parte de quem fornece tais conselhos, recomendações ou informações o desejo de assumir responsabilidade pelas suas consequências. Depois, movemo-nos, igualmente, num terreno onde avulta a liberdade de actuação na sua manifestação de liberdade de expressão. É por isto, e pela base legal do art. 485º, que tendemos a recusar que possa ser assacada ao terceiro qualquer responsabilidade por um incumprimento contratual do devedor com fundamento em que deu um conselho, recomendação ou informação àquele e que o levou à ruptura do contrato. E esta posição vale mesmo para casos em que o conselho, informação ou recomendação fossem falsos e tenham sido dados dolosamente ou de má fé com o intuito de terem como resultado o incumprimento pelo devedor (desde que, claro, não se verifique nenhuma das previsões do nº 2 do art. 485º). Defendemos tal perspectiva, essencialmente, baseados em três razões: a primeira, como referimos, porque nos parece obstar àquela responsabilidade o art. 485, nº 1 quando consagra a irresponsabilidade por esses conselhos; a segunda, porque a teleologia do art. 485º faz concluir que é a própria lei a entender que o nexo de causalidade entre o incumprimento pelo devedor e o conselho dado pelo terceiro é bastante fraco e vacilante, para não dizer mesmo, como nos parece, que é inexistente; a terceira, porque preferimos dar primazia à liberdade de expressão e à irrestrição legal de emitir opiniões, ainda que dadas de má fé e com dolo de atingir o crédito, não optando por fazer ceder estes valores à responsabilidade civil do terceiro interferente, colocando antes na

---

[391] TERRINHA, Luís Heleno. Pressupostos da Responsabilidade Civil Extracontratual do Terceiro Interferente..., ob. cit., 2011.

esfera do devedor toda a responsabilidade (necessariamente contratual) pelo incumprimento e consequente indemnização ao credor".

Contudo, pelo menos de acordo com o Direito brasileiro, seria possível responsabilizar o terceiro sim, afinal, todos devem agir com boa-fé e uma malícia não pode escusar ninguém de sua punição, em razão do princípio do sinalágma, pelo qual *"turpitudinem suam allegans non auditur"* (ou *"equity must come with clean hands"*). Ou seja, a ninguém é lícito se beneficiar da própria torpeza.

Um exemplo de quando essa situação acontece é na falta de lealdade entre partes que foram contratantes, que configure culpa *post factum finitum*, ou a responsabilidade pós-contratual.[392]

Pense no caso de um terceiro que estimula um prestador de serviço a divulgar segredo de interesse da outra parte. Nesse caso, dois dispositivos legais do contrato de prestação de serviço preveem a responsabilidade do terceiro que age dessa maneira.

O primeiro deles é o art. 608: "Art. 608. Aquele que aliciar pessoas obrigadas em contrato escrito a prestar serviço a outrem pagará a este a importância que ao prestador de serviço, pelo ajuste desfeito, houvesse de caber durante dois anos". O terceiro que estimular o rompimento do contrato de prestação de serviço deverá indenizar o servido pelo trabalho, pagando a este o equivalente a 2 anos da remuneração.

O segundo é o art. 605: "Art. 605. Nem aquele a quem os serviços são prestados, poderá transferir a outrem o direito aos serviços ajustados, nem o prestador de serviços, sem aprazimento da outra parte, dar substituto que os preste". Ele estipula a intransferibilidade do contrato. O serviço a ser prestado não pode ser transferido a outrem, quer dizer, só pode ser executado em favor da parte contratante. Há uma proibição de subcontratar, pois o prestador de serviço não pode delegar seu trabalho a outrem, exceto se autorizado pela outra parte.

Essas regras objetivam proteger os segredos técnicos das partes de terceiros.

---

[392] DONNINI, Rogerio Ferraz. *Responsabilidade civil pós-contratual.* 3ª ed. São Paulo: Saraiva, 2011, pp. 101 e segs.: "Na culpa *post factum finitum*, as cláusulas abusivas de um contrato, que continuem a produzir efeitos mesmo após sua extinção com o cumprimento do acordado ferem o princípio da função social do contrato e podem com base na clausula geral da boa-fé gerar responsabilidade à parte que beneficiou-se injustamente".

Outros dispositivos legais que tratam da inviolabilidade do segredo perante terceiros se encontram na Lei nº 9.472/97, que dispõe sobre a organização dos serviços de telecomunicações, a criação e funcionamento de órgão regulador e outros aspectos institucionais, nos termos da Emenda Constitucional nº 08/95. Ali se destacam o inciso V do art. 3º, o § 1º do art. 21 e o *caput* do art. 39.

Nessas interferências pode haver o interesse do terceiro em atingir o diferencial competitivo de uma das partes, e a proteção do segredo é inerente à fidelidade que deve existir entre os contratantes. Nesse sentido, pense em um profissional liberal que tem o dever de guardar sigilo de informações de um cliente e acaba por divulgá-los pela curiosidade ou malícia de terceiro (exemplos: médicos, advogados, sacerdotes e psicólogos).

Contudo, certamente os casos de dolo de terceiro (art. 148), coação de terceiro (arts. 154 e 155) e dolo-mandato (art. 667) são os exemplos mais típicos de indução interferente ilícita.

4.2.3. Recusa em contratar ou cumprir a prestação

Acontece naquelas situações em que para adimplir um contrato com outra pessoa, o contratante precisa celebrar outro negócio com um terceiro. Este, então, sabendo da necessidade, se recusa ao contrato, o que acaba por prejudicar o primeiro negócio.

Trata-se de um caso muito específico e sutil, além de complexo, afinal, ninguém pode ser obrigado a contratar, pois se assim o fosse não haveria *liberdade*. Então, quando se configura essa situação? Quando estiverem presentes os seguintes requisitos cumulativos:

- O contrato entre devedor e terceiro é *condição* resolutiva ou suspensiva para a eficácia do contrato entre o devedor e o credor;
- O terceiro já havia sinalizado que contrataria, ou seja, havia pactuado um contrato preliminar assumindo o compromisso de celebrar o contrato definitivo;
- O terceiro havia criado nas partes uma legítima expectativa, por meio de promessa ou proposta, de que celebraria o contrato com o devedor;
- A recusa do terceiro em contratar é sem justa causa.

Por exemplo: "A" e "B" firmaram contrato de promessa de compra e venda de um imóvel que serve de estabelecimento empresarial. "A" é o promitente-vendedor e "B" é o promitente-comprador. Paralelamente a esse negócio, "B" havia celebrado outro contrato preliminar com "C", pelo qual havia assumido a promessa de locação do imóvel para que "C" pudesse exercer sua atividade comercial no estabelecimento. "A" toma conhecimento dessa promessa de locação entre "B" e "C" e se recusa a outorgar a escritura pública definitiva de compra e venda por pura cisma e pinima com "C". Nesse caso, a recusa de "A" em contratar apresenta-se como abusiva e caracteriza um mero capricho. Aliás, a razão de tal arrependimento tem o intuito de prejudicar o contrato entre "B" e "C".

Aqui, a responsabilidade de "A" leva em consideração duas circunstâncias:

1. *Promessa de compra e venda entre "A" e "B" com cláusula de arrependimento:* nesse caso, é claro que caberá a adjudicação compulsória dos arts. 1.417 e 1.418, mas o atraso na transferência de propriedade deverá ser indenizado por "A" se resultar prejuízos patrimoniais para "B" e "C". Pense, por exemplo, que "C" poderá perder seu fundo de comércio e "B" ter lucros cessantes; ou

2. *Promessa de compra e venda entre "A" e "B" sem cláusula de arrependimento:* aqui a recusa pelo exercício do direito de arrependimento pode ser considerada abusiva, já que não possuiria justa causa e tem como único efeito o prejuízo de "B" e "C". Para essa constatação basta questionar-se: qual o interesse de "C" no arrependimento? Qual seu ganho patrimonial? Acaso ele recebeu melhor proposta de outro terceiro, ou seja, um "quarto"?

Outra hipótese é quando uma casa de shows contrata um artista famoso para uma apresentação. A casa de show vende os ingressos para o público. Porém, na data da apresentação, o artista não aparece (inadimplemento perante a casa de shows), provocando de maneira inevitável o inadimplemento da contratante perante o público. Nesse caso, não há justa causa para o inadimplemento do artista.

Um último exemplo é quando "A" e "B" têm entre si um contrato, sendo "A" devedor de "B". Por outro lado, "B" é devedor de "C" em outro contrato, e depende do recebimento do crédito vindo de "A" para saldar sua dívida com "C". Então, "A" se torna inadimplente perante "B" para prejudicar o pagamento a "C". Não se pode negar que "C" desfuncionalizou o contrato entre "A" e "B", sendo, portanto, responsável. Mas, deve-se convir que a prova dessa intenção é *probatio diabolica*, o que prejudica qualquer tutela judicial perante o terceiro.

No caso do Direito brasileiro, na disciplina jurídica da *assunção de dívida*, o legislador fez previsão de que o terceiro que se torna devedor, sendo insolvente, não exime o devedor primitivo de cumprir a prestação, conforme se verifica no caput do art. 299:

> "Art. 299. É facultado a terceiro assumir a obrigação do devedor, com o consentimento expresso do credor, ficando exonerado o devedor primitivo, salvo se aquele, ao tempo da assunção, era insolvente e o credor o ignorava.
>
> Parágrafo único. Qualquer das partes pode assinar prazo ao credor para que consinta na assunção da dívida, interpretando-se o seu silêncio como recusa".

Sabe-se que a assunção de dívida é a modificação subjetiva no polo passivo, por meio da transferência da dívida por parte do devedor originário a um terceiro, o *assuntor*. Para a validade do negócio de transmissão é necessária a aceitação expressa do credor, e não apenas sua ciência, como ocorre em relação ao devedor na cessão de crédito. Com a assunção do terceiro, a obrigação fica resolvida para o devedor originário (primitivo). Mas, se o assuntor for insolvente desde a época do perfazimento da assunção, e o credor não teve condições de conhecer essa situação do terceiro, o devedor originário responderá pelo débito perante o credor.

O consentimento do credor deve ser dado por escrito, a pedido do devedor ou do terceiro. O silêncio do credor, ou seja, o fato de não se manifestar dentro de um prazo estabelecido pelo devedor ou pelo assuntor, é interpretado como consentimento tácito. Caso não se dê prazo ao credor para se manifestar sobre o consentimento ou não da assunção, pode-se aplicar o disposto no art. 428, II, pelo qual se toma como referência um prazo razoável para tal manifestação. Não é conveniente aplicar o prazo de 30 dias do art. 303, apesar das semelhanças, porque esse prazo pode não ser razoável, seja porque parco ou extenso. A razoabilidade do prazo é analisada pelo juiz em sede de possível ação proposta por qualquer dos interessados, podendo interferir na validade do negócio de assunção.

Exemplo que envolve esse dispositivo legal se encontra no AgRg no Ag. nº 1.290.626/TO que tramitou no STJ. Esse Tribunal analisou Acórdão de Apelação Cível do Tribunal de Justiça do Estado de Tocantins. Nesse caso, o devedor deu ao credor cheque de terceiro. O assuntor fraudou o valor do cheque, prejudicando o pagamento do crédito ao credor. O fato de o credor ter tomado o cheque não foi considerado pelo tribunal *a quo* como aceitação da assunção de dívida. Além disso, embora o devedor não tivesse participado da fraude do cheque, foi considerado responsável pelos atos do assuntor: [a fraude no documento não foi efetuada pelo devedor, mas sim pelo terceiro] "isso não tem o condão de eximi-lo da responsabilidade pelo cumprimento da obrigação cartularizada, a qual, como demonstrado, restou inadimplida. Se, por liberalidade, o embargado aceitou receber seu crédito de um terceiro, isso, de per si, não tem o efeito de liberar o embargante, uma vez que a obrigação possui natureza cambial".[393]

Geneviève Viney é contra a responsabilidade do terceiro no caso dessa omissão, pois entende tratar-se de severa exigência ao terceiro, quer dizer, exige-se demais desse sujeito, a ponto de obrigá-lo a um acordo. Por isso, esse caso somente configura ato ilícito quando o terceiro cria nos contratantes legítimas expectativas de que colaborará na eficácia do vínculo. Trata-se, em realidade, da preservação da segurança.[394]

4.2.4. Atuação sobre a pessoa do devedor ou sobre o objeto da prestação

Segundo Luís Heleno Terrinha, é a situação em que o terceiro atua com alguma força material sobre a pessoa da parte de um contrato ou sobre o objeto da prestação que esse deve ao credor.[395] Para o autor, essa hipótese de responsabilidade é plenamente plausível:

> "Concordamos, em geral, com esta responsabilidade do terceiro perante o credor, dado a atitude daquele. A única ressalva que se deve fazer é no sentido de que se tem de assegurar, para além do preenchimento dos outros pressupostos da responsabilidade, que o terceiro, na agressão à pessoa do devedor, destruição da coisa que constituía objecto do contrato entre devedor e credor ou noutro acto material que teve como efeito impedir o devedor de realizar a prestação, agiu, efectiva e provadamente, para impedir essa mesma prestação e com a evidente intenção de lesar o credor e de conseguir que o seu interesse contratual não fosse satisfeito".

---

[393] STJ, AgRg no Ag. nº 1.290.626/TO, Terceira Turma, Rel. Min. Luis Felipe Salomão, j. em 24/05/2011.
[394] VINEY, Geneviève, *Introduction à la responsabilité*. 3ª ed. Paris: LGDJ, 2008, p. 582.
[395] TERRINHA, Luís Heleno. Pressupostos da Responsabilidade Civil Extracontratual do Terceiro Interferente..., ob. cit., 2011.

Seria o caso em que o terceiro exerce coação física ou moral sobre o devedor, ou então destrói o objeto da prestação.

Porém, William Schofield entende que é obrigatória a intenção dolosa ou quase-dolosa do terceiro.[396] E observe, por fim, que nessa hipótese dispensa-se o conluio do devedor, embora possa existir, por exemplo, no caso de destruição de um objeto infungível.

4.2.5. Interferência nas negociações preliminares

Trata-se da instigação feita por terceiro para o rompimento das tratativas preliminares entre dois interessados que avançam nas negociações preliminares para fins de conclusão de um contrato. O terceiro induz ou alicia um dos negociantes a romper com o outro, com o único propósito de impedir a celebração do acordo.

Ocorre, por exemplo, naquelas hipóteses em que o terceiro oferece cobrir a proposta de um deles, oferecendo mais vantagens. Essa prática não é ilícita e até normal no mundo dos negócios. O problema é a consequência para o terceiro: ele se beneficia não com o contrato, mas com a frustração do contratante preterido.

O mundo do entretenimento pode oferecer um exemplo elucidativo. Imagine um apresentador de programa de auditório que se encontra em negociações com a emissora de TV "A". Uma outra emissora, "B", dobra a oferta de "A", impedindo que o contrato entre "A" e o artista seja concluído. Contudo, a emissora "B" não produz qualquer programa para o artista condizente com sua fama. É uma prática até comum, chamada no meio artístico e pela imprensa especializada de colocar o artista "na geladeira", para que caia no esquecimento e não ofereça riscos em outra emissora pela disputa da audiência. Observe que, nesse contrato entre "B" e o apresentador, não se objetivava oferecer a este um programa, mas apenas impedir que ele fosse para a emissora "A", o que poderia colocar em risco a audiência da emissora "B". O poder aquisitivo de "B" foi utilizado para aliciar o apresentador e frustrar a expectativa e confiança de "A". O dinheiro compra tudo? Pela audiência vale tudo?

---

[396] SCHOFIELD, William. The principle of Lumley v. Gye, and its application. In: *Harvard Law Review*. Vol. 2, 1888, p. 24.

Deve-se deixar claro que essa hipótese enseja a responsabilidade do terceiro na potencialidade de um contrato que está para surgir das negociações preliminares. É por isso que John Danforth entende que o *tortious*, isto é, o ilícito típico do terceiro, nesse caso, dependerá da demonstração da probabilidade do ganho futuro que o negociante preterido perdeu, pois, a princípios, entende o autor que não há que se falar de responsabilidade do terceiro quando não há contrato a tutelar.[397]

4.3. O *tortious interference* e a função social do contrato

Vigora na tradição de *Common Law*, desde o século XIX, um dever de indenizar prejuízos (*loss of service*) atribuído ao terceiro que impede o adimplemento de um contrato. A figura do *inducing breach of contract* ou *tortious interference with contract* corresponde a um *tort*, isto é, *algo errado*, o equivalente ao *ato ilícito*. Fala-se, assim, de uma interferência ilícita do terceiro sobre um contrato, o *tortious interference*, que é um antecedente – ou influência – para a *teoria do terceiro cúmplice do inadimplemento*.

Antes, porém, é necessário apresentar, aqui, as diferenças conceituais no *Common Law* entre *contract* e *agreement*, isso porque naquelas famílias de Direito o termo "*contract*" não tem o mesmo significado de "contrato" no *Civil Law*. Veja como é possível comparar:[398]

---

[397] DANFORTH, John. Tortious interference with contract: a reassertion of society's interest in commercial stability and contractual integrity. In: *Columbia Law Review*. Nº 7, 1981, p. 1.507. Por outro lado, SAYRE, Francis Bowes. Inducing breach of contract. In: *Harvard Law Review*. Vol. XXVI, 1922-1923, p. 700.

[398] BLUM, Brian A. *Contracts* – Examples & Explanations. New York: Aspen Publishers, 2004; e KOFFMAN, L. & MACDONALD, E. *The Law of Contract*. Surrey, GB: Tolley Publishing Company, 1998. Ver também: FONSECA, Luciana Carvalho. A diferença entre contrato, contract e agreement. Disponível em: http://www.migalhas.com.br/LawEnglish/74,MI68214,91041-diferenca+entre+contrato+contract+agreement.

Termo	Common Law	Civil Law
"Contract"	É um termo mais genérico. Fundamenta-se na *"Exchange"*, quer dizer, troca de valores. Pode-se dizer que corresponderia, por aqui, no contrato visto como *operação econômica*, como troca de valores, como instrumento de circulação de riquezas, naquela famosa acepção dada por Enzo Roppo.[3] Trata-se, portanto, de um instituto jurídico ou de uma instituição social. Ainda conforme Enzo Roppo, seria a "veste jurídica" da operação econômica. Portanto, no Common Law, é a disciplina legal de uma troca de valores ou *exchange*.	O termo *"contrato"* tanto significa um instituto jurídico como uma relação obrigacional. É um negócio jurídico, isto é, acordo de vontades entre sujeitos de direitos que objetivam a transmissão de riquezas (bens e serviços) de forma gratuita ou onerosa. É a operação econômica, tanto em sentido estrito (troca de valores), quanto lato (instituto jurídico).
"Agreement"	Esse termo sim representa o significado de contrato como *obrigação*, como conjunto de prestações estabelecidas pelas partes em negociações e que devem ser executadas por elas.	Parece que o termo corresponde ao *acordo de vontades*, quer dizer, a conclusão do contrato, que se caracteriza pelo encontro entre as manifestações de vontade livres e desembaraçadas dos sujeitos contratantes. Portanto, por aqui, o *"agreement"* corresponde ao *essentialia negotii* que se encontra na própria definição de contrato.

399

As origens da ideia de responsabilizar terceiro por condutas lesivas a um contrato vêm da tradição de *Common Law*, segundo aponta Deepa Varadarajan.[400],[401]

Aqui no Brasil, foi possível "importar" o instituto a partir do dever atribuído à sociedade de não interferir na relação contratual, originado da função social do contrato (art. 421). Daí a importância do *tortious interference* para a eficácia da sociabilidade no Brasil. Daí sua importância para a análise da cláusula geral ali contida.

---

[399] ROPPO, Enzo. *O contrato*. Tradução de Ana Coimbra e M. Januário C. Gomes. Coimbra: Almedina, 1988, pp. 10 e segs.

[400] VARADARAJAN, Deepa. Tortious Interference and the Law of Contract: The Case for Specific Performance Revisited. In: *Yale Law Journal*. Vol. 113. Nov/Dez 2001, pp. 735-760.

[401] Ver também MATIAS, João Luis Nogueira; ROCHA, Afonso de Paula Pinheiro. A função social do contrato, a quebra eficiente e o terceiro ofensor, ob. cit., pp. 4.492-4.512.

Segundo Bianca Gardella Tedeschi, o *leading case "Lumney v. Gye"*, de 1853, constitui o precedente histórico desse sistema de responsabilidade extracontratual.[402]

O caso aconteceu na Inglaterra. A cantora Iohanna Wagner havia contratado com Benjamin Lumley a exclusividade de se apresentar no Her Majesty's Theatre por três meses. Frederick Gye, do Covent Garden Theatre, induziu Iohanna a romper o contrato, prometendo pagar um valor além do ajustado com Lumney. Embora tenha sido expedida uma liminar impedir Iohanna de cantar no Covent Garden {*[1852] EWHC (Ch) J96*}, Gye convenceu-a a ignorar a ordem judicial. Lumley, então, decidiu processar Gye por danos em relação à receita que havia perdido. O caso foi submetido à Corte da Inglaterra e do País de Gales [*England and Wales High Court (Queen's Bench Division)*] para apreciação. Em seu voto, Lord Campbell consignou o que acabou sendo acatado pela Corte:[403]

"I conclude then that this action cannot be maintained, because: 1st. Merely to induce or procure a free contracting party to break his covenant, whether done maliciously or not, to the damage of another, for the reasons I have stated, is not actionable; 2d. That the law with regard to seduction of servants from their 'masters' employ, in breach of their contract, is an exception, the origin of which is known, and that that exception does not reach the case of a theatrical performer. I know not whether it may be objected that this judgment is conceived in a narrow spirit, and tends unnecessarily to restrain the remedial powers of the law. In my opinion it is not open to this objection. It seems to me wiser to ascertain the powers of the instrument with which you work, and employ it only on subjects to which they are equal and suited; and that, if you go beyond this, you strain and weaken it, and attain but imperfect and unsatisfactory, often only unjust, results. But, whether this be so or not, we are limited by the principles and analogies which we find laid down for us, and are to declare, not to make, the rule of law. I think, therefore, with the greatest and most real deference for the opinions of my Brethren, and with all the doubt as to the correctness of my own which those opinions, added to the novelty and difficulty of the case itself, cannot but occasion, that our

---

[402] TEDESCHI, Bianca Gardella. *L'interferenza del terzo nei rapporti contrattuali. Un'indagine comparatistica*. Milano: Giuffrè, 2008, pp. 10-11.

[403] *Lumley v Gye* [1853] EWHC QB J73. *England and Wales High Court (Queen's Bench Division)*. Disponível em: http://www.bailii.org/ew/cases/EWHC/QB/1853/J73.html.

judgment ought to be for the defendant: though it must be pronounced for the plaintiff. Judgment for plaintiff. The defendant had obtained leave to plead, as well as demur. Creasy, on a subsequent day (June 6th), moved, on behalf of the defendant, for a rule to shew cause why the trial of the issues in fact should not be postponed till the issue in law was finally disposed of in a Court of. Error. He referred to stat, 15 & 16 Vict. c. 76, s. 80. [Lord Campbell C. J. The meaning of sect. 80 is that it shall be in the discretion of the Court to direct which issue shall be first disposed of in that Court. The issue in law has been, as far as this Court is concerned, finally disposed of by the judgment on the demurrer. Crompton J. Sect. 80 was framed to meet a point which might have been raised on the practice, when there were issues of law and fact, to leave to the plaintiff to determine which should be disposed of first. There is a note on that subject in Williams's Saunders. But it would be very strong if we were to construe the words in sect. 80 so as to give a writ of error before the whole of the issues were finally disposed of in this Court. Per Curiam. There will be no rule. Rule refused".

Nessa decisão, a Corte considerou o caso um delito econômico (*economic tort*), considerando que uma pessoa pode pedir uma indenização de um terceiro que tenha interferido na execução de um contrato com outro.

O julgado declarou que Lumley poderia exigir uma indenização de Gye. Embora não existisse lei geral fixando dever ao terceiro, nada impediria uma ação nesse sentido, afinal não é correto seduzir injusta e maliciosamente uma pessoa a quebrar seu contrato com outra. A decisão foi fundamentada em princípios gerais do direito. A quebra do contrato foi considerada como uma intenção maliciosa de causar grande e imediata lesão a Lumney: seria perigoso aceitar que alguém convença um terceiro para quebrar um contrato. Ao menos que algum limite poderia ser salientado.

Desde então a teoria se desenvolveu e se expandiu para o Direito norte-americano e canadense, e hodiernamente chega a países da tradição de *Civil Law*.[404] No primeiro, especialmente, ganhou corpo para fins de desenvolver regras e limitações éticas para o mercado e para os negócios. Con-

---

[404] Por exemplo, BRIESKORN, Konstanze. *Vertragshaftung und responsabilité contractuelle:* ein Vergleich zwischen deutschem und französischem Recht mit Blick auf das Vertragsrecht in Europa. Berlin: Mohr Siebeck, 2010, pp. 19 e segs., explica que os direitos europeus, especialmente o francês e o alemão, têm apresentado constante preocupação com a responsabilidade contratual, a ponto de ensejar recentes e importantes reformas. Para ele,

forme destacam João Luis Nogueira Matias e Afonso de Paula Pinheiro Rocha, "Esta noção de que existe um ilícito civil, um errado (*tort*), em interferir com um uma relação contratual alheia, punível em valores adicionais aos da mera compensação pela quebra do contrato, ressalta de forma clara a existência de um interesse social em preservar a tranquilidade e a estabilidade das relações contratuais".[405]

Francis Bowes Sayre e Deepa Varadarajan identificam duas figuras de terceiros nesses casos:[406],[407]

- *O terceiro que induz diretamente o inadimplemento:* ocorre quando o terceiro induz o incumprimento conscientemente, quando procurado (*procures*) por uma das partes. Nesse caso ele obtém ganhos que deseja. Segundo Luis Heleno Terrinha, haverá o "roubo de vantagens prometidas", caracterizado por algum lucro ou vantagem comercial que possa vir a ter. Trata-se da *"interference with contracts"*; e
- *O terceiro que indireta ou incidentalmente causa o inadimplemento:* o terceiro não visa a resultados que possam fazê-lo obter vantagens de

---

a responsabilidade contratual se tornou o foco do direito europeu dos contratos. E nesse contexto ganha corpo o papel da indenização no âmbito dessa disciplina jurídica.

[405] MATIAS, João Luis Nogueira; ROCHA, Afonso de Paula Pinheiro. A função social do contrato, a quebra eficiente e o terceiro ofensor. In: *Reconstrução da Dogmática do Direito Privado*. Anais do XV Congresso Nacional do CONPEDI/UEA – Manaus. Florianópolis: Boiteaux, 2006, p. 4.053.

[406] SAYRE, Francis Bowes. Inducing breach of contract. In: *Harvard Law Review*. Vol. XXVI, 1922-1923, p. 678. Comentando esse ponto de vista de Sayre, TERRINHA, Luís Heleno. Pressupostos da Responsabilidade Civil Extracontratual do Terceiro Interferente..., ob. cit., diz que "[...] esta distinção desenha-se num plano mental ou subjectivo, embora, pelo menos a nós, não nos pareça demasiado subjectivista e até recolha alguma simpatia (que explicaremos quando tomarmos posição). O fundamento que o autor aponta para que se efectue a distinção que elabora prende-se com a racionalidade através da qual entende a própria responsabilidade civil do terceiro interferente: para Sayre 'a ratio da lei' é a de 'evitar o roubo de vantagens prometidas' (aliás, lembre-se como aquando de considerações acerca do direito subjectivo de crédito se falava deste como estabelecendo um domínio reservado do credor), pelo que, então, só fará sentido reprovar o terceiro se ele actua com a vontade de, no fundo, destituir o credor da vantagem que lhe estava contratualmente destinada, para que ele próprio (terceiro) veja entrar na sua esfera jurídica qualquer tipo de benefício cuja aquisição se mostra incompatível com a manutenção do direito do credor. Só assim poderemos dizer que o 'objecto' da actuação do terceiro é o mesmo ou é semelhante ao 'objecto' da conduta do credor quando celebrou o contrato, correspondendo o comportamento do terceiro a uma 'intenção consciente de apropriação para si próprio daquilo que por lei pertence a outrem'".

[407] VARADARAJAN, Deepa. Tortious Interference and the Law of Contract..., ob. cit., p. 740.

forma direta, mas conscientemente induz à desvinculação. Essa conduta caracteriza a *"interference with prospective bussines"*.

Veja que aí se verificam duas maneiras de agir do terceiro.

A ação do terceiro interferente constitui um *tortious*, isto é, um *ato ilícito*. Conforme explica João Luis Nogueira Matias e Afonso de Paula Pinheiro Rocha, a preocupação do Direito Norte-americano, por exemplo, é proporcionar um *"fair play"* no mercado contratual, condenando os sujeitos que ajam de maneira desleal. Nesse sentido, a jurisprudência daquele país desenvolveu um teste aplicado a casos concretos que determina: 1) a deslealdade; 2) a desconformidade com o direito; e a 3) o prejuízo às relações jurídicas de outrem. O referido teste é o *"Unlawful Means Test"*[408], ou *"teste de meios ilícitos"*, em tradução livre.

Segundo Donald C. Dowling Jr., esse teste foi desenvolvido por Harvey Perlman[409] e está enraizado em um raciocínio economicamente viável[410]:

"An article by Professor Harvey Perlman man, which is a leading economic discussion of the interference torts, proposes that these two actions be limited by a standard called the 'unlawful means test.' Following is an explanation of this test, and a proposed expansion of it, based on the notion that the interference torts are conceptually distinct, and that interference with business relations, the more historically and economically sound action, deserves stronger protection under any proposed limit on the torts. Professor Perlman's unlawful means test attempts to replace the less definite *Lumley v. Gye* malice standard as a limit on the interference torts. The test is rooted in an economically sound rationale, but its application to interference with contract is overbroad because it allows a plaintiff a remedy that is superfluous to his already existing action in contract. The test, in a limited degree, exists in some jurisdictions already. It divides interference cases into two categories-those in which the defendant's interference was otherwise lawful, and those in which the defendant's act itself was independently wrongful. The test in general pro-

---

[408] MATIAS, João Luis Nogueira; ROCHA, Afonso de Paula Pinheiro. A função social do contrato, a quebra eficiente e o terceiro ofensor, ob. cit., p. 4.503.

[409] Perlman, Harvey. Interference with Contract and Other Economic Expectancies: A Clash of Tort and Contract Doctrine. In: *University of Chicago Law Review*. Vol. 49, 1980, pp. 61-62.

[410] DOWLING JR., Donald C. A Contract Theory for a Complex Tort: Limiting Interference with Contract Beyond the Unlawful Means Test. In: University of Miami Law Review. Vol. 40. University of Miami, 1986, pp. 510-511.

poses that if the defendant could be liable for a fully independent tort, such as fraud, libel, or an antitrust violation, the law should encourage the plaintiff to take the direct route and sue under that tort. Because most other torts do not traditionally deal with purely economic damages, the unlawful means test recognizes that some situations may more appropriately fit within the interference torts. The structure of the interference actions, also, may provide the plaintiff with a procedural advantage. Although the prima facie cases of many torts would require a plaintiff to show, for example, special damages, under the interference torts once the plaintiff shows the defendant's intent, which usually amounts only to a showing that the defendant acted knowing of the contract or relationship, the burden of explanation more readily shifts to the defendant. This phenomenon remains intact under the unlawful means test. The test requires, however, that a court focus on the question of whether the defendant used economic power in an independently unlawful way to affect an existing contract or business relationship. Because the focus of the tort itself has become the lawfulness of the competition, this eliminates the need for a defendant's privilege of lawful competition".

Segundo Donald C. Dowling Jr., embora aplicável e economicamente racional, ele se torna *inviável* porque diante do contexto do contrato ele acaba sendo superficial. Tal crítica se deve, provavelmente, ao fato de esse teste não levar em consideração as peculiaridades de cada contratação, ou a realidade do caso concreto, o que no sistema de *Common Law* é muito caro à aplicação do Direito.

O teste se divide em duas categorias de casos:

- *1ª. categoria:* quando o réu da ação interferiu no contrato de maneira legal; e
- *2ª. categoria:* quando o réu da ação interferiu no contrato de maneira totalmente errada, ou seja, feriu todas as limitações legais e contratuais.

Em ambas as situações o réu poderá ser responsável por todos os danos causados aos contratantes. Tal responsabilidade é própria, especialmente nos casos de fraude ou violação da lei antitruste.[411]

---

[411] Posteriormente, DOWLING JR., Donald C. A Contract Theory for a Complex Tort..., ob. cit., p. 513, propõe uma expansão do teste de Perlman, para torná-lo mais eficiente: "Professor

Esse teste foi aplicado recentemente pela Suprema Corte do Canadá no caso *A.I. Enterprises Ltd. v. Bram Enterprises Ltd.*:[412]

> "Torts – Intentional torts – Unlawful interference with economic relations – Scope of liability – Minority owner of apartment building and its director interfering with attempts by majority owners to sell building to third parties – Whether minority owner and its director liable in tort for unlawful interference with economic relations. Fiduciary duty – Breach by director – Minority owner of apartment building and its director interfering with attempts by majority owners to sell building to third parties – Whether director liable for breach of fiduciary duty".

O recurso foi julgado improcedente. O Tribunal entendeu tratar-se de um típico delito intencional, que cria um tipo de responsabilidade em uma situação que permite a um autor processar um réu por perdas econômicas resultantes de ato ilícito do requerido contra um terceiro.

Perlman's unlawful means test ignores the fundamental distinction between interference with contract and interference with business relations, which has been the subject of the previous sections of this discussion. Both the historical rise of the torts and their economic basis militate for the argument that society should protect the business relations action and restrict the tort of interference with enforceable contracts. Professor Perlman's unlawful means test ultimately proves inadequate because it does not recognize this distinction. A more comprehensive test would require a two-step analysis. First, discern whether an enforceable contract exists; and second, apply one of two standards-a stricter one for valid contracts and a looser one for business relations. What these two standards should be, specifically is of course a question of the policy of each jurisdiction. One suggestion would be entirely to abolish actions for interference with enforceable contracts, and force plaintiffs to sue third parties under whatever independent tort the plaintiff could prove. If a plaintiff could show no enforceable contract existed, only then he could sue under interference with business relations, as modified by Professor Perlman's unlawful means test. Under this theory, first, the plaintiff would have the burden of proving first that no enforceable contract existed and, second, that the defendant intended to interfere with the plaitiff's relationship. The burden would then shift to the defendant to prove that he did not commit any civil or criminal wrong. A plaintiff suing under interference with business relations who could show both tort and contract damages, and who could show sufficient injury, might then be in a position to recover twice. The second recovery would be justified because existing noninterference law sees the plaintiff as the victim of two separate wrongs".

[412] *A.I. Enterprises Ltd. v. Bram Enterprises Ltd.*, 2014 SCC 12, [2014] 1 S.C.R. 177.

4.4. A teoria do terceiro cúmplice do inadimplemento

Na tradição de *Civil Law*, a doutrina francesa, desde o início o século passado, especialmente a Pierre Hugueney, já defendia a *responsabilidade civil do terceiro cúmplice da violação da obrigação contratual.*[413] Esse autor inicia seu ponto de vista com um questionamento: se um devedor inadimplente é responsável civilmente pela mora, o que aconteceria com o terceiro que instiga ou ajuda o devedor a ser inadimplente?[414]

> "Un débiteur, de mauvaise foi, viole l'obligation qu'il a contractée: ce débiteur assurément est responsable, responsable civilement, si même il ne l'est pas pénalement. Mais imaginons qu'il l'ait violée à l'intigation ou avec l'aide d'un tiers complice, ce tiers complice, à supposer que le fait du débiteur ne constitue pas un délit pénal, pourra-t-il; en as seule qualité de complice de la violation d'une obligation contractuelle, être déclaré lui aussi responsable civilement vis-à-vis du créancier des conséquences de l'inexécution dolosive de l'obligation ?"

A base de sua teoria tem como fundamento teórico o reconhecimento de uma oponibilidade do *droit de créance* (direito de crédito) semelhante à dos direitos reais. Para ele, os direitos de crédito constituem uma categoria intermediária – ou direitos mistos – entre os direitos reais e os direitos pessoais propriamente ditos. Esse conteúdo misto se deve ao fato de os direitos de crédito comportarem *eficácia relativa* ("*relativité*") entre o devedor e o credor, e *eficácia absoluta* ("*opposabilité*") entre as partes da obrigação contratual e terceiros.[415]

O autor reconhece que, àquela época, encontraria resistências da doutrina em considerar seu ponto de vista como possível de consequências jurídicas que possam levar um terceiro a ser responsabilizado. Compreende que muitos poderiam considerar tal responsabilidade como um "*hérésie*", tudo devido ao dogma ainda muito forte da relatividade dos efeitos do contrato. Hodiernamente, contudo, as resistências a essa teoria não mais existem e se reconhece como ato ilícito a interferência de terceiro em uma relação contratual com fins a prejudicá-la.

---

[413] HUGUENEY, Pierre. *Responsabilité civile du tiers complice de la violation d'une obligation contractuelle.* Paris: Arthur Rousseau, 1910.

[414] HUGUENEY, Pierre. *Responsabilité civile du tiers complice...*, ob. cit., p. 01.

[415] HUGUENEY, Pierre. *Responsabilité civile du tiers complice...*, ob. cit., pp. 02-03.

O fundamento dessa teoria é o tradicional princípio da responsabilidade civil, qual seja, o *neminem lædere*. Tanto assim que Alvino Lima, já em 1962, defendia que no Brasil seria possível a responsabilidade daquele estranho à relação contratual com fundamento no art. 159 do Código Civil de 1916, que trazia a definição geral de ato ilícito (correspondente ao art. 186 do CC/2002), e que assim prescrevia:[416]

> "Art. 159. Aquele que, por ação ou omissão voluntária, negligência, ou imprudência, violar direito, ou causar prejuízo a outrem, fica obrigado a reparar o dano.
>
> A verificação da culpa e a avaliação da responsabilidade regulam-se pelo disposto neste Código, arts. 1.521 a 1.532 e 1.542 a 1.553".

(Posteriormente o art. 3º do Decreto do Poder Legislativo nº 3.725/1919 alterou as remissões da 2ª parte do art. 159 para os arts. 1.518 a 1.532 e 1.537 a 1.553).

A diferença entre a proposta de Alvino Lima e a ideia de hoje sobre o terceiro cúmplice é que o autor defendia que a responsabilidade do agente era por fraude, a não a responsabilidade civil tradicional. Nesse caso, a consequência seria a ineficácia do contrato prejudicial entre uma das partes e o terceiro, e não necessariamente a responsabilidade civil do estranho.[417]

Posteriormente, em 1998, Antonio Junqueira de Azevedo publica um parecer no qual também defende a possibilidade do terceiro cúmplice, porém com fundamento na função social da proteção da livre iniciativa privada, prevista na Constituição Federal como fundamento da República no inciso IV do art. 1º, além do art. 170.[418]

Um julgado da Primeira Turma do Superior Tribunal de Justiça de 1993 chama a atenção por tratar de um caso de interferência de terceiro. Embora não haja menção à teoria do cúmplice do inadimplemento, a decisão se fundamenta nas mesmas ideias de proibição de interferência, inclusive produzindo como consequência a ineficácia do segundo contrato (com o terceiro).

---

[416] LIMA, Alvino. A interferência de terceiros na violação do contrato. In: *Revista dos Tribunais*. Vol. 51, nº 315, jan. 1962, pp. 17-19.

[417] LIMA, Alvino. *A fraude no Direito Civil*. São Paulo: Saraiva, 1965, pp. 20 e segs.

[418] AZEVEDO, Antônio Junqueira de. Princípios do novo direito contratual e desregulamentação do mercado – Direito de exclusividade nas relações contratuais de fornecimento – Função social do contrato e responsabilidade aquiliana do terceiro que contribui para inadimplemento contratual. In: *Revista dos Tribunais*. Vol. 750, abr. 1998, p. 115 e segs.

Trata-se de um Recurso Ordinário em Mandado de Segurança, o RMS nº 1.603/TO, que versava sobre contrato administrativo de concessão de serviço público pela Secretaria de Viação e Obras Públicas (SEVOP/TO) do à época recém-criado Estado de Tocantins. A SEVOP/TO concedeu mediante contrato uma autorização a uma empresa para exploração de transporte intermunicipal de passageiros. Essa empresa concessionária (Transbrasiliana Transporte e Turismo Ltda.) foi a impetrante do Mandado de Segurança no Tribunal de Justiça do Estado do Tocantins.[419]

Ocorre que a SEVOP/TO realizou autorizações de modificação de serviços de alguns trechos intermunicipais, a *título precário*, a outra empresa (Linhas Gurupi). Essas autorizações foram feitas sem prévia oitiva da primeira concessionária, ou seja, sem que esta pudesse contraditar e apresentar defesa.

---

[419] STJ, RMS nº 1.603/TO, Primeira Turma, Rel. Min. Demócrito Reinaldo, j. em 03/03/1993. Em semelhante sentido foi o AgRg no AREsp. nº 392.006/PR, Segunda Turma, Rel. Min. Mauro Campbell Marques, j. em 05/11/2013: "PROCESSUAL CIVIL. TRANSPORTE INTERESTADUAL DE PASSAGEIROS. EXPLORAÇÃO DE LINHA RODOVIÁRIA. IRREGULARIDADE. PEDIDO DE ASSISTÊNCIA SIMPLES. ART. 50 DO CPC. INDEFERIMENTO. INTERESSE JURÍDICO NÃO DEMONSTRADO. 1. A pretensão da empresa agravante está fundamentada no no fato de que a empresa TRANSPORTE COLETIVO BRASIL LTDA. estaria operando as mesmas linhas que ela já opera, de forma irregular, prejudicando seus contratos de permissão e provocando desequilíbrio na equação econômico-financeira. 2. A jurisprudência desta Corte Superior de Justiça é no sentido de que para o ingresso de terceiro nos autos como assistente simples é necessária a presença de interesse jurídico, ou seja, a demonstração da existência de relação jurídica integrada pelo assistente que será diretamente atingida pelo provimento jurisdicional, não bastando o mero interesse econômico, moral ou corporativo. 3. O Tribunal a quo, ao decidir acerca da intervenção de terceiro, consignou que eventual interesse financeiro que a parte agravante possa ter no deslinde do feito não se confunde com o interesse jurídico a justificar sua presença como parte no feito. Ora, a falta de demonstração pelo agravante, conforme analisado na origem, do necessário interesse jurídico no resultado da demanda, inviabiliza o seu ingresso no feito como assistente simples. 4. As pretensões de integrar o pólo passivo são motivadas pela concorrência supostamente desleal ocasionada pela atuação da empresa autora em sobreposição às linhas por elas operadas, acarretando suposto desrespeito às permissões que detêm e ao equilíbrio econômico-financeiro dos seus contratos, o que denota a existência de interesse meramente econômico na demanda. Até porque a concessão de direitos de exploração de uma linha de ônibus para uma empresa não afronta direitos de terceiros sobre as mesmas linhas, uma vez que a permissão ou autorização de exploração de linhas de ônibus não confere direito à exclusividade. Precedente: REsp 762.093/RJ, Rel. Ministro LUIZ FUX, PRIMEIRA TURMA, julgado em 20/05/2008, DJe 18/06/2008. 5. Agravo regimental não provido".

A situação envolvia, então, a existência de um primeiro contrato de concessão entre a Transbrasiliana e a SEVOP/TO e um posterior contrato entre esta Secretaria e terceiro, as Linhas Gurupi. Não se menciona no relatório e no voto do Relator se houve aliciamento por parte das Linhas Gurupi. Seja como for, houve uma intervenção que a impetrante Transbrasiliana considerou ilícita, uma vez que o contrato foi assinado regularmente com o órgão público. O TJTO denegou a segurança nos seguintes termos:

"CONTRATO DE CONCESSÃO DE SERVIÇO PÚBLICO – EXCLUSIVIDADE – ALTERAÇÃO DE CLÁUSULA REGULARMENTAR PELA ADMINISTRAÇÃO. ORDEM DENEGADA. A nova ordem econômica elevou a categoria de informações os monopólios, oligopólios ou qualquer outra forma de dominação de mercado ou eliminação de concorrência. Assim, estão vedados acordos, ajustes ou convenções que outros querem a direito de exploração exclusivista do mercado de serviço. As cláusulas impostas pelo regulamento das concessões dos serviços públicos, por serem leis de serviços e não cláusula contratual pode ser modificada alvedrio do poder concedente atendimento às exigências da comunidade".

Em seu voto, o Relator do Recurso Ordinário destacou que o TJTO decidiu com certo rigor, pois embora a nova ordem econômica tenha eliminado a dominação de mercado, deve-se respeitar o direito adquirido. Uma parte do fundamento do voto destaca o seguinte:

"Além do mais, se alteração pudesse haver mesmo através de revisão expressa nas cláusulas contratuais, ela no caso não poderia consistir em mera autorização, a título precário a outra empresa, sem o devido processo licitatório, mesmo para abrir a possibilidade de concorrência àquelas empresas que já vinham realizando os serviços. Mesmo quando o poder concedente, a qualquer tempo retoma o serviço para praticá-lo diretamente, não se exime de indenizar o concessionário, mediante o ressarcimento dos lucros cessantes e danos emergentes, ainda que inexista, quanto a este aspecto, previsão contratual, é que, no contrato de concessão dos serviços, exigem-se regras fixas, impassíveis de modificação, em que prevalece o interesse público. [...]".

Por isso, o Relator entendeu que a concessão não poderia ser transferida a terceiro; deu provimento ao recurso, concedendo a segurança e declarando nulo o segundo contrato, aquele entre a SEVOP/TO e as Linhas

Gurupi. Em votação na Turma, o relatório foi aprovado à unanimidade. A ementa do Acórdão teve a seguinte redação:

"CONSTITUCIONAL. ADMINISTRATIVO. CONTRATO DE CONCESSÃO DE SERVIÇO PÚBLICO. EXCLUSIVIDADE. ALTERAÇÃO UNILATERAL, PELA ADMINISTRAÇÃO, DE CLAUSULA REGULAMENTAR DA CONCESSÃO. IMPOSSIBILIDADE. O CONTRATO DE CONCESSÃO DA ADMINISTRAÇÃO COM TERCEIROS, PARA A REALIZAÇÃO DE SERVIÇO PÚBLICO, CONSTITUI AJUSTE DE DIREITO ADMINISTRATIVO, BILATERAL E ONEROSO, INALTERAVEL, UNILATERALMENTE, ESPECIALMENTE EM RELAÇÃO A CLAUSULAS QUE OCASIONEM MANIFESTO PREJUIZO DO CONCESSIONARIO. A CONCESSÃO DE SERVIÇO PÚBLICO, NOS TERMOS DA LEGISLAÇÃO PERTINENTE, SO E ALTERAVEL, COM DANO AO CONCESSIONARIO, SE OBSERVADO O DEVIDO PROCESSO LEGAL, EM QUE SE ASSEGURE AMPLA DEFESA AO CONTRATANTE PREJUDICADO. E INEFICAZ A ALTERAÇÃO DE CLAUSULAS FINANCEIRAS DO CONTRATO DE CONCESSÃO, COM PREJUIZO PARA A CONCESSIONARIA. SEM QUE AQUELA (ALTERAÇÃO) TENHA SIDO EFETIVADA MEDIANTE PROCEDIMENTO LICITATORIO. A MERA AUTORIZAÇÃO PRECARIA PARA QUE TERCEIRO REALIZE SERVIÇO JA CONCEDIDO, ATRAVES DE CONTRATO, A OUTREM, E DESPIDA DE EFEITOS JURIDICOS, POR AFRONTAR DIREITO ADQUIRIDO, SOB A PROTEÇÃO DE REGRA DA CONSTITUIÇÃO BRASILEIRA. RECURSO PROVIDO. DECISÃO UNANIME".

Embora o terceiro não tenha sido solidariamente responsabilizado pelas perdas e danos, sofreu a consequência da nulidade/ineficácia do seu contrato por causa de uma interferência ilícita. Tal deslinde reforçará o entendimento de que a responsabilidade civil do terceiro é objetiva, pois sequer se averigua sua intenção para que sejam aplicadas a ele as consequências do segundo contrato celebrado, nefasto à parte do primeiro negócio.

A partir desse histórico, consolidado com o tempo e com a inserção do art. 421 do *Codex* de 2002, essa pesquisa não encontrou resistência doutrinária no Brasil à responsabilidade civil do terceiro na tutela externa do crédito. Da revisão bibliográfica pode-se concluir que o propósito do legislador de 2002 foi, a propósito, criar essa possibilidade no sistema jurídico brasileiro. Ao contrário, todos os autores a que se fez menção ao longo desse trabalho são defensores de tal consequência da interferência da ilícita do *penitus estraneus*.

Nesse sentido, a I Jornada de Direito Civil do Conselho da Justiça Federal, que reúne muitos juristas brasileiros, pronunciou o Enunciado nº 21 sobre o art. 421, recomendando que se recomende esse dispositivo legal no sentido de reconhecer a tutela externa do crédito:

> "Enunciado nº 21 – A função social do contrato, prevista no art. 421 do novo Código Civil, constitui cláusula geral a impor a revisão do princípio da relatividade dos efeitos do contrato em relação a terceiros, implicando a tutela externa do crédito".

E o motivo é óbvio: o contrato é um fato social juridicamente tutelado, e ninguém poderá ignorá-lo. A realidade é como defende Rodrigo Reis Mazzei quando defende a mitigação do princípio da relatividade dos efeitos contratuais:[420]

> "Apesar de o terceiro não possuir nenhum direito de crédito nem responsabilidade em razão de um contrato no qual não figura como parte, ele tem o dever de respeitá-lo e não pode agir como se ignorasse sua existência e seus efeitos jurídicos".

Nesse sentido, o Superior Tribunal de Justiça já reconheceu que o *res inter alios acta* não tem mais a força de antes[421]:

> "[...]. PRINCÍPIO DA RELATIVIDADE DOS EFEITOS DO CONTRATO – DOUTRINA DO TERCEIRO CÚMPLICE – TUTELA EXTERNA DO CRÉDITO. O tradicional princípio da relatividade dos efeitos do contrato (*res inter alios acta*), que figurou por séculos como um dos primados clássicos do Direito das Obrigações, merece hoje ser mitigado por meio da admissão de que os negócios entre as partes eventualmente podem interferir na esfera jurídica de terceiros – de modo positivo ou negativo –, bem assim, tem aptidão para dilatar sua eficácia e atingir pessoas alheias à relação *inter partes*. As mitigações ocorrem por meio de figuras como a doutrina do terceiro cúm-

---

[420] MAZZEI, Rodrigo Reis. Princípio da relatividade dos efeitos contratuais e suas mitigações. In: LIMA NETO, Francisco *et alli* (Orgs). *Estudos em homenagem aos 80 anos do curso de Direito da Universidade Federal do Espírito Santo*. Rio de Janeiro: Lumen Juris, 2001, p. 816.

[421] STJ, REsp. nº 468.062/CE, 2ª. Turma, Rel. Min. Humberto Martins, j. em 11/11/2008.

plice e a proteção do terceiro em face de contratos que lhes são prejudiciais, ou mediante a tutela externa do crédito. Em todos os casos, sobressaem a boa-fé objetiva e a função social do contrato. [...]".

Isso significa dizer que a *responsabilité civile du tiers complice* frutificou e hoje é pacífica, confirmando os valores de um novo paradigma de contrato: o exercício da autonomia contratual com caráter *sociabilista*, incorporando como *razão prática* a confiança e o desenvolvimento social na conduta daqueles que exercem sua liberdade.

Essa responsabilidade do terceiro será solidária, por determinação do *caput* art. 942 do Código Civil:

> "Art. 942. Os bens do responsável pela ofensa ou violação do direito de outrem ficam sujeitos à reparação do dano causado; e, se a ofensa tiver mais de um autor, todos responderão solidariamente pela reparação".

Essa responsabilidade se estende aos consectários da mora, como juros (arts. 406 e 407) e a multa da cláusula penal (arts. 408 a 416). Porém, para o terceiro, esses valores não têm a natureza contratual; é uma "compensação" de natureza extracontratual.[422]

Nesse sentido, o Superior Tribunal de Justiça tem opinião unânime sobre a natureza da responsabilidade do terceiro, conforme se verifica no julgado do REsp. n° 886.077/RJ no qual se destacou que:[423]

> "[...] é cediço no E.STJ que, à luz dos artigos 46 e 292 do CPC é admissível, em princípio, que um mesmo dano derive de inadimplemento de um contrato e de ilícito extracontratual, por que responsável um terceiro. Isso ocorrendo, viável a cumulação de demandas em um mesmo processo, formando-se litisconsórcio passivo. [...]".

Outra observação é que a responsabilidade do terceiro deve ser reconhecida como *objetiva*, com presunção de culpa. Aliás, parece ter sido a *ratio legis* quanto aos dispositivos legais que servem de porta de entrada para essa teoria do cúmplice do inadimplemento no sistema jurídico brasileiro, merecendo destaque:

---

[422] CAORSI, Juan J. Benítez. *Solidaridad contractual*: Noción posmoderna del contrato. Madrid: Editorial Reus, 2013, pp. 206-210.

[423] STJ, REsp. n° 886.077/RJ, Primeira Turma, Rel. Min. Luiz Fux, j. em 18/03/2008.

- no *Código Civil de 2002*: o art. 608;
- no *Código Comercial*: o art. 500 (este artigo ainda está vigente);
- no *Código Comercial*: o art. 244 (revogado); e
- no *Código Civil de 1916*: o art. 1.235.

O art. 608 do Código Civil de 2002 tem a seguinte redação:

"Art. 608. Aquele que aliciar pessoas obrigadas em contrato escrito a prestar serviço a outrem pagará a este a importância que ao prestador de serviço, pelo ajuste desfeito, houvesse de caber durante dois anos".

O ainda vigente art. 500 do Código Comercial está assim redigido:

"Art. 500 – O capitão que seduzir ou desencaminhar marinheiro matriculado em outra embarcação será punido com a multa de cem mil réis por cada indivíduo que desencaminhar, e obrigado a entregar o marinheiro seduzido, existindo a bordo do seu navio; e se a embarcação por esta falta deixar de fazer-se à vela, será responsável pelas estadias da demora".

Já o revogado art. 244 do CCom tinha a seguinte redação:

"Art. 244 – O comerciante empresário de fábrica, seus administradores, diretores e mestres, que por si ou por interposta pessoa aliciarem empregados, artífices ou operários de outras fábricas que se acharem contratados por escrito, serão multados no valor do jornal dos aliciados, de 3 (três) meses a 1 (um) ano, a benefício da outra fábrica".

E o também revogado art. 1.235 do CC/1916, que tem correspondência parcial com o art. 608 do CC/2002, era assim escrito:

"Art. 1.235. Aquele que aliciar pessoas obrigadas a outros por locação de serviços agrícolas, haja ou não instrumento deste contrato, pagará em dobro ao locatário prejudicado a importância, que ao locador, pelo ajuste desfeito, houvesse de caber durante quatro anos".

Todos esses dispositivos tratam de situações de interferência de terceiro em contratos já estabelecidos. Em todas essas hipóteses normativas há o aliciamento de uma das partes pelo estranho. E observe que em todas elas o dever de indenizar é *ipso jure*, por determinação legal, uma das formas de responsabilidade objetiva, ao lado da atividade de risco, conforme o parágrafo único do art. 927 do CC/2002:

> "Art. 927. Aquele que, por ato ilícito (arts. 186 e 187), causar dano a outrem, fica obrigado a repará-lo.
>
> Parágrafo único. Haverá obrigação de reparar o dano, independentemente de culpa, nos casos especificados em lei, ou quando a atividade normalmente desenvolvida pelo autor do dano implicar, por sua natureza, risco para os direitos de outrem".

Todos esses dispositivos legais tratam de uma obrigação de reparar pelo terceiro, em razão do aliciamento que pratica, independentemente de culpa e de forma especificada. Em todos eles há uma responsabilidade objetiva, ou então, pela semelhança, se considerarmos que a responsabilidade civil do art. 608 independe de culpa, todos os outros serão, afinal *ubi eadem ratio ibi eadem dispositio* (o mesmo acontece quando há a mesma disposição".

No meio jurídico, a profissão de advogado serve de exemplo. O Tribunal de Ética e Disciplina da Secção de São Paulo da Ordem dos Advogados do Brasil (OAB/SP) editou a Resolução nº 16/98, de 18/03/1998:

> "Advogado desligado de escritório de advocacia ou de sociedade de advogados, de que tenha participado como empregado, associado, sócio ou estagiário, deve abster-se de patrocinar causas de clientes ou ex-clientes desses escritórios, pelo prazo de dois anos, salvo mediante liberação formal pelo escritório de origem, por caracterizar concorrência desleal, captação indevida de clientela e de influência alheia, em benefício próprio.
>
> Parágrafo único – A concorrência desleal e a captação de clientela, a que se refere o 'caput' desta Resolução, devem ser comprovadas para posterior notificação à parte infratora visando à abstenção das violações".

Essa Resolução constitui verdadeira ação que objetiva dissuadir a prática de cooptar cliente de outros escritórios, o que constitui uma interferência ilícita de terceiro no contrato entre os clientes e o escritório de advocacia.[424]

---

[424] Conforme entendimento de FRASÃO, Stanley Martins; FREITAS, Henrique de Almeida. *As Sociedades de Advogados e o Terceiro Ofensor*. Disponível em: http://www.migalhas.com.br/arquivo_artigo/art20121205-03.pdf

Para finalizar, cabe uma análise estatística e qualitativa de julgados do Superior Tribunal de Justiça sobre o tema. Uma pesquisa realizada entre os dias 01/12/2015 a 30/12/2015 no sítio eletrônico *JusBrasil* seguiu esse procedimento, tendo como recorte temporal o período de 11/01/2003 a 30/12/2015 (vigência do CC/2002):

TERMO	RESULTADO / LINK	OBSERVAÇÃO
"terceiro and cumplice and contrato"	51 julgados. http://www.jusbrasil.com.br/ jurisprudencia/busca?q=terc eiro+c%C3%BAmplice+con trato&idtopico=T10000002	Muitos dos julgados não tinham relação sequer com matéria contratual, pois por causa da palavra "cúmplice" muitos julgados de Habeas Corpus apareceram como resultado. Porém, desses 51 julgados, 04 eram sobre terceiro cúmplice do inadimplemento.
"terceiro and ofensor and contrato"	1.615 julgados. http://www.jusbrasil.com.br/ jurisprudencia/busca?q=terc eiro+OFENSOR+contrato&i dtopico=T10000002	Todos os julgados que versavam sobre o tema aqui pesquisado correspondiam aos julgados encontrados na pesquisa anterior. Assim, desse material, os mesmos 04 julgados apareceram no resultado.
"tortius"	Nenhum julgado. http://www.jusbrasil.com.br/ jurisprudencia/busca?q=torti us&idtopico=T10000002	No resultado aparecia a seguinte observação: "Sua pesquisa – tortius – não encontrou nenhum documento correspondente".
"funcao and social and terceiro"	03 julgados. http://www.jusbrasil. com.br/jurisprudencia/ busca?q=REsp+886077 +RJ+2006%2F0165327- -3&idtopico=T10000002	Um era o mesmo julgado, que apareceu duas vezes (REsp. nº 886.077/RJ). Houve um terceiro julgado em Agravo Regimental.
"eficacia and externa and obrigacao"	748 julgados. http://www.jusbrasil.com.br/ jurisprudencia/busca?q=Efic %C3%A1cia+Externa+Obrig a%C3%A7%C3%A3o&idtop ico=T10000002	Apenas um versava sobre o terceiro cúmplice, que apareceu nas pesquisas anteriores (REsp. nº 468.062/CE). Os demais julgados tratavam da eficácia da lei no tempo em relação a negócios jurídicos celebrados à época do Código Civil de 1916.
Total de julgados sobre terceiro cúmplice: 06 (seis).		

Os julgados encontrados, por ano, foram os seguintes:

ANO	JULGADO
2008	REsp. nº 468.062/CE, Segunda Turma, Rel. Min. Humberto Martins, j. em 11/11/2008. REsp. nº 886.077/RJ, Primeira Turma, Rel. Min. Luiz Fux, j. em 18/03/2008.
2012	REsp. nº 884.367/DF, Quarta Turma, Rel. Min. Raúl Araújo, j. em 06/03/2012.
2013	AgRg no AREsp. nº 392.006/PR, Segunda Turma, Rel. Min. Mauro Campbell Marques, j. em 05/11/2013.
2014	REsp. nº 1.316.149/SP, Terceira Turma, Rel. Min. Paulo De Tarso Sanseverino, j. em 03/06/2014 (trata-se do famoso caso envolvendo o cantor Zeca Pagodinho).
2015	REsp. nº 636.237/SP, Terceira Turma, Rel. Min. Ricardo Villas Bôas Cueva, j. em 18/06/2015.

As situações fático-jurídicas envolvendo esses julgados já foram trabalhadas ao longo desse trabalho, parecendo ser desnecessário repeti-los.

Contudo, da análise dos votos e dos acórdãos é possível chegar-se às seguintes conclusões sobre a judicialização da teoria do terceiro cúmplice do inadimplemento no Brasil, pelo menos no âmbito do STJ:

1. Todas as Turmas do STJ tiveram a oportunidade de apreciar casos que versavam sobre o tema;
2. A aceitação da aplicabilidade da teoria é unânime nas Turmas do STJ, pois em todos os casos apreciados ela foi considerada e o voto do relator que a mencionava foram aprovados pelos demais Ministros à unanimidade;
3. Por isso, os julgados revelam que a matéria pode ser considerada jurisprudência das Turmas do Tribunal, e não mero precedente;
4. No âmbito das Turmas, o terceiro interferente é designado de "terceiro cúmplice" e por vezes "terceiro ofensor";
5. Fala-se, ainda, em "tutela externa do crédito" para se referir à responsabilidade civil do terceiro;
6. A expressão "teoria do terceiro cúmplice" é empregada corriqueiramente nos julgados mencionados, e referida como fundamento teórico e doutrinário pacífico para a solução do problema;
7. Nos julgados o terceiro foi considerado responsável solidário à parte inadimplente pelas perdas e danos sofridos pela parte ofendida; e

8. A responsabilidade do terceiro foi objetiva, pois não se verificou análise da sua culpa para fins de provimento dos recursos.

Essas constatações da jurisprudência do STJ, aliada à plena aceitação doutrinária e à análise dogmática e sistemática do art. 421 do Código Civil levam a *concluir que a teoria do terceiro cúmplice do inadimplemento é plenamente aplicável e adotada no Direito Brasileiro.*

4.5. A teoria do rompimento eficaz do contrato (*efficient breach theory*)

A *efficient breach theory* é uma corrente doutrinária, de matiz americana, que sustenta a existência de uma excludente especial de responsabilidade do terceiro ofensor, qual seja, o rompimento eficaz do contrato. Paradoxalmente, o fundamento dessa teoria também é a função social do contrato, uma vez que ela leva em consideração os benefícios econômicos para a sociedade do rompimento de um contrato.[425],[426]

---

[425] MATIAS, João Luis Nogueira; ROCHA, Afonso de Paula Pinheiro. A função social do contrato, a quebra eficiente e o terceiro ofensor. In: *Reconstrução da Dogmática do Direito Privado*. Anais do XV Congresso Nacional do CONPEDI/UEA – Manaus. Florianópolis: Boiteaux, 2006, pp. 4.499-4.502.

[426] Mesmo na doutrina norte-americana a teoria não é uma unanimidade, como se verifica em SCHWARTZ, Alan; MARKOVITS, Daniel. The Myth of Efficient Breach. In: *Faculty Scholarship Series. Yale Law School Legal Scholarship Repository*. Paper 93, 2010, pp. 01-87, que sustentam ser a quebra eficiente um mito, que não traz qualquer benefício econômico: "We defend contract law's preference for the expectation remedy against economic, doctrinal, and moral critics, who argue that a promisee should have a right to specific performance. It follows from this claim of right that the expectation remedy unjustifiably favors promisors, by allowing a promisor to capture the entire gain from unilaterally exiting a contract as long as she compensates her promisee for whatever profit he would have realized had he received the goods or services the contract described. We show, however, that a promisee's gross payoff under the typical contract is invariant to the remedy the law accords him, but that his net payoff, for transaction cost reasons, is higher under a contract that protects his expectation. This showing supports the dual performance hypothesis, which holds that the promisee typically gives his promisor discretion either to trade the goods or services at issue or to make a transfer to the promisee in lieu of trade. A promissor who transfers rather than trades therefore does not breach; rather, she breaches only when she rejects both trade and transfer. Moreover, a promisee's suit to recover his expectation is a specific performance action to enforce the contract's transfer term. We further explain that this approach renders contract law coherent; is consistent with the law's immanent normativity; and is consistent also with the morality of promising".

Irma S. Russell destaca que, em primeira análise, essa teoria sustenta que o terceiro interferente não precisará indenizar a vítima de um inadimplemento por ele induzido se:[427]

1. A parte prejudicada pelo inadimplemento for devidamente indenizada em suas perdas e danos. Não se pode falar, aqui, em prejuízo da parte-vítima, pois ele retorna ao *status quo ante* patrimonial. O valor a que a vítima faz jus é o chamado *"expectation damages"*, ou seja, a indenização compreenderá os danos decorrentes da expectativa não atendida; e
2. O rompimento gerou maior riqueza para a parte inadimplente que a continuidade do contrato. O rompimento se apresenta mais benéfico à sociedade.

No Brasil essa teoria tem sido chamada de *"inadimplemento eficiente"*, *"quebra eficiente do contrato"* ou *"teoria do descumprimento eficaz"*.

Para essa teoria, o enriquecimento da parte descumpridora e até mesmo do terceiro são benéficos à sociedade, deixando-a em um estado econômico mais vantajoso. Nessa teoria, o que importa é a ampliação da condição econômica: se o rompimento do contrato é financeiramente mais vantajoso, deve prevalecer sobre a manutenção do vínculo já existente.

José Inacio Ferraz de Almeida Prado Filho explica em linhas gerais as bases dessa teoria:[428]

- O inadimplemento de um contrato aumenta o bem-estar social se os benefícios que a quebra contratual garante ao devedor são maiores do que as perdas geradas para o credor; e
- Se o custo para o devedor cumprir o contrato for maior que o lucro a ser auferido pelo credor, então o cumprimento do contrato não será socialmente desejável.

João Luis Nogueira Matias e Afonso de Paula Pinheiro Rocha oferecem o seguinte exemplo prático para bem compreender o tema: "A" contrata

---

[427] RUSSELL, Irma S. *The Broken Promise of Efficient Breach: Sacrificing Certainty for False Efficiency.* University of Tulsa. 2007, p. 06.

[428] PRADO FILHO, José Inacio Ferraz de Almeida. A teoria do inadimplemento eficiente (efficient breach theory) e os custos de transação. In: *Revista de Direito Mercantil, Industrial, Econômico e Financeiro.* Nº 151-152, janeiro 2009, pp. 240-255.

com "B" a venda de um bem por R$ 100,00. Antes da entrega do bem, "C" oferece para "A" o valor de R$ 150,00 pelo mesmo objeto. Imagine que o rompimento cause um dano de R$ 20,00 para "B". Nesse caso, se "A" romper o contrato deverá pagar a indenização a "B" e ainda terá um lucro de R$ 30,00. Quer dizer, se "A" quebrar o negócio e em razão disso "B" sofrer danos de R$ 20,00, "A" poderá indenizar os danos sofridos por "B" e ainda enriquecer R$ 30,00 em relação ao benefício que teria com o primeiro contrato.[429]

Retomando a *Teoria do Pareto Eficiente* explanada no Capítulo 2 da Parte I, nesse exemplo foi alcançado o *Optimo de Pareto*, ou *pareto-superior*, pois houve uma melhora da situação patrimonial de "A", além da recomposição de danos de "B". Além disso, "C" foi favorecido também com a aquisição da propriedade do bem.

Defendendo o rompimento eficiente, José Inacio Ferraz de Almeida Prado Filho entende que seu propósito final é dar o real sentido dos contratos:[430]

> "[...] uma vez admitido que a racionalidade humana não é plena e ilimitada, fica claro que o processo de obtenção de informações para celebração de um contrato não consegue antecipar todas as contingências que as partes irão encontrar pela frente. Contratos são, assim, intrinsecamente incompletos, e eventos futuros podem transformar alguns deles em avenças ineficientes, cujo cumprimento acarretará destruição de recursos".

---

[429] MATIAS, João Luis Nogueira; ROCHA, Afonso de Paula Pinheiro. A função social do contrato, a quebra eficiente e o terceiro ofensor, ob. cit., p. 4.500.

[430] PRADO FILHO, José Inacio Ferraz de Almeida. A teoria do inadimplemento eficiente (efficient breach theory) e os custos de transação, ob. cit., p. 241. O exemplo clássico da doutrina americana dado pelo autor é o seguinte: "Peter Linzer4 ilustra o caso com o seguinte exemplo: Athos é dono de uma marcenaria capaz de assumir apenas um grande projeto por vez. Ele é contratado por Porthos para fabricar 100.000 cadeiras, a um preço unitário de $ 10; cumprir o contrato celebrado renderá a Athos um lucro de $ 2 por cadeira (ou um lucro total de $ 200.000). Antes de qualquer trabalho ser iniciado, Aramis demanda de Athos 50.000 mesas, aceitando pagar $ 40 por cada uma. Assumindo que o custo de produção da mesa é $ 25, a nova proposta renderá a Athos um lucro total de $ 750.000, mas para auferi-lo, ele deverá romper o contrato celebrado com Porthos. No local, há outras marcenarias capazes de produzir cadeiras (como a de D'Artagnan), mas a quebra contratual imporá a Porthos danos de $ 300.000 (por exemplo, atrasos nos prazos, preços mais altos cobrados por D'Artagnan em face da urgência, danos morais etc...). Apesar de tais prejuízos, o inadimplemento é socialmente desejável porque Athos poderá indenizar todos os danos e ainda reter um lucro de $ 450.000".

Por isso, João Luis Nogueira Matias e Afonso de Paula Pinheiro Rocha asseveram que essa teoria incentiva o inadimplemento (descumprimento) de um contrato quando o ônus do seu adimplemento é maior que o ônus de indenizar a parte inadimplida. Ou, o bônus a obter é maior que o valor a pagar a título de indenização pelo inadimplemento.

Os autores fazem a seguinte reflexão sobre a teoria:

> "A teoria enunciada de forma hipotética é bastante sedutora, porém deixa de levar em consideração os diversos custos de transação envolvidos e o efeito da quebra perante a sociedade. Observe-se, que a parte que quebra o contrato dificilmente será capaz de medir com precisão o custo que a existência de um precedente de quebra contratual irá representar em suas negociações futuras. Outro valor de difícil mensuração são as oportunidades de negócio perdidas pela outra parte em razão da quebra. Os custos relativos a eventuais ações judiciais para discutir o valor da indenização devem ser levados em consideração e estes irão depender da previsibilidade do ordenamento jurídico. Por fim, a teoria deixa de analisar o ônus imposto à sociedade. Se for amplamente aplicada, tal teoria implicaria no aumento dos custos de transação relativos à busca de informações sobre o mercado para identificar em que casos haveria a probabilidade da outra parte vir a quebrar o contrato sob o argumento da eficiência do descumprimento".

O rompimento eficaz é criticado porque sobreleva apenas as condições econômicas das relações contratuais e desconsidera aspectos existenciais, como a confiança e as legítimas expectativas.

No caso do Brasil, *efficient breach theory* parece que ainda não foi considerada pelos Tribunais. Chega-se a essa conclusão a partir de uma pesquisa no site *"JusBrasil"* (www.jusbrasil.com.br), uma plataforma de informações jurídicas com um buscador especial de julgados em todos os tribunais do País (STF, STJ, TJ's, TRF's, TRT's *etc.*). Veja abaixo os termos de busca utilizados e o resultado da pesquisa feita em 27/12/2015:

TERMO DE BUSCA	RESULTADO
"efficient breach theory"	Nenhum julgado encontrado.
"rompimento eficaz do contrato"	Nenhum julgado encontrado. Alguns julgados que apareceram no resultado versavam sobre a validade e eficácia da resilição unilateral de um contrato.
"descumprimento eficaz"	Nenhum julgado encontrado. Os julgados que apareceram no resultado da busca diziam respeito ao meio executivo mais eficaz para compensar os prejuízos pelo inadimplemento (descumprimento) obrigacional.
"quebra eficiente do contrato"	Nenhum julgado encontrado. Alguns julgados eram sobre a quebra no sentido de rompimento do contrato. Porém, um julgado chamou a atenção para ser utilizado como exemplo de teoria do incumprimento eficiente, que será analisado abaixo (TJMG, Apelação Cível nº 10183081510608001).
"inadimplemento eficiente"	Nenhum julgado encontrado. Os que apareceram na busca correlacionaram inadimplemento com prestação ineficaz, aproximando-se da ideia de violação positiva do contrato.

Um julgado do Tribunal de Justiça do Estado de Minas Gerais chamou a atenção. Embora não faça menção expressa à *efficient breach theory*, o caso analisado pelo Tribunal pode ser utilizado como exemplo de sua aplicação, embora não envolva um terceiro cúmplice. O Acórdão paradigma é o seguinte:[431]

"AÇÃO DE INDENIZAÇÃO POR DANOS MORAIS E MATERIAIS – FACULDADE – ENCERRAMENTO DAS ATIVIDADES – CONCLUSÃO DO CURSO SUPERIOR EM FACULDADE DIVERSA – AUSÊNCIA DE PREJUÍZOS – PEDIDO IMPROCEDENTE – DECISÃO MANTIDA. Verificado que a faculdade requerida, antes mesmo de ocasionar qualquer dano ao autor, em razão do encerramento das suas atividades e consequente quebra de contrato de prestação de serviços educacionais, cuidou de modo eficiente de direcioná-lo para curso equivalente em outras instituições de ensino superior,

---

[431] TJMG, Apelação Cível nº 10183081510608001, 16ª Câmara Cível, Rel. Des. Batista de Abreu, j. em 30/01/2014.

A RESPONSABILIDADE CIVIL PELA VIOLAÇÃO À FUNÇÃO SOCIAL DO CONTRATO

providenciando os documentos necessários à transferência e se empenhando no processo de adaptação destes alunos nos respectivos cursos, fica afastada a ocorrência de qualquer prejuízo, de ordem moral ou material, ao autor, cabendo seja mantida a decisão que julgou improcedente o pedido inicial".

Em seu voto, o Relator destacou que o caso versava sobre o ajuizamento de uma ação de indenização por ex-aluno do curso de Comunicação Social de uma determinada Instituição de Ensino Superior. O aluno foi aprovado no vestibular da faculdade 2004 para o curso de Comunicação Social, que deveria ter a duração de oito semestres letivos, tendo se matriculado e começado a cursar as matérias. No início do segundo semestre de 2006, ao tentar fazer a matrícula o aluno foi informado que a IES havia encerrado suas atividades, mas que havia encaminhado seus alunos a uma outra universidade. Porém, nesta segunda IES não havia a oferta do curso de Comunicação Social, motivo porque, a contragosto, teve que se matricular para o curso de Publicidade e Propaganda, acarretando um retrocesso na sua vida acadêmica. O autor-apelante alegou, ainda, que tais fatos lhe causaram grande sofrimento moral, vez que "dependia da conclusão do referido curso superior para ter ascensão profissional e teve que retardar tal sonho".

Na contestação, a IES de origem, dentre outros pontos, arguiu que o encerramento de suas atividades se deu por motivo de força maior, e que houve planejamento para transferências dos alunos para a outra universidade, possibilitando aos alunos aproveitar as matérias já cursadas.

Na sentença, o juízo de piso consignou que as situações narradas ocasionaram ao aluno não mais do que meros aborrecimentos, e que a IES de origem providenciou todo o necessário para que ele realizasse o curso na segunda IES. Além disso, o aluno aderiu livremente à opção dada pela faculdade. Os pedidos foram julgados improcedentes.

O Relator no TJMG conheceu da apelação, porque presentes os pressupostos de admissibilidade, porém negou provimento ao recurso. Entendeu que não o apelante (aluno) não tinha razão porque os fatos alegados não são capazes de gerar dano moral a "quem quer que seja". Por outro lado, apesar do encerramento das atividades da faculdade apelada, foi oferecido e aceito por ele, curso semelhante em outra IES nas mesmas proximidades: "Do depoimento pessoal do apelante extrai-se que lhe foi apresentado pela apelada a possibilidade de continuar o curso de Jornalismo, espécie dentro do curso de Comunicação Social, em outras Universidades, mas que acabou optando por estudar na Faculdade [2ª *IES*], no curso de Publicidade e Propaganda, também espécie do curso de Comunicação Social".

Em um trecho de seu voto o Relator destaca que a apelada teve o zelo de garantir ao aluno o menor dano possível, de modo que a quebra do contrato foi o menos traumática, já que a faculdade apelada se encontrava falida:

> "Como é fato incontroverso nos autos, a apelada, antes mesmo de ocasionar qualquer dano ao apelante em razão da quebra de contrato, cuidou de modo eficiente de direcioná-lo, assim como seus demais alunos, para cursos equivalentes em outras instituições de ensino superior, sem que tivessem que se submeter a novo vestibular, providenciando os documentos necessários à transferência e se empenhando no processo de adaptação destes alunos nos respectivos cursos".

A primeira IES agiu com eficiência ao romper o contrato, evitando danos e tornando a resolução contratual mais eficiente, conforme destaca novamente o Relator:

> "O simples fato de ter concluído o seu curso em outra faculdade não teve o condão de causar prejuízos ao apelante. Diferente seria se a apelada, mesmo ciente da sua obrigação contratual, na mesma hipótese, tivesse simplesmente fechado as portas e, literalmente, virado as costas para o seu aluno, frustrando--lhe, aí sim, as expectativas de concluir o curso superior já iniciado. Esta, como visto, não é a hipótese dos autos".

Veja que, além de a vítima não sentir prejuízos significativos, a parte descumpridora da continuidade do contrato (faculdade) garantiu que danos maiores não ocorressem, agindo de modo a alcançar um *pareto-superior* para não danificar a condição patrimonial do aluno.

Um outro exemplo – que, porém, não se tem notícia se chegou a ser judicializado – ocorreu em 2012 e envolve o jogador de futebol Ronaldinho Gaúcho e a Coca-Cola.

Conforme notícia veiculada pela *Revista Veja* em 09/07/2012, a Coca--Cola cancelou o patrocínio de R$ 1,5 milhões anuais a Ronaldinho Gaúcho. A marca afirmou que a resilição contratual se deveu à inviabilidade de continuar a parceria. A duração do contrato era prevista até o ano de

2014. Em nota, a empresa atribuiu o fim do contrato à "significativa alteração das condições sob as quais foi selada a parceria".[432]

A curta nota da Coca-Cola foi a seguinte: "A Coca-Cola Brasil reconhece a trajetória e o valor do jogador Ronaldinho Gaúcho. No entanto, tendo em vista a significativa alteração das condições sob as quais foi selada a parceria, a continuidade da relação tornou-se inviável".

Esse caso foi noticiado na comunidade jurídica como um exemplo de inadimplemento eficiente, afinal a justificativa dada pela Coca-Cola foi a inviabilidade de se continuar com o contrato em razão da alteração das condições, o que dá entender que haveria algum prejuízo pecuniário na continuidade da relação contratual.

Ezequiel Morais, porém, analisa que as verdadeiras circunstâncias do rompimento contratual podem ter sido o fato de Ronaldinho, coletiva de imprensa de sua apresentação no Clube Atlético Mineiro, estarem sobre a mesa de microfones, próximo ao atleta, várias latas do refrigerante Pepsi, concorrente da Coca-Cola. A impressão que ficou foi a de que Ronaldinho estaria bebendo Pepsi, um descumprimento à exclusividade do contrato com a Coca-Cola.[433]

Esse caso revela quatro possibilidades:

1. Ingenuidade do atleta, que não se apercebeu da presença das latas da concorrente da sua patrocinadora;
2. Uma interferência ilícita de terceiro (Pepsi) sobre o contrato entre Ronaldinho e Coca-Cola, o que poderia ensejar as mesmas consequências do famoso caso Zeca Pagodinho *x* Ambev *x* Nova Schin;
3. A quebra eficiente do contrato entre patrocinador e patrocinado, tendo em vista o menor prejuízo à imagem da Coca-Cola por causa da associação de Ronaldinho à Pepsi; ou
4. A quebra eficiente do contrato entre patrocinador e patrocinado por pura malícia do jogador. Suponha que este tenha feito o seguinte "cálculo" junto à Pepsi: se houver que pagar multa pelo inadim-

---

[432] *Veja.com – Esporte.* "Coca-Cola cancela patrocínio milionário a Ronaldinho Gaúcho". Matéria de 09/07/2012 às 15:41. Crédito: Cris Simon. Disponível em: http://veja.abril.com. br/noticia/esporte/coca-cola-cancela-patrocinio-milionario-a-ronaldinho-gaucho/.

[433] MORAIS, Ezequiel. "Ronaldinho Gaúcho x Coca-Cola: Teoria do descumprimento eficaz?. In: *Revista Direito UNIFACS – Debate Virtual.* Nº 148. Salvador: UNIFACS, outubro de 2012, s/pág.

plemento contratual com a Coca-Cola, seu valor será menor que o cachê a ser pago pela Pepsi, e a jogada de marketing da Pepsi pode lhe dar lucro significativo.

Qual a diferença, então a *tortius interference* (teoria do terceiro cúmplice) e a *efficient breach theory* (rompimento eficiente)?

A princípio existe entre elas uma semelhança: a violação contratual estimulada pelo terceiro interferente pode dar mais vantagem à parte inadimplente que a continuidade do contrato. Trata-se de eficiência econômica.

Porém, a referida "interferência eficiente" do terceiro será um ato ilícito nos casos de *"expectation damages"*, isto é, nos casos em que se verificar na esfera jurídica da vítima danos superiores aos danos típicos do inadimplemento.

Por isso, em nossa opinião, a teoria do inadimplemento eficiente somente deve ser utilizada quando beneficiar a vítima do inadimplemento, como ocorreu com a Coca-Cola. Apesar dos benefícios econômicos, não se pode admitir que aja de forma ilícita ou antijurídica possa se beneficiar e ser amparado pela lei, pois se assim o fosse estaria se beneficiando da própria torpeza, e um dos corolários da boa-fé objetiva é o *tu quoque*, que se expressa pelas máximas *"turpitudinem suam allegans non auditur"*, ou *"equity must come with clean hands"*. Nessa máxima do *Common Law* entende-se que a "equidade deve vir com as mãos limpas": o benefício econômico não pode ser contrário aos princípios fundamentais das relações civis: *suum cuique tribœre, neminem lœdere* e *honest vivere*.

CONCLUSÃO

A função social do contrato é uma cláusula geral da qual decorre um conjunto de deveres de proteção da liberdade de contratar. Tais deveres indicam o parâmetro para o correto exercício da livre iniciativa das pessoas, sem que a liberdade de um interfira ilicitamente na esfera jurídica do outro. Tais deveres se destinam às partes e a terceiros de um vínculo contratual.

Se há deveres, então, há uma situação jurídica entre as partes de um contrato e aqueles que não participaram do processo de negociações preliminares, a que se conveniona designar de *terceiros*. A relativização do princípio *res inter alios acta, aliis nec nocet nec prodest*, que aconteceu com a funcionalização social do contrato, levou a uma releitura da teoria do sujeito de direito obrigacional, de tal modo que o terceiro não é mais um "estranho" (*penitus extraneus*) ao vínculo contratual. Quer dizer, um contrato cria uma situação jurídica entre as partes envolvidas e uma segunda situação jurídica entre essas partes e terceiros.

Em toda situação jurídica existem posições ativas (direitos) e passivas (deveres). No caso específico da obrigação contratual, os direitos e deveres giram em torno da incolumidade patrimonial das partes e dos terceiros. Deveres de proteção impedem a interferência recíproca de modo a causar dano ao patrimônio ou aos interesses pessoais de cada um deles.

Pode ocorrer a violação da função social do contrato quando as posições jurídicas entre as partes e terceiros são lesadas pelo descumprimento dos deveres de incolumidade que se podem depreender do art. 421 do Código Civil. Nesse caso, uma das consequências é a desfuncionalização do negócio quanto a seus efeitos jurídicos típicos.

A desfuncionalização social do contrato é caracterizada por duas circunstâncias. Primeiramente, ela ocorrerá pelo exercício abusivo da liberdade de contratar. A emulação da autonomia contratual extrapola os limites dos fins sociais e jurídicos pretendidos em um contrato lícito. E, em segundo lugar, o abuso do direito de liberdade de contratar provoca um dano social, afinal, extrapola-se os fins sociais e econômicos do negócio, de modo que a sociedade é prejudicada por esse abuso quanto aos interesses jurídicos típicos sobre os contratos.

Daí se afirmar que a violação da função social pelas partes e terceiros é um abuso de direito do qual decorre um dano social, pois agir de forma contrária aos deveres de conduta da sociabilidade contratual implica em lesão estruturas de interesse da sociedade e à segurança das relações jurídicas.

Da violação da função social resulta um fato ilícito no qual os danos patrimoniais, extrapatrimoniais e sociais devem ser indenizados por aquele que desfuncionalizou o contrato por causa da inobservância de sua posição passiva criada pela situação contratual. Resultando danos da desfuncionalização social do contrato, haverá responsabilidade civil extracontratual. É assim que se fala em responsabilidade das partes e de terceiros pela desfuncionalização do contrato.

Terceiros interferem em um contrato quando provocam o rompimento do vínculo contratual entre as partes ou então assumem condutas que proporcionam o inadimplemento obrigacional por uma das partes em detrimento da outra. Tem-se aí a figura do *terceiro interferente*, ofensor ou terceiro cúmplice do inadimplemento. A consequência é que o terceiro deverá indenizar os prejuízos patrimoniais e extrapatrimoniais de cada uma das partes. Esses danos devem ser comprovados. Contudo, a atitude do terceiro também lesa o interesse social no vínculo das partes, além de ser uma atitude eticamente reprovável. Por isso, as partes estão legitimadas a tutelar a lesão ao patrimônio ético da sociedade, ou seja, o dano social.

Ambas as partes também podem desfuncionalizar o contrato que celebraram quando se corrompem para se beneficiar de forma ilícita, causando danos a terceiros (identificados ou identificáveis). É o ocorre com a simulação e a fraude contra credores. Nesse caso, elas deverão indenizar os prejuízos que causarem a terceiros, mas também o dano à sociedade. O terceiro prejudicado diretamente pela violação poderá tutelar o dano social que elas causaram. Tem-se aqui a figura do *terceiro vítima* ou ofendido.

Por fim, pode ser que a violação da função social ocorra pela conduta de apenas uma das partes. Pode ser que só uma delas tenha razões escusas com um contrato, sem que a outra esteja mancomunada. Os prejuízos

CONCLUSÃO

causados à parte inocente serão indenizados, além de qualquer terceiro que tenha sido danado. Neste último caso, apenas a parte que agiu mal irá indenizar. Tanto a parte prejudicada quanto o terceiro, terão legitimidade ativa para tutelar o dano social.

A legitimidade para a defesa dos interesses sociais cabe aos órgãos de defesa dos direitos coletivos. Mas, em contratos que não envolvem grandes valores patrimoniais, a legitimidade pode ser dada aos particulares para a defesa dos interesses sociais, por uma questão de política processual. É que, nesses casos, a indenização pelo dano social não será tão substanciosa, embora cumpra seu propósito dissuasório.

O Direito Civil sempre se preocupou com o exercício da liberdade de contratar de maneira responsável. No caso do Código Civil brasileiro, tal preocupação foi refletida, por exemplo, em proibições e requisitos que serão determinantes na validade dos negócios jurídicos, como ocorre nos vícios da vontade (arts. 138 a 168 e art. 167). E o Código foi além, marcando a limitação e a responsabilidade no exercício de tal vontade por meio de outros requisitos, como a boa-fé objetiva e a função social.

A função social tornou-se, por via reflexa, um elemento de validade do negócio. Conforme o art. 421, deve ela ser a razão do exercício da liberdade de contratar; logo, é causa do contrato.

A discussão permitiu constatar que a função social é *causa-função* do acordo. E a causa, há muito, é apontada como requisito de validade dos atos jurídicos voluntários. A função social de que trata o referido dispositivo legal é a razão para a ação de exercer a liberdade de contratar; é uma *razão prática* segundo certa moral, certa ideologia.

Enquanto programação social de condutas e ações, a norma do art. 421 constitui a expressão das razões que a animam e, em consequência, são uma forma de enunciar certos fins a atingir no âmbito de um contrato.

A primeira causa do contrato é motivação subjetiva das partes, seu objeto de interesse ou finalidade prática, geralmente representado por um interesse patrimonial. Aqui, a causa tem um sentido estrito, porque se restringe às representações dos contratantes, embora deva ela se submeter aos preceitos legais.

Contudo, a função social trouxe para o contrato uma causa ultrassubjetiva, que são as razões de ordem econômico-sociais do negócio, sua repercussão e interesse social, com vistas ao bem-estar e ao desenvolvimento. Tem um sentido amplo, pois vai além da relação contratual individualizada, referindo-se a uma *situação jurídica entre terceiros e as partes*. Tal se depreende da determinação legal de que a autonomia contratual (leia-se: "liberdade de contratar" e "liberdade contratual") seja exercida *em razão* da sociabilidade (art. 421). E na acepção jurídica não parece haver outro significado para *"em razão"* a não ser *motivo* ou *causa*.

A função social não pode se tornar um modo sutil de intervenção arbitrária do Estado, por meio do Judiciário ou políticas nela fundamentada, na economia e na iniciativa privada. Afinal, alguns juízes fazem caridade com o patrimônio dos outros.

Não se pode transformar o Código Civil em lei análoga ao Código de Defesa do Consumidor, de modo a fundamentar na função social uma igualdade material que não condiz com os contratos cíveis e mercantis, tratando uma das partes como hipossuficientes. Não existe hipossuficiência no Direito Civil. O que existe é desequilíbrio na comutatividade das prestações. Aí sim uma parte é favorecida, por imperativo do *favor deboli*, para que ambas alcancem seus objetivos práticos, afinal, a relação obrigacional é um processo cooperativo, para que o contrato seja "bom para ambas as partes".

Antes de qualquer observação ou releitura sobre o contrato, é preciso ter em mente que ele é, e sempre será, uma operação econômica movida por um interesse privado, qual seja, a aquisição de propriedade ou qualquer outro interesse que, ao final, acaba tendo repercussão patrimonial. O contrato corresponde a uma movimentação econômico-patrimonial, caracterizada por uma relação de preponderância, pois podem existir outros objetivos, como humanitários, assistenciais, liberalidades, agraciamentos. O que importa não é necessariamente o que levou, em âmbito subjetivo, alguém a concluir o contrato, mas o que ocorre: enriquecimento e a circulação de utilidades e riquezas.

A desfuncionalização social do contrato pelas partes dá à simulação do art. 167 uma maior abrangência. Primeiramente, não se pode esquecer que a simulação é e sempre foi um *vício social da declaração*, justamente contraria os fins típicos do negócio. Em segundo lugar, por causa de expressa previsão legal, o contrato desfuncionalizado torna o contrato nulo, seja porque é a consequência típica da simulação (art. 167), ou porque o motivo determinante comum às partes é ilícito (art. 166, VI).

A responsabilidade civil pela desfuncionalização simulatória se encontra na previsão genérica do art. 182, que estabelece a indenização por per-

CONCLUSÃO

das e danos quando a situação subjetiva dos envolvidos no negócio inválido não puder ser restabelecida, isto é, retornar ao *status quo ante* ("restituir--se-ão as partes ao estado em que antes dele se achavam").

Havendo a lesão ao dever de incolumidade contratual pretendido pelo art. 421, fica configurado abuso de direito e, consequentemente, um ato ilícito (art. 187). Ainda que não se verifiquem danos patrimoniais e morais diretos, ao menos o dano social estará presente, pois há um prejuízo ao padrão moral da coletividade. E quando há ato ilícito a consequência é o dever de indenizar (art. 927), que já adentra ao âmbito da sistemática da responsabilidade civil.

Da lesão à função social podem resultar três ordens de danos:

1. *Patrimonial:* refere-se às reduções patrimoniais (*dans emergens*) ou impossibilidades de lucro (*lucrum cessans*). Por exemplo: *a)* um contrato entre uma empresa e um agricultor que traga danos ao meio ambiente ensejará a necessidade de investimentos pecuniários para reparar a situação e reconstituir o meio ambiente ao estado anterior; *b)* um contrato de locação entre um comerciante e um particular que pretende cooptar o fundo de comércio de um concorrente provoca para este a redução de seus ganhos; e *c)* o terceiro que alicia um dos negociantes a romper com as tratativas causa perdas à parte preterida que já realizou investimentos para a conclusão do negócio. Sem querer adentrar na discussão da natureza jurídica, é possível que se verifique a perda de uma chance como uma redução de expectativas patrimoniais;

2. *Extrapatrimonial:* ocorre quando a desconformidade da liberdade de contratar atinge as integridades psicossomáticas, moral e intelectual das pessoas jurídicas e naturais. Um exemplo são os contratos que envolvem objetos ilícitos ou condutas tidas por criminosas; e

3. *Social:* sempre verificado na desconformidade com a função social, refere-se à repercussão negativa da conduta de contratar no âmbito social, verificado pela desconformidade entre o contrato ou as negociações preliminares e os fins sociais típicos do negócio. Toda vez que o contrato ou as tratativas se desenvolvem de maneira contrária à ética da sociedade de informação ocorre dano social, um prejuízo à economia como um todo e ao patrimônio moral da sociedade. Um exemplo são os negócios superfaturados com a finalidade de des-

vios de recursos públicos, tão frequentes e hoje em voga mais que nunca em nosso país.

Para que serve a função social? Qual sua contribuição no âmbito das relações jurídicas?

A função social serve a *good performance* ("boa performance") do contrato, de modo que alcance seus fins sociais, típicos e individuais, mas dentro de um "*jogo limpo*" no âmbito do contrato. A ausência dessa razão no agir constitui o chamado *individualismo predatório* do exercício da autonomia contratual.

A função social está a serviço da nossa liberdade. Temos e precisamos de *liberdade*, mas ser livre e voluntarioso requer e depende de *responsabilidade*. Já dizia Simone de Beauvoir, "Querer ser livre é também querer livres os outros".

Em se tratando de negócios, temos que ter reponsabilidade perante o parceiro contratual (*boa-fé objetiva – eticidade*) e perante os outros (*função social – socialidade*).

A base do Direito Civil sempre esteve na livre iniciativa. Cada vez mais, porém, ela cede espaço a um controle que se diz necessário, designado *dirigismo estatal*. Talvez as pessoas precisem menos de Estado e mais de autonomia.

É que a liberdade é o valor fundamental da vida das pessoas. Quando se cerceia a vontade e o livre arbítrio, então, o ser humano não passa de corpo bruto, inanimado.

Já dizia Jean-Paul Sartre: "A liberdade é a condição ontológica do ser humano. O homem é antes de tudo, livre".[434]

Que a *função social* seja um instrumento para a liberdade e um arquétipo de *comportamento responsável*. Que ela proteja as pessoas do egoísmo e da ganância. E que ela garanta a livre iniciativa e o *contrato*, que é a instituição que deu origem à sociedade e está na sua base, pois o que nos une em *comum-unidade* (comunidade) é o contrato, a família e a propriedade, isto é, nossa *tradição civil*.

Corvus oculum corvi non eruit!

---

[434] SARTRE, Jean-Paul. *L'existentialisme est un humanisme*. Paris: Nagel, 1970, p. 03.

REFERÊNCIAS

AARNIO, Aulis. Las reglas en serio. In: AARNIO, Aulis; VALDÉS, Ernesto Garzón; e UUSITALO, Jyrki. *La normativid del derecho*. Barcelona: Gedisa, 1997.

AGUIAR JÚNIOR, Rui Rosado. A boa-fé na relação de consumo. In: *Revista de Direito do Consumidor*. Nº 14. São Paulo: Revista dos Tribunais, 1995, p. 20-27.

AGUILÓ REGLA, Josep. Tres preguntas sobre principios y directrices. *In.: DOXA – Cuadernos de Filosofía del Derecho*. Nº 28. Madrid: Instituto Cervantes, 2005, pp. 329-340.

ALCHOURRÓN, Carlos E.; BULYGIN, Eugenio. *Introducción a la metodología de las ciencias jurídicas y sociales*. 4ª reimpressão. Buenos Aires: Astrea, 2002.

ALCHOURRÓN, Carlos y BULYGIN, Eugenio. Norma jurídica. In.: VALDÉS, Ernesto Garzón y LAPORTA, Francisco J. (comps.). *El derecho y la justicia*. 2ed. Madrid: Trotta, 2000, pp. 133-147.

ALPA, Guido; BESSONE, Mario; ROPPO, Enzo. *Rischio contrattuale e autonomia privata*. Napoli: Jovene, 1982.

ALPA, Guido. *Manuale di Diritto Privato*. Sesta edizione. Padova: CEDAM, 2009.

_____. *Effetti del contrato nei confronti dei terzi*. Milano: Giuffrè, 2000.

ALVIM, Agostinho. *Da inexecução das obrigações e suas consequências*. São Paulo: Saraiva, 1955.

AMARAL, Francisco. *Direito civil – introdução*. 5ª ed. Rio de Janeiro: Renovar, 2003.

_____. *Direito civil – introdução*. 7ª ed. Rio de Janeiro: Renovar, 2008.

_____. Os princípios jurídicos na relação obrigatória. In: *Revista da AJURIS – Associação dos Juízes do Rio Grande do Sul*. Vol. 32, nº 99. Porto Alegre: AJURIS, set. 2005, pp. 133-143.

_____. Código Civil e interpretação jurídica. In: *Revista Brasileira de Direito Comparado*. Nº 44 e 45, 1º e 2º semestres 2013. Rio de Janeiro: Instituto de Direito Comparado Luso-Brasileiro, 2014, pp. 147-167.

_____. O Direito Civil na pós-modernidade. In: FIUZA, Cesar; SÁ, Maria de Fátima Freire de; NAVES, Bruno Torquato de Oliveira (Coords.). *Direito Civil: atualidades*. Belo Horizonte: Del Rey, 2003, pp. 61-77.

ANDRADE, Manuel A. Domingues de. *Teoria da Relação jurídica*. Vol. I. Sujeitos e Objecto. Coimbra: Coimbra Editora, 2003.

ARAÚJO, Fernando. *Teoria Económica do Contrato*. Coimbra: Almedina, 2007.

ARISTÓTELES. *Metafísica*. Livro I. São Paulo: Loyola, 2002, pp. 02-67.

ARSENAULT, Amelia e CASTELLS, Manuel. Conquering the minds, conquering Iraq: the social production of misinformation in the United States: a case study. In: *Information, Communication & Society*. Vol. 9, number 3, june 2006, pages 284-308.

ASCENSÃO, José de Oliveira. *Direito civil. Teoria geral*. Vol. II. 2ª ed. Coimbra: Coimbra, 2003.

AYNES, Laurent. Le contrat, loi des parties. In: *Cahiers du Conseil Constitutionnel*. N°. 17 (Dossier: Loi et contrat) – mars 2005, pp. 01-07.

AZEVEDO, Antonio Junqueira. A conversão dos negócios jurídicos: seu interesse teórico e prático. In: *Estudos e pareceres de Direito Privado*. São Paulo: Saraiva, 2004.

_____. *Negócio jurídico: existência, validade e eficácia*. 4ª ed. atual. São Paulo: Saraiva, 2002.

_____. Princípios do novo Direito Contratual e desregulamentação de mercado – Direito de exclusividade nas relações contratuais de fornecimento – Função social do contrato e responsabilidade aquiliana do terceiro que contribui para inadimplemento contratual. In: TIMM, Luciano Benetti; MACHADO, Rafael Bicca (Coords.). *Função social do Direito*. São Paulo: Quartier Latin, 2009, pp. 195-206.

_____. Princípios do novo direito contratual e desregulamentação do mercado – Direito de exclusividade nas relações contratuais de fornecimento – Função social do contrato e responsabilidade aquiliana do terceiro que contribui para inadimplemento contratual. In: *Revista dos Tribunais*. Vol. 750, abr. 1998, p. 110-130.

_____. Por uma nova categoria de dano na responsabilidade civil: o dano social. In: *Revista Trimestral de Direito Civil*, vol. 19. Rio de Janeiro: Padma, jul./set. 2004, pp. 211-218.

BARBOSA MOREIRA, José Carlos. Tutela jurisdicional dos interesses coletivos ou difusos. In: *Temas de direito processual*. 3ª série. São Paulo: Saraiva, 1984.

_____. Novo Código Civil. Doutrinas (VII): Abuso do Direito. In: *Revista Síntese de Direito Civil e Processual Civil*. Nº 26, nov./dez. 2003.

BERALDO, Leonardo de Faria. *Função social do contrato:* contributo para a construção de uma nova teoria. Belo Horizonte: Del Rey, 2011.

BESSONE, Darcy. *Do contrato: teoria geral*. 4ª ed. São Paulo: Saraiva, 1997.

BETTI, Emilio. *Teoria Generale del Negozio Giuridico*. Torino: Utet, 1943.

BEVILAQUA, Clóvis. *Theoria Geral do Direito Civil*. 6ª ed. Rio de Janeiro: Paulo de Azevedo, 1953.

BITTAR, Carlos Alberto. *Os contratos de adesão e o controle de cláusulas abusivas*. São Paulo: Saraiva, 1991.

BLUM, Brian A. *Contracts* – Examples & Explanations. New York: Aspen Publishers, 2004.

BOBBIO, Norberto. *Dalla struttura alla funzione: nuovi studi di teoria del diritto*. Milano: Ed di Comunita, 1977.

BONILINI, Giovanni. *Il danno non patrimoniale*. Milano: Giuffrè, 1983.

BOUDOT, Michel. La relativité du contrat. Archéologie d'un concept récent. Conférence. In: *L'effet relatif du contrat, Actes de journées Poitiers*. Roma TRE, 2013, pp. 01-13.

BOZZI, Lucia. Del contratto a favore di terzi. In: NAVARRETTA, Emanuela; ORESTANO, Andrea. Dei contratti in generale (artt. 1387-1424). In: GABRIELLI, Enrico. *Commentario del Codice Civile*. Vol. 3. Torino: UTET, 2012.

BRANCO, Gerson Luiz Carlos. *Função social do contrato:* interpretação à luz do Código Civil. São Paulo: Saraiva, 2009.

REFERÊNCIAS

BRIESKORN, Konstanze. *Vertragshaftung und responsabilité contractuelle:* ein Vergleich zwischen deutschem und französischem Recht mit Blick auf das Vertragsrecht in Europa. Berlin: Mohr Siebeck, 2010.

BUENO, Cássio Scarpinella. *Partes e terceiros no processo civil brasileiro.* 2ª ed. São Paulo: Saraiva, 2006.

BUCKLEY, F. H. *The fall and rise of freedom of contract.* London: Duke University Press, 1999.

BULYGIN, Eugenio; MENDONCA, Daniel. *Normas y sistemas normativos.* Madrid: Marcial Pons, 2005.

BUSNELLI, Francesco Donato. Il principio di solidarietà e 'l'attesa della povera gente' oggi. In: *Rivista Trimestrale di Diritto e Procedura Civile.* Milano. V. 67. Nº 2, giugno. 2013, pp. 413-447.

CABRAL, Érico Pina. "Autonomia" no direito privado. *In.: Revista de Direito Privado.* Vol. 19. São Paulo: Revista dos Tribunais, jul. 2004, pp. 84 e ss.

CAHALI, Francisco José; RODOVALHO, Thiago. Breves notas introdutórias aos princípios, cláusulas gerais e os institutos do Direito Privado. In: CAHALI, Francisco José *et alli* (Orgs.). *Os princípios e os institutos do Direito Civil.* Rio de Janeiro: Lumen Juris, 2015, pp. 01-08.

CAHALI, Yussef Said. Culpa (direito civil). In: *Enciclopédia Saraiva do Direito,* v. 141. São Paulo: Saraiva, 1977.

_____. *Dano moral.* São Paulo: Revista dos Tribunais, 2011.

CAORSI, Juan J. Benítez. *Solidaridad contractual:* Noción posmoderna del contrato. Madrid: Editorial Reus, 2013.

CARDOSO, Gustavo *et al. A Sociedade em Rede em Portugal.* Porto: Campo das Letras, 2005, Cap. 7.

CARNEIRO, Athos Gusmão. *Intervenção de terceiros.* 15ª ed. São Paulo: Saraiva, 2003.

CARPENA, Helena. Abuso de direito à luz do novo Código Civil. In: TEPE-DINO, Gustavo (Coord.). *A Parte Geral do Novo Código Civil:* Estudos na Perspectiva Civil-Constitucional. Vol. II. Rio de Janeiro: Renovar, 2003.

_____. *Abuso do direito nos contratos de consumo.* Rio de Janeiro: Renovar, 2001.

CARPENTER, Charles. Interference with contract relations. In: *Harvard Law Review.* Vol. XLI, 1927-1928.

CARRIÓ, Genaro R. *Sobre los límites del linguaje normativo.* Buenos Aires: Astrea, 2001.

CARVALHO NETO, Inácio de. Responsabilidade civil decorrente do abuso de direito. In DELGADO, Mario Luiz; ALVES, Jones Figueiredo (Coords.). *Questões Controvertidas – Responsabilidade Civil.* Vol. 5. São Paulo: Método, 2006.

CASTRO, Torquato. *Da causa no contrato.* Recife: Imprensa Universitária, 1966.

_____. *Teoria da situação jurídica em direito privado nacional.* São Paulo: Saraiva, 1985.

CIPPITANI, Roberto. Solidarietà (nei rapporti giuridici). In: PALAZZO, Antonio (Cur.). *Diritto e processo.* Nº 5. Numero speciale. Anni 2006-2009. Annuario giuridico della Università degli Studi di Perugia, 2010.

CHERCHI, Alice. *Il divieto di anatocismo nel sistema giuridico romano.* Tesi di Dottorato in Diritto ed Economia dei Sistemi Produttivi, Università di Sassari, 2009.

CHIASSONI, Pierluigi. Las cláusulas generales, entre teoría y dogmática jurídica, *In.: Revista de Derecho Privado,* nº 21, Bogotá: Universidad Externado de Colombia, jul./dec. 2011, p. 89-106.

CIPPITANI, Roberto. I contratti e le obligazzioni. In: PALLAZZO, Antonio; SASSI, Andrea. *Diritto Privato del Mercato.* Università degli Studi di Perugia, 2007, pp. 119-163.

COÊLHO, Sacha Calmon Navarro. *Manual de Direito Tributário.* Rio de Janeiro: Forense, 2000.

COMANDUCCI, Paolo. Principios juridicos e indeterminación del derecho, *In.: DOXA – Cuadernos de Filosofía del Derecho.* Vol. 21-II, Madrid: Instituto Cervantes, 1998, pp. 89-104.

CONSTANTINESCO, Léontin Jean. *Inexécution et faute contractuelle en droit comparé* (droits français, allemand, anglais). Paris: W. Kohlhammer Verlag, 1960.

COSTA, Mario Julio de Almeida. *Direito das obrigações.* 12ª ed. Coimbra: Almedina, 2009.

COUTO E SILVA, Clóvis Veríssimo do. *A obrigação como processo.* Rio de Janeiro: FGV, 2007.

COSTA, Wille Duarte. *Relação jurídica.* Belo Horizonte: Del Rey, 1994.

COSTA JUNIOR, Olímpio. *A relação jurídica obrigacional:* situação, relação e obrigação em direito. São Paulo: Saraiva, 1994.

CRICENTI, Giuseppe. *Il danno non patrimoniale.* Padova: CEDAM, 1999.

DANFORTH, John. Tortious interference with contract: a reassertion of society's interest in commercial stability and contractual integrity. In: *Columbia Law Review.* Nº 7, 1981, pp. 1.490-1.516.

DE SANCTIS, Francesco M. Individuo e società dell'assolutismo alla democrazia. In: PERLINGIERI, Pietro. *Soggetti e norma; individuo e società.* Napoli: Edizioni Scientifiche Italiane, 1987, pp. 05-28.

DIAS, José de Aguiar. *Da responsabilidade civil.* 12ª ed. Rio de Janeiro: Lumen Juris, 2011.

DÍEZ-PICAZO, Luis; LEÓN, Ponce de. *Derecho de daños.* Madrid: Civitas, 1999.

DINAMARCO, Cândido Rangel. *Litisconsórcio.* 5ª ed. São Paulo: Malheiros, 1997.

DONNINI, Rogerio Ferraz. *Responsabilidade civil pós-contratual.* 3ª ed. São Paulo: Saraiva, 2011.

DOWLING JR., Donald C. A Contract Theory for a Complex Tort: Limiting Interference with Contract Beyond the Unlawful Means Test. In: University of Miami Law Review. Vol. 40. University of Miami, 1986, pp. 487-519.

DRIESEN, David M. Contract Law's Inefficiency. In.: *College of Law Faculty Scholarship.* Paper 67. Summer 7-26-2012, pp. 01-37. Disponível em: http://surface.syr.edu/lawpub/67.

DURKHEIM, Émile. *As regras do método sociológico.* São Paulo: Martins Fontes, 2007.

DWORKIN, Ronald. *O império do direito.* Tradução de Jefferson Luiz Camargo. São Paulo: Martins Fontes, 1999.

ESPANÉS, Luis Moisset de. El "favor debitoris" y la demora judicial. In: *Derecho y Cambio Social.* Nº 08, año III. Lima: La Molina, 2006, pp. 03-20.

FABRE-MAGNAN, Muriel. Termination of Contract: A Missed Opportunity for Reform. In: CARTWRIGHT, John; VOGENAUER, Stefan; WHITTAKER, Simon. *Reforming the French Law of Obligations:* Comparative Reflections on the Avant-projet de réforme du droit des obligations et de la prescription ('the Avant-projet Catala'). Oxford: Bloomsbury Publishing, 2009, pp. 169-186.

FACHETTI, Gilberto; CASTELLANOS, Angel Rafael Mariño. A norma jurídica como razão para a ação. In: *Revista Forense.* Vol. 403. Rio de Janeiro: Forense, 2009, p. 553-568.

FACHETTI, Gilberto; PEREIRA, Carlos Frederico Bastos. As modalidades de violação positiva do contrato. In: *Revista Fórum de Direito Civil – RFDC.* Vol. 5. Belo Horizonte: Fórum, 2014, p. 227-250.

FACHETTI, Gilberto; SILVA, Alcides Caetano; SCHNEIDER, Flávio Britto Azevedo. O dano social como nova categoria de dano na responsabilidade civil e a destinação da sua indenização. In: *Revista Jus,* edição de 07/2015 (http://

REFERÊNCIAS

jus.com.br/artigos/40969/o-dano-social-como-nova-categoria-de-dano-na-responsabilidade-civil-e-a-destinacao-da-sua-indenizacao#ixzz3kPpjjlui).

FACHETTI, Gilberto. O princípio da conservação do negócio jurídico. In: LIMA NETO, Francisco *et alli* (Orgs). *Estudos em homenagem aos 80 anos do curso de Direito da Universidade Federal do Espírito Santo*. Rio de Janeiro: Lumen Juris, 2001, pp. 279-302.

FACHIN, Luiz Edson. *Estatuto Jurídico do Patrimônio Mínimo*. Rio de Janeiro: Renovar, 2001.

FERRI, Giovanni B. *Saggi di Diritto Civile*. Seconda Edizione. San Marino: Maggioli Editore, 1994.

_____. *Ordine pubblico, buon costume e la teoria del contrato*. Milano: Giuffrè, 1970.

FERRI, Luigi. *L'autonomia privata*. Milano: Giuffrè, 1959.

FRADA, Manuel Antônio de Castro Portugal Carneiro da. *Contrato e deveres de protecção*. Coimbra: Coimbra, 1994.

FRAGA, Mirtô. Fatores voluntários de eficácia do negócio jurídico. In: *Arquivos do Ministério da Jutiça*. Nº 49. Brasília: Ministério da Justiça, jan./jun. 1996.

FREIRE, Paula Vaz. Sociedade de Risco e Direito do Consumidor. In: LOPEZ, Teresa Ancona; LEMOS, Patrícia Fraga Iglecias; RODRIGUES JUNIOR, Otavio Luiz (Coords.). *Sociedade de Risco e Direito Privado*: desafios normativos, consumeristas e ambientais. São Paulo: Atlas, 2013, pp. 375-379.

FREUND, Ernst. Malice and Unlawful Interference. In: *Harvard Law Review*. Vol. XI. 1897-1898, pp. 463-464.

FUNKHOUSER, Robert B.; LEVINE, Kenneth R.; MCGHEE, Laurie B.; MOLLON, David E. Texaco Inc. v. Pennzoil Co.: Some Thoughts on the Limits of Federal Court Power over State Court Proceedings. In: *Fordham Law Review*. Vol. 54, 1986, pp. 767-824.

GABRIELLI, Enrico. Il contrato e l'opperazione economica. In: *Rivista di Diritto Civile*. Anno XLIX, nº 2, mar-apr. 2003, pp. 95-114.

GALGANO, Francesco. *Diritto privato*. 9ª ed. Padova: CEDAM, 1996.

GALVÃO TELES, Inocêncio. *Dos contratos em geral*: lições proferidas no ano lectivo de 1945-1946. Coimbra: Coimbra Editora, 1947.

GARCEZ NETO, Martinho. Autonomia da vontade. In: *Temas de Direito Civil*. Rio de Janeiro: Renovar, 2000.

_____. *Responsabilidade civil no Direito Comparado*. Rio de Janeiro: Renovar, 2000.

GHERSI, Carlos Alberto. *Contratos civiles y comerciales*. Tomo I. 6ª ed. Buenos Aires: Astrea, 2006.

GHESTIN, Jacques. L'abus dans les contrats. In: *Gazzete du Palais*, s/l., 20/08/1981.

_____. *Les effets du contrat à l'égard des tiers – Comparaisons franco-belges*. Paris: LGDJ, 1992.

_____. *Traité de Droit Civil*. Les obligations. Les effets du contrat. Paris: LGDJ, 1977.

GIULIANI, Federico Maria. Simulazione, elusione, e abuso del diritto (spunti comparatistici, e considerazioni critiche sulle tesi della Corte di Cassazione). In: *Rivista Free Online di Diritto Tributario e dela Impresa*. Milano, n. 644 del 18 ottobre 2006.

GLITZ, Frederico Eduardo Zenedin. *La globalización del derecho contractual*. São Paulo: Clássica, 2012.

GÖDKE, Fernanda Ferreira. *Responsabilidade contratual por fato de outrem*. Dissertação de Mestrado. Faculdade de Direito da USP. Orientador: Ignácio Maria Poveda Velasco. São Paulo, 2004.

GOMES, Orlando. *Introdução ao Direito Civil*. 19ª ed. Rio de Janeiro: Forense, 2008.

_____. Autonomia privada e negócio jurídico. In: *Novos temas de Direito Civil*. Rio de Janeiro: Forense, 1983, pp. 77-89.

_____. A função do contrato. In: *Novos temas de Direito Civil*. Rio de Janeiro: Forense, 1983, pp. 77-89.

_____. *A crise do Direito*. São Paulo: Max Limonad, 1955.

GONELLA, Guido. *La persona nella Filosofia del Diritto*. Milano: Giuffrè, 1938.

GOUTAL, Jean-Louis. *Essai sur le principe de l'effet relatif du contrat*. Paris: LGDJ, 1981.

GRAU, Eros Roberto. *A ordem econômica na Constituição de 1988*. 8ª ed. São Paulo: Malheiros, 2003.

_____. Um novo paradigma dos contratos?. In: *Revista Trimestral de Direito Civil*. Vol. 5, jan./mar. 2001, pp. 73-82.

GRECO FILHO, Vicente. *Da intervenção de terceiros*. 2ª ed. São Paulo: Saraiva, 1986.

GRINOVER, Ada Pellegrini. *A tutela dos interesses difusos*. São Paulo: Max Limonad, 1984.

GRUNDMANN, Stefan. Qual a unidade do Direito Privado? De uma concepção formal a uma concepção material. Tradução de Karina Fritz. In: *Civilistica.com*. Ano 2, nº 2, 2013, pp. 01-20.

GUARNERI, Attilio. Meritevolezza dell'interesse e utilità sociale del contrato. In: *Rivista di Diritto Civile*. Anno XL, nº 5, set./ott. 1998, pp. 519-527.

GUELFUCCI-THIBIERGE, Catherine. De l'élargissement de la notion de partie au contrat. In: *Revue Trimestrielle de Droit Civil*. Nº 2. Paris, avril/juin 1994.

HEVIA, Martín. Personas separadas actuando en conjunto: un esbozo de teoría del derecho contractual. In: *Doxa – Cuadernos de Filosofia del Derecho*. Nº 32, pp. 415-438.

HIRONAKA, Giselda Maria Fernandes Novaes. O sinalagma contratual. A chamada *causa* dos contratos. Relações

contratuais de fato. In: CAMPOS, Alyson Rodrigo Correia; CASTRO JÚNIOR, Torquato da Silva. *Dos contratos*. Recife: Nossa Livraria, 2012, pp. 19-47.

HOANG, Patrice. *La protection des tiers face aux associations*. Paris: Panthéon-Assas, 2002.

HOFMEISTER, Maria Alice Costa. *O dano pessoal na sociedade de risco*. Rio de Janeiro: Renovar, 2002.

HUGUENEY, Pierre. *Responsabilité civile du tiers complice de la violation d'une obligation contractuelle*. Paris: Arthur Rousseau, 1910.

IHERING, Rudolf von. *A Evolução do Direito*. (Zweck im Recht). Lisboa: José Bastos, 1963.

IRTI, Natalino. *L'ordine giuridico del mercato*. 5ª ed. Bari: Laterza, 2003.

IONESCU, Octavio. *La notion de droit subjective dans le Droit Privé*. Deuxième Edition. Bruxelles: Emile Bruillant, 1978.

JOBIM, Marco Félix. Da noção à teoria do abuso de direito. In: *Revista Páginas de Direito*, Porto Alegre, ano 8, nº 794, 01 de julho de 2008.

JOSSERAND, Louis. *Cours de Droit Civil positif français*. 3ª ed. Paris: Sirey, 1939.

_____. *La responsabilité de fait des choses inanimées*. Paris: Arthur Rousseau, 1897.

JOURDAIN, Patrice. La Cour de cassation consacre en Assemblée plénière le príncipe d'identité des fautes contractuelle et délictuelle. In: *Revue Trimestrele de Droit Civil*. Paris: Daloz, 2007.

KANT, Immanuel. *Crítica da razão prática*. São Paulo: Martin Claret, 2003.

_____. *Fundamentação da metafísica dos costumes*. São Paulo: Martin Claret, 2002.

_____. *Doutrina do direito*. Trad. Edson Bini. São Paulo: Ícone, 1993.

KASHIURA JR., Celso Naoto. *Sujeito de direito e capitalismo*. São Paulo: Outras Expressões 2014.

REFERÊNCIAS

KAUFMANN, Arthur. A problemática da filosofia do direito ao longo da história. In: KAUFMANN, Arthur e HASSEMER, W. (Orgs.). *Introdução à filosofia do direito e à teoria geral do direito contemporâneas.* Tradução de Marcos Keel e Manuel Seca de Oliveira. Lisboa: Calouste Gulbenkian, 2002.

KAUFMANN, Arthur. *Filosofia do direito.* Tradução de António Ulisses Cortês. Lisboa: Calouste Gulbenkian, 2004.

KELSEN, Hans. *Teoria pura do direito.* 6ª ed. São Paulo: Martins Fontes, 1998.

_____. *Teoria geral das normas.* Tradução de José Florentino Duarte. Porto Alegre: Sergio Antonio Fabris, 1986.

KOFFMAN, L. & MACDONALD, E. *The Law of Contract. Surrey.* GB: Tolley Publishing Company, 1998.

LAGIER, Daniel González. *Acción y norma en G. H. von Wright.* Madrid: Centro de Estudios Constitucionales, 1995.

LARDEUX, Gwendoline. *L'efficacité du contrat.* 2ª ed. Paris: Dalloz, 2011.

LARENZ, Karl. *Metodologia da Ciência do Direito.* Lisboa: Calouste Gulbenkian, 1997.

LE GAC-PECH, Sophie. Rompre son contrat. In: *RTDCiv.* Nº 2, avr./jui. 2005, pp. 223-251.

LIMA, Alvino. *Culpa e risco.* São Paulo: Revista dos Tribunais, 1960.

_____. *A fraude no Direito Civil.* São Paulo: Saraiva, 1965.

_____. A interferência de terceiros na violação do contrato. In: *Revista dos Tribunais.* Vol. 51, nº 315, jan. 1962, pp. 10-30.

LOPES, José Reinaldo de Lima. Crédito ao consumidor e superendividamento – uma problemática geral. In: *Revista do Direito do Consumidor.* Nº 17, jan./mar. 1996.

LUMIA, Giuseppe. *Principios de teoria e ideologia del Derecho.* Madrid: Debate, 1978.

_____. *O existencialismo perante o Direito, a Sociedade e o Estado.* Lisboa: Livraria Morais, 1964.

MACHADO, Luciano Rodrigues. A função social e a legitimidade para a causa. In: MAZZEI, Rodrigo Reis. Questões processuais no novo Código Civil. Barueri: Minha Editora, 2006, pp. 318-352.

MACHLUP, Fritz. *The Production and Distribution of Knowledge in the United States.* Princeton: Princeton Univerty Press, 1962.

MANCUSO, Rodolfo de Camargo. A concomitância de ações coletivas, entre si, e em face das ações individuais. In: *Revista da Procuradoria Geral do Estado de São Paulo.* Vol. 54, pp. 45-93.

MANTECCA, Paschoal. *Crimes contra a economia popular e sua repressão.* São Paulo, Saraiva, 1985.

MARÍN, Rafael Hernández. *Introducción a la teoría de la norma jurídica.* 2ª ed. Madrid-Barcelona: Marcial Pons, 2002.

MARQUES, Cláudia Lima. *Contratos no Código de Defesa do Consumidor: o novo regime das relações contratuais.* 4ª ed. São Paulo: Revista dos Tribunais, 2002.

MARTINS, Camila Rezende. *O princípio da relatividade dos contratos. A responsabilidade do terceiro que contribui para o inadimplemento contratual.* Dissertação de Mestrado. Faculdade de Direito da USP. Orientadores: Antonio Junqueira de Azevedo e Alcides Tomasetti Jr. São Paulo, 2011.

MARTINS-COSTA, Judith. Reflexões sobre o princípio da função social do contrato. In: *Revista DireitoGV.* Vol. 1, nº 1, maio/2005, pp. 41-66.

_____. O Direito Privado como um sistema em construção: as cláusulas gerais no Projeto do Código Civil Brasileiro. In: *Revista de Informação Legislativa.* Brasília, v. 139, 1998, pp. 05-22.

_____. Os avatares do abuso de direito e o rumo indicado pela boa-fé. In: DELGADO, Mário Luiz; ALVES, Jones Figueiredo (Coords.). *Questões Controvertidas – Parte Geral do Código Civil.* Vol. 6. São Paulo: Método, 2007.

MATIAS, João Luis Nogueira; ROCHA, Afonso de Paula Pinheiro. A função social do contrato, a quebra eficiente e o terceiro ofensor. In: *Reconstrução da Dogmática do Direito Privado.* Anais do XV Congresso Nacional do CONPEDI/ UEA – Manaus. Florianópolis: Boiteaux, 2006, pp. 4.492-4.512.

MAZZEI, Rodrigo Reis. Notas iniciais à leitura do novo Código Civil. In: ARRUDA ALVIM e ALVIM, Teresa (Coords.). *Comentários ao código civil brasileiro – Parte Geral.* Vol. I. Rio de Janeiro: Forense, 2005, pp. IX-CXV.

_____. Princípio da relatividade dos efeitos contratuais e suas mitigações. In: LIMA NETO, Francisco *et alli* (Orgs). *Estudos em homenagem aos 80 anos do curso de Direito da Universidade Federal do Espírito Santo.* Rio de Janeiro: Lumen Juris, 2001, pp. 795-826.

McCONNAUGHAY, Philip J. The scope of autonomy in international contracts and its relation to economic regulation and development. *In.: Columbia Journal of Transnational Law.* Nº 3. Vol. 39, Columbia: Columbia, 2001.

MENEZES CORDEIRO, Antonio Manuel da Rocha e. *Da boa fé no Direito Civil.* Lisboa: Almedina, 2007.

_____. *Tratado de Direito Civil Português.* Coimbra: Almedina, 2005.

MERRYMAN, John Henry; PÉREZ-PERDOMO, Rogelio. *A tradição da civil law:* uma introdução aos sistemas jurídicos da Europa e da América Latina. Tradução de Carlos Casagrande. Porto Alegre: Sergio Antonio Fabris Editor, 2009.

MOISE, Bojincă. Solidarism as theoretical foundation of the contract. In: *Dny práva. Days of Law.* University „Constantin Brâncuşi" of Târgu-Jiu, Romania Brno: Masaryk University, 2010. Disponível em: http://www.law.muni.cz/content/cs/proceedings/.

MORAES, Maria Celina Bodin de. A causa dos contratos. In: *Revista Trimestral de Direito Civil.* Vol. 21. Rio de Janeiro: Padma, jan./mar. 2005, pp. 95-119.

_____. *Danos à pessoa humana: uma leitura civil-constitucional dos danos morais.* Rio de Janeiro: Renovar, 2003.

MORAIS, Ezequiel. "Ronaldinho Gaúcho x Coca-Cola: Teoria do descumprimento eficaz?. In: *Revista Direito UNIFACS – Debate Virtual.* Nº 148. Salvador: UNIFACS, outubro de 2012, s/pág.

MORESO, José Juan. *La indeterminación del Derecho y la interpretación de la Constitución.* Madrid: Centro de Estudios Políticos y Constitucionales, 1997.

MOSSET ITURRASPE, Jorge. *Contratos.* Santa Fe: Rubinzal-Culzoni, 2003.

MOTA PINTO, Carlos Alberto da. *Teoria Geral do Direito Civil.* 4ª ed. Coimbra: Coimbra, 2005.

NAMMOUR, Fady; CABRILLAC, Rémy; CABRILLAC, Séverine; LÉCUYER, Hervé. *Droit des Obligations: Droit français – Droit libanais.* Perspectives européennes et internationales. Paris: E.J.E., 2006.

NAVARRETE, José F. Lorca. *Temas de Teoría y Filosofía del Derecho.* Madrid: Edicione Pirámide, 1993.

NAVES, Bruno Torquato de Oliveira. Introdução crítica às categorias jurídicas relacionais: relação jurídica e situação jurídica no Direito Privado. In: FIUZA, Cesar; SÁ, Maria de Fátima Freire de; NAVES, Bruno Torquato de Oliveira (Coords.). *Direito Civil: atualidades.* Belo Horizonte: Del Rey, 2003, pp. 01-21.

REFERÊNCIAS

NEGREIROS, Teresa. *Teoria do contrato: novos paradigmas*. 2ª ed. Rio de Janeiro: Renovar, 2006.

NERY JUNIOR, Nelson; NERY, Rosa Maria de Andrade. *Manual de direito civil: obrigações*. São Paulo: Revista dos Tribunais, 2013.

_____. *Código de Processo Civil Comentado e Legislação Extravagante*. 7ª ed. São Paulo: Revista dos Tribunais, 2003.

_____. *Comentários ao Código de Processo Civil*. Novo CPC – Lei 13.105/2015. São Paulo: Revista dos Tribunais, 2015.

_____. *Código Civil Comentado*. 11ª ed. São Paulo: Revista dos Tribunais, 2014.

_____. *Instituições de Direito Civil*. Direito das Obrigações. Vol. II. São Paulo: Revista dos Tribunais, 2015.

_____. *Instituições de Direito Civil*. Parte Geral. Vol. I – Tomo II. São Paulo: Revista dos Tribunais, 2015.

_____. *Instituições de Direito Civil*. Teoria Geral do Direito Privado. Vol. I – Tomo I. São Paulo: Revista dos Tribunais, 2014.

NERY, Rosa Maria de Andrade. *Introdução a pensamento jurídico e à teoria geral do direito privado*. São Paulo: Revista dos Tribunais, 2008.

_____. Apontamentos sobre o princípio da solidariedade no sistema do Direito Privado. In: REIS, Selma Negrão Pereira dos (Coord.). *Questões de Direito Civil no novo Código*. São Paulo: Imprensa Oficial do Estado de São Paulo, 2004, pp. 36-45.

NERY, Ana Luiza de Andrade. *Compromisso de ajustamento de conduta*. Teoria e análise de casos práticos. 2ª ed. São Paulo: Revista dos Tribunais, 2014.

NICOLÒ, Rosario. Le situazioni giuridiche soggettive. In: Riassunti di Diritto Civile. Università di Roma La Sapienza, 1990, pp. 129-148.

NORONHA, Fernando. *Direito das obrigações*. Vol. 1. 2ª ed. São Paulo: Saraiva, 2007.

_____. *Princípios dos contratos (autonomia privada, boa-fé, justiça contratual) e cláusulas abusivas*. Tese de Doutorado. Faculdade de Direito da Universidade de São Paulo. São Paulo: 1990.

_____. *O direito dos contatos e seus princípios fundamentais*: autonomia privada, boa-fé, justiça contratual. São Paulo: Saraiva, 1994.

OLMOS, Javier M. Rodríguez. Deberes de protección, 'aun frente a terceros', en la dogmática alemana. In: *Revista de Derecho Privado*. Nº 20. Universidad Externado de Colombia, enero-junio 2011, pp. 301-346.

OPPO, Giorgio. Disumanizzazione del contrato. In: *Rivista di Diritto Civile*. Anno XLIV, nº 5, set./ott. 1998, pp. 525-533.

ORESTANO, Riccardo. L'idea di diritto soggettivo. In: Riassunti di Diritto Civile. Università di Roma La Sapienza, 1990, pp. 149-166.

PALMER, Vernon V. *The Paths to Privity:* The History of the Third Party Beneficiary Contracts at English Law. Clark, New Jersey: Lawbook Exchange, 2006.

PARETO, Vilfredo. *Corso di economia politica*. Vols. 1 e 2. Torino: G. Einaudi, 1949.

_____. *Traité de sociologie générale*. Ed. française, par Pierre Boven, revue par l'auteur. Paris: Payot, 1932.

_____. *Manual de Economia Política*. Tradução de João Guilherme Vargas Netto. São Paulo: Nova Cultural, 1996.

PASCALIS, Carlo Greco de. Casi. La responsabilità del terzo per interferenza nelle altrui relazioni contrattuali. In: *Rivista di Diritto Civile*. Nº 4, 2009, pp. 1.483-1.493.

PATTI, Salvatore. L'interpretazione delle clausole generali. In: *Rivista di Diritto Civile*. Padova: Antonio Milani, 2004.

PENTEADO, Luciano de Camargo. *Efeitos contratuais perante terceiros*. São Paulo: Quartier Latin, 2007.

_____. *Efeitos contratuais perante terceiros*. Tese de Doutorado. Faculdade de Direito da Universidade de São Paulo. Orientador: Antonio Junqueira de Azevedo, 2006.

PERA, Flavio Samuele. Danno-evento e danno-conseguenza. In: VIOLA, Luigi. *Tractatus dei danni. La responsabilità civile ed il danno*. Vol. 1. S/l: Halley Editrice, 2007, pp. 387-396.

PERLINGIERI, Pietro. *Il diritto civile nella legalità costituzionale secondo il sistema italo-comunitario delle fonti*. Terza edizione. Napoli: Edizioni Scientifiche Italiane, 2006.

PERLMAN, Harvey. Interference with Contract and Other Economic Expectancies: A Clash of Tort and Contract Doctrine. In: *University of Chicago Law Review*. Vol. 49, 1980, pp. 61-62.

PESSALI, Huáscar Fialho. Teoria dos custos de transação: hibridismo teórico? In: *Economia em Revista*. Vol. 08. Departamento de Economia da Universidade Estadual de Maringá, 1999, pp. 41-65.

PINHEIRO, Armando Castelar; SADDI, Jairo. *Direito, economia e mercados*. São Paulo: Elsevier Campus, 2005.

PINHEIRO, Rosalice Fidalgo. *O abuso do direito e as relações contratuais*. Rio de Janeiro: Renovar, 2002.

PINTO, José Delgado. Normatividad del derecho. In.: VALDÉS, Ernesto Garzón y LAPORTA, Francisco J. (comps.). *El derecho y la justicia*. 2ed. Madrid: Trotta, 2000, pp. 425-440.

PLANIOL, Marcel; RIPERT, Georges. *Traité pratique de droit civil français*: Obligations. 1. Ptie. Paris: LGDJ, 1952.

POELMANS, Olivier. *Droit des obligations au Luxembourg*. Luxembourg: Primento, 2013.

POMAR, Fernando Gómez. *El arbitrio de parte y el arbitrio de tercero en el contrato*. Barcelona: UPF, 2015.

POMPEU, Ivan Guimarães; POMPEU, Renata Guimarães. O contrato como operação econômica: contributo científico a partir da obra de Enzo Roppo. In: *Revista da Faculdade Mineira de Direito*. Vol.12. Nº 23, jan./jun. 2011, pp. 122-135.

PONTES DE MIRANDA, Francisco Cavalcanti. *Tratado de Direito Privado*. 2ª ed. Vol. 1. Rio de Janeiro: Borsoi, 1954.

_____. *Tratado de Direito Privado – Parte Especial*. Tomo LIII. 3ª ed. São Paulo: Revista dos Tribunais, 1984.

PORTO, Antônio José Maristello. TIMM, Luciano Benetti; GUARISSE, João Francisco Menegol. Análise econômica da responsabilidade civil. In: TIMM, Luciano Benetti (Org.). *Direito e Economia no Brasil*. 2ª ed. São Paulo: Atlas, 2014, pp. 180-200.

PORTO, Mário Moacyr. O ocaso da culpa como fundamento da responsabilidade civil. In: *Revista de AJURIS*. Nº 39, mar. 1987, pp. 199-205.

PRADO FILHO, José Inacio Ferraz de Almeida. A teoria do inadimplemento eficiente (efficient breach theory) e os custos de transação. In: *Revista de Direito Mercantil, Industrial, Econômico e Financeiro*. Nº 151-152, janeiro 2009, pp. 240-255.

RADBRUCH, Gustav. *Filosofia do direito*. Tradução de Marlene Holzhausen. São Paulo: Martins Fontes, 2004.

RAZ, Joseph. *Razón práctica y normas*. 2ed. Madrid: Centro de Estudios Constitucionales, 1991.

REALE, Miguel. As diretrizes fundamentais do projeto do novo Código Civil. In: CONSELHO DA JUSTIÇA FEDERAL. *Comentários sobre o projeto do Código Civil brasileiro*. Brasília: CJF, 2002, pp. 11-26.

RENNER, Karl. *The institutions of private law and their social functions*. London: Routledge & Kegan Paul, 1949.

REFERÊNCIAS

REZZÓNICO, Juan Carlos. *Principios fundamentales de los contratos*. Buenos Aires: Astrea, 1999.

RIBEIRO, Joaquim de Souza. *O Problema do Contrato – As Cláusulas Contratuais Gerais e o Princípio da Liberdade Contratual*. Lisboa: Almedina, 1999.

_____. O imperativo de transparência no Direito Europeu dos Contratos. In: FIUZA, Cesar; SÁ, Maria de Fátima Freire de; NAVES, Bruno Torquato de Oliveira (Coords.). *Direito Civil: atualidades*. Belo Horizonte: Del Rey, 2003, pp. 131-137.

RIPERT, Georges. *A regra moral nas obrigações civis*. 2ª. ed. Campinas: Bookseler, 2002.

RODOTÀ, Stefano. *Para uma cidadania electrónica*: a democracia e as novas tecnologias da comunicação. Os Cidadãos e a Sociedade de Informação. Lisboa: INCM, 2000.

RODRIGUES, Marcelo Abelha. *Elementos de Direito Processual Civil*. Vol. 1. 3ª ed. São Paulo: Revista dos Tribunais, 2003.

RODRIGUES JUNIOR. Otávio Luiz. A doutrina do terceiro cúmplice: autonomia da vontade, o princípio res inter alios acta, função social do contrato e a interferência alheia na execução dos negócios jurídicos. In: *Revista dos Tribunais*. Vol. 821, mar/2004, pp. 82-98.

RODRÍGUEZ-CANO, Rodrigo Bercovitz. *Manual de Derecho Civil (contratos)*. Madrid: S.A. Bercal, 2003.

ROPPO, Enzo. *O contrato*. Tradução de Ana Coimbra e M. Januário C. Gomes. Coimbra: Almedina, 1988.

ROPPO, Vincenzo. Causa concreta: una storia di successo? Dialogo (non reticente, né compiacente) con la giurisprudenza di legittimità e di mérito. In: *Rivista di Diritto Civile*. Vol. 59. N. 04. Padova: CEDAM, Anno 2013, pp. 957-988.

RUSSELL, Irma S. *The Broken Promise of Efficient Breach: Sacrificing Certainty for False Efficiency*. University of Tulsa. 2007. Disp. em: <http://works.bepress.com/irma_russell/2. >

RUSSO, Eduardo Angel. *Teoria general del derecho – en la modernidad y en la posmodernidad*. 2ed. Buenos Aires: Abeledo Perrot, 2001.

SÁ, Fernando Augusto Cunha. *O abuso de direito*. Lisboa: Almedina, 2005.

SACCO, Rodolfo; DE NOVA, Giorgio. *Il contratto*. Tomo Primo. Terza Edizione. Torino, UTET, 2005.

SAGNA, Alberto. *Il risarcimento del danno nella responsabilità precontrattuale*. Milano: Giuffrè, 2004.

SAILELLES, Raymond, *Les accidents de travail et la responsabilité civile* : (essai d'une théorie objective de la responsabilitè déllictuelle). Paris: Arthur Rousseau, 1807.

SALVADOR, Manuel. *Terceiro e os efeitos dos actos ou contratos*. Lisboa: s/ ed., 1962.

SAMUELSON, P. A. *Welfare Economics*. Foundations of Economic Analysis. Cambridge: Harvard University Press, 1983.

SARTRE, Jean-Paul. *L'existentialisme est un humanisme*. Paris: Nagel, 1970.

_____. *O existencialismo é um humanismo*. São Paulo: Nova Cultural, 1987.

SASSI, Andrea. Il ruolo delle permanenze nella formazione del mercato interno. In: PALLAZZO, Antonio; SASSI, Andrea. *Diritto Privato del Mercato*. Università degli Studi di Perugia, 2007, pp. 03-52.

SAVIGNY, Frederich Carl von. *Los fundamentos de la ciencia jurídica*. Buenos Aires: Losada, 1949.

SATTA, Salvatore. Il conceto di parte. In: *Scritti giuridici in memoria di Calamndrei*. Padova: Cedam, 1958.

SAYRE, Francis Bowes. Inducing breach of contract. In: *Harvard Law Review*. Vol. XXVI, 1922-1923.

SCAGLIONE, Francesco. L'abuso del diritto nel contratto. In: *Diritto e Processo. Annuario*

Giuridico dell'Università degli Studi di Perugia. Nº 08. Perugia, 2012, pp. 237-262.

SCALISI, Vicenzo. La teoria del negozio giuridico a cento anni dal BGB. *In.: Rivista di Diritto Civile*. Anno XLIV. N. 5. Padova: CEDAM, set./oct. 1998.

SCHOFIELD, William. The principle of Lumley v. Gye, and its application. In: *Harvard Law Review*. Vol. 2, 1888.

SCHREIBER, Anderson. *Novos paradigmas da responsabilidade civil – da erosão dos filtros da reparação à diluição dos danos*. São Paulo: Atlas, 2007.

SCHWARTZ, Alan; MARKOVITS, Daniel. The Myth of Efficient Breach. In: *Faculty Scholarship Series. Yale Law School Legal Scholarship Repository*. Paper 93, 2010, pp. 01-87.

SCOGNAMIGLIO, Renato. *El daño moral*: contribución a la teoría del daño extracontractual. Tr. y notas de Fernando Hinestrosa. Bogota: Universidad Externado de Colombia, 1962.

SCOTO. *John Duns Scot e William of Ockham*: escritos filosóficos. [Seleção de obras]. São Paulo: Nova Cultural, 1989.

SESSA, Celso Bissoli. *Uma Abordagem Integrada da Economia Evolucionista e da Nova Economia Institucional Para Entendimento da Relação Universidade-Empresa: O Caso Nexem/Ufes*. Dissertação de Mestrado. Programa de Pós-Graduação em Economia da Universidade Federal do Espírito Santo. Orientador: Robson Antonio Grassi. Vitória, 2009.

SIÈYÉS, Emmanuel Joseph. *Qu'est-ce que le Tiers-État ?* Paris : Le Boucher Éditeur, 2002.

SILVESTRE, Gilberto Fachetti. *As máximas de experiência no processo civil*. Rio de Janeiro: Lumen Juris, 2011.

SOMMA, Alessandro. Il diritto privato liberalista. A proposito di un recente contributo in tema di autonomia contrattuale.

In: *Rivista Trimestrale di Diritto e Procedura Civile*. Anno LV, nº 2. Milano: Giuffrè, giugno 2001, pp. 263-308.

SPINELLI, Michele. I diritti dell'individuo nelle formazioni social. In: Riassunti di Diritto Civile. Università di Roma La Sapienza, 1990, pp. 177-190.

STOFFEL-MUNCK, Philippe. *L'abus dans le contrat: essai d'une théorie*. Paris: L.G.D.J., 2000.

TALCIANI, Hérnan Corral. El negocio jurídico: ¿un concepto en crisis? A propósito de una obra de Giovanni B. Ferri. *In.: Revista de Derecho Privado*. Madrid: Editoriales de Derecho Reunidas, ene. 1991.

TARTUCE, Flávio. Reflexões sobre o dano social. In: *Revista Trimestral de Direito Civil*. Vol. 34, 2008, pp. 179-201.

_____. *Manual de Direito do Consumidor*. São Paulo: Método, 2013.

TEDESCHI, Bianca Gardella. *L'interferenza del terzo nei rapporti contrattuali. Un'indagine comparatistica*. Milano: Giuffrè, 2008.

TEDESCHI, Guido. La tutela aquiliana del creditore contro i terzi. In: *Rivista di Diritto Civile*. Anno I, 1955.

TERRINHA, Luís Heleno. Pressupostos da Responsabilidade Civil Extracontratual do Terceiro Interferente – Reflexões numa perspectiva de direito comparado. In: *JusJornal*, N.º 1.308, 27 de setembro de 2011. Coimbra Editora: Coimbra, 2011.

THEODORO JÚNIOR, Humberto. *O contrato e sua função social*. Rio de Janeiro: Forense, 2003.

_____. In: TEIXEIRA, Sálvio de Figueiredo (coord.). *Comentários ao novo Código Civil*. Vol. III, Tomo I. Rio de Janeiro: Forense, 2003.

THERON, Jullien. La 'communauté d'intérêts'. In: *RTDCiv*. Jan./mars 2009, pp. 19-38.

REFERÊNCIAS

TIMM, Luciano Benetti. Direito, Economia e a função social do contrato. In.: TIMM, Luciano Benetti; MACHADO, Rafael Bicca. *Função social do direito*. São Paulo: Quartier Latin, 2009, pp. 173-193.

_____. Direito, economia, e a função social do contrato: em busca dos verdadeiros interesses coletivos protegíveis no mercado do crédito. In: *Revista de Direito Bancário e do Mercado de Capitais*, v. 9, n. 33, jul./set. 2006, p. 15-31.

TIMM, Luciano Benetti; GUARISSE, João Francisco Menegol. Análise econômica dos contratos. In: TIMM, Luciano Benetti (Org.). *Direito e Economia no Brasil*. 2ª ed. São Paulo: Atlas, 2014, pp. 158-179.

TOBEÑAS, Castán. *Situaciones jurídicas subjetivas*. Madrid: Reus, 1963.

TRABUCCHI, Alberto. *Istituzioni do diritto civile*. 39ª ed. Padova: CEDAM, 1999.

TOMASETTI JR., Alcides. A parte contratual. In: ADAMEK, Marcelo Vieira von. (Org.). *Temas de direito societário e empresarial contemporâneos*. São Paulo: Malheiros, 2011, pp. 755-764.

TUCCI, Giuseppe. *Il danno ingiusto*. Napoli: Jovene, 1970.

TUHR, Andrea von. *Derecho Civil: Teoria General del Derecho Civil Alemán*. Vol. 1. Madrid: Marcial Pons, 1998.

ULRICH, Beck. *Sociedade de risco*: rumo a uma outra modernidade. Tradução de Sebastião Nascimento. 2ª ed. São Paulo: 34, 2011.

VALCAVI, Giovanni. *Sulla prevedibilità del danno da inadempienza colposa contrattuale*. Roma: Foro Italiano, 1990.

VAMPRÉ, Spencer. *Existe direito subjetivo sem titular?* São Paulo: Livraria e Officinas Magalhaes, 1917.

VARADARAJAN, Deepa. Tortious Interference and the Law of Contract: The Case for Specific Performance Revisited. In: *Yale Law Journal*. Vol. 113. Nov/Dez 2001, pp. 735-760.

VARELA, João de Matos Antunes. *Das obrigações em geral*. Vol. I. 10ª ed. Coimbra: Almedina, 2005.

_____. O abuso de direito no sistema jurídico brasileiro. In: *Revista de Direito Comparado Luso-Brasileiro*. Vol. 1, 1982, pp. 37-59.

VIDE, Carlos Rogel. *Derecho de obligaciones y contratos*. 2ª edición. Madrid: Editorial Reus, 2013.

VILLAS BÔAS, Regina Vera *et al*. La gloabalización financiera en América del Sur: los casos de Brasil, Colombia y Ecuador. In: VILLAS BÔAS, Regina Vera; FILIPPO, José Augusto Corrêa. *Sociedade contemporânea, globalização e direitos humanos*. São Paulo: Baraúna, 2014, pp. 31-70.

VILLAS BÔAS, Regina Vera; DAMASCENA, Carine Valeriano. Aspectos relevantes da história dos direitos difusos e coletivos. In: *Revista Direito & Paz*. Ano 6, nº 11, Lorena, 2004, p. 94-95.

VINEY, Geneviève. La responsabilité du débiteur à l'égard du tiers auquel il a causé un dommage en manquant à son obligation contractuelle. In: *Recueil Dalloz*, 2006, p. 2825.

_____. *Introduction à la responsabilité*. 3ª ed. Paris: LGDJ, 2008.

VIRASSAMY, Georges. Conaissance et Opposabilité. In: FONTAINE, Marcel; GHESTIN, Jacques (direction). *Les effets du contrat à l'égard des tiers* – comparaisons franco-belges. Paris: LGDJ, 1992, pp. 133-140.

VON THUR, Andreas. *Derecho Civil*. Teoría General del Derecho Civil Alemán. Vol. I. Tradução de Tito Ravá. Madrid: Marcial Pons, 1998.

VON WRIGHT, Georg Henrik. *Normas, verdad y lógica*. 2ed. Traducción de Carlos Alarcón Cabrera. México, D.F.: Fontamara, 2001.

_____. Ser e deber ser. In.: AARNIO, Aulis; VALDÉS, Ernesto Garzón; y UUSITALO, Jyrki (comps.). *La normatividad del derecho*. Barcelona: Gedisa, 1997, pp. 87-110.

WÉRY, Patrick. *Droit des obligations – Théorie générale des contrats*. Vol. 1. Bruxelles: Larcier, 2010.

WILLIAMSON, Oliver E. Transaction Cost Economics. In: SCHMALENSEE, R. & WILLIG, R. D. (eds.). *Handbook of Industrial Organization*. Vol. 01. Elsevier Science Publishers, 1989, p. 135-182.

_____. *The Economic Institutions of Capitalism: firms, markets, relational contracting*. New York: The Free Press, 1985.

WILSON, Calor Pizarro; OLIVARES, Álvaro Vidal. *Incumplimiento contractual, resolución e indemnización de daños*. Bogotá: Editorial Universidad del Rosario, 2010.

ZANETI JR., Hermes. *Processo Coletivo*. Salvador: JusPodivm, 2006.

ZANETTI, Cristiano de Sousa. *Direito contratual contemporâneo. A liberdade contratual e sua fragmentação*. São Paulo: Método, 2008.

ZAVASCKI, Teori Albino. Defesa de direitos coletivos e defesa coletiva de direitos. In: *Revista Jurídica*. Nº 212. Porto Alegre, jan. 1995, pp. 16-33.